Ramon Knollmann

Kooperation von Controllerbereich und Strategieabteilung

GABLER EDITION WISSENSCHAFT

Schriften des Center for Controlling & Management (CCM), Band 26

Herausgegeben von
Universitätsprofessor Dr. Dr. h. c. Jürgen Weber
WHU – Otto Beisheim School of Management, Vallendar

Die Schriftenreihe präsentiert Ergebnisse betriebswirtschaftlicher Forschung im Bereich Controlling und Führung. Sie basiert auf einer akteursorientierten Sicht des Controlling, in der die Rationalitätssicherung der Führung einen für die Theorie und Praxis zentralen Stellenwert einnimmt.

Ramon Knollmann

Kooperation von Controllerbereich und Strategieabteilung

Messung, Wirkungen, Determinanten

Mit einem Geleitwort von Prof. Dr. Dr. h. c. Jürgen Weber

Deutscher Universitäts-Verlag

Bibliografische Information Der Deutschen Nationalbibliothek
Die Deutsche Nationalbibliothek verzeichnet diese Publikation in der Deutschen Nationalbibliografie; detaillierte bibliografische Daten sind im Internet über <http://dnb.d-nb.de> abrufbar.

Dissertation WHU – Otto Beisheim School of Management Vallendar, 2007

1. Auflage April 2007

Lektorat: Brigitte Siegel / Stefanie Loyal

Der Deutsche Universitäts-Verlag ist ein Unternehmen von Springer Science+Business Media.
www.duv.de

Umschlaggestaltung: Regine Zimmer, Dipl.-Designerin, Frankfurt/Main
Gedruckt auf säurefreiem und chlorfrei gebleichtem Papier
Printed in Germany

ISBN 978-3-8350-0717-8

Geleitwort

Die vorliegende Dissertation von Knollmann ist eingebettet in einen Forschungsstrang am Lehrstuhl, der sich mit Fragen der strategischen Positionierung des Controllerbereichs innerhalb von Unternehmen beschäftigt. Konzeptionelle Ausgangsbasis sind die Dissertation von David 2005 einerseits und mehrere empirische Arbeiten zu Erfolgsfaktoren der Controllerarbeit (z.B. die Dissertationen von Bauer 2002 und Spillecke 2006) andererseits. Hinter diesen Arbeiten liegt die Hypothese, dass Controllerbereiche – obwohl in der Hierarchie verankert bzw. vom Management eingerichtet – in Grenzen eigenständigen Handlungsspielraum besitzen, ihr Leistungsspektrum selbst festzulegen bzw. auf dieses gestalterischen Einfluss auszuüben. Diese – zunächst hypothetisierte – Möglichkeit ist inzwischen auch in zwei weiteren empirischen Studien am Lehrstuhl bestätigt worden.

Wenn Controllerbereiche einen – begrenzten – aufgabenbezogenen Handlungsspielraum besitzen, dann können sie diesen zum einen nutzen, um sich besser auf die Bedürfnisse des Managements als ihren Kunden auszurichten. Zum anderen steht die Frage zur Entscheidung an, wie die Interaktion mit potentiellen internen Wettbewerbern um die Aufmerksamkeit des Managements gestaltet werden soll. Als solche Wettbewerber werden in der aktuellen Literatur insbesondere die Strategen bzw. Unternehmensentwickler, die Accountants und die internen Revisoren genannt. Ob zu diesen eher eine wettbewerbliche Grundposition eingenommen werden soll im Sinne der Übernahme bisher von diesen wahrgenommener Aufgaben, oder ob eine Kooperationsstrategie für den Erfolg der Controller zu besseren Ergebnissen führt, ist bislang weder konzeptionell noch empirisch untersucht worden. Exakt an dieser Stelle setzt die vorliegende Dissertation an, die Teil eines größeren Forschungsprojekts ist. In parallelen Dissertationen werden die Beziehungen der Controller zu den oben genannten „Hauptwettbewerbern" untersucht, wobei auch die dezentralen Controllingbereiche in die Analyse einbezogen werden. Die resultierenden vier Dissertationen haben die Möglichkeit zu einer gemeinsamen empirischen Erhebung genutzt, die neben einem von Allen verwendeten Basisteil spezifische Fragenbereiche für jede betrachtete Schnittstelle enthält. Insgesamt ist damit in jeder Hinsicht die Forderung nach einer abgrenzbaren Eigenleistung erfüllt. Die vorliegende Dissertation beschäftigt sich mit der Beziehung zwischen Controllern und der Strategieabteilung, die in der einschlägigen Literatur als problembehaftet gesehen wird. Von Seiten des Controllings wird eine Ausweitung in den Bereich der strategischen Planung postuliert, die zu einer Veränderung des Verhältnisses der Aufgaben beider Abteilungen führt. Allerdings finden sich auch viele Stimmen, die die Existenz und Notwendigkeit eines solchen „strategischen Controllings“ problematisieren. Damit ist eine hinreichende Aktualität und theoretische wie praktische Bedeutung der vorliegenden Arbeit gegeben.

Die Arbeit liefert eine Reihe wichtiger empirischer Erkenntnisse. Sie betreffen zum einen die Wirkung der Zusammenarbeit auf die Performance der Controller: Hier ist von einem „je mehr, desto besser“ auszugehen. Es lohnt sich also für Controller, die Kooperation mit den Strategen zu suchen. Zum anderen zeigt Knollmann auf, welche Faktoren die Zusammenarbeit beeinflussen. Ein hoher Rivalitätsgrad wirkt sich beispielsweise negativ auf die Kooperation aus, eine hohe Ressourceninterdependenz stark positiv. Mit beiden Erkenntnisbereichen liefert die Arbeit einen erheblichen, bemerkenswert sorgfältig herausgearbeiteten Forschungsfortschritt.

Insgesamt überzeugt die vorliegende Dissertation in jeder Hinsicht. Sie ist durch eine hohe Methodensicherheit ebenso gekennzeichnet wie durch eine präzise und konsistente theoretische Ableitung der empirischen Vorgehensweise. Die Dissertation baut auf einer sehr intensiven Literaturarbeit auf. Sie liefert wichtige neue Erkenntnisse. Diese bringen die Forschung im Bereich des strategischen Managements des Controllerbereichs ebenso voran, wie sie Beiträge zur Schnittstellenforschung liefern. Außerdem besitzen die Ergebnisse ein nicht unerhebliches praxeologisches Potenzial. Damit ist der Arbeit ein breiter Leserkreis zu wünschen.

Prof. Dr. Dr. h. c. Jürgen Weber

Vorwort

Bereits seit einiger Zeit wird in der Literatur die Beziehung des Controllerbereichs zu anderen Akteuren im Unternehmen diskutiert. Stand hierbei bisher insbesondere das Verhältnis von Controllern und Managern im Mittelpunkt, gewinnt zunehmend auch die Beziehung des Controllerbereichs zu anderen internen Servicebereichen an Bedeutung. Insbesondere zur Strategieabteilung lassen sich zahlreiche Berührungspunkte identifizieren, die sich zum einen im Rahmen einer Verknüpfung von strategischer und operativer Planungsebene und zum anderen aus der verstärkten Wahrnehmung strategischer Tätigkeiten durch Controller ergeben. In der Wissenschaft wurden diese Berührungspunkte bislang kaum thematisiert. Auch die wenigen bislang vorliegenden empirischen Befunde deuteten darauf hin, dass der Gestaltung der Beziehung zwischen beiden Funktionsbereichen anscheinend nur geringe Aufmerksamkeit zukommt und sich immer wieder Konflikte zwischen beiden Abteilungen beobachten lassen.

Das Ziel der Arbeit bestand deswegen darin, ein grundlegendes Verständnis der Kooperation von Controllerbereich und Strategieabteilung zu schaffen und einen Beitrag zur Erklärung und Gestaltung der Beziehung zwischen beiden Bereichen zu leisten. Darüber hinaus sollten ein Messmodell zur Ermittlung der Güte der Kooperation von Controllerbereich und Strategieabteilung erarbeitet sowie Auswirkungen und Einflussfaktoren kooperativen Verhaltens aufgezeigt werden. Hierdurch sollten zum einen der aktuelle Stand der Forschung erweitert und zum anderen Implikationen für Controllerbereiche hinsichtlich der Gestaltung der Beziehung zur Strategieabteilung abgeleitet werden.

Bei diesem Unterfangen haben mir zahlreiche Personen zur Seite gestanden, ohne deren Unterstützung die Realisierung des Forschungsvorhabens nicht möglich gewesen wäre.

Besonders bedanken möchte ich mich zunächst bei Herrn Prof. Dr. Dr. h.c. Jürgen Weber, der mir die Möglichkeit zur Anfertigung der vorliegenden Arbeit geboten hat. Seine fachlichen Anregungen und Ideen haben entscheidend zum Gelingen des Forschungsprojektes beigetragen. Seiner „menschlichen" und herzlichen Art der Mitarbeiterführung und -motivation ist es zudem zu verdanken, dass ich meinen Tätigkeiten am Lehrstuhl stets mit großer Freude nachgegangen bin. Durch sein sympathisches Auftreten war er und wird er mir auch in Zukunft als Vorbild dienen.

Herrn Prof. Dr. Thomas Hutzschenreuter danke ich für die Übernahme des Zweitgutachtens sowie für wertvolle Hinweise bei der Erstellung der Arbeit.

Bedanken möchte ich mich ebenfalls bei meinen aktuellen und ehemaligen Lehrstuhlkollegen, von denen ich viele über den Controllingkontext hinaus als gute Freunde schätzen gelernt habe.

Zunächst danke ich den Mitgliedern meiner Forschungsgruppe, die mit mir die unternehmensinternen Kooperationsbeziehungen des Controllerbereichs untersucht haben. Mein besonderer Dank gilt hierbei meinen Kollegen und Freunden Holger Birl, Hendrik Grieshop und Carsten Sieber, denen ich insbesondere für ihre fachlichen Anregungen und die freundschaftliche Zusammenarbeit verbunden bin. Zudem danke ich Herrn Prof. Dr. Bernhard Hirsch für inhaltliche Anmerkungen und die reibungslose Koordination der Forschungsgruppe.

Darüber hinaus möchte ich weiteren Kollegen für die schöne gemeinsam verbrachte Zeit am Lehrstuhl danken. Stellvertretend für aktuelle und ehemalige Mitstreiter seien Christian Busse, Marc Lesch, René Rambusch, Sven Schaier, Hendrik Schlüter, Frauke Sill und Manuel Weller genannt. Zudem danke ich Beata Kobylarz-Winn, Fotini Noutsia sowie Sonja Schmitt für ihre tatkräftige Unterstützung bei der Lösung großer und kleiner Lehrstuhlprobleme.

Aus dem außerwissenschaftlichen Umfeld danke ich zunächst meinen Geschwistern Simone und David Knollmann, meinem zukünftigen Schwager Timo Schreiber sowie meinem insbesondere im Bielefelder Raum verwurzelten Freundeskreis, die sich gerade in schwierigen Phasen der Dissertation um die Bereicherung meines „außerwissenschaftlichen Lebens“ verdient gemacht haben. Abschließend möchte ich meinen Eltern danken, die mir im Verlaufe meines bisherigen Werdeganges stets mit Rat und Tat zur Seite gestanden haben. Ohne diese Unterstützung wären mein Studium sowie das Erstellen dieser Dissertation nicht möglich gewesen. Ihnen widme ich diese Arbeit.

Ramon Knollmann

Inhaltsübersicht

Inhaltsverzeichnis

Abbildungsverzeichnis

Tabellenverzeichnis

Abkürzungsverzeichnis

a. L.	am Lech
a. M.	am Main
AGFI	Adjusted Goodness of Fit Index
Aufl.	Auflage
Bd.	Band
bzgl.	bezüglich
bzw.	beziehungsweise
C. R.	Critical Ratio
CFI	Comparative Fit Index
d. h.	das heißt
DEV	durchschnittlich erfasste Varianz
E	Explorative Fragestellung
e. g.	example given
e. V.	eingetragener Verein
EM	Expectation Maximization
et al.	et alii
f.	folgende
ff.	fortfolgende
GFI	Goodness of Fit Index
ggf.	gegebenenfalls
H	Hypothese
H.	Heft
i. d. R.	in der Regel
i. e. S.	im engeren Sinne
i. w. S.	im weiteren Sinne
ICV	Internationaler Controller Verein
Jg.	Jahrgang
k. A.	keine Angabe
KI	Konditionsindex
MIMIC	Multiple-Indicators-and-Multiple-Causes
ML	Maximum Likelihood
NFI	Normed Fit Index
No.	Number
o. Jg.	ohne Jahrgang

PLS	Partial Least Squares
RC	revers codiert
RMSEA	Root Mean Squared Error of Approximation
S.	Seite
Sp.	Spalte
TLI	Tucker Lewis Index
u. a.	unter anderem
VAF	Variance Accounted For
vgl.	vergleiche
VIF	Variance Inflation Factor
Vol.	Volume
WHU	Wissenschaftliche Hochschule für Unternehmensführung
z. T.	zum Teil
z. B.	zum Beispiel

1 Einleitung

1.1 Motivation

Die Erfüllung komplexer Aufgaben zwingt aufgrund begrenzter Informationsgewinnungs- und -verarbeitungskapazitäten von Individuen zu einer Aufteilung der Gesamtaufgabe in Teiltätigkeiten.[1] Durch Arbeitsteilung soll die Komplexität der zu bewältigenden Aufgabe auf ein tragbares Maß reduziert werden.[2] Zudem geht mit einer Aufgabendifferenzierung die Möglichkeit zur Spezialisierung und effizienteren Bewältigung der Gesamtaufgabe einher.[3]

Gleichzeitig entstehen wechselseitige Bezüge und Abhängigkeiten zwischen den einzelnen Funktionsbereichen eines Unternehmens.[4] Diese – in der Literatur als „organisatorische Schnittstellen"[5] bezeichneten – Berührungspunkte zwischen Abteilungen sind in der Praxis häufig mit Problemen behaftet und deshalb seit einigen Jahren verstärkt Gegenstand der betriebswirtschaftlichen Forschung.[6] Insbesondere in der Marketingliteratur wird das Zusammenwirken von Funktionsbereichen in Arbeiten zur Neuproduktentwicklung sowie zur Kunden- und Marktorientierung hierbei auch empirisch untersucht.[7]

In der Controllingforschung gewinnt die Beziehung des Controllerbereichs zu anderen Akteuren der Unternehmung seit einigen Jahren ebenfalls an Bedeutung.[8] Als Antwort auf eine wachsende Unzufriedenheit der Unternehmensführung mit den Leistungen des Controllerbereichs stand in den vergangenen Jahren zunächst die interne Kundenorientierung des Controllerbereichs und damit vor allem die Schnittstelle zwischen Controller und Manager im Mittelpunkt der Betrachtungen.[9] Aufgrund von Aufgabenerweiterungen und dadurch entstandenen Berührungspunkten zu anderen Funktionsbereichen findet in der Controllingliteratur spätestens mit der Arbeit von DAVID (2005) und der darin vertretenen Forderung eines „Strategischen Managements von Controllerbereichen" jedoch auch die Schnittstelle des

---

1 Vgl. Ullrich (2004), S. 43; Röder (2001), S. 1.

2 Vgl. Bleicher (1991a), S. 145. Ähnlich Weinkauf et al. (2005), S. 86.

3 Vgl. Laux/Liermann (2003), S. 1; Crittenden/Gardiner/Stam (1993), S. 299; Küpper (1991), S. 177. Dies hat auch Adam Smith (1776/1990), S. 10 f., in seinem Beispiel von Produktivitätsgewinnen bei funktionaler Spezialisierung im Rahmen der Stecknadelproduktion dargestellt.

4 Vgl. Röder (2001), S. 1; Griffin/Hauser (1996), S. 192.

5 Vgl. Brockhoff (1994), S. 7.

6 Vgl. z. B. Röder (2001), S. 1; Spieß/Nerdinger (1998), S. 7; Brockhoff/Hauschildt (1993), S. 396.

7 Vgl. exemplarisch die Arbeiten von Kahn (1996), Ayers/Dahlstrom/Skinner (1997), Gupta/Raj/Wilemon (1985b) zur Kooperation im Rahmen der Neuproduktentwicklung sowie von Langerak (2003), Jaworski/Kohli (1993), Narver/Slater (1990) bzgl. der Kunden- bzw. Marktorientierung.

8 Zu Parallelen in der Entwicklung der Marketing- und Controllingforschung vgl. Homburg (2001), S. 425 ff.

9 Zur internen Kundenorientierung des Controllerbereichs vgl. grundlegend Spillecke (2006), Mosiek (2002). Zum Zusammenwirken von Managern und Controllern vgl. zudem Bauer (2002).

Controllerbereichs zu anderen Abteilungen wie beispielsweise der Innenrevision oder dem externen Rechnungswesen Beachtung.[10]

Eine besondere Bedeutung kommt hierbei aus Controllingsicht der Beziehung des Controllerbereichs zur Strategieabteilung zu. So wird in der Controllingliteratur seit einigen Jahren verstärkt die Einrichtung eines strategischen Controllings gefordert.[11] Controller – als wesentliche Träger der Controllingfunktion[12] – sollen demnach zusätzlich zu ihren vornehmlich operativen Kerntätigkeiten auch strategische Problemstellungen bearbeiten. Neben einer Verbesserung der Qualität des strategischen Managements bietet sich hierdurch aus Controllersicht die Möglichkeit, stärker als bisher Aufgaben eines internen Managementberaters wahrzunehmen[13] und der in Theorie und Praxis aufkommenden Kritik bezüglich des Leistungsbeitrags von Controllerbereichen entgegenzutreten.[14]

Allerdings lässt sich in der Praxis vielfach beobachten, dass Controller nur in begrenztem Maße über die erforderlichen Kompetenzen zur Verrichtung strategischer Tätigkeiten verfügen.[15] Zudem werden Controller seitens der Unternehmensführung eher selten als relevante Ansprechpartner bei strategischen Fragestellungen wahrgenommen.[16] Durch eine Kooperation mit der Strategieabteilung besteht für den Controllerbereich die Möglichkeit, die für die Wahrnehmung strategischer Aufgaben erforderlichen Fähigkeiten zu erlernen und sich stärker als bisher als Anbieter strategischer Leistungen im Unternehmen zu positionieren.[17]

Ein Bedarf zur Interaktion mit der Strategieabteilung besteht jedoch nicht nur bei der Wahrnehmung strategischer Tätigkeiten, sondern ergibt sich auch im Rahmen operativer Führungsunterstützungsaufgaben. Beispielsweise dienen die unter Mitwirkung der Strategieabteilung erarbeiteten strategischen Pläne als Vorgabe für die von Controllern erbrachte operative

10 Zur Gestaltung der Beziehung des Controllerbereichs zu anderen Abteilungen vgl. grundlegend David (2005), Weber/David/Prenzler (2001). Weber et al. (2006a), S. 50, stellen hierzu fest: „Controller sehen offensichtlich die Notwendigkeit, zur Erfüllung ihrer Informationsaufgabe zunehmend auf andere Quellen zurückzugreifen."

11 Vgl. z. B. Steinle (2003a), S. 42; Preißler (2000), S. 17; Langguth (1994), S. 7; Serfling (1992), S. 33 ff. In der empirischen Untersuchung von Günther (1991a), S. 152 f., gaben zudem über 70 % der befragten Unternehmen an, ihr strategisches Controlling zukünftig verstärken zu wollen.

12 Vgl. Weber (2004), S. 45; Weber/Schäffer (1999b), S. 743.

13 Vgl. z. B. Steinle/Thiem/Rohden (2000), S. 286; Niedermayr (1994), S. 135; Ihring (1986), S. 126 f.

14 Zur aufkommenden Kritik an den Leistungen des Controllerbereichs vgl. Mosiek (2002), S. 1 f.

15 Vgl. z. B. Weber (2005), S. 16; Schön (1997), S. 217. Auch Homburg (2001), S. 429, stellt hierzu fest: „In vielen Unternehmen beobachtet man auch heute noch Controller, die keinerlei Bezugspunkte zu den Absatzmärkten des Unternehmens haben. ... Auch das Verständnis des Wettbewerbsumfeldes, in dem ein Unternehmen agiert, ist bei Controllern häufig schwach ausgeprägt."

16 Vgl. Weber (2005), S. 9 f.; Weber (1994b), S. 324. Diese Einschätzung wird durch die Untersuchung von Stoffel (1995), S. 184, bestätigt, der eine nur geringe Beteiligung des Controllerbereichs im Rahmen der strategischen Unternehmens- und Umweltanalyse feststellt.

17 Vgl. auch David (2005), S. 168 und 180.

Planungsunterstützung.[18] Ähnlich ermöglicht die vornehmlich marktorientierte Sichtweise der Strategieabteilung eine Ergänzung der eher unternehmensbezogenen Perspektive des Controllerbereichs im Rahmen der Informationsversorgungsaufgabe.

Demgegenüber scheint die Interaktion von Controllerbereich und Strategieabteilung in der Unternehmenspraxis bisweilen mit Problemen behaftet. So konstatiert AL LAHAM (1997) in seiner Erhebung zu Strategieprozessen in deutschen Großunternehmen Abstimmungsprobleme zwischen den beteiligten Funktionen, zu denen auch Controllerbereich und Strategieabteilung gehören.[19] Auch WEBER/DAVID/PRENZLER (2001) berichten in ihrer Untersuchung zur Controller Excellence von Kompetenzstreitigkeiten zwischen beiden Bereichen und Doppelarbeiten.[20]

Ein Defizit hinsichtlich der Gestaltung der Schnittstelle zwischen beiden Abteilungen scheint dabei nicht nur in der Unternehmenspraxis, sondern auch in der theoretischen Diskussion zu bestehen.[21] Bisherige Arbeiten diskutieren vor allem die Eignung von Controllerbereich und Strategieabteilung für die Wahrnehmung strategischer Aufgaben oder erheben die Tätigkeiten, die beide Abteilungen im Rahmen der strategischen Unternehmensführung erfüllen. Das Zusammenwirken von Controllerbereich und Strategieabteilung wird hingegen nicht oder nur am Rande betrachtet. Aufgrund dessen soll sich die vorliegende Untersuchung mit diesem Thema befassen.

1.2 Ziele der Untersuchung

Das vorrangige Ziel der Arbeit besteht darin, ein grundlegendes Verständnis zur Kooperation von Controllerbereich und Strategieabteilung zu schaffen und einen Beitrag zur Erklärung und Gestaltung der Beziehung zwischen beiden Bereichen zu leisten. Zudem sollen Einflussfaktoren und Auswirkungen der Güte kooperativen Verhaltens aufgezeigt werden. Damit zielt die Arbeit nicht nur auf einen Erkenntnisfortschritt im Bereich der Controllingforschung, sondern auch für die interfunktionale Schnittstellenforschung ab. Die bestehende Fragestellung soll im Rahmen einer empirischen Untersuchung umfassend analysiert werden. Aus

18 Vgl. Bachmann (1995), S. 60; Günther (2002), S. 1903; Töpfer/Afheldt (1987), S. 41. Operative Planungsergebnisse und -informationen liefern zudem wichtige Rückschlüsse für die strategische Planung. Vgl. Hans/Warschburger (1996), S. 53; Mann (1979/1987), S. 39.

19 Vgl. Al-Laham (1997), S. 337 und 464. Vgl. für weitere Befunde zu Schnittstellenproblemen zwischen Controllerbereich und Strategieabteilung auch Pfohl/Stölzle (1997), S. 182; Weber (1997), S. 87; Bachmann (1995), S. 26; Link (1985), S. 110 f.

20 Vgl. hierzu und im Folgenden Weber/David/Prenzler (2001), S. 26.

21 Vgl. hierzu den Stand der Forschung in Abschnitt 2.4.4. Ähnlich Steinle/Lawa/Kolbeck (1994), S. 376 f.

dieser Zielsetzung lassen sich konkrete Forschungsfragen ableiten, die nachfolgend erläutert sind.

Die Beziehung von Controllerbereich und Strategieabteilung wird, wie auch in Abschnitt 2.4.4 dargestellt, in der Controlling- und Strategieliteratur nur am Rande thematisiert. Die in der Literatur getätigten Aussagen sind häufig allgemein gehalten und teilweise widersprüchlich. Beispielsweise wird ein interner Wettbewerb zwischen Controllerbereich und Strategieabteilung festgestellt, gleichzeitig jedoch eine enge Zusammenarbeit zwischen beiden Bereichen gefordert. Eine strukturierte Darstellung der Beziehung zwischen Controllerbereich und Strategieabteilung sowie eine begründete Verhaltensempfehlung sind in der Literatur bisher nicht zu finden. Aufgrund dieser Defizite ergibt sich folgende erste Forschungsfrage:

Forschungsfrage 1: Welche Berührungspunkte existieren zwischen Controllerbereich und Strategieabteilung und welche Bedeutung kommt einer Kooperation beider Bereiche zu?

Dem Zusammenwirken von Controllerbereich und Strategieabteilung wird in den existierenden Beiträgen der Controlling- und Strategieliteratur ein zunehmender Stellenwert zugesprochen. Allerdings liegen bisher nur unzureichende Erkenntnisse über das inhaltliche Verständnis kooperativen Verhaltens des Controllerbereichs mit anderen Abteilungen vor. Eine Kooperation von Controllerbereich und Strategieabteilung wird in einigen Literaturbeiträgen zwar gefordert, allerdings bleibt unklar, was hierunter genau zu verstehen ist. Aufgrund dessen liegt eine weitere Aufgabe dieser Arbeit in einer theoriegeleiteten Präzisierung der interfunktionalen Kooperation des Controllerbereichs. Hierauf aufbauend soll ein theoriebasiertes Messmodell zur empirischen Erhebung der Kooperation von Controllerbereich und Strategieabteilung entwickelt werden. Somit lautet die zweite Forschungsfrage dieser Untersuchung:

Forschungsfrage 2: Was bedeutet Kooperation von Controllerbereich und Strategieabteilung und wie kann diese als Konstrukt konzeptualisiert und operationalisiert werden?

Eine Kooperation des Controllerbereichs mit der Strategieabteilung ist aus Controllingsicht vor allem dann von Bedeutung, wenn diese für den Controllerbereich mit einem positiven Nettonutzen verbunden ist. Empirische Arbeiten der Marketingforschung zeigen, dass interfunktionale Kooperation häufig zu einer ansteigenden Leistungsqualität der Kooperationspartner führt.[22] Auch für den Controllerbereich gewinnt die Qualität der erbrachten Aufgaben

---

[22] Vgl. z. B. Maltz/Kohli (1996), S. 56; Morgan/Piercy (1998), S. 199.

zunehmend an Bedeutung.[23] Analog zum Vorgehen der Schnittstellenforschung soll daher auch in dieser Arbeit untersucht werden, ob und inwieweit sich die Güte der durch Controller erbrachten Leistungen durch eine Kooperation mit der Strategieabteilung steigern lässt. Zudem soll vor dem Hintergrund der Diskussion einer stärkeren strategischen Ausrichtung von Controllertätigkeiten überprüft werden, welcher Einfluss von einer Kooperation auf die Einbeziehung des Controllerbereichs in den Strategieprozess ausgeht. Die dritte Forschungsfrage der Untersuchung zur Wirkung kooperativen Verhaltens ergibt sich daher wie folgt:

Forschungsfrage 3: Welche Wirkung besitzt die Güte kooperativen Verhaltens von Controllerbereich und Strategieabteilung auf die Qualität der Controllerleistungen und die Nutzung der strategischen Rationalitätssicherungsleistungen des Controllerbereichs?

Abschließend ist davon auszugehen, dass die Güte der Kooperation von Controllerbereich und Strategieabteilung von Unternehmen zu Unternehmen variiert. Somit stellt sich die Frage, durch welche Faktoren die Qualität kooperativen Verhaltens beeinflusst wird. Hierzu sollen der kooperationsfördernde Einfluss ausgewählter organisatorischer Maßnahmen, die Wirkung bedeutender relationaler Faktoren, die Konsequenz einer Handlungsautonomie des Controllerbereichs sowie die Wirkung des jeweiligen Unternehmensumfelds analysiert werden. Die vierte Forschungsfrage lautet somit:

Forschungsfrage 4: Welche organisatorischen Determinanten beeinflussen die Güte der Kooperation von Controllerbereich und Strategieabteilung, welcher Effekt geht von ausgewählten relationalen Determinanten aus und welche Kooperationswirkung besitzen der Gestaltungsfreiraum des Controllerbereichs und die Unsicherheit der Unternehmensumwelt?

1.3 Gang der Untersuchung

Um das formulierte Forschungsziel zu erreichen, wird die Arbeit in sieben Hauptkapitel untergliedert, die sich im Kern an den einzelnen Forschungsfragen orientieren.

Im Anschluss an die Einleitung werden im *zweiten Kapitel* die Grundlagen für die Untersuchung gelegt. Hierzu wird zunächst das der Arbeit zugrundeliegende Controllingverständnis erläutert und darauf aufbauend der Controllerbereich vorgestellt. Anschließend wird auf den in der Arbeit verwendeten Strategiebegriff und die Strategieabteilung eingegangen. Auf-

[23] So zeigt Spillecke (2006), S. 184 ff., dass sich über eine höhere Qualität der Controllerleistungen die Nutzung der Leistungen durch den Manager sowie der Einfluss des Controllerbereichs im Unternehmen steigern lassen. Für eine direkte Wirkung der Qualität von Informationsleistungen auf den Einfluss des Controllerbereichs vgl. zudem Bauer (2002), S. 241.

bauend auf den in diesen Abschnitten erzielten Ergebnissen werden im nächsten Schritt mögliche Berührungspunkte zwischen Controllerbereich und Strategieabteilung aufgezeigt. Im umfangreichsten Teil des zweiten Kapitels wird darauf folgend der aktuelle Stand der Forschung dargelegt. Hierzu werden sowohl Arbeiten der interfunktionalen Schnittstellenforschung als auch Beiträge der Controlling- und Strategieliteratur herangezogen. Am Ende des zweiten Kapitels werden die theoretischen Bezugspunkte der Arbeit dargestellt und hinsichtlich ihres Erklärungsgehalts für die Untersuchung diskutiert.

Im *dritten Kapitel* werden die methodischen Grundlagen der empirischen Untersuchung vorgestellt. Hierzu werden zunächst der Ablauf der empirischen Erhebung und die Beschaffenheit der Datengrundlage beschrieben. Anschließend werden die im Rahmen der Datenanalyse zu verwendenden statistischen Verfahren bzw. Kriterien zur Validierung der Mess- und Strukturmodelle erläutert.

Als nächstes wird im *vierten Kapitel* der Begriff der Kooperation von Controllerbereich und Strategieabteilung inhaltlich präzisiert und in ein Messmodell überführt. Dies wird im Anschluss auf Basis der im dritten Kapitel beschriebenen Datengrundlage überprüft. Abschließend erfolgt eine deskriptive Auswertung der Datenbasis, die den Status quo der Kooperation von Controllerbereich und Strategieabteilung darlegt.

Im *fünften Kapitel* werden die Auswirkungen der Kooperation von Controllerbereich und Strategieabteilung betrachtet. Diese werden zunächst inhaltlich konzeptualisiert, operationalisiert und auf Basis der Gütekriterien einer umfangreichen Prüfung unterzogen. In einem weiteren Schritt werden Hypothesen abgeleitet und kausalanalytisch überprüft.

Das *sechste Kapitel* untersucht wesentliche Einflussfaktoren der Kooperation von Controllerbereich und Strategieabteilung. Unter Berücksichtigung der theoretischen Bezugspunkte und in Anlehnung an den Erkenntnisstand der interfunktionalen Schnittstellenforschung werden potenzielle unternehmensinterne und -externe Determinanten interfunktionaler Kooperation identifiziert. Diese werden in Messskalen überführt und empirisch validiert. Abschließend werden Hypothesen zum Einfluss der Determinanten auf die Kooperation von Controllerbereich und Strategieabteilung abgeleitet und kausalanalytisch überprüft.

Im *siebten Kapitel* werden die wesentlichen Erkenntnisbeiträge der Untersuchung zusammengefasst und die Implikationen der Arbeit für Forschung und Praxis dargelegt.

2 Grundlagen der Untersuchung

Im diesem Kapitel werden die notwendigen Grundlagen der Untersuchung vorgestellt. Hierzu werden zunächst das Controlling- und Strategieverständnis der Arbeit erläutert und der Controllerbereich sowie die Strategieabteilung charakterisiert (Abschnitte 2.1 und 2.2). Danach werden mögliche Berührungspunkte zwischen den beiden Abteilungen identifiziert und die Bedeutung kooperativen Verhaltens an der Schnittstelle erörtert (Abschnitt 2.3). Im Anschluss werden die Erkenntnisbeiträge der Schnittstellen-, Controlling- und Strategieforschung aufgeführt (Abschnitt 2.4). Das Kapitel schließt mit einer Darstellung der theoretischen Bezugspunkte der Untersuchung (Abschnitt 2.5).

2.1 Controllingverständnis der Arbeit

2.1.1 Der Begriff Controlling

Trotz mehr als vier Jahrzehnten Forschung mangelt es in der deutschsprachigen Betriebswirtschaftslehre an einer einheitlichen Definition des Controllingbegriffs.[24] Obwohl Fortschritte zur Ordnung der unterschiedlichen Ansätze erzielt wurden,[25] ist die Controllingliteratur noch immer durch ein „Definitionswirrwar"[26] gekennzeichnet. Mitunter wird auch von einem „Controlling-Dschungel"[27] gesprochen. BECKER (1990) stellt hierzu treffend fest: „Auch heute noch ist ... vielfach ein gewisses Rätselraten darüber vorzufinden, was Controlling ist [und] was es sein könnte."[28] Ähnlich bemerkt PREISSLER (2000): „Jeder hat seine eigene Vorstellung darüber, was Controlling bedeutet oder bedeuten soll, nur jeder meint etwas anderes."[29] In Anlehnung an WEBER (2004) lassen sich die bisher in der Controllingliteratur existierenden Ansätze in drei wesentliche Gruppen einteilen: Controlling als Informationsversorgung, Controlling als spezielle Form der Unternehmensführung und Controlling als Koordination der Unternehmensführung.[30]

Frühe Definitionsversuche heben insbesondere die *Informationsversorgungsfunktion des Controllings* hervor.[31] Als Beispiele sei hier auf die Definitionen von HOFFMANN (1972) und HEIGL (1978) verwiesen. So dient Controlling nach HOFFMANN (1972) dem Zweck

24 Vgl. David (2005), S. 12; Exner (2003), S. 42.
25 Vgl. Amshoff (1993), S. 1 ff.
26 Weber (2004), S. 22.
27 Amshoff (1993), S. 1.
28 Becker (1990), S. 296. Ähnlich Becker (2005), S. 11.
29 Preißler (2000), S. 12.
30 Vgl. Weber (2004), S. 22 ff. Ähnlich Serfling (1992), S. 20 ff.; Schmidt (1986), S. 4 ff.
31 Vgl. Weber (2004), S. 23.

der „Unterstützung der Steuerung der Unternehmung durch Information“[32]. HEIGL (1978) versteht unter Controlling die „Beschaffung, Aufbereitung und Prüfung von Informationen für deren Anwendung zur Steuerung der Betriebswirtschaft durch die Unternehmensleitung auf deren Ziel hin“[33].

Eine zweite Gruppe früher Ansätze versteht Controlling als eine *spezielle Form der Unternehmensführung*, der die konsequente Zielausrichtung der Unternehmung obliegt.[34] So setzt MANN (1973) den Begriff Controlling mit „Gewinnsteuerung“[35] gleich. Ähnlich definiert KRÜGER (1979) Controlling als „System aufeinander abgestimmter Maßnahmen, Prinzipien, Ziele, Methoden und Techniken, das der erfolgszielbezogenen systeminternen Steuerung und Kontrolle dient“[36]. Auch SIEGWART (1986) und HAHN (1987) betonen in ihren Definitionen den Steuerungs- und Überwachungscharakter der Controllingfunktion.[37]

Der dritte Typus von Definitionen stellt die *Koordinationsfunktion des Controllings* in den Vordergrund. Diese Sichtweise wurde maßgeblich von HORVÁTH geprägt, der in seinem Basisbeitrag aus dem Jahr 1978 Erkenntnisse der Systemtheorie auf das Controlling überträgt.[38] Demnach liegt der Kern des Controllings in der Koordination der unterschiedlichen Teilsysteme der Unternehmensführung. Diese beinhalten nach HORVÁTH das Informationssystem, das Planungs- und Kontrollsystem sowie das Controllingsystem, das den Koordinationsbedarf innerhalb der jeweiligen und zwischen den einzelnen Führungsteilsystemen deckt. Eine weitere Detaillierung erfuhr der Ansatz in den Folgejahren zunächst durch SCHMIDT (1986), der die von HORVÁTH aufgeführten Bereiche um das Organisations- und das Zielsystem als weitere Koordinationsobjekte ergänzt.[39] Diese Elemente wurden auch von KÜPPER (1987) übernommen und mit dem Personalführungssystem um eine zusätzliche Dimension erweitert.[40]

Wie dargestellt, besitzen alle drei Ansätze zahlreiche Anhänger in der Literatur. Dennoch ist es bisher keiner der vorgestellten Philosophien gelungen, sich als maßgeblicher Ansatz im

---

32 Hoffmann (1972), S. 85.

33 Heigl (1978), S. 2. Ähnlich Reichmann (1997), S. 3, der Controlling als „ Aktivitäten, die den Kommunikations- und Informationsverarbeitungsprozeß [sic!] betreffen“ versteht.

34 Vgl. Weber (2004), S. 25.

35 Mann (1973), S. 11.

36 Krüger (1979), S. 161.

37 Vgl. Hahn (1987), S. 6; Siegwart (1986), S. 109.

38 Vgl. grundlegend Horváth (1978), S. 194 ff. Für eine aktuelle Darstellung vgl. Horváth (2003).

39 Vgl. Schmidt (1986), S. 56 f.

40 Vgl. Küpper (1987), S. 97 f.

Sinne von „Generally Accepted Controlling Principles“[41] in der Controllingforschung zu etablieren. Dies mag insbesondere an den jedem Definitionsansatz inhärenten theoretischen Defiziten liegen. So wird beispielsweise der koordinationsorientierte Ansatz, der in der wissenschaftlichen Literatur als am stärksten theoretisch fundiert gilt,[42] besonders aufgrund seiner abgeleiteten Sichtweise des Controllings als Metaführung der Unternehmung stark kritisiert.[43] Zudem scheint dieser Ansatz auch für die Praxis problematisch, da er sich weit von den empirisch beobachtbaren Tätigkeiten von Controllern löst.[44]

Aufgrund dieser Kritik entwickeln WEBER/SCHÄFFER (1999b-c, 1998a-c) mit dem Rationalitätssicherungsansatz eine neue Controllingkonzeption.[45] Diese lässt in funktionaler Hinsicht eine Integration der zuvor vorgestellten Sichtweisen zu. Zudem erweitert der Rationalitätssicherungsansatz aus institutioneller Sicht den Kreis der potenziellen Träger der Controllingfunktion. Da der Ansatz auch der in der Praxis von Controllern wahrgenommenen Auffassung des Controllings am ehesten zu entsprechen scheint,[46] soll der Ansatz auch dieser Arbeit zugrundeliegen und im Folgenden kurz vorgestellt werden.

Die Hauptfunktion des Controllings besteht demnach in der *Sicherstellung der Rationalität der Führung*. Der Begriff der Rationalität wird hierbei als Zweckrationalität aufgefasst, die anhand einer effektiven Mittelverwendung bei gegebenen Zwecken ermittelt wird.[47] Rationales Verhalten wird anhand einer Art Soll-Fähigkeit gemessen. Diese ergibt sich nach WEBER (2000) beispielsweise aus den Erfahrungen der Märkte, durch die Wissenschaft oder durch einschlägige Gruppen von Fachleuten.[48] Ein Abweichen vom Soll verursacht einen Verlust an Rationalität. Rationalitätsdefizite können dabei sowohl durch mangelndes Können (Könnensdefizite) als auch durch mangelndes Wollen der Akteure (Wollensdefizite) ent-

41 Küpper/Weber/Zünd (1990), S. 282.

42 Vgl. Zenz (1999), S. 32 ff.; Küpper/Weber/Zünd (1990), S. 282 ff.

43 Für eine umfassende kritische Würdigung vgl. Weber/Schäffer (1999a), S. 3 ff.

44 Vgl. Weber (2004), S. 30. Auch Weber et al. (2006a), S. 31 ff. stellen in einer großzahligen Erhebung fest, dass das Koordinationsverständnis und die Wahrnehmung von Koordinationsaufgaben für Controller in der Praxis eher eine untergeordnete Bedeutung besitzen.

45 Vgl. hierzu und im Folgenden ausführlich Weber/Schäffer (1999b), Weber/Schäffer (1999c), Weber/Schäffer (1998a), Weber/Schäffer (1998b), Weber/Schäffer (1998c).

46 Vgl. hierzu Weber et al. (2006a), S. 29 ff.

47 Vgl. Weber/Schäffer/Prenzler (2001a), S. 26. Zum Rationalitätsbegriff vgl. auch ausführlich Weber/Schäffer/Langenbach (1999).

48 Vgl. hierzu und im Folgenden Weber (2000), S. 5 f. Die Soll-Vorstellungen des Handelns unterliegen hierbei einer ständigen Überprüfung und entwickeln sich weiter. Vgl. Weber (2000), S. 6.

stehen.[49] Das Ziel des Controllings besteht darin, die auftretenden Rationalitätsdefizite zu begrenzen.[50]

Rationalitätsdefizite können prinzipiell in jeder Phase eines idealtypischen Führungszyklus, der aus den Elementen Willensbildung, Willensdurchsetzung, Ausführung und Kontrolle besteht, auftreten.[51]

Der *Willensbildungsprozess* bezeichnet den Startpunkt des Führungszyklus. Das Ziel des Willensbildungsprozesses besteht in der Festlegung der betrieblichen Produktionsfunktion sowie der in ihr abgebildeten Zweck-Mittel-Relation. Dieser Prozess kann sowohl reflektiv auf Basis von Erfahrung und Informationssuche als auch intuitiv erfolgen.

Im Anschluss an die Willensbildung folgt die *Willensdurchsetzung*. In dieser Phase werden die einzelnen Aufgaben an die jeweils ausführenden Stellen übermittelt. In der Regel ist hierbei eine ganze Kette von Willensdurchsetzungs- bzw. -konkretisierungshandlungen erforderlich, um das Ergebnis der ursprünglichen Willensbildung praktisch realisieren zu können.

Die tatsächliche Umsetzung des gebildeten Willens erfolgt dann in der *Ausführungsphase*. Abgeschlossen wird der Führungszyklus durch die Phase der *Kontrolle*. In dieser Phase wird das Soll der Willensbildung mit dem Ist-Ergebnis der Ausführung verglichen. Die aus dem Abgleich von Soll und Ist generierten Erkenntnisse fließen schließlich über eine Feedbackschleife wieder in den Willensbildungs- bzw. Willensdurchsetzungsprozess ein.

In welcher der beschriebenen Phasen des Führungszyklus im Einzelfall Rationalitätsdefizite auftreten, hängt von den jeweils dominierenden Engpassfaktoren ab.[52] Die Rationalitätssicherungsfunktion des Controllings wird somit abhängig vom Unternehmenskontext und den damit einhergehenden Rationalitätsdefiziten.[53] Diese kontextspezifische Sichtweise ermöglicht die Integration der vorher beschriebenen Controllingansätze in den Rationalitätssicherungsansatz.

---

49 Vgl. Weber (2004), S. 39 f.

50 Maßnahmen zur Rationalitätssicherung sind immer dann zu ergreifen, wenn die Kosten der Maßnahmen geringer sind als der Nutzen der Rationalitätssicherung. Vgl. Weber (2000), S. 5.

51 Vgl. hierzu und im Folgenden Weber/Schäffer (1998b), S. 15 f. Daneben finden sich in der Literatur auch andere Strukturierungsansätze für den Führungszyklus. So unterscheiden Hahn/Hungenberg (2001), S. 36, die Phasen Willensbildung mit den Elementen Problemerkennung, Alternativensuche, Beurteilung und Enscheidung sowie Willensdurchsetzung mit den Bestandteilen Veranlassung und Überwachung der Durchführung.

52 Ausführliche Beschreibungen potenzieller Rationalitätsdefizite im Führungszyklus finden sich z. B. bei Bauer (2002), S. 38 f.; Langenbach (2001), S. 63 ff.; Weber/Schäffer (1998a), S. 5 ff.

53 Vgl. hierzu und im Folgenden Weber (1999), S. 466 f.; Weber/Schäffer (1999b), S. 740 ff.

So entstand, der Argumentation von WEBER/SCHÄFFER folgend, der Ansatz des Controllings als Informationsversorgungsfunktion in einer Zeit, in der die Versorgung der Unternehmensführung mit führungsrelevanten Informationen in vielen Unternehmen als problematisch galt. Demgegenüber zielt die zweite Controllingauffassung – Controlling als spezielle Form der Unternehmensführung – auf die Notwendigkeit einer systematischen Zielplanung sowie die Geschlossenheit von Planung und Kontrolle ab. Als Folge umweltbedingten Veränderungsdrucks betont der koordinationsorientierte Ansatz schließlich die dynamische Abstimmung der einzelnen Teilbereiche des Führungssystems als Hauptaufgabe des Controllings.

Neben der Integration der traditionellen Controllingkonzeptionen leistet der Rationalitätssicherungsansatz zudem einen Beitrag zur institutionellen Ausgestaltung der Controllingfunktion. So erweitern WEBER/SCHÄFFER den Kreis der potenziellen Träger der Controllingfunktion.[54] Hauptträger des Controllings bleiben jedoch Controller bzw. der Controllerbereich.[55] Letzterer steht im Mittelpunkt dieser Untersuchung und soll im Folgenden einer näheren Betrachtung unterzogen werden.

2.1.2 Der Begriff Controllerbereich

Der Begriff des Controllerbereichs findet sich in zahlreichen Beiträgen zur institutionellen Gestaltung der Controllingfunktion, ohne dort einheitlich definiert und verwendet zu werden.[56] Auch in der Praxis scheint der Begriff erklärungsbedürftig. So wird in Unternehmen vielfach auf „das Controlling" verwiesen, wenn der Controllerbereich gemeint ist.[57] Ebenso sind die Aufgaben, die Controller übernehmen sollen, nicht immer klar definiert.[58] Diese definitorischen Probleme bedingen für die vorliegende Untersuchung eine inhaltliche Präzisierung des Controllerbereichs.

Hierzu soll der Definition von DAVID (2005) gefolgt werden, der als Controllerbereich diejenige organisatorische Einheit innerhalb eines Unternehmens bezeichnet, „die die Mitarbeiter mit der Bezeichnung ‚Controller' umfasst, d. h. alle diejenigen Mitarbeiter, die in einer Abteilung ‚Controlling' organisiert sind."[59] Der Controllerbereich stellt somit eine eigenständige

---

[54] Vgl. Weber/Schäffer (1999b), S. 743. Für eine ausführliche Darstellung alternativer interner und externer Träger der Rationalitätssicherungsfunktion vgl. auch Langenbach (2001), S. 105 f.

[55] Vgl. Küpper (2005), S. 1; Weber (2004), S. 45; Weber/Schäffer (1999b), S. 743.

[56] Vgl. z. B. David (2005), S. 12; Horváth (2003), S. 831 ff.

[57] Vgl. Spillecke (2006), S. 12.

[58] Vgl. Herzog (1999), S. 1. Ähnlich Preißler (2000), S. 28: „Welche Aufgaben und Funktionen der Controller zu erfüllen hat, kann nicht einheitlich festgelegt werden, sondern ist auf den Einzelfall abzustellen."

[59] David (2005), S. 12. Ähnlich Stoffel (1995), S. 19.

und organisatorisch abgegrenzte Abteilung dar.[60] In den einzelnen Unternehmen kann die organisatorische Ausgestaltung dieser Abteilung durchaus variieren.[61] So existieren insbesondere in größeren Unternehmen neben zentralen Controllerbereichen auf Konzernebene auch dezentrale Controllerbereiche auf Bereichs- bzw. Funktionsebene. Die konkrete Ausgestaltung dieser Controllerbereichsorganisation richtet sich nach der jeweiligen Managementorganisation und dem im Unternehmen vorherrschenden Führungsverständnis.

Kleinere Unternehmen besitzen dagegen meist nur einen kleinen oder – bei zu geringer Unternehmensgröße – gar keinen Controllerbereich.[62] Die Controllingfunktion wird in diesem Fall ausschließlich von anderen Aufgabenträgern, z. B. den Managern oder auch externen Akteuren[63], wahrgenommen.

Die Aufgaben, die der Controllerbereich in der Unternehmenspraxis übernimmt, werden in der Literatur als Controllership bezeichnet.[64] Diese lehnt sich stark an die oben vorgestellten Konzeptionen des Controllings an.[65] Klassischerweise werden Controlleraufgaben daher in die Bereiche Informationsversorgung, Planung, Kontrolle und Sonstige Tätigkeiten unterteilt.[66] Eine alternative Gliederung findet sich bei WEBER (2004).[67] Dieser untergliedert Controllertätigkeiten zunächst in Entlastungs-, Ergänzungs- und Begrenzungsaufgaben, um darauf aufbauend eine Zweiteilung in Führungsunterstützungs- und Rationalitätssicherungsaufgaben vorzunehmen. Aufgrund der Relevanz der einzelnen Gliederungsansätze für die vorliegende Arbeit sollen die jeweiligen Strukturierungsraster nachfolgend kurz vorgestellt werden.

In Anlehnung an die Informationsversorgungsfunktion des Controllings stellt die Übernahme der *Informationsversorgung* eine wesentliche Controlleraufgabe dar.[68] Diese lässt sich in Anlehnung an AMSHOFF (1993) zum einen in system- und prozessorientierte Tätigkeiten differenzieren.[69] Erstere dienen der Entwicklung und dem Betrieb des Informationsversorgungs- bzw. Berichtssystems, während letztere den Prozess der Informationsversorgung – von

60 Vgl. David (2005), S. 12.
61 Die Gestaltung der Controllerorganisation wird intensiv diskutiert. Vgl. hierzu und im Folgenden z. B. Küpper (2005), S. 513 ff.; Weber (2004), S. 573 ff.; Horváth (2003), S. 831 ff.
62 Vgl. Spillecke (2006), S. 13; Horváth (2003), S. 837; Herzog (1999), S. 41.
63 Dies können z. B. externe Servicecenter oder Berater sein. Vgl. Schneider (1993), S. 198 f.
64 Vgl. Weber (2004), S. 5.
65 Vgl. Spillecke (2006), S. 13.
66 Vgl. Weber (2004), S. 15 ff. Ähnlich Hahn/Hungenberg (2001), S. 929; Serfling (1992), S. 21.
67 Vgl. Weber (2004), S. 41 ff. Vgl. hierzu auch David (2005), S. 52 ff.; Weber/Schäffer/Prenzler (2001a), S. 28; Weber/Schäffer/Prenzler (2001b), S. 5 ff.
68 Detaillierte Ausführungen zur Informationsversorgungsfunktion finden sich z. B. bei Küpper (2005), S. 127 ff.; Weber (2004), S. 99 ff.; Horváth (2003), S. 345 ff.; Schmidt (1995), S. 110 ff.
69 Vgl. hierzu und im Folgenden Amshoff (1993), S. 267. Ähnlich Horváth (2003), S. 347; Küpper (2001), S. 110.

der Analyse des Informationsbedarfs über die Suche und Aufbereitung bis hin zur Speicherung und Übermittlung von Informationen – umfassen. Zum anderen lässt sich die Informationsversorgungsaufgabe inhaltlich in die Bereitstellung unternehmens- und marktbezogener sowie monetärer und nichtmonetärer Daten untergliedern.[70] Insbesondere die Bereitstellung unternehmensbezogener und monetärer Daten gilt als Kernaufgabe von Controllern.[71] Für die Beschaffung und Bereitstellung qualitativer Informationen sowie von Markt- und Branchendaten werden ihnen dagegen deutlich weniger Kompetenzen zugeschrieben.[72]

Neben der Informationsversorgung besteht eine weitere Hauptaufgabe von Controllern in der Wahrnehmung von *Planungstätigkeiten*.[73] Diese lassen sich in Aufgaben der Planungsunterstützung einerseits und des Planungsmanagements andererseits untergliedern.[74] Planungsunterstützung bezeichnet die Übernahme von inhaltlichen Planungsaufgaben und beinhaltet vor allem die Suche und Aufbereitung entscheidungsrelevanter Informationen, die Erarbeitung von Entscheidungsalternativen, die Bewertung vorliegender Entscheidungsalternativen sowie die Vorabstimmung von Lösungen. Das Planungsmanagement zielt demgegenüber auf die Gestaltung und Koordination der unternehmensinternen Planungssysteme ab. Dies kann durch den Entwurf und Betrieb der Planungssysteme, die methodische und instrumentelle Unterstützung der Planer sowie die Unterstützung des Planungsablaufes geschehen.

Neben einer Unterscheidung in Unterstützungs- und Managementaufgaben können Planungstätigkeiten zudem inhaltlich in die operative Planung, die Mittelfristplanung und die strate-

---

70 Vgl. Spillecke (2006), S. 156; Amshoff (1993), S. 273. Insbesondere für die strategische Planung besteht die Notwendigkeit, sowohl unternehmensinterne als auch -externe Informationen heranzuziehen. Vgl. Welge/Al-Laham (2003), S. 187 ff.; Hahn (1991), S. 136.

71 Vgl. David (2005), S. 146; Weber/Schäffer (2000), S. 179; Herzog (1999), S. 79; Serfling (1992), S. 334 f.

72 Vgl. Weber (2005), S. 53; Homburg (2001), S. 429; Herzog (1999), S. 81; Weber (1994b), S. 334 f.; Serfling (1992), S. 335.

73 Der Begriff der Planung ist in der betriebswirtschaftlichen Literatur trotz häufiger Verwendung ein unscharfer Begriff. Vgl. hierzu Hamprecht (1996), S. 286 ff.; Szyperski (1974), S. 670 f. Trotz unterschiedlicher Definitionen findet sich in der Literatur ein Konsens über wesentliche Planungsmerkmale. Vgl. Goeldel (1997), S. 10. Planung beinhaltet demnach als zentrales Merkmal die aktive Gestaltung der Zukunft. Vgl. Gutenberg (1952), S. 675 f. Eine umfassendere Definition findet sich bei Bircher (1989), Sp. 150, der Planung als „systematischen, informationsverarbeitenden, von Führungskräften getragenen und soziale Interaktionsprozesse einschließenden Prozeß der qualitativen, quantitativen und zeitlichen Bestimmung zukünftiger Ziele, Mittel und Verfahren zur mittelbaren Gestaltung und Lenkung des operationellen Systems“ bezeichnet. Ähnlich Horváth (2003), S. 168; Reihlen (1997), S. 11 f.; Hamprecht (1996), S. 286 ff.; Szyperski/Winand (1980), S. 4 f.

74 Vgl. hierzu und im Folgenden Weber/Schäffer/Prenzler (2001b), S. 6 f. Ähnlich Horváth (2003), S. 199 ff.; Küpper (2001), S. 69; Amshoff (1993), S. 249; Szyperski/Müller-Böling (1984), S. 125 ff.

gische Planung gegliedert werden.[75] Controller übernehmen vor allem operative Aufgaben im Rahmen der kurzfristigen Planung und Budgetierung.[76] Tätigkeiten der strategischen Planung werden hingegen nur teilweise als Controlleraufgaben angesehen. So werden Controllern zwar Kompetenzen im Rahmen der strategischen Unternehmensanalyse,[77] der monetären Bewertung von strategischen Maßnahmen[78] sowie der Überprüfung und Umsetzung von formulierten Strategien in operative Pläne zugesprochen.[79] Ihre Fähigkeiten zur Durchführung von marktbezogenen Analysen und zur innovativen Strategieentwicklung werden dagegen häufig infrage gestellt.[80]

Ein dritter, häufig von Controllern wahrgenommener Tätigkeitsbereich umfasst die Übernahme von *Kontrollaufgaben*.[81] In Anlehnung an SCHÄFFER (2001) lassen sich hinsichtlich des Umfangs wahrzunehmender Kontrolltätigkeiten drei Verständnisse unterscheiden.[82] In einer sehr engen Definition kann Kontrolle als „die Gegenüberstellung von Werten mit Feststellung einer möglichen Abweichung"[83] interpretiert werden. Eine zweite Gruppe von Definitionen fasst den Kontrollbegriff weiter und bezieht auch Tätigkeiten der Abweichungsanalyse ein. In einer letzten Gruppe wird dem Aufgabenkanon der Kontrolle auch die Ableitung ggf. erforderlicher Anpassungsmaßnahmen zugeordnet.[84] Im Rahmen dieser Arbeit wird das zweite Kontrollverständnis vertreten.[85] Die Unterbreitung von Anpassungsvorschlägen wird

---

75 Vgl. Küpper (2005), S. 86 f.; Hahn/Hungenberg (2002), S. 96; Eschenbach/Niedermayr (1996), S. 73. Trotz der sachlogischen Trennung stehen die einzelnen Planungsebenen in einem engen Zusammenhang. So dienen die Vorgaben der strategischen Planung als Rahmen für die taktische und operative Planung. Vgl. Günther (2002), S. 1903; Bachmann (1995), S. 60; Töpfer/Afheldt (1987), S. 41. Operative Planungsinformationen liefern zudem wichtige Rückschlüsse für die strategische Planung. Vgl. Hans/Warschburger (1996), S. 53; Mann (1979/1987), S. 39.

76 So stellen Stoffel (1995), Niedermayr (1994) und Amshoff (1993) in ihren Arbeiten eine hohe Bedeutung operativer Planungsaktivitäten im Vergleich zur strategischen Planung fest. Vgl. hierzu und im Folgenden Stoffel (1995), S. 155; Niedermayr (1994), S. 215; Amshoff (1993), S. 308 ff. Ähnlich Weber et al. (2006a), S. 25, die in ihrer empirischen Studie lediglich in 26 % der befragten Controllerbereiche Spezialisten für strategische Aufgaben identifizieren.

77 Vgl. Steinle (2003b), S. 372; Steinle/Bruch (2003), S. 375; Langguth (1994), S. 108.

78 Vgl. David (2005), S. 146 und 148; Weber (2005), S. 40.

79 Vgl. Weber (2005), S. 9; Langguth (1994), S. 165 ff.; Niedermayr (1994), S. 84; Hahn (1991), S. 137; Weber (1990), S. 25.

80 Vgl. David (2005), S. 146; Weber (2005), S. 23; Mosiek (2002), S. 21; Weber/David/Prenzler (2001), S. 26; Weber (1994b), S. 335; Pfohl/Zettelmeyer (1987), S. 158 f.

81 Vgl. Küpper (2005), S. 190; Weber (2004), S. 352 ff.

82 Vgl. hierzu und im Folgenden Schäffer (2001), S. 13 ff. Ähnlich Osterloh (1974), S. 11. Demgegenüber nehmen Amshoff (1993), S. 259 ff., und Gaydoul (1980), S. 131 f., eine andere Unterteilung vor und gliedern Kontrollaufgaben ähnlich zur Planung in inhalts-, prozess-, system- und formenorientierte Teilaufgaben.

83 Schäffer (2001), S. 14.

84 Vgl. ausführlich Weber (2004), S. 352 ff.

85 Ähnlich Spillecke (2006), S. 15.

somit nicht mehr als Kontrolltätigkeit, sondern als Beratungsaufgabe des Controllerbereichs aufgefasst.[86]

Hinsichtlich des Betrachtungsobjekts lassen sich Kontrollen zudem analog zur Planung in operative und strategische Kontrollen unterteilen.[87] Operative Durchführungs- und Ergebniskontrollen gelten in der Regel als Kernaufgaben des Controllerbereichs.[88] Unter strategischen Kontrollen werden Durchführungs und Prämissenkontrollen sowie die ungerichtete strategische Überwachung subsumiert.[89] Diese Aufgaben sind hinsichtlich ihrer Wahrnehmung durch Controller differenziert zu betrachten.[90] So besteht für sie die Möglichkeit, ihre aus der operativen Kontrolle resultierenden Kenntnisse auch im Rahmen der strategischen Durchsetzungskontrolle einzusetzen. Demgegenüber mangelt es vielen Controllern an den notwendigen Fähigkeiten zur Durchführung der strategischen Prämissenkontrolle und der strategischen Überwachung.[91]

Die vorgestellte Untergliederung von Controlleraufgaben wird durch *Sonstige Tätigkeiten* abgerundet. Diese umfassen vor allem nicht regelmäßig durchzuführende Sonderaufgaben wie z. B. das Risikomanagement, Projektcontrolling oder die Durchführung interner Beratungsprojekte.[92] Bei letzteren kann der Controller einen aktiven Part sowohl in der Erarbeitung von Lösungs- und Verfahrenskonzepten als auch in der Implementierung der erarbeiteten Maßnahmen übernehmen.[93]

Neben dieser traditionellen Gliederung lassen sich Controllertätigkeiten in Abhängigkeit der jeweiligen Rationalitätsdefizite in Entlastungs-, Ergänzungs- und Begrenzungsaufgaben unterteilen.[94]

---

86 Zum Beratungscharakter der Unterbreitung von Anpassungsmaßnahmen vgl. auch Weber (2004), S. 356; Weber/Schäffer/Prenzler (2001b), S. 9.

87 Vgl. Niedermayr (1994), S. 103 ff.

88 Vgl. Weber (2005), S. 42; Weber (2004), S. 356. Vgl. empirisch auch Niedermayr (1994), S. 215.

89 Vgl. Hasselberg (1989), S. 97 ff.; Schreyögg/Steinmann (1985), S. 401 ff.

90 Vgl. hierzu und im Folgenden Weber (2005), S. 42 ff.

91 Auch Roll (2004), S. 200, stellt als Ergebnis seiner fallstudienbasierten Untersuchung fest, dass Controller sich vor allem dann als Träger der strategischen Frühaufklärung eignen, wenn diese schwerpunktmäßig auf quantitativen Kriterien (Frühaufklärung der zweiten Generation) basiert. Werden eher qualitative Indikatoren (Frühaufklärung der dritten Generation) verwendet, bietet sich der Einsatz von Controllern hingegen nicht an. Demgegenüber fordern Biel/Horváth/Kaufmann (2003), S. 61, dass Controller als „Radarstation zur Früherkennung notwendiger Veränderungen" in jedem Fall auch die ungerichtete strategische Überwachung übernehmen.

92 Vgl. Spillecke (2006), S. 15. Zur Rolle des Controllers als interner Berater vgl. auch Caroli (2006), S. 232 f.

93 Vgl. Weber (2004), S. 552; Weber/Schäffer/Prenzler (2001b), S. 9.

94 Vgl. David (2005), S. 52 ff.; Weber (2004), S. 41 ff. Ähnlich Weber/Schäffer/Prenzler (2001a), S. 28 ff.; Weber/Schäffer/Prenzler (2001b), S. 5 ff.

Entlastungsaufgaben sind Tätigkeiten, die durch den Manager vollständig beurteilt werden können und deshalb zwecks besserer, schnellerer oder günstigerer Erfüllung an den Controller delegiert werden.[95] Hierdurch stehen dem jeweiligen Manager höhere Kapazitäten zur Wahrnehmung seiner Entscheidungsverantwortung zur Verfügung.[96] Controller übernehmen eine Art Zuliefer- und Servicefunktion.[97] Typische Leistungen der Entlastung bestehen allgemein in der Wahrnehmung zeitlich aufwendiger Aktivitäten wie dem Sammeln, Analysieren und Aufbereiten von Informationen.[98] Entlastungsleistungen dienen somit der „Verminderung von quantitativen oder qualitativen Könnensdefiziten eines Akteurs“[99].

Im Gegensatz hierzu zeichnen sich *Ergänzungsaufgaben* dadurch aus, dass der Manager diese „nicht in toto hinsichtlich Umfang, Inhalt und Ergebnis einzuschätzen“[100] vermag. Ergänzungsleistungen haben deshalb insbesondere die Verminderung von qualitativen Könnensdefiziten eines Managers zum Ziel.[101] Es können zwei Typen von Ergänzungsleistungen unterschieden werden. Im ersten Fall sind dem Manager die Notwendigkeit und der Nutzen einer ergänzenden Perspektive des Controllers bewusst. Er konsultiert aus eigenem Antrieb einen Controller, um eine alternative Meinung einzuholen. Im zweiten Fall wird der Controller durch einen hierarchisch übergeordneten Manager beauftragt, die Rationalität eines anderen Akteurs durch das Erbringen von Ergänzungsleistungen zu sichern.[102]

Der Begriff der Ergänzungsleistung umfasst nach WEBER/SCHÄFFER/PRENZLER (2001a, b) in beiden Fällen Tätigkeiten des Controllers als „Kritischer Counterpart“ oder als interner Berater des Managements.[103] Die Rolle des Counterparts besteht hierbei im differenzierten, konstruktiven Herausfordern und Hinterfragen des Managements mit dem Ziel, fehlerhafte Annahmen, Planungen oder Bewertungen aufzudecken und zu korrigieren. In der Funktion des internen Beraters wirkt der Controller aktiv an der Erarbeitung von betriebswirtschaftlichen Lösungen mit. Als typische Aufgabe hierzu lässt sich die Erarbeitung von An-

---

95 Vgl. Weber (2004), S. 41.
96 Vgl. Weber/Schäffer/Prenzler (2001b), S. 5.
97 Vgl. Weber (2004), S. 41. Ähnlich Serfling (1992), S. 25; Küpper/Weber/Zünd (1990), S. 282 f.; Schmidt (1986), S. 44.
98 Vgl. David (2005), S. 54; Weber/Schäffer/Prenzler (2001b), S. 5.
99 David (2005), S. 53.
100 Weber (2002), S. 33.
101 Vgl. hierzu und im Folgenden David (2005), S. 54.
102 Kunde und Objekt der Rationalitätssicherung stimmen in diesem Fall nicht überein. Vgl. David (2005), S. 55.
103 Vgl. hierzu und im Folgenden Weber/Schäffer/Prenzler (2001a), S. 30 ff.; Weber/Schäffer/Prenzler (2001b), S. 7 ff.

passungsmaßnahmen als Antwort auf festgestellte Soll-Ist-Abweichungen im Rahmen der Kontrolltätigkeit auffassen.

Begrenzungsaufgaben haben demgegenüber zum Ziel, „Rationalitätsdefizite aufgrund von ‚Wollensproblemen' eines Akteurs zu verhindern oder einzuschränken."[104] Begrenzungsaufgaben können auch als Sonderfall der Ergänzung aufgefasst werden. Der Controller tritt in diesem Fall als „Kritischer Counterpart" in Form eines „Hüters der ökonomischen Moral"[105] auf. Die Ausübung dieser Funktion wird immer dann notwendig, wenn der Manager aufgrund von Opportunismusgedanken bestrebt ist, eine aus Unternehmenssicht irrationale Handlung durchzuführen oder eine sinnvolle Tätigkeit zu unterlassen – wohl wissend, dass dieses Verhalten nicht im Sinne des Unternehmens ist.[106]

Der Übergang von Entlastungs-, Ergänzungs- und Begrenzungsaufgaben ist fließend.[107] So kann „ein und dieselbe Aufgabe .. in eine[m] Fall Entlastung, im anderen Fall Ergänzung [und] im dritten Fall Begrenzung bedeuten."[108] Insbesondere Ergänzungs- und Begrenzungsaufgaben zeichnen sich durch eine hohe inhaltliche Nähe aus und unterscheiden sich lediglich durch das Vorliegen eines Könnens- bzw. eines Wollensdefizits seitens des Managers.[109] Aufgrund dieser Abgrenzungsschwierigkeiten nimmt WEBER (2004) eine weitere Unterteilung der Controllertätigkeiten in Führungsunterstützungsaufgaben i. e. S. und Rationalitätssicherungsaufgaben vor.[110]

Führungsunterstützung i. e. S. beinhaltet demnach die „Tätigkeiten, die der Manager für die Lösung eines Führungsproblems an den Controller übergibt, bevor er selbst zu einem Urteil kommt."[111] Als delegierbare Leistungen werden hierbei die traditionellen operativen Controlleraufgaben im Rahmen der Informationsversorgung, der Planung und der Kontrolle aufgefasst, die primär der Entlastung des Managers dienen.[112]

Aufgaben der *Rationalitätssicherung* beinhalten demgegenüber die Tätigkeiten des Controllers als Berater und seine Rolle als „Kritischer Counterpart".[113] Letztere kann entweder im

---

104 David (2005), S. 56.
105 Weber (2002), S. 34.
106 Vgl. David (2005), S. 57.
107 Vgl. Weber (2004), S. 42.
108 Weber (2002), S. 36.
109 Vgl. Spillecke (2006), S. 154.
110 Vgl. Weber (2004), S. 43 f.
111 Weber (2004), S. 43.
112 Vgl. Spillecke (2006), S. 154 ff. Ähnlich Weber/Schäffer/Prenzler (2001a), S. 28 ff.
113 Vgl. auch Spillecke (2006), S. 158; Weber/Schäffer/Prenzler (2001a), S. 30 ff.; Weber/Schäffer/Prenzler (2001b), S. 7 ff.

Auftrag des betroffenen Managers als Ergänzung erfolgen oder als Begrenzung des Managers von einer hierarchisch höhergestellten Instanz angeordnet werden.[114]

Die Zweiteilung in Führungsunterstützung i. e. S. und Rationalitätssicherung ermöglicht damit eine inhaltliche Verbindung der beiden zuvor dargestellten Gliederungen von Controlleraufgaben. Zudem wurde diese Unterteilung von SPILLECKE (2006) empirisch konzeptualisiert und operationalisiert.[115] Aufgrund dessen sollen die Tätigkeiten des Controllerbereichs auch in der vorliegenden Arbeit in Aufgaben der Führungsunterstützung i. e. S. und der Rationalitätssicherung untergliedert werden.

2.2 Strategieverständnis der Arbeit

2.2.1 Der Begriff Strategie

Ähnlich dem Controlling ist auch die Strategie bereits seit einigen Jahrzehnten Gegenstand einer Vielzahl von Veröffentlichungen in der betriebswirtschaftlichen Literatur.[116] Strategische Entscheidungen gelten als die wichtigsten Entscheidungen der Unternehmung.[117] Eine Strategie zeichnet sich insbesondere durch folgende Merkmale aus:[118]

- Sie befasst sich mit Themen, die für die grundsätzliche Richtung der Unternehmensentwicklung von maßgeblicher Bedeutung und längerfristig gültig sind.
- Sie verfolgt das Ziel, durch den Aufbau von Wettbewerbsvorteilen den langfristigen Erfolg der Unternehmung zu sichern.
- Sie bestimmt durch die Vorgabe der Positionierung eines Unternehmens im Markt sowie der Ausgestaltung der Ressourcen die externe und interne Ausrichtung des Unternehmens.
- Sie befasst sich mit dem Aufbau von „Erfolgspotential[en]“[119]. Diese sind Voraussetzung, um später Erfolg im Rahmen operativer Tätigkeiten realisieren zu können.
- Sie wird vornehmlich aus einer übergreifenden Perspektive heraus vom Top-Management für das ganze Unternehmen entwickelt.

---

114 Vgl. Weber (2004), S. 43 f.

115 Vgl. hierzu ausführlich Spillecke (2006), S. 154 ff.

116 Der Ausdruck „Strategie“ stammt ursprünglich von den griechischen Worten „stratos“ (Heer) und „agein“ (führen) ab und bezeichnet die Kunst, ein Heer zu führen. Vgl. Bea/Haas (2001), S. 50. Die Übertragung aus dem militärischen Gebrauch in die Wirtschaftswissenschaften erfolgte erstmals im Rahmen der Spieltheorie durch von Neumann/Morgenstern (1961). Der Strategiebegriff im heutigen Management-Kontext wurde insbesondere durch die frühen Publikationen der 60er und frühen 70er Jahre geprägt. Als grundlegende Autoren sind hierbei Andrews (1971), Ansoff (1965) sowie Chandler (1962) zu nennen.

117 Vgl. Zahn/Schön (2003), S. 167 ff.; Beinhocker/Kaplan (2002), S. 49; Hoffmann/Niedermayr/Risak (1996), S. 13; Löffler (1995), S. 115; Antoni/Riekhof (1994), S. 111; Weber (1994a), S. 1787.

118 Vgl. im Folgenden David (2005), S. 20; Hungenberg (2000), S. 5 f.; Töpfer/Afheldt (1987), S. 3. Ausführliche Erläuterungen des Strategiebegriffs finden sich auch bei Hammer (1998), S. 53 f.

119 Gälweiler (1976), S. 368. Zur Definition und Abgrenzung der Begriffe „Erfolg“ und „Erfolgspotenzial“ vgl. ausführlich Gälweiler (1976), S. 363 ff.

Trotz dieser grundlegenden Eigenschaften existieren in der betriebswirtschaftlichen Literatur unterschiedliche Auffassungen zum Verständnis und zur Gestaltung von Strategien.[120] Bereits KLAUS (1987) verwendet – analog zum dargestellten Ausdruck des „Controlling-Dschungel[s]“[121] – den Begriff eines „Strategie-Theorien-Dschungel[s]“[122] und stellt fest: „‚Strategisches Management‘ und ‚Strategie‘ gehören zu den meistgebrauchten, aber auch diffusesten Begriffen der aktuellen Management-Praxis und betriebswirtschaftlichen Diskussion.“[123] Ähnlich merken RALL/KÖNIG (2005) in einer aktuellen Publikation an: „Die Diskussionen über ‚richtige‘ Strategien und Strategieentwicklung ... leiden darunter, dass in verschiedenen Begriffswelten diskutiert wird.“[124] Die im Rahmen dieser Arbeit vorzunehmende definitorische Abgrenzung des Begriffs der Strategieabteilung bedingt daher zunächst eine inhaltliche Präzisierung des zugrundeliegenden Strategiebegriffs.

In Anlehnung an WELGE/AL-LAHAM (2003) lassen sich die in der Literatur diskutierten Auffassungen des Strategiebegriffs in zwei grundlegende Gruppen einteilen: ein klassisch rational-planerisches Strategieverständnis und eine emergente Strategieauffassung.[125]

Die Vertreter des *klassisch rationalen Ansatzes* verstehen eine Strategie als „geplantes Maßnahmenbündel der Unternehmung zur Erreichung ihrer langfristigen Ziele“[126]. Eine Strategie ist nach dieser Auffassung das Resultat eines bewussten, rationalen Planungsprozesses. Sie stellt eine Konkretisierung der grundlegenden Philosophie bzw. Mission der Unternehmung dar und dient als Vorlage für operative Maßnahmen bzw. Programme. Eine Strategie besteht aus zahlreichen aufeinander abgestimmten Einzelentscheidungen. Diese zielen auf die Erlangung eines dauerhaften Vorteils des Unternehmens im Wettbewerb ab. Ein Wettbewerbsvorteil ergibt sich hierbei aus einer möglichst vorteilhaften Positionierung des Unter-

---

120 Vgl. Welge/Al-Laham (2003), S. 8; Hinterhuber (1990), S. 28 ff. So unterscheiden Hax/Majluf (1996), S. 2 ff., neun verschiedene Beschreibungen für den Strategiebegriff. Ein noch umfassenderer Überblick findet sich bei Mintzberg/Ahlstrand/Lampel (1998), S. 23 ff. Diese unterscheiden in ihren Ausführungen zwischen zehn Strategieschulen. Ähnlich Mintzberg/Lampel (1999), S. 21 ff.

121 Amshoff (1993), S. 1.

122 Klaus (1987), S. 50.

123 Klaus (1987), S. 50.

124 Rall/König (2005), S. 15.

125 Vgl. hierzu und im Folgenden Welge/Al-Laham (2003), S. 13 ff.

126 Welge/Al-Laham (2003), S. 13. Ähnlich Bea/Haas (2001), S. 50. Der Ursprung des rationalen Planungsansatzes geht in der anglo-amerikanischen Strategieliteratur insbesondere auf die Arbeiten von Ansoff (1965) und Chandler (1962/2001) zurück. Insbesondere die Strategiedefinition von Chandler (1962/2001) findet sich in modifizierter Form in vielen anglo-amerikanischen Publikationen wieder. Demnach lässt sich eine Strategie definieren als „the determination of the basic long-term goals and objectives of an enterprise, and the adoption of courses of action and the allocation of resources necessary for carrying out these goals.“ Chandler (1962/2001), S. 23.

nehmens mit seinen Ressourcen gegenüber seinem Umfeld. Hierzu muss sich das Unternehmen vor allem aus der Sicht des Kunden positiv von seinen Konkurrenten abheben.

Im Gegensatz hierzu sind Strategien nach dem *emergenten bzw. evolutorischen Verständnis* nicht vollständig geplant, sondern das Resultat rationaler Maßnahmen und ungeplant eintretender Entwicklungen.[127] Die Entwicklung einer Strategie kann nach diesem Verständnis sowohl bewusst als auch unbewusst erfolgen. Nur in seltenen Fällen sind Strategien und ihre Umsetzung das Resultat eines intendierten, rationalen Prozesses. Stattdessen lässt sich häufig erst im Zeitablauf eine Strategie erkennen. Diese ergibt sich aus dem kohärenten Muster an Einzelhandlungen, das jedoch im Unterschied zum klassischen Verständnis nicht durch einen formalen Rahmenplan vorgegeben ist. MINTZBERG (1989) stellt hierzu fest: „Strategies grow like weeds in a garden. They take roots in all kind of places, wherever people have the capacity to learn … and the resources to support that capacity."[128] Möglichkeiten, den Strategieprozess zu beeinflussen, ergeben sich – im Unterschied zum klassischen Verständnis – vor allem indirekt durch die Bereitstellung der notwendigen Ressourcen bzw. den Aufbau einer geeigneten Unternehmenskultur.[129]

In der vorliegenden Untersuchung soll die Kooperation des Controllerbereichs mit der Strategieabteilung untersucht werden. Hierzu sind die von Mitarbeitern der Strategieabteilung erbrachten Aufgaben zu ermitteln und in Beziehung zu den Tätigkeiten des Controllerbereichs zu setzen. Als Strukturierungsrahmen für die Ableitung der von der Strategieabteilung wahrgenommenen Aufgaben soll der in der Literatur skizzierte formalisierte Strategieprozess zugrundegelegt werden. Dieser scheint auch deshalb geeignet, da Strategieabteilungen in vielen Unternehmen im Rahmen der Einführung formalisierter strategischer Planungsprozesse entstanden[130] und auch Controllerbereiche vor allem in einem durch Pläne koordinierten Umfeld vorzufinden sind.[131]

Die Entwicklung und Umsetzung von Strategien erfolgen demnach im Rahmen eines formalisierten Prozesses, der in der Literatur auch als „strategische Planung" bzw. „strategisches

---

127 Vgl. hierzu und im Folgenden grundlegend Mintzberg (1994a), Mintzberg (1994b), Mintzberg (1991), Mintzberg (1989), Mintzberg (1978) sowie Quinn (1999), Quinn (1989), Quinn (1980).

128 Mintzberg (1989), S. 34.

129 Vgl. Welge/Al-Laham (2003), S. 78.

130 Vgl. Mintzberg (1994a), S. 107; Töpfer/Afheldt (1987), S. 46.

131 Vgl. Weber/Schäffer/Prenzler (2001b), S. 4; Weber/Schäffer/Prenzler (2001a), S. 27; Weber/Schäffer (1999b), S. 733. Im Rahmen der strategischen Planung ergeben sich für Controller insbesondere dann Mitwirkungsmöglichkeiten, wenn im Unternehmen ein klassischer, rationaler Planungsprozess angewandt wird. Vgl. hierzu ausführlich Weber (2005), S. 36 ff.

Management“ bezeichnet wird.[132] Dieser lässt sich in Anlehnung an AL-LAHAM (1997) mit der längerfristig formulierten strategischen Zielplanung, der Umwelt- und Unternehmensanalyse, der Strategieformulierung und Strategieauswahl, der Strategieumsetzung sowie einer phasenübergreifenden strategischen Kontrolle in fünf Hauptphasen unterteilen.[133]

Die *strategische Zielplanung* beinhaltet die Festlegung der grundsätzlichen Unternehmenspolitik und der Unternehmensziele. Die Unternehmenspolitik trifft Aussagen zur Beziehung der Unternehmung zu den unterschiedlichen Interessengruppen ihrer Umwelt und kann in einem Unternehmensleitbild schriftlich festgehalten sein.[134] Die Unternehmensziele geben Auskunft über langfristige Leistungsziele[135] der Unternehmung wie z. B. Wachstum oder Rentabilität.[136]

Im Rahmen der nachfolgenden *strategischen Umwelt- und Unternehmensanalyse* wird die Ist-Situation der Unternehmung aufgedeckt. Die Umweltanalyse dient der Identifikation von Chancen und Risiken des Wettbewerbsumfeldes und der Abschätzung möglicher Veränderungen. Die Unternehmensanalyse hat die Identifikation und Systematisierung der unternehmensbezogenen Stärken und Schwächen zum Gegenstand.

Aufbauend auf der durch die strategische Analyse generierten Informationsbasis erfolgt die *Strategieformulierung und Strategieauswahl.* Die Strategieformulierung beinhaltet die Entwicklung alternativer Unternehmens-, Geschäftsbereichs- und Funktionsbereichsstrategien. Diese werden im Rahmen der Strategieauswahl zunächst hinsichtlich ihres jewei-

---

[132] Insbesondere in jüngeren Arbeiten werden die Begriffe „strategische Planung“ und „strategisches Management“ oftmals synonym verwendet. Vgl. z. B. Al-Ani (2000), S. 51; Foschiani (2000), S. 342; Löffler (1995), S. 12. Vgl. zudem die Ausführungen bei Haake (1987), S. 34 f.; Schreyögg (1984), S. 78 f. Auch in der vorliegenden Untersuchung soll strategische Planung als Planung i. w. S. aufgefasst werden, die neben der Strategieentwicklung auch die Durch- bzw. Umsetzung beinhaltet. Vgl. hierzu auch Weber (2005), S. 35 f.; Töpfer/Afheldt (1987), S. 6 ff.

[133] Vgl. hierzu und im Folgenden ausführlich Al-Laham (1997), S. 88 ff. Ähnlich David (2005), S. 25 f.; Hoppe (2004), S. 26; Welge/Al-Laham (2003), S. 97 ff.; Bea/Haas (2001), S. 52 f.; Hungenberg (2000), S. 8 ff.; Hunger/Wheelen (2000), S. 5 ff.; Hax/Majluf (1996), S. 24 ff. Das vorgestellte Phasenmodell bildet einen idealtypischen Prozessablauf ab. Reale Strategieprozesse können von dieser Struktur abweichen. Vgl. Bea/Haas (2001), S. 53; Hungenberg (2000), S. 10. Dennoch soll das Schema als Strukturierungsrahmen für die Ableitung der Aufgaben der Strategieabteilung in Abschnitt 2.2.2 angewandt werden.

[134] Die Bedeutung der Unternehmenspolitik wird auch in der Untersuchung von Al-Laham (1997), S. 96, deutlich, in der lediglich 8 % der befragten Unternehmen über keine unternehmenspolitischen Grundsätze verfügen.

[135] Zum Prozess der Zielbildung vgl. z. B. Wild (1982), S. 36 ff. Ein Überblick über mögliche Ziele der Unternehmung findet sich z. B. bei Ulrich/Flury (1995), S. 97.

[136] Aufgrund ihres langfristigen und normativen Charakters ist die strategische Zielplanung im Gegensatz zu den übrigen Prozessphasen nicht in jedem Planungszyklus neu zu erarbeiten. Vgl. Hax/Majluf (1996), S. 53; Hax/Majluf (1984), S. 59 ff. Hungenberg (2000), S. 9 und 20 f., betrachtet die strategische Zielplanung deshalb nicht als eigenständige Phase, sondern als übergeordneten Rahmen bzw. „Norm“ für den strategischen Managementprozess. Ähnlich Bachmann (1995), S. 48; Günther (1991b), S. 63; Pfohl/Zettelmeyer (1987), S. 151.

ligen Zielerfüllungsgrades beurteilt. Anschließend wird über die zu realisierende Strategiealternative entschieden.

Die anschließende *Strategieumsetzung* umfasst die Überführung der formulierten Strategie in konkrete strategiekonforme Handlungen. Hierzu ist die Strategie im Rahmen der mittelfristigen und operativen Planung stufenweise in bereichs- oder abteilungsbezogene operative Maßnahmen zu konkretisieren. Zudem ist dafür zu sorgen, dass die entwickelten Maßnahmen und Programme im Unternehmen auch umgesetzt werden.

Die dargestellten Phasen werden durch eine prozessschrittübergreifende *strategische Kontrolle* ergänzt, die eine Durchführungskontrolle, eine Kontrolle der verwendeten Prämissen und eine strategische Überwachung umfasst.[137] Die Durchführungskontrolle liefert Erkenntnisse über die Ergebnisse der realisierten strategischen Maßnahmen. Die Prämissenkontrolle überprüft die Gültigkeit der für die Strategieentwicklung getätigten Schlüsselannahmen. Im Gegensatz zu diesen selektiven, gerichteten Kontrollen handelt es sich bei der strategischen Überwachung um eine ungerichtete Beobachtungstätigkeit, durch die eine potenzielle Gefährdung der Unternehmung frühzeitig erkannt werden soll.

Aufgrund der hohen Bedeutung strategischer Entscheidungen für die gesamte Unternehmung wird die Verantwortung für das strategische Management der obersten Unternehmensführung zugeschrieben.[138] Daneben existieren insbesondere in Großunternehmen häufig speziell eingerichtete Stellen bzw. ein Bereich, der Aufgaben der strategischen Planung für das Top-Management übernimmt.[139] Die vorliegende Untersuchung befasst sich mit der Kooperation von Controllerbereich und dieser im Folgenden als „Strategieabteilung" bezeichneten Abteilung. Die Strategieabteilung stellt somit ein Untersuchungsobjekt der Arbeit dar und soll im nächsten Abschnitt näher dargestellt werden.

---

137 Vgl. hierzu und im Folgenden ausführlich Hasselberg (1989), S. 97 ff.; Schreyögg/Steinmann (1985), S. 401 ff.

138 Vgl. Müller-Stewens (2003), S. 214; Hungenberg (2000), S. 5; Thurbin (1998), S. 19; Kaplan/Norton (1996), S. 290; Hahn (1991), S. 125; Töpfer/Afheldt (1987), S. 41; Link (1985), S. 43.

139 Vgl. Horváth (2003), S. 260; Müller-Stewens (2003), S. 214; Hahn/Hungenberg (2002), S. 1461; Riekhof (1994), S. 104; Steinle/Lawa/Kolbeck (1994), S. 380; Fern/Tipgos (1988), S. 25; Link (1985), S. 43. Die Existenz eigenständiger Stellen für strategische Aufgaben kann auch empirisch bestätigt werden. Sowohl Al-Laham (1997), S. 313, als auch Günther (1991a), S. 157, stellen im Rahmen ihrer empirischen Untersuchungen bei 77,1 % bzw. 45 % der befragten Unternehmen die Existenz spezieller Abteilungen zur Unterstützung der Unternehmensführung bei strategischen Tätigkeiten fest. Ähnlich Wimmer/Emmerich/Nicolai (2002), S. 29.

2.2.2 Der Begriff Strategieabteilung

In Analogie zur Controllingforschung finden sich auch in der Strategieliteratur zahlreiche Ausführungen zur Institutionalisierung der funktionalen strategischen Planung in einem eigenständigen, spezialisierten Bereich, ohne diesen jedoch einheitlich zu definieren und zu verwenden.[140] Auch zu den Aufgaben einer auf strategische Fragestellungen spezialisierten Strategieabteilung finden sich divergierende Aussagen in der Literatur.[141] Mit Hinblick auf die verfolgten Forschungsfragen ist somit ebenfalls eine inhaltliche Präzisierung notwendig.

In der vorliegenden Arbeit bezeichnet der Begriff der „Strategieabteilung" diejenige Stelle oder denjenigen Bereich im Unternehmen, deren Mitarbeiter sich im Auftrag der Unternehmensführung schwerpunktmäßig mit strategischen Fragestellungen befassen. In Abgrenzung zu anderen Instanzen, wie beispielsweise dem Controllerbereich, die im Rahmen ihres Leistungsspektrums ebenfalls strategische Aufgaben für das Top-Management erbringen können, handelt es sich bei der Strategieabteilung damit um eine weit stärker spezialisierte und „speziell dafür eingerichtete[], organisatorische[] Einheit."[142] Diese ist in der Regel direkt der obersten Unternehmensleitung zugeordnet.[143]

Zwischen Unternehmen können Unterschiede in der organisatorischen Ausgestaltung der Strategieabteilung existieren. Diese kann in kleinen bis mittleren Unternehmen aus einer einzelnen Stelle bestehen,[144] in größeren Unternehmen jedoch einen eigenständigen Bereich mit einer eigenen Organisationsstruktur umfassen.[145] In Großunternehmen ist neben einer zentralen Instanz auch die Existenz dezentraler Strategieabteilungen auf Funktions- oder

---

140 In vielen Publikationen werden Begriffe wie „strategische Planung", „(strategische) Planungsabteilung" bzw. „-stelle" oder „strategischer Planungsstab" verwandt. Vgl. z. B. Hahn/Hungenberg (2002), Günther (1991a), Tochtermann (1990), Pfohl/Zettelmeyer (1987), Link (1985), Siller (1985). Demgegenüber finden sich in anderen Publikationen auch nicht planungsbezogene Begriffe wie z. B. „Unternehmensentwicklung", „Enterprise Development", „Strategieabteilung" oder „Corporate/Group Strategy". Vgl. hierzu auch David (2005), Hoppe (2004), Weber/David/Prenzler (2001), Herzog (1999), Stengl (1990).

141 Vgl. Al-Laham (1997), S. 58. Die Unklarheit bzgl. der durch Strategieabteilungen auszufüllenden Tätigkeiten begründet sich z. T. durch den Aufgabenwandel, den diese in den vergangenen Jahren erfahren haben. Vgl. hierzu z. B. Kranz (2003), S. 250; Lorange (1998), S. 20 ff.

142 Al-Laham (1997), S. 283. Spezielle strategische Planungsabteilungen sind somit dadurch gekennzeichnet, dass die planerischen Tätigkeiten zu stellenkonstituierenden Aufgaben der Abteilungen werden. Vgl. Rau (1985), S. 62.

143 Vgl. Horváth (2003), S. 216; Hahn (1991), S. 126; Link (1985), S. 135.

144 Günther (1991), S. 158, identifiziert im Rahmen seiner empirischen Untersuchung etwa bei 24 % der Unternehmen eigenständige strategische Planungsstellen mit ein bis zwei Mitarbeitern.

145 Vgl. Al-Laham (1997), S. 284. Die interne Organisation von strategischen Planungsabteilungen wird – anders als die Organisation des Controllerbereichs – in der betriebswirtschaftlichen Literatur nur selten thematisiert. Pfohl/Zettelmeyer (1987), S. 150, schlagen vor, innerhalb der Strategieabteilung nach Geschäftsfeldern zu differenzieren. Demgegenüber lassen sich in der Praxis auch funktionale Untergliederungen beobachten. Vgl. hierzu Hoppe (2004), S. 137 ff. und 161 ff.

Bereichsebene denkbar.[146] Allerdings dürfte eine dezentral ausgebaute und verknüpfte Organisationsstruktur, wie sie etwa der Controllerbereich besitzt, nur in seltenen Fällen auch für Strategieabteilungen existieren.[147]

Die von der Strategieabteilung wahrzunehmenden Tätigkeiten ergeben sich in der Literatur aus den Phasen des skizzierten strategischen Managementprozesses und lassen sich analog zur klassischen Aufgabeneinteilung des Controllerbereichs in Tätigkeiten der Informationsversorgung, Planung und Kontrolle sowie Sonstige Aktivitäten unterteilen, die im Folgenden kurz vorgestellt werden sollen.[148]

Wie für den Controllerbereich stellt die *Informationsversorgung* auch für die Strategieabteilung eine wichtige Tätigkeit dar.[149] Für die strategische Umwelt- und Unternehmensanalyse sind unternehmensin- und -externe Informationen zu beschaffen und aufzubereiten. Der Aufgabenschwerpunkt der Strategieabteilung liegt hierbei vor allem auf marktbezogenen Daten.[150] Mithilfe vornehmlich qualitativ ausgerichteter Instrumente sollen das Markt- und Wettbewerbsumfeld der Unternehmung analysiert und langfristige Trends frühzeitig identifiziert werden.[151] Demgegenüber werden Mitarbeitern der Strategieabteilung aufgrund ihrer Distanz zum operativen Geschäft weniger Kompetenzen für unternehmensbezogene Analysen zugeordnet.[152]

---

[146] Vgl. Kolks (1990), S. 208; Szyperski/Müller-Böling (1984), S. 134. Auch Reichert (1984), S. 228, schlägt die Einrichtung einer mehrstufigen Organisation der strategischen Planung vor. Gleichzeitig verweist er auf den mit dieser organisatorischen Gestaltung verbundenen Aufwand.

[147] Vgl. David (2005), S. 143.

[148] Für die Unterteilung in die Tätigkeiten der Informationsversorgung, Planung und Kontrolle vgl. vor allem Pfohl/Zettelmeyer (1987), S. 150 ff.; Siller (1985), S. 94. Ähnlich Al-Laham (1997), S. 284 f.; Hahn (1991), S. 126. Analog zum Controllingkontext werden zudem weitere Tätigkeiten wie etwa Beratungsaufgaben aufgeführt. Vgl. hierzu Roth (2000), S. 131; Kolks (1990), S. 135; Rupps (1990), S. 1102. In die vorgenommene Untergliederung lassen sich auch die Aufgabenkataloge anderer Autoren einordnen. Vgl. z. B. die Ausführungen von Mintzberg/Quinn/Goshal (1999), S. 633 ff.; Houlden (1995), S. 102 ff.; Rupps (1990), S. 1102; Trux/Müller-Stewens/Kirsch (1985), S. 293 ff.; Szyperski/Müller-Böling (1984), S. 127 ff.

[149] Vgl. Löffler (1995), S. 100; Mintzberg (1994a), S. 108; Riekhof (1994), S. 103; Kolks (1990), S. 209; Pfohl/Zettelmeyer (1987), S. 150; Ansoff (1980), S. 135. Im Unterschied zum Controllerbereich werden insbesondere prozessorientierte inhaltliche Tätigkeiten aufgeführt. Verweise auf die Einrichtung und den Betrieb eines „strategischen Informationssystems" erfolgen hingegen eher selten.

[150] Vgl. z. B. David (2005), S. 146; Pfohl/Zettelmeyer (1987), S. 150 und 152; Link (1985), S. 111; Boulton et al. (1982), S. 501.

[151] Al-Laham (1997), S. 318, stellt hierzu fest: „Die Ausarbeitung spezieller Studien zu Entwicklungen in den Umweltsegmenten ... schein[t] den Befunden zufolge eine originäre Domäne der Planungsabteilung [zu] sein."

[152] Vgl. Kolks (1990), S. 209; Siller (1985), S. 61; Reichert (1984), S. 228. Vgl. empirisch auch Al-Laham (1997), S. 315. Aufgrund der Distanz zum operativen Geschäft fordert bereits Mann (1979/1987), S. 39, eine Unterstützung der Strategieabteilung durch das operative Informationssystem.

Die Übernahme von *Planungsaufgaben* stellt eine weitere Aktivität der Strategieabteilung dar.[153] Analog zum Controllerbereich lassen sich auch die Planungsaufgaben der Strategieabteilung in Aktivitäten des Planungsmanagements einerseits und Tätigkeiten der inhaltlichen Planungsunterstützung andererseits unterteilen.[154] Im Rahmen des strategischen Planungsmanagements wirkt die Strategieabteilung an der Gestaltung des strategischen Planungssystems mit, koordiniert den Planungsprozess und bietet Unterstützung bei der Verwendung von strategischen Methoden an.[155] Die inhaltlichen Planungsaufgaben lassen sich in Anlehnung an den strategischen Managementprozess in Tätigkeiten der Strategieformulierung und Strategieimplementierung unterteilen.[156] Strategische Stabsstellen nehmen nach dieser Untergliederung insbesondere Aufgaben im Rahmen der Strategieentwicklung wahr.[157] Sie übernehmen neben der Beschaffung und Analyse relevanter Informationen vor allem entscheidungsvorbereitende Tätigkeiten und unterstützen die Unternehmensführung bei der Formulierung und Bewertung alternativer Strategien sowie der Strategieauswahl. Demgegenüber werden Aufgaben der Strategieoperationalisierung und -implementierung vergleichsweise selten wahrgenommen.[158]

Den dritten Tätigkeitsbereich der Strategieabteilung bildet die phasenübergreifende *strategische Kontrolle*.[159] Sofern strategische Kontrollen im Unternehmen durchgeführt werden, übernehmen Mitarbeiter der Strategieabteilung aufgrund ihrer Fähigkeiten in der Identi-

153 Vgl. z. B. Horváth (2003), S. 216; Mintzberg/Lampel (1999), S. 631 ff.; Al-Laham (1997), S. 284 f.; Bronner (1995), S. 185; Kreikebaum (1992), S. 680; Hahn (1991), S. 126; Kolks (1990), S. 209; Fern/Tipgos (1988), S. 156; Töpfer/Afheldt (1987), S. 6.

154 Tochtermann (1990), S. 67 f., unterteilt die Tätigkeiten strategischer Stabseinheiten in inhaltliche Planung, Prozessmanagement und methodische Unterstützung. Ähnlich Hiam (1993), S. 48; Szyperski/Müller-Böling (1984), S. 125. In dieser Arbeit sollen Prozessmanagement und methodische Unterstützung analog zur Darstellung der Aufgaben des Controllerbereichs zusammengefasst werden.

155 Vgl. Kranz (2003), S. 249 f.; Beinhocker/Kaplan (2002), S. 56; Al-Laham (1997), S. 284; Tochtermann (1990), S. 137; Trux/Müller-Stewens/Kirsch (1985), S. 293.

156 Ähnlich Pfohl/Zettelmeyer (1987), S. 151.

157 Vgl. Mosiek (2002), S. 168. Die ausschließliche Wahrnehmung der Strategieformulierung durch die Strategieabteilung wird in Teilen der Literatur kritisiert. Vgl. z. B. Mintzberg (1994a), S. 108; Henzler (1990), S. 59. Demgegenüber weisen zahlreiche andere Arbeiten Hinweise auf eine Beteiligung der Strategieabteilung an der inhaltlichen Strategieentwicklung auf. Vgl. hierzu und im Folgenden z. B. Hoppe (2004), S. 139 ff.; Biel/Horváth/Kaufmann (2003), S. 61; Müller-Stewens (2003), S. 214; Löffler (1995), S. 99; Riekhof (1994), S. 103; Pfohl/Zettelmeyer (1987), S. 151; Töpfer/Afheldt (1987), S. 40; Link (1985), S. 111; Trux/Müller-Stewens/Kirsch (1985), S. 293. Vgl. empirisch auch Rupps (1990), S. 1102; Javidan (1987), S. 304; Capon et al. (1984), S. 48; Szyperski/Müller-Böling (1984), S. 140; Kreikebaum/Suffel (1981), S. 122. Tochtermann (1990), S. 167, stellt zudem fest, dass die Delegation inhaltlicher Aufgaben an strategische Stäbe mit der Unternehmensgröße zunimmt.

158 Vgl. Kolks (1990), S. 216; Henzler (1988), S. 216. In der empirischen Untersuchung von Kolks (1990), S. 232, wurde eine zentrale Strategieabteilung in nur fünf von 19 untersuchten Unternehmen als geeignet für die Strategieumsetzung angesehen. Ähnlich Al-Laham (1997), S. 314 ff.

159 Vgl. Hahn (1991), S. 126; Henzler (1990), S. 59; Siller (1985), S. 94.

fikation schwacher Signale häufig die ungerichtete strategische Überwachung.[160] Darüber hinaus kann die Strategieabteilung aber auch die Prämissenkontrolle sowie die Überwachung der Strategieumsetzung durchführen.[161]

Analog zum Controllingkontext lassen sich unter *Sonstigen Tätigkeiten* der Strategieabteilung die Aufgaben subsumieren, die fallweise und in unregelmäßigen Abständen wahrgenommen werden. Hierbei kann es sich um spezifische Projekte, wie die Einführung einer Balanced Scorecard,[162] oder Beratungsaufgaben, etwa im Rahmen strategischer Akquisitionen,[163] handeln. Auch die Rolle eines kritischen Sparringspartners des Managements kann durch Mitarbeiter der Strategieabteilung übernommen werden.[164]

2.3 Schnittstelle von Controllerbereich und Strategieabteilung

2.3.1 Das Wertenetz als Strukturierungsraster der Beziehung von Controllerbereich und Strategieabteilung

Aufbauend auf den Tätigkeiten von Controllerbereich und Strategieabteilung werden in den nachfolgenden Abschnitten die Berührungspunkte zwischen Controllerbereich und Strategieabteilung und die Relevanz kooperativen Verhaltens zwischen beiden Bereichen dargestellt. Zur Strukturierung der Schnittstelle wird auf das Wertenetz zurückgegriffen, das sich im Wesentlichen auf die Arbeiten von BRANDENBURGER/NALEBUFF (1996, 1995) zurückführen lässt.[165] Aufbauend auf der Branchenstrukturanalyse[166] entwickeln diese ein alternatives Analyseraster zur Erfassung des Marktumfeldes, das im Unterschied zum wettbewerbs-

[160] Vgl. Pfohl/Zettelmeyer (1987), S. 151. Auch Roll (2004), S. 200 f., stellt in seiner fallstudienbasierten Untersuchung fest, dass sich insbesondere bei der Verwendung vornehmlich qualitativer Indikatoren (Frühaufklärung der dritten Generation) die Strategieabteilung als koordinierender Träger der strategischen Frühaufklärung eignet. Diese Aussage wird später allerdings dahingehend eingeschränkt, „dass die Frage, wer strategische Frühaufklärung koordiniert, sekundär ist. Grundvoraussetzung ist, dass der Stab, der diese Aufgabe übernimmt, sowohl Vertrauen als auch Anerkennung bei Mitarbeitern und Führung genießt.“ Roll (2004), S. 201.

[161] Vgl. Kranz (2003), S. 249 f. Al-Laham (1997), S. 314 ff., stellt in seiner Untersuchung eine vergleichsweise hohe Beteiligung der Strategieabteilung an der Umsetzungskontrolle fest. Ähnlich Hoppe (2004), S. 163 f.; Liebe (1987), S. 390.

[162] Zur Implementierung der Balanced Scorecard vgl. Weber/Schäffer (2000), S. 108. Zu strategischen Projekten allgemein vgl. Weber/David/Prenzler (2001), S. 69; Houlden (1995), S. 104.

[163] So stellt David (2005) in seiner fallstudienbasierten Untersuchung einen potenziellen Wettbewerb zwischen Controllerbereich und Strategieabteilung um diese Beratungstätigkeit fest. Vgl. David (2005), S. 215. Ähnlich zu Beratungsaufgaben im Allgemeinen auch Roth (2000), S. 131 und 135.

[164] Vgl. David (2005), S. 154. Für empirische Befunde zur Rolle der Strategieabteilung als Sparringspartner des Managements vgl. Burnett/Yeskey/Richardson (1984), S. 67; Al-Bazzaz (1980), S. 31.

[165] Vgl. grundlegend Nalebuff/Brandenburger (1996), Brandenburger/Nalebuff (1995). Der Ansatz wird in der Literatur als „Coopetition“ bezeichnet. Das Wertenetz gilt hierbei als grundlegendes Analyseinstrument.

[166] Zur Branchenstrukturanalyse und dem Ansatz der five forces vgl. grundlegend Porter (1985), S. 4 ff.; Porter (1979), S. 11 ff.

orientierten Branchenstruktur-Modell auch die Möglichkeit der Kooperation berücksichtigt.[167] Neben den aus dem Ansatz von PORTER bekannten Akteuren Kunde, Lieferant und Konkurrent weist das Wertenetz hierzu einen weiteren kooperativen Akteurstyp aus, der als Komplementor bezeichnet wird. Abbildung 1 liefert einen allgemeinen Überblick über die Akteure des Wertenetzes und ihre gegenseitigen Abhängigkeiten.

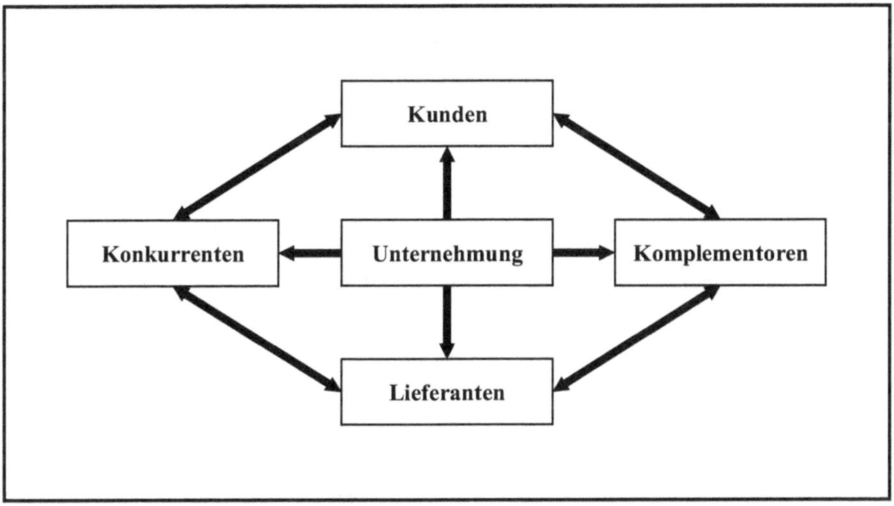

Abbildung 1: Das Wertenetz[168]

Wie in Abbildung 1 dargestellt, weist das Wertenetz mit einer horizontalen und einer vertikalen Ebene zwei jeweils symmetrische Beziehungsdimensionen auf. Die *vertikale Dimension* bildet die Kunden und Lieferanten des Unternehmens ab.[169] Beide stellen gleichwertige Geschäftspartner der Unternehmung dar. Leistungen werden vom Lieferanten an die Unternehmung übermittelt sowie seitens des Kunden von der Unternehmung nachgefragt. Die *horizontale Dimension* besteht aus Konkurrenten und Komplementoren. Konkurrenten werden nach BRANDENBURGER/NALEBUFF (1995) als andere Marktteilnehmer definiert, von denen „customers may purchase products or to whom suppliers may sell their resources."[170] Als Komplementoren werden demgegenüber diejenigen Akteure bezeichnet, von

---

167 Vgl. Müller-Stewens/Lechner (2003), S. 198; Hungenberg (2000), S. 93. Die Problematik der traditionellen betriebswirtschaftlichen Strategielehre liegt hierbei darin begründet, dass diese keine Erklärung für das Auftreten kollektiven strategischen Handelns bei gleichzeitiger Konkurrenz bietet. Vgl. hierzu Sjurts (1999), S. 707.

168 Eigene Darstellung in Anlehnung an Nalebuff/Brandenburger (1996), S. 30.

169 Vgl. hierzu und im Folgenden Nalebuff/Brandenburger (1996), S. 33 f.; Brandenburger/Nalebuff (1995), S. 59 f.

170 Brandenburger/Nalebuff (1995), S. 60.

denen „customers buy complementary products or to whom suppliers sell complementary resources.“[171] Konkurrenten und Komplementoren stehen demnach in einem spiegelbildlichen Verhältnis zueinander und können sowohl auf der Beschaffungs- als auch der Absatzseite auftreten.[172]

Neben der Berücksichtigung von Kooperation ermöglicht es der Ansatz zudem, mehrschichtige Beziehungen zwischen Akteuren abzubilden. So nehmen in vielen Fällen Marktteilnehmer aus der Sicht der Unternehmung mehrere Rollen gleichzeitig wahr.[173] NALEBUFF/BRANDENBURGER (1996) stellen hierzu fest: „Es widerspricht dem Zweck des Wertenetzes, jemand auf ein einziges Rollenfach nur als Kunde, nur als Lieferant, nur als Konkurrent oder nur als Komplementor festzulegen.“[174] Das Raster eignet sich somit auch zur Darstellung komplexer – mehrdimensionaler – Beziehungen zwischen Marktakteuren.

Das Wertenetz wird vor allem im Rahmen des strategischen Managements als Analyseinstrument eingesetzt und dient zur Strukturierung des Wettbewerbsumfeldes eines Unternehmens. Darüber hinaus ist es aber auch auf einzelne Abteilungen bezogen im innerorganisatorischen Kontext anwendbar.[175]

Auch in dieser Arbeit soll das Wertenetz als Strukturierungsraster der komplexen Beziehung von Controllerbereich und Strategieabteilung herangezogen werden. Aufbauend auf den oben dargestellten Aufgabengebieten beider Bereiche wird in den folgenden Abschnitten untersucht, inwieweit der Controllerbereich im Rahmen seiner Leistungserstellung die Rolle eines Kunden, Lieferanten, Konkurrenten oder Komplementors der Strategieabteilung wahrnehmen kann.[176] Als weiterer Strukturierungsrahmen wird hierzu auf die beschriebenen Tätigkeitsfelder der Informationsversorgung, Planung, Kontrolle und sonstigen Aufgaben von Controllerbereich und Strategieabteilung zurückgegriffen.

---

171 Brandenburger/Nalebuff (1995), S. 60. Als Beispiel für Komplementoren auf der Absatzseite führen die Autoren in diesem Kontext die Hardware- und Software-Industrie auf. Komplementoren auf der Beschaffungsseite stellen Fluglinien im Rahmen der Flugzeugentwicklung dar. Vgl. Brandenburger/Nalebuff (1995), S. 60.

172 Vgl. Müller-Stewens/Lechner (2003), S. 197.

173 Brandenburger/Nalebuff (1995), S. 60. Die Autoren verweisen dabei auf das Beispiel von AT&T und Motorola. Demnach ist Motorola aus Sicht von AT&T zugleich Lieferant, Kunde, Konkurrent oder Komplementor. Vgl. zu diesem Beispiel ausführlich Hamel/Prahalad (1994).

174 Nalebuff/Brandenburger (1996), S. 40.

175 Ähnlich Jansen (2000), S. 45 f. Für Anwendungsbeispiele vgl. z. B. Luo (2005), S. 72 ff.; Tsai (2002), S. 179 ff.

176 Darüber hinaus sind Kunden-Lieferanten- bzw. Wettbewerber-Komplementor-Beziehungen auch ressourcenseitig möglich. Vgl. zum Ressourcenwettbewerb auch David (2005), S. 93 f.; Weber/David/Prenzler (2001), S. 46.

2.3.2 Die Berührungspunkte des Controllerbereichs mit der Strategieabteilung

2.3.2.1 Der Controllerbereich als Kunde der Strategieabteilung

In der Rolle eines Kunden nimmt der Controllerbereich zur Erfüllung seiner Aufgaben Leistungen der Strategieabteilung in Anspruch. Hinweise auf eine solche Beziehung ergeben sich im Rahmen der Informationsversorgung, der inhaltlichen Wahrnehmung von Planungsunterstützungsaufgaben, der Durchführung von Kontrolltätigkeiten sowie im Rahmen unregelmäßig zu erbringender Sonstiger Leistungen.

Wie in Abschnitt 2.1.2 dargestellt, umfasst die *Informationsversorgungsaufgabe* des Controllerbereichs die Bereitstellung sowohl unternehmens- als auch umweltbezogener Daten. Insbesondere die Kenntnis über die Märkte und Wettbewerber des Unternehmens ist bei vielen Controllern eher gering ausgeprägt.[177] Auch die Anwendung qualitativer Analyseinstrumente zur Informationsaufbereitung ist Mitarbeitern des Controllerbereichs häufig fremd.[178] Um dennoch eine umfassende Informationsversorgung der Unternehmensführung zu gewährleisten, besitzt der Controllerbereich die Möglichkeit, auf das Wissen anderer Bereiche, wie etwa der Strategieabteilung, zurückzugreifen.[179]

Auch im Rahmen der *Planungstätigkeiten* ist der Controllerbereich zur Erfüllung seiner Aufgaben auf Leistungen der Strategieabteilung angewiesen. Hierbei können Leistungen zur Wahrnehmung strategischer und operativer Planungsaufgaben unterschieden werden.

Sofern der Controllerbereich in die strategische Planung des Unternehmens einbezogen wird, besteht ein Problem darin, dass Controller aus ihrer Tätigkeit heraus vor allem über operative Planungs- und Kontrollerfahrung verfügen.[180] Demgegenüber sind die Methoden der Strategieentwicklung und -bewertung vielen Controllern unbekannt.[181] Die Strategieabteilung kann

---

177 Vgl. Weber (2005), S. 23; Homburg (2001), S. 429; Schön (1997), S. 217; Weber (1997), S. 76; Lanter (1996), S. 62.

178 Vgl. Mosiek (2002), S. 21; Serfling (1992), S. 335.

179 Bereits Kreikebaum/Suffel (1981), S. 149, betonen in ihrer Untersuchung den Wunsch vieler Controller, stärker in den Fluss von Markt- und Umweltinformationen einbezogen zu werden. In der Untersuchung von Weber et al. (2006a), S. 50, nennen 23,4 % der befragten Controller die Strategieabteilung als aktuellen Informationslieferanten. 44,9 % der befragten Controller gehen zudem davon aus, dass die Bedeutung der Strategieabteilung als Informationslieferant für den Controllerbereich in Zukunft zunehmen wird.

180 Vgl. Weber (2005), S. 15 f.; Pfohl/Zettelmeyer (1987), S. 158.

181 Vgl. Weber (2005), S. 23; Mosiek (2002), S. 21; Weber et al. (2001), S. 16. Pfohl/Zettelmeyer (1987), S. 166, verweisen zudem auf die Gefahr eines „financial bias“ in der strategischen Planung. Ähnlich Weber (1997), S. 79.

in diesem Fall die aus ihrer Tätigkeit verfügbaren Kenntnisse bereitstellen, die vom Controllerbereich genutzt und sukzessive erlernt werden können.[182]

Auch für den Fall, dass der Controllerbereich im Rahmen seiner Planungstätigkeiten vor allem operative Aufgaben übernimmt, kann die Strategieabteilung die Rolle eines Lieferanten von Leistungen wahrnehmen.[183] Die Strategie bildet den Rahmen für die taktische und operative Planung.[184] Formulierte Strategien sind durch geeignete und mit der Strategie abgestimmte Maßnahmen und Projekte zu operationalisieren.[185] Für eine strategiekonforme Durchführung der operativen Planungstätigkeiten benötigt der Controllerbereich somit genauere Informationen über die konkreten Inhalte der Strategie. Diese können durch die Strategieabteilung übermittelt werden.[186]

Bei der Durchführung von *Kontrollaufgaben* besteht für den Controllerbereich ebenfalls die Möglichkeit, auf die Unterstützung der Strategieabteilung zurückzugreifen. Insbesondere im Rahmen von Abweichungsanalysen kann die Marktkenntnis der Strategieabteilung dazu beitragen, die Ursachen auftretender Abweichungen umweltinduzierten oder unternehmensinternen Faktoren zuzuordnen. Darüber hinaus kann die Strategieabteilung den Controllerbereich aber auch auf Abweichungen im Rahmen der strategischen Kontrolle aufmerksam machen.

Abhängig von den jeweiligen Tätigkeiten sind mögliche Kunden-Lieferanten-Beziehungen zwischen Controllerbereich und Strategieabteilung auch bei der Erfüllung *Sonstiger Tätigkeiten* durch den Controllerbereich denkbar. Beispielsweise können Controller an der Implementierung und dem Betrieb von Balanced-Scorecard-Konzepten mitwirken.[187] Bei fehlenden methodischen Fähigkeiten besteht hierbei die Möglichkeit, auf die instrumentellen Kompe-

182 Vgl. auch David (2005), S. 180.

183 So weisen empirische Erkenntnisse darauf hin, dass die eigentliche Strategieentwicklung weniger durch den Controllerbereich als durch die Strategieabteilung vorgenommen wird. Vgl. hierzu Horváth (2003), S. 302 f.; Weber/David/Prenzler (2001), S. 26; Hamprecht (1996), S. 196 f.

184 Vgl. Günther (2002), S. 1903; Bachmann (1995), S. 60; Töpfer/Afheldt (1987), S. 41. Günther (1991a), S. 161, stellt im Rahmen seiner Untersuchung fest, dass 84 % aller befragten Unternehmen die strategische Planung als Rahmen für die operative Planung heranziehen.

185 Vgl. Günther (2002), S. 1903; Baum/Coenenberg/Günther (1999), S. 10; Synek (1996), S. 117; Bachmann (1995), S. 59 ff.; Töpfer/Afheldt (1987), S. 9.

186 Vgl. auch Horváth (2003), S. 303, sowie empirisch Weber/David/Prenzler (2001), S. 74. Gleichzeitig stellen Weber/David/Prenzler (2001), S. 26, im Rahmen ihrer Untersuchung fest, dass die getrennte Erarbeitung der strategischen Planung sowie der daraus abgeleiteten Mittelfristplanung ein Hauptproblem im Rahmen der Strategieumsetzung darstellt.

187 Vgl. Weber/Schäffer (2000), S. 175.

tenzen der Strategieabteilung zurückzugreifen.[188] Ähnlich könnten Controller auch im Rahmen der Mitwirkung an strategischen Projekten das Wissen der Strategieabteilung in Anspruch nehmen.

2.3.2.2 Der Controllerbereich als Lieferant der Strategieabteilung

In Anlehnung an die Beziehungsdimensionen des Wertenetzes kann der Controllerbereich aber auch Aufgaben für die Strategieabteilung erbringen und entlang der dargestellten Aufgabengebiete die Rolle eines Lieferanten von Leistungen übernehmen.[189]

Im Gegensatz zur Strategieabteilung verfügen Controller durch die Wahrnehmung operativer Tätigkeiten über einen detaillierten Einblick in das Tagesgeschäft des Unternehmens.[190] Aufgrund der breiten Verankerung im Unternehmen sowie der dezentral ausgebauten Organisationsstruktur ergeben sich ebenfalls informatorische Vorteile.[191] Im Rahmen der *Informationsversorgungsfunktion* besitzt der Controllerbereich somit die Möglichkeit, die Strategieabteilung mit benötigten unternehmensbezogenen Daten für die strategische Analyse und die Strategieentwicklung zu versorgen.[192]

Auch im Rahmen der *Planungsunterstützung* kann der Controllerbereich die Rolle eines Leistungslieferanten für die Strategieabteilung übernehmen. Hierbei kann zwischen der Bereitstellung von Leistungen für die Strategieentwicklung und im Rahmen der operativen Umsetzung von strategischen Maßnahmen differenziert werden.

Unterstützungsmöglichkeiten im Rahmen der Strategieentwicklung ergeben sich insbesondere aufgrund einer zunehmenden Kapitalmarkt- bzw. Wertorientierung in der strategischen

---

188 Vgl. zum Fähigkeitsprofil von Controllern und Unternehmensstrategen im Rahmen der Balanced Scorecard Weber/Schäffer (2000), S. 108.

189 Auch Steinle/Lawa/Kolbeck (1994), S. 386, sehen eine Hauptaufgabe des Controllerbereichs darin, Serviceleistungen für die strategische Planungsabteilung zu erbringen. Zur Rolle des Controllerbereichs als Lieferant von Leistungen an andere Funktionsbereiche vgl. zudem Spillecke (2006), S. 109; Weber/Paefgen/Spillecke (2005), S. 14 und 21; Mosiek (2002), S. 151 ff. In der empirischen Untersuchung von Weber et al. (2006a), S. 52, weisen 19,7 % der befragten Controller der Strategieabteilung die Rolle eines Abnehmers von Leistungen des Controllerbereichs zu. Zudem sind 36,9 % der Befragten der Ansicht, dass sich diese Beziehung zukünftig verstärken wird. Lediglich 3,5 % der Respondenten gehen von einer abnehmenden Bedeutung aus.

190 Vgl. Mosiek (2002), S. 224; Hans/Warschburger (1996), S. 53.

191 Vgl. David (2005), S. 143; Weber (2004), S. 553. So wird der Strategieabteilung häufig eine hohe Distanz zum realen Geschäft der Unternehmung vorgeworfen. Vgl. hierzu z. B. Kolks (1990), S. 188 und 209; Siller (1985), S. 61; Reichert (1984), S. 228.

192 Bereits Mann (1979/1987), S. 39, verweist auf die Notwendigkeit für den strategischen Planer, auf das operative Informationssystem des Unternehmens zurückzugreifen. Auch Steinle (2003b), S. 372, betont die Notwendigkeit, im Rahmen der strategischen Analyse auf das unternehmensbezogene Wissen des Controllerbereichs zurückzugreifen. Ähnlich Hans/Warschburger (1996), S. 53.

Unternehmensführung.[193] Um die Wirkung von Strategien auf den Unternehmenserfolg abschätzen zu können, ist die traditionell eher qualitativ geprägte strategische Planung soweit wie möglich durch eine quantitative Bewertungsdimension zu ergänzen.[194] Die monetäre Bewertungsfähigkeit stellt eine Kernkompetenz des Controllerbereichs dar, die den Mitarbeitern der Strategieabteilung im Bedarfsfall zur Verfügung gestellt werden kann.[195]

Im Rahmen der operativen Planung ergeben sich Möglichkeiten zur Unterstützung daraus, dass der Aufgabenschwerpunkt der Strategieabteilung vor allem auf der Strategieentwicklung liegt.[196] Durch die Begleitung der Strategieumsetzung besteht für den Controllerbereich somit auch hier die Gelegenheit, einen Beitrag zum strategischen Managementprozess zu leisten.[197]

Aufgaben der *strategischen Kontrolle* können vom Controllerbereich ebenfalls für die Strategieabteilung übernommen werden. Aufgrund ihrer operativen Kontrollerfahrung können Controller insbesondere Tätigkeiten der strategischen Durchführungskontrolle wahrnehmen.[198] Demgegenüber dürfte die Durchführung strategischer Prämissenkontrollen und der strategischen Überwachung zunächst eine Erweiterung der Controllerkompetenzen voraussetzen.

Abschließend besteht für den Controllerbereich auch im Rahmen *Sonstiger Tätigkeiten* die Möglichkeit, die Rolle eines Lieferanten von Leistungen für die Strategieabteilung zu übernehmen. Als Beispiele hierfür lassen sich die monetäre Bewertung eines strategischen Investitionsvorhabens[199] oder die Unterstützung bei der Umsetzung bzw. Anwendung der Balanced Scorecard aufführen.

---

[193] Für einen Überblick über die Bedeutung des „Value-based Concept“ im Rahmen der strategischen Unternehmensführung vgl. Labbé (2005), S. 2089 ff.; Weber et al. (2002), S. 41 ff.; Hahn (1998), S. 565 ff. Zur Wertorientierung selbst vgl. grundlegend Rappaport (1999), Copeland/Koller/Murrin (1996). Auch Weber/David/Prenzler (2001), S. 74, stellen in ihrer Untersuchung einen verstärkten Unterstützungsbedarf des
Managements bei der monetären Bewertung von Strategien fest.

[194] Vgl. Töpfer/Afheldt (1987), S. 9.

[195] Zur monetären Bewertungsfähigkeit vgl. David (2005), S. 146; Weber/Schäffer (2000), S. 254. Auch Hamprecht (1996), S. 196, stellt in seiner empirischen Untersuchung fest, dass die Ermittlung monetärer Informationen für die strategische Planung durch den Controllerbereich erfolgen kann. Für ein weiteres empirisches Beispiel vgl. Ginthum (2005), S. 49.

[196] Vgl. auch Abschnitt 2.2.2.

[197] Vgl. Weber (2005), S. 40. Weber (1994b), S. 335, bemerkt hierzu: „Rechtfertigung gewinnen Controller … aus der Notwendigkeit, die strategische mit der operativen Planung und Kontrolle zu verbinden. Nur so kann sichergestellt werden, daß [sic!] die strategischen Wolken auch operativ abregnen.“ Auch Weber/David/Prenzler (2001) stellen im Rahmen ihrer empirischen Untersuchung fest, dass Controller insbesondere zur Strategieumsetzung in den Strategieprozess eingebunden werden. Vgl. Weber/David/Prenzler (2001), S. 26.

[198] Vgl. hierzu und im Folgenden auch Weber (2005), S. 42 ff.

[199] Vgl. zu möglichen Tätigkeiten von Controllern im Rahmen der Planung und Kontrolle von strategischen Investitionsprojekten auch Weber et al. (2006b), S. 40 und 51.

2.3.2.3 *Der Controllerbereich als Konkurrent der Strategieabteilung*

Aufgrund der inhaltlichen Ähnlichkeit der von Controllerbereich und Strategieabteilung wahrgenommenen Aufgaben können beide Abteilungen auch in einem Leistungswettbewerb um die Informationsversorgungs-, Planungs- und Kontrollaufgaben sowie die Sonstigen Tätigkeiten zueinander stehen.[200]

Wie bereits dargestellt, werden systembezogene Teilaufgaben der *Informationsversorgung* sowohl vom Controllerbereich als auch der Strategieabteilung wahrgenommen. Rivalitäten können hierbei insbesondere dann auftreten, wenn beide Abteilungen ein eigenständiges Informationssystem unterhalten und damit ähnliche Themenschwerpunkte abdecken.

Auch bei der Bereitstellung von Informationen ist aufgrund von Aufgabenüberschneidungen ein Konkurrenzverhältnis zwischen beiden Bereichen denkbar. Zwar liegt der Betrachtungsschwerpunkt der Strategieabteilung traditionell eher auf dem Markt- und Wettbewerbsumfeld des Unternehmens, während der Controllerbereich vor allem unternehmensbezogene und operative Daten bereitstellt. Konkurrenz kann aber beispielsweise dadurch entstehen, dass beide Bereiche versuchen, einen möglichst großen Teil der strategischen Informationsversorgung zu erbringen.

Bei der Erfüllung von *Planungsaufgaben* kann es ebenfalls zu einem Wettbewerb zwischen Controllerbereich und Strategieabteilung kommen.[201] Mitarbeiter beider Abteilungen übernehmen Aufgaben des strategischen Planungsmanagements sowie die Gestaltung des Planungsprozesses und können hierbei miteinander konkurrieren.[202]

Auch im Rahmen der inhaltlichen Planungsunterstützung sind Überschneidungen denkbar. Diese dürften zum einen dann auftreten, wenn der Controllerbereich zusätzlich zur Strategieabteilung in die Strategieformulierung und -bewertung eingebunden wird.[203] Zum anderen besteht auch dann die Möglichkeit eines Wettbewerbsverhältnisses, wenn die Strategie-

---

200 Zum möglichen Wettbewerbsverhältnis von Controllerbereich und Strategieabteilung vgl. David (2005), S. 91 f.; Mosiek (2002), S. 163. Ähnlich Roth (2000), S. 135 f. Zum Wettbewerb des Controllerbereichs mit anderen Funktionsbereichen allgemein vgl. Biel (2001), S. 325; Bachmann (1995), S. 26. Auch Herzog (1999), S. 37 stellt fest, dass „viele potenzielle Controlleraufgaben nicht von einer Stelle alleine wahrgenommen werden" und dass „weitere Aufgabenalternativen zum Controllerbereich ... abhängig vom Einzelthema in Erwägung gezogen [werden]."

201 Vgl. hierzu David (2005), S. 127. Auch Pfohl/Stölzle (1997), S. 197, weisen indirekt auf einen Wettbewerbscharakter zwischen beiden Bereichen um die Erfüllung von Planungsaufgaben hin und betonen, dass Teilaufgaben der strategischen Planung entweder an den Controllerbereich oder die Strategieabteilung delegiert werden können.

202 Vgl. auch die Abschnitte 2.1.2 und 2.2.2.

203 Vgl. hierzu und im Folgenden David (2005), S. 127.

abteilung im Rahmen der Strategieumsetzung operative Planungstätigkeiten wahrnimmt, die traditionell zum Aufgabengebiet des Controllerbereichs gehören.

Bei strategischen *Kontrolltätigkeiten* können ebenfalls Rivalitäten zwischen Controllerbereich und Strategieabteilung bestehen. Aufgrund ihrer Erfahrungen im Rahmen der operativen Kontrolle besitzen Controller insbesondere durch die Überwachung der Strategieumsetzung die Möglichkeit, einen Beitrag im Strategieprozess zu leisten.[204] Wird diese Tätigkeit ebenfalls durch die Strategieabteilung wahrgenommen, können auch hier Überschneidungen und Wettbewerb auftreten.

Schließlich ist ein Konkurrenzverhältnis zwischen den beiden Bereichen im Rahmen *Sonstiger Tätigkeiten,* wie etwa fallbezogenen Beratungsleistungen oder dem kritischen Hinterfragen strategischer Entscheidungen der Unternehmensführung, denkbar. Beispielsweise können die Einführung und der Betrieb der Balanced Scorecard sowohl durch den Controllerbereich als auch die Strategieabteilung erfolgen.[205] Auch Beratungsleistungen oder die Funktion des kritischen Sparringspartners bei strategischen Fragestellungen können durch Controller oder Mitarbeiter der Strategieabteilung erbracht werden.[206]

2.3.2.4 Der Controllerbereich als Komplementor der Strategieabteilung

Abschließend können Controllerbereich und Strategieabteilung auch die Rolle gegenseitiger Komplementoren einnehmen und die von ihnen wahrzunehmenden Aufgaben gemeinsam erbringen.[207]

Im Rahmen der *Informationsversorgung* für strategische Fragestellungen sind sowohl unternehmens- als auch umfeldbezogene Daten von Bedeutung. Einzelne Unternehmensbereiche wie der Controllerbereich oder die Strategieabteilung werden kaum mit allen Details vertraut sein und nicht über die Fähigkeiten verfügen, um sämtliche Informationen erfassen und aufbereiten zu können.[208] Durch eine Abstimmung und Zusammenarbeit von Controllerbereich

[204] Vgl. Weber (2005), S. 42 ff.

[205] Vgl. Weber/Schäffer (2000), S. 108 und 175.

[206] Vgl. David (2005), S. 131 und 154 ff. Vgl. zum Wettbewerb bei der Wahrnehmung von Beratungstätigkeiten auch Roth (2000), S. 135 f.

[207] Vgl. David (2005), S. 168 und 180; Biel/Horváth/Kaufmann (2003), S. 61 und 64; Steinle (2003b), S. 372; Lorange (1998), S. 28; Serfling (1992), S. 24. Auch die Diskussionen in der Literatur bzgl. einer Zusammenfassung von strategischer Planung und Controlling in eine Stelle weisen auf die Bedeutung eines engen Zusammenwirkens der beiden Bereiche hin. Vgl. hierzu z. B. Weber et al. (2001), S. 16; Langguth (1994), S. 183 ff.; Mann (1979/1987), S. 24; Pfohl/Zettelmeyer (1987), S. 169 ff.

[208] Vgl. Al-Laham (1997), S. 284. Ähnlich die Argumentation der Abschnitte 2.3.2.1 und 2.3.2.2. Auch Bronner (1995), S. 186, betont die Notwendigkeit einer koordinierten Nutzung der in unterschiedlichen Abteilungen vorhandenen Informationen.

und Strategieabteilung lässt sich die Informationsbasis zur Entwicklung, Umsetzung und Kontrolle strategischer Maßnahmen erhöhen.[209]

Bei der Wahrnehmung von *Planungsaufgaben* besteht die Möglichkeit eines Zusammenwirkens sowohl im Rahmen der Strategieentwicklung als auch bei der Verzahnung von strategischer und operativer Planung.

Strategische Fragestellungen zeichnen sich durch eine hohe Komplexität und hohe Wissensdefizite der an der Strategieentwicklung beteiligten Akteure aus.[210] Eine alleinige Entwicklung der Strategie durch einzelne Akteure, wie beispielsweise der Strategieabteilung, dürfte daher häufig mit Problemen behaftet sein.[211] Durch die Einbeziehung weiterer Instanzen, wie etwa des Controllerbereichs, lässt sich die verfügbare Kompetenzbasis erweitern.[212] Beispielsweise können Controller die eher qualitative Sichtweise der Unternehmensstrategen um eine monetäre Perspektive ergänzen[213] oder die Zielorientierung und den Realitätsbezug der durch die Strategieabteilung erarbeiteten strategischen Maßnahmen kritisch hinterfragen.[214]

Eine gemeinsame Leistungserbringung kann zudem erfolgen, um die strategische und die operative Planung eines Unternehmens miteinander zu verzahnen.[215] Wie in den Abschnitten 2.1.2 und 2.2.2. dargestellt, werden Planungstätigkeiten häufig arbeitsteilig zwischen Controllerbereich und Strategieabteilung erbracht.[216] Aufgrund der Gefahr einer unzureichenden Abstimmung der einzelnen Planungsebenen entsteht Koordinationsbedarf. Durch eine

209 So weist Steinle (2003b), S. 372, auf die Synergiepotenziale im Rahmen der Beschaffung und Analyse von Informationen hin. Ähnlich Steinle/Lawa/Kolbeck (1994), S. 386. Auch Mann (1979/1987), S. 39 f., betont, dass beide Bereiche in den selben Informationsfluss einzubeziehen sind.

210 Zu den Eigenschaften von strategischen Problemen vgl. Abschnitt 2.2.1. Vgl. hierzu auch Spieker (2004), S. 28; Kehrmann (2002), S. 20.

211 Vgl. Foschiani (2000), S. 349; Serfling (1992), S. 112.

212 Ähnlich Al-Laham (1997), S. 249. Hierbei ist darauf zu achten, dass die Gruppe, die sich mit der Strategiefindung beschäftigt, heterogen zusammengesetzt ist. Vgl. hierzu Weber (2005), S. 38. Ähnlich Bachmann (1995), S. 55. Zur Vorteilhaftigkeit der Entscheidungsfindung bei strategischen Problemen durch mehrere Akteure vgl. auch Spieker (2004), S. 77 ff.; Kehrmann (2002), S. 67 ff.

213 Vgl. Weber (2005), S. 40.

214 Vgl. Steinle (2003b), S. 372; Pfohl/Zettelmeyer (1987), S. 166. Ähnlich Baumgartner (1980), S. 88. Trux/Müller-Stewens/Kirsch (1985), S. 302, schlagen zudem vor, dass sowohl Strategieabteilung als auch Controllerbereich Strategievorschläge erarbeiten und der anderen Abteilung zur kritischen Prüfung zur Verfügung stellen sollen.

215 Vgl. Biel/Horváth/Kaufmann (2003), S. 61; Horváth (2003), S. 259; Töpfer/Afheldt (1987), S. 41. Auch Hoffmann/Niedermayr/Risak (1996), S. 13, verweisen auf die Beziehung von strategischen und operativen Aufgaben. Ähnlich Bachmann (1995), S. 59.

216 Ähnlich hierzu und im Folgenden Al-Laham (1997), S. 249. Wie in den Abschnitten 2.1.2 und 2.2.2. aufgeführt, übernehmen Controller hierbei vor allem operative Planungstätigkeiten, während Mitarbeiter der Strategieabteilung Aufgaben der strategischen Planung wahrnehmen.

gemeinsame Erfüllung von Planungstätigkeiten besteht die Möglichkeit, die strategische und operative Planungsebene zu einer integrierten Planung zusammenzuführen.[217]

Auch die strategische *Kontrolle* kann prinzipiell durch Controllerbereich und Strategieabteilung gemeinsam wahrgenommen werden. Um Aufgabenkonflikte zu vermeiden, ist es z. B. denkbar, dass Controller insbesondere die auch aus dem operativen Geschäft bekannte strategische Ergebnis- bzw. Durchführungskontrolle übernehmen, während die Unternehmensstrategen die Kontrolle strategischer Prämissen und die ungerichtete strategische Überwachung verantworten.

Im Rahmen der *Sonstigen Tätigkeiten* kann eine Kooperation zwischen Controllerbereich und Strategieabteilung beispielsweise zur Realisierung spezieller Projekte erfolgen. So können beide Abteilungen bei der Verankerung eines Shareholder-Value-Konzeptes im Unternehmen zusammenarbeiten.[218] Aufgrund des Bezugs zur strategischen Planung können erste Konzeptüberlegungen etwa von Mitarbeitern der Strategieabteilung wahrgenommen werden.[219] Controller übernehmen in ihrer Rolle als Advocati Diaboli dann die kritische Bewertung der entwickelten Konzepte.[220] Anschließend implementieren sie die wertorientierte Denkweise im Unternehmen.

2.3.3 Die Kooperation von Controllerbereich und Strategieabteilung

In den vorangegangenen Abschnitten wurde deutlich, dass Controllerbereich und Strategieabteilung in einer komplexen Beziehung zueinander stehen können.[221] Zur Ausgestaltung dieser Schnittstelle besteht für beide Abteilungen grundsätzlich die Möglichkeit kooperativen oder konfliktbehafteten Verhaltens.[222] Entlang der zuvor dargestellten Berührungspunkte soll für den weiteren Verlauf der Untersuchung daher erläutert werden, welche Bedeutung einer Betrachtung der Kooperation im Vergleich zu einer Untersuchung von Wettbewerb zwischen beiden Funktionsbereichen zukommt.

---

217 Ähnlich David (2005), S. 168; Steinle/Lawa/Kolbeck (1994), S. 386. Bei Schwierigkeiten in der Umsetzung müssen Controller beispielsweise die Möglichkeit besitzen, die Strategieabteilung zeitnah auf notwendige Strategieänderungen hinzuweisen. Vgl. Mann (1979/1987), S. 39.

218 Vgl. auch Weber (2000), S. 22.

219 Vgl. Weber/Schäffer (2000), S. 340.

220 Vgl. hierzu Weber/Schäffer (2000), S. 337 und 340.

221 Auch im Rahmen der empirischen Studie von Weber et al. (2006a), S. 51 und 53, wird deutlich, dass die Strategieabteilung gleichzeitig einen Wettbewerber, Kunden und Lieferanten des Controllerbereichs darstellen kann. Ebenso merkt David (2005), S. 140, an, „dass ein komplexes Geflecht von Kunden-, Wettbewerber- und Lieferantenbeziehungen des Controllerbereichs festzustellen ist."

222 Vgl. auch Mosiek (2002), S. 223 ff.

In den Abschnitten 2.3.2.1 und 2.3.2.2 wurden mögliche *Kunden-Lieferanten-Beziehungen* zwischen Controllerbereich und Strategieabteilung zur Erfüllung der von beiden Bereichen wahrzunehmenden Aufgaben dargestellt. Zwischen Controllerbereich und Strategieabteilung liegt in diesen Fällen eine Schnittstelle in Form von aneinander anknüpfenden Prozessschritten vor.[223] Eine Abteilung erbringt eine auch für den anderen Bereich bedeutsame Leistung und stellt sie diesem zur Verfügung. Die erhaltene Leistung wird anschließend vom empfangenden Bereich für die eigene Tätigkeit verwertet.

Zur Koordination und Verbindung dieser prozessualen Teilschritte ist ein kooperatives Verhalten von Controllerbereich und Strategieabteilung notwendig.[224] Die liefernde Abteilung muss sich zur Bereitstellung und Übermittlung der vom anderen Bereich benötigten Leistungen bereit erklären. Der kooperative Beitrag des jeweils empfangenden Bereichs besteht hingegen darin, die erbrachten Vorleistungen anzunehmen und im Anschluss zu verwerten.

Wie in Abschnitt 2.3.2.3 dargestellt, kann zwischen Controllerbereich und Strategieabteilung grundsätzlich auch ein *Wettbewerbsverhältnis* bestehen. Allerdings zeigen WEBER ET AL. (2006a), dass die Strategieabteilung aus Controllersicht nur in seltenen Fällen als Konkurrent wahrgenommen wird.[225]

In den Fällen, in denen sich ein Wettbewerbsverhältnis beobachten lässt, wird dies zudem dadurch eingeschränkt, dass Controllerbereich und Strategieabteilung Bestandteil eines Unternehmens sind und dieselben übergeordneten Ziele verfolgen.[226] Grundsätzliche kooperative Verhaltensweisen wie die Festlegung gültiger Wettbewerbsregeln oder die gemeinsame Bewältigung auftretender Konflikte sind somit auch hier von Bedeutung und können bei mangelnder Kooperationsbereitschaft auch hierarchisch verordnet werden.

---

223 So werden die von Brockhoff/Hauschildt (1993), S. 399, vorgeschlagenen Schnittstellencharakteristika in Form des „wechselseitigen Austausch[s] von Informationen, Gütern oder Finanzen bei der Lösung einer Aufgabe" erfüllt.

224 Vgl. hierzu Röder (2001), S. 14; Künzel (1999), S. 89 ff. Zur Kooperation von Kunden-Lieferanten-Schnittstellen im interorganisatorischen Kontext vgl. auch Corsten (2003), S. 80 ff.; Herbst (2002), S. 64 ff. Zur Förderung der Kooperation an diesen Kunden-Lieferanten-Schnittstellen können spezielle Spielregeln wie Informations- und Konsultationsrechte bzw. -pflichten sowie Prozessregelungen eingesetzt werden. Vgl. hierzu Schuster (1998), S. 114 ff.

225 Vgl. Weber et al. (2006a), S. 48 f. Auch David (2005), S. 168 und 180, weist im Rahmen seines Ansatzes zum strategischen Management von Controllerbereichen darauf hin, dass die Beziehung zur Strategieabteilung aus Controllingsicht nicht konfliktär, sondern kooperativ zu gestalten ist.

226 So betont Mosiek (2002), dass eine offene Konfrontation zwischen Controllerbereich und einer anderen Abteilung den Gesamtzielen des Unternehmens schaden kann und nicht zu empfehlen ist. Vgl. Mosiek (2002), S. 223. Auch Weber/David/Prenzler (2001), S. 13, stellen fest: „Controller können allerdings nicht nur „Role Maker" sein. Weiterhin vorherrschend bleib[en] die Hierarchie in Unternehmen und der Grundsatz der Kooperation bestehen." Ähnlich Weber (2004), S. 543.

Auch die in Abschnitt 2.3.2.4 dargestellten Ausführungen zu den *Komplementorenbeziehungen* unterstreichen die Bedeutung kooperativen Verhaltens. Controllerbereich und Strategieabteilung übernehmen als gegenseitige Komplementoren Aufgaben der Informationsversorgung, Planung und Kontrolle sowie Sonstige Tätigkeiten. Die Ergänzung der jeweiligen Fähigkeiten und die wechselseitige Beeinflussung ermöglichen die Realisierung von Synergiepotenzialen und eine Verbesserung der Leistungsqualität.[227]

Aufgrund der dargelegten Bedeutung von Kooperation entlang der einzelnen Beziehungsdimensionen lässt sich daher feststellen, dass für die Gestaltung der Schnittstelle von Controllerbereich und Strategieabteilung vor allem kooperative Verhaltensweisen von Bedeutung sind.

2.3.4 Zusammenfassung der Schnittstellenbetrachtung

Zusammenfassend lassen sich bezüglich der Existenz und Bedeutung einer Kooperation von Controllerbereich und Strategieabteilung (Forschungsfrage 1) somit folgende Kernergebnisse für die weitere Untersuchung festhalten:

- Zwischen Controllerbereich und Strategieabteilung lassen sich zahlreiche Berührungspunkte im Rahmen der Informationsversorgung, Planung, Kontrolle und bei der Erfüllung Sonstiger Tätigkeiten beobachten. Abhängig von den jeweiligen Kompetenzen und den wahrgenommenen Aufgaben kann jede Abteilung als Kunde, Lieferant, Wettbewerber und Komplementor des anderen Bereichs agieren.
- An der Schnittstelle von Controllerbereich und Strategieabteilung ist in der Unternehmenspraxis insbesondere ein kooperatives Verhalten beider Bereiche von Bedeutung. Demgegenüber besitzen konfliktbehaftete Wettbewerbsbeziehungen zwischen den beiden Bereichen eine vergleichsweise geringe Relevanz.

Die Schnittstelle von Controllerbereich und Strategieabteilung soll in dieser Untersuchung daher aus dem Blickwinkel der Kooperation beider Funktionsbereiche untersucht werden.[228] Im nächsten Kapitel wird hierfür der gegenwärtige Stand der Forschung vorgestellt.

---

[227] Vgl. Steinle (2003b), S. 372; Steinle/Lawa/Kolbeck (1994), S. 386 f. Auch David (2005), S. 168 und 180, betont, dass der Controllerbereich durch eine Zusammenarbeit mit der Strategieabteilung die Möglichkeit zur Verbesserung der eigenen Fähigkeiten besitzt.

[228] Das Wettbewerbsverhältnis zwischen beiden Funktionsbereichen wird in Form des Rivalitätsgrades berücksichtigt und als negativ wirkender Einflussfaktor auf die Kooperation von Controllerbereich und Strategieabteilung konzeptualisiert und operationalisiert. Zudem werden Wettbewerbsüberlegungen im Rahmen der Konzeptualisierung des Einflussfaktors Role Making des Controllerbereichs berücksichtigt.

2.4 Stand der bisherigen Forschung

2.4.1 Eingrenzung der relevanten Literatur

Der Kooperation organisatorischer Gruppen kommt seit einigen Jahren eine hohe wissenschaftliche Bedeutung zu.[229] Das Phänomen der Kooperation wird von unterschiedlichen wissenschaftlichen Disziplinen erforscht und der Kooperationsbegriff auch im alltäglichen Sprachgebrauch häufig angewendet.[230] Aufgrund der Vielzahl existierender Arbeiten sollen diese daher zunächst systematisiert und anschließend auf die für die vorliegende Untersuchung relevanten Publikationen eingegrenzt werden.

Nach WEINKAUF ET AL. (2005) lassen sich in der sozialpsychologischen und betriebswirtschaftlichen Literatur drei grundsätzliche Forschungsströme identifizieren, die sich mit der Zusammenarbeit organisatorischer Gruppen befassen.[231] Hierbei handelt es sich um den Intergroup-Relations-Ansatz, das Schnittstellenmanagement und das Boundary-Management. Um die Relevanz dieser Forschungsströme für die vorliegende Arbeit beurteilen zu können, sollen die einzelnen Ansätze nachfolgend kurz vorgestellt werden.

Der *Intergroup-Relations-Ansatz* hat seine Wurzeln in den sozialwissenschaftlichen Erkenntnissen zwischen 1890 und 1930 stellt damit die älteste der drei von WEINKAUF ET AL. (2005) identifizierten Forschungsrichtungen dar. Im Mittelpunkt des Ansatzes steht das Verhalten von Gruppen zueinander. Hierbei wird der Gruppenbegriff vergleichsweise weit gefasst. So wird neben der Beziehung von Organisationseinheiten bzw. Organisationen auch das Verhältnis bspw. von ethnischen Gruppen oder Nationen betrachtet. Zur Erklärung der jeweiligen Beziehungen wird vor allem auf die Theorie der sozialen Identität und die darauf aufbauende Selbstkategorisierungstheorie zurückgegriffen.[232]

Eine etwas andere Sichtweise nimmt der in seinen Ursprüngen auf LAWRENCE/LORSCH (1967) zurückgehende Ansatz des *Schnittstellenmanagements* ein.[233] Im Gegensatz zum Intergroup-Relations-Ansatz befasst sich das Schnittstellenmanagement nicht mehr mit der Interaktion von Gruppen im Allgemeinen, sondern untersucht die Kooperation von Unter-

---

229 Vgl. Spieß/Nerdinger (1998), S. 7. Ähnlich Fallgatter/Koch (1998), S. 14.

230 Vgl. Röder (2001), S. 58.

231 Basis dieser Einschätzung bildet eine umfangreiche Literaturrecherche der sozialpsychologischen und betriebswirtschaftlichen Literatur der vergangenen 25 Jahre. Vgl. hierzu und im Folgenden ausführlich Weinkauf et al. (2005), S. 86 ff.

232 Vgl. hierzu auch Abschnitt 2.5.3.3.

233 Vgl. hierzu und im Folgenden ausführlich Weinkauf et al. (2005), S. 93 ff. Als Ursprung des Schnittstellenmanagements wird in der Literatur häufig die von Lawrence/Lorsch (1967), S. 2 ff., entwickelte Theorie der „Differentiation and Integration" bezeichnet. Diese besagt, dass die Effektivität von Unternehmen insbesondere von der Bildung und Integration spezialisierter Teilbereiche abhängt.

nehmensteil- bzw. Funktionsbereichen. Als konzeptionelle Basis hierfür identifizieren WEINKAUF ET AL. (2005) die Organisationstheorie. Insbesondere in jüngeren Arbeiten fließen aber auch Erkenntnisse des sozialpsychologisch geprägten Intergroup-Relations-Ansatzes sowie des nachfolgend vorzustellenden Boundary-Management-Ansatzes ein.

Der Ansatz des *Boundary-Managements* hat seinen Ursprung bei GLADSTEIN (1984) und stellt den jüngsten der von WEINKAUF ET AL. (2005) identifizierten Forschungsströme dar.[234] Der Ansatz beschäftigt sich mit der Interaktion kleiner Arbeits- und Projektgruppen. Die Grundannahme dieser Forschungsrichtung besteht darin, dass Gruppenprozesse nicht nur aus gruppeninternen, sondern auch aus gruppenexternen Komponenten bestehen.[235] Als konzeptionelle Basis werden verhaltenswissenschaftliche Erkenntnisse herangezogen.

Die Gemeinsamkeit aller drei vorgestellten Forschungsströme besteht darin, dass sie sich mit der Kooperation organisatorischer Gruppen beschäftigen. Allerdings werden Unterschiede insbesondere im Hinblick auf das verwendete Gruppenverständnis deutlich.

In dieser Untersuchung wird die Kooperation von Controllerbereich und Strategieabteilung betrachtet. Beide Abteilungen stellen Funktionsbereiche eines Unternehmens dar. Aufgrund dessen sollen im Folgenden insbesondere Arbeiten des Schnittstellenmanagements in die Analyse einbezogen werden. Erkenntnisbeiträge des Intergroup-Relations- und Boundary-Management-Ansatzes werden lediglich berücksichtigt, sofern sie auch für die Zusammenarbeit von Funktionsbereichen relevant erscheinen.[236]

2.4.2 Systematik der Darstellung

Wie oben dargestellt, befasst sich die Schnittstellenliteratur mit der Koordination von miteinander verbundenen Teileinheiten.[237] Zwischen den Funktionsbereichen finden Finanz-, Güter-

---

234 Vgl. hierzu und im Folgenden ausführlich Weinkauf et al. (2005), S. 99 ff.

235 Unter gruppenexternen Prozessen werden die Beziehungen zu gruppenexternen Akteuren subsumiert. Diese beinhalten den Input, den externe Akteure für die Gruppe liefern, die Reaktion der Gruppe auf den erhaltenen Input sowie den Output des Teams für externe Instanzen. Vgl. ausführlich Gladstein (1984), S. 500 ff.

236 Eine Anwendung des Intergroup-Relations-Ansatzes im Rahmen dieser Arbeit wird auch dadurch erschwert, dass es sich bei vielen Untersuchungen um experimentelle Arbeiten handelt. Die Schwierigkeit des Boundary-Management-Ansatzes liegt vor allem darin, dass dieser bisher nur selten in empirischen Studien verwendet wurde. Vgl. hierzu Weinkauf et al. (2005), S. 100.

237 Vgl. Röder (2001) S. 12; Brockhoff/Hauschildt (1993), S. 400.

oder Wissenstransfers statt. Die Abstimmung der Interaktion wird mit dem Begriff der Kooperation belegt.[238] Hierbei liegen jedoch unterschiedliche Verständnisse zugrunde.[239]

In Anlehnung an KAHN (1996) und KAHN/MENTZER (1998, 1996) lassen sich in der Schnittstellenliteratur drei Sichtweisen identifizieren, mit deren Hilfe die verschiedenen Kooperationsbegriffe systematisiert werden können: eine informationsflussorientierte, eine verhaltensbezogene und eine integrative Perspektive.[240]

Die *informationsflussorientierte Perspektive*, die KAHN (1996) mit dem Begriff *Interaction* bezeichnet, fasst interfunktionale Kooperation als Kommunikation zwischen Teilbereichen eines Unternehmens auf. Zur Messung kooperativen Verhaltens wird häufig auf objektive Kennzahlen, wie die Häufigkeit gemeinsamer Sitzungen oder Telefonate zwischen Mitarbeitern unterschiedlicher Abteilungen, zurückgegriffen.

Demgegenüber versteht die *verhaltensbezogene Perspektive,* die KAHN (1996) mit dem Ausdruck *Collaboration* belegt, Kooperation als Existenz gemeinsamer Werte und Ziele sowie kollaborativen Verhaltens. Die empirische Messung von Kooperation erfolgt in diesen Arbeiten vornehmlich anhand von subjektiven, „weichen" Kriterien.

Die dritte Sichtweise, die in Anlehnung an den von KAHN (1996) geprägten Begriff der *Integration* als *integrative Perspektive* bezeichnet werden soll, verbindet die beiden zuvor genannten Ansätze. Kooperation wird hier als mehrdimensionales Phänomen aufgefasst, das sowohl aus kommunikativen als auch verhaltensbezogenen Aspekten besteht.

Nachfolgend werden die für diese Untersuchung relevanten Arbeiten entlang der drei beschriebenen Perspektiven vorgestellt.[241] Zur Generierung eines Erkenntnisfortschritts für die eigene Untersuchung soll hierbei insbesondere folgenden Leitfragen Beachtung geschenkt werden, wobei besonders relevante Studien ausführlicher beschrieben werden:

---

238 In der Literatur zum Schnittstellenmanagement herrscht kein Konsens darüber, ob diese Koordination ausschließlich durch Kooperation oder auch durch andere Mechanismen erfolgen kann. Beispielsweise betonen Brockhoff/Hauschildt (1993), S. 399 f., dass zur Abstimmung von Schnittstellen neben Kooperation auch interne Märkte zum Einsatz kommen können. Ähnlich Köhler/Görgen (1992), S. 527. Demgegenüber ist nach Bleicher (1991b), S. 572, eine Kooperation zur Abstimmung von Abteilungen zwingend notwendig.

239 Pinto/Pinto/Prescott (1993), S. 1286, stellen hierzu fest: „Many concepts exist which encapsulate the meaning of cross-functional cooperation." Ähnlich Langerak/Peelen/Commandeur (1997), S. 284; Pinto/Pinto (1990), S. 203.

240 Vgl. Kahn (1996), S. 138 ff. Ähnlich Kahn/Mentzer (1998), S. 54 ff.; Kahn/Mentzer (1996), S. 6 ff.

241 Aufgrund der Vielzahl von Veröffentlichungen, insbesondere im Rahmen der Marketing- und Innovationsforschung, erfolgt keine vollständige Literaturübersicht. Stattdessen werden die aus der Sicht des Autors wichtigsten Arbeiten vorgestellt. Für eine ausführliche Literaturdarstellung vgl. z. B. Chimhanzi (2004), S. 715; Griffin/Hauser (1996), S. 191 ff.; Gerpott (1991), S. 18 ff. Für einen Überblick über ältere Arbeiten vgl. auch Gupta (1984), S. 45 ff.

- Welches Kooperationsverständnis wird angewandt?
- Wie wird Kooperation als Konstrukt konzeptualisiert und operationalisiert?
- Welche theoretische Fundierung liegt dem jeweiligen Kooperationsverständnis zugrunde?

Zunächst wird hierbei auf Untersuchungen der Schnittstellenforschung[242] eingegangen. Anschließend werden Arbeiten aus der Controlling- bzw. Strategieliteratur vorgestellt.

2.4.3 Erkenntnisbeiträge der Schnittstellenforschung

2.4.3.1 Informationsflussorientierte Perspektive

Im Rahmen der informationsflussorientierten Perspektive wird Kooperation zwischen zwei Funktionsbereichen eines Unternehmens definiert als „communication flows between the people in the two areas“[243]. Kooperatives Verhalten manifestiert sich nach diesem Verständnis in der Kommunikation zwischen den Mitarbeitern unterschiedlicher Funktionsbereiche.

Als bedeutende Arbeit dieser Perspektive kann die Untersuchung von RUEKERT/WALKER (1987) angesehen werden.[244] RUEKERT/WALKER (1987) konzeptualisieren und operationalisieren den Kommunikationsfluss zwischen Abteilungen durch die Konstrukte *Amount of Communication* und *Difficulty of Communication*. Die Kommunikationshäufigkeit bezeichnet die objektiv gemessene Kommunikationsfrequenz zwischen Abteilungen. Die Kommunikationsschwierigkeit wird durch die Anstrengungen und die Probleme konzeptualisiert, die im Rahmen einer abteilungsübergreifenden Kommunikation auftreten. Die Operationalisierung beider Konstrukte erfolgt in Anlehnung an die Skalen von VAN DE VEN/FERRY (1980).[245] Die Häufigkeit der Kommunikation wird durch die Inanspruchnahme einzelner Kommunikationskanäle objektiv gemessen. Die Schwierigkeit der Kommunikation beinhaltet qualitative Aussagen. Im Rahmen der theoretischen Fundierung der Untersuchung betonen die Autoren die Ressourcenabhängigkeit einzelner Teilbereiche voneinander.[246] Zudem verweisen sie auf den Transaktionscharakter der Interaktion zwischen Abteilungen.

Im Unterschied zu RUEKERT/WALKER (1987) betrachten MOENAERT/SOUDER (1992, 1990) lediglich den Informationsfluss zwischen zwei Funktionsbereichen. Dieser wird als *Transfer of Information from Marketing to R&D* sowie *Transfer of Information from R&D to*

---

242 Hierbei wird insbesondere auf die zahlreichen Arbeiten der Marketingliteratur zurückgegriffen.

243 Ruekert/Walker (1987), S. 4.

244 Vgl. hierzu und im Folgenden Ruekert/Walker (1987), S. 1 ff.

245 Bei der Arbeit von Van de Ven/Ferry (1980) handelt es sich um ein Skalenhandbuch, in dem Konstrukte der Organisationsforschung entwickelt und validiert werden. Für die von Ruekert/Walker (1987) verwendeten Konstrukte vgl. Van de Ven/Ferry (1980), S. 254 f.

246 Vgl. Ruekert/Walker (1987), S. 2.

Marketing konzeptualisiert.[247] Als theoretische Basis wird auf organisationstheoretische Erkenntnisse und die Ressourcenabhängigkeit beider Bereiche voneinander verwiesen.[248] Das Ausmaß der theoriebasierten Fundierung der Konstrukte ist jedoch begrenzt.

In einer weiteren Veröffentlichung operationalisieren MOENAERT ET AL. (1994) die zuvor konzeptualisierten Konstrukte mithilfe von je acht qualitativen Items.[249] Das Cronbach'sche Alpha der Messmodelle *Communication from Marketing to R&D* und *Communication from R&D to Marketing* kann als sehr gut bezeichnet werden.[250] Eine Gütebeurteilung unter Anwendung der Gütekriterien der zweiten Generation findet aber nicht statt.

Entgegen dem rein qualitativen Vorgehen von MOENAERT/SOUDER (1992, 1990) und MOENAERT ET AL. (1994) konzeptualisieren und operationalisieren MALTZ/KOHLI (1996) die Interaktion von Abteilungen durch eine quantitative Dimension *Dissemination Frequency* und eine qualitative Dimension *Dissemination Formality*. Ähnlich wie bei RUEKERT/WALKER (1987) wird Dissemination Frequency als „number of dissemination events between a sender and a receiver during a given period of time“[251] verstanden. Dissemination Formality bezeichnet demgegenüber die Nachvollziehbarkeit und Spontaneität der Kommunikation.[252] Zur Operationalisierung werden die Skalen von VAN DE VEN/FERRY (1980) zugrunde gelegt, die durch weitere Kommunikationskanäle ergänzt werden.[253] Allerdings unterlassen die Autoren eine Überprüfung der Validität und Reliabilität ihrer Konstrukte. Zudem ist die theoretische Basis der Arbeit begrenzt. Zwar wird die soziale Austauschtheorie erwähnt, eine theoriebasierte Konzeptualisierung und Operationalisierung findet jedoch nicht statt.

Das von MALTZ/KOHLI (1996) entwickelte Konstrukt der Kommunikationshäufigkeit wird von MALTZ (2000) in einer weiteren Untersuchung übernommen.[254] Im Unterschied zur Arbeit von MALTZ/KOHLI (1996) wird die Kommunikationshäufigkeit in die einzelnen Dimensionen *Written, Electronic, Phone* und *Face-to-face* unterteilt. Hierbei treten deutliche

---

247 Vgl. Souder/Moenaert (1992), S. 490; Moenaert/Souder (1990), S. 99.

248 Vgl. Souder/Moenaert (1992), S. 491 und 494 ff.; Moenaert/Souder (1990), S. 91 f. und 97 f.

249 Vgl. hierzu Moenaert et al. (1994), S. 31 ff.

250 Vgl. Moenaert et al. (1994), S. 44 f.

251 Maltz/Kohli (1996), S. 48.

252 Vgl. Maltz/Kohli (1996), S. 48.

253 Vgl. hierzu auch Ottum/Moore (1997), S. 264.

254 Vgl. hierzu und im Folgenden Maltz (2000), S. 110 ff. Auch in der Arbeit von Fisher/Maltz/Jaworski (1997) wird das Konstrukt der Kommunikationshäufigkeit verwendet. Da sich keine weiteren Erkenntnisse für die diese Untersuchung ergeben, soll jedoch auf eine ausführliche Darstellung verzichtet werden.

Unterschiede zwischen den einzelnen Kommunikationskanälen zutage.[255] Eine Überprüfung der Reliabilität und Validität der Konstrukte unterbleibt jedoch auch hier.

2.4.3.2 Verhaltensbezogene Perspektive

Einen anderen Betrachtungsschwerpunkt als den Informationsaustausch zwischen Abteilungen wählt die verhaltensorientierte Perspektive. Kooperation wird nach diesem Verständnis als „state of high degrees of shared values, mutual goal commitments, and collaborative behaviors“[256] aufgefasst. Die Untersuchungen zu dieser Sichtweise lassen sich weiterhin unterteilen in Arbeiten, die sich mit Konflikten zwischen Abteilungen befassen, und Studien, in denen das Ausmaß gemeinsamer Ziele, Werte und Zusammenarbeit erfasst wird.

Als bedeutender Vertreter des *konfliktbezogenen Ansatzes* kann BARCLAY (1991) angesehen werden.[257] Er konzeptualisiert die Beziehung zwischen Funktionsbereichen anhand des Konstrukts *Manifest Conflict*. Dies definiert er als „interaction such that the actions of one group tend to prevent or compel some outcome against the resistance of another group“[258]. Die Operationalisierung des Konstrukts erfolgt zunächst über 16 Indikatoren bzw. Items, die im Rahmen der Reliabilitätsanalyse auf neun Indikatoren reduziert werden. Hierbei ist anzumerken, dass die Konstrukte so formuliert sind, dass sie sich in ihrer inversen Form auch zur Messung von Kooperation verwenden lassen. Da die Items inhaltlich nicht abgeleitet werden, ergeben sich aber keine näheren Erkenntnisse bezüglich der Konzeptualisierung von Kooperation. Wie bei den Arbeiten der informationsflussbezogenen Perspektive ist zudem der geringe theoretische Erklärungsgehalt der Untersuchung zu kritisieren. So wird im Rahmen der Motivation der Studie zwar auf organisationstheoretische Erkenntnisse verwiesen.[259] Eine theoretische Fundierung der Konstrukte findet jedoch nicht statt. Auf der Arbeit von BARCLAY (1991) basieren mehrere Untersuchungen, von denen im Folgenden die Arbeiten von MENON/BHARADWAJ/HOWELL (1996), MALTZ/KOHLI (2000) sowie HAUSMAN/MONTGOMERY/ROTH (2002, 2000) vorgestellt werden sollen.

MENON/BHARADWAJ/HOWELL (1996) ergänzen in ihrer Studie das von BARCLAY (1991) entwickelte Konstrukt um die Dimension *Dysfunctional Conflict*, welche sie als

[255] Vgl. Maltz (2000), S. 120. Neben Unterschieden entlang der einzelnen Dimensionen lassen sich zudem auch verschiedene Ausprägungen zwischen formellen und informellen Kommunikationskanälen beobachten. Vgl. hierzu auch Chimhanzi (2004), S. 725.

[256] Souder et al. (1977), S. i. Ähnlich Lawrence/Lorsch (1986), S. 11, die Kooperation als „the quality or state of collaboration that exists among departments that are required to achieve unity of effort by the demands of the environments“ definieren. Vgl. auch Schrage (1990), S. 40.

[257] Vgl. hierzu und im Folgenden Barclay (1991), S. 145 ff.

[258] Barclay (1991), S. 146.

[259] Vgl. Barclay (1991), S. 145.

„unhealthy behaviors within an organization such as distortion and witholding of information“[260] definieren. Einen weiteren Erkenntnisbeitrag leisten sie durch die Bestätigung und Erweiterung der bei BARCLAY (1991) untersuchten Determinanten und Erfolgswirkungen. Als theoretische Basis der Arbeit dienen Erkenntnisse des Relationship Marketing.[261]

MALTZ/KOHLI (2000) beziehen sich in ihrer Untersuchung zum Verhältnis der Marketing-Abteilung zu anderen Bereichen ebenfalls auf BARCLAY (1991). Sie übernehmen dessen Definition und Konzeptualisierung von interfunktionalem Konflikt, verwenden aber eine alternative Operationalisierung. Diese umfasst sieben zum Teil revers kodierte Items.[262] Zur theoretischen Fundierung wird wie bei MENON/BHARADWAJ/HOWELL (1996) auf Erkenntnisse der Marketingliteratur verwiesen.[263]

Auch HAUSMAN/MONTGOMERY/ROTH (2002, 2000) betrachten in ihrer Studie das Konfliktverhalten zwischen zwei Funktionsbereichen.[264] Darüber hinaus konzeptualisieren sie die Beziehung durch eine weitere Dimension, die sie als *Interfunctional Harmony* bezeichnen und die Auskunft über „the degree to which people work together for their mutual benefit“[265] gibt. Im Unterschied zu den zuvor dargestellten Arbeiten wird die Beziehung zwischen Funktionsbereichen somit durch eine positiv formulierte Skala erfasst. Als Schwäche der Arbeit kann die auf je einem Item basierende Operationalisierung angesehen werden.[266]

Ähnlich wie HAUSMAN/MONTGOMERY/ROTH (2002, 2000) verwenden auch andere Autoren positiv formulierte Skalen, um die Beziehung zwischen Funktionsbereichen zu messen.[267] Als Beispiele dieser parallel zur konfliktorientierten Strömung verfassten Untersuchungen werden im Folgenden die Arbeiten von PARRY/SONG (1993), NORBURN ET AL. (1995) sowie DE RUYTER/WETZELS (2000a, b) dargestellt.

PARRY/SONG (1993) leisten einen Beitrag zur verhaltensbezogenen Perspektive, indem sie eine eigene Messskala auf Basis der idealtypischen Phasen des Neuproduktentwicklungsprozesses formulieren.[268] Sie konzeptualisieren die Zusammenarbeit zwischen Marketing und

---

260 Menon/Bharadwaj/Howell (1996), S. 303.
261 Vgl. Menon/Bharadwaj/Howell (1996), S. 300 f.
262 Vgl. Maltz/Kohli (2000), S. 480.
263 Vgl. Maltz/Kohli (2000), S. 479 f.
264 Vgl. Hausman/Montgomery/Roth (2002), S. 343 ff.; Hausman/Montgomery/Roth (2000), S. 3 ff.
265 Hausman/Montgomery/Roth (2002), S. 245.
266 Hausman/Montgomery/Roth (2000), S. 18, selbst bemerken hierzu: „We neither claim that these single item scales exhaustively measure all aspects of the theoretically derived framework nor that they are measured without error.“
267 Die Indikatoren sind hierbei häufig revers zu den Items der konfliktbezogenen Arbeiten formuliert.
268 Vgl. hierzu und im Folgenden Parry/Song (1993), S. 4 ff.

F&E anhand der fünf Dimensionen Budgeting, Planning, Idea/Concept Generation, Concept/ Product Development sowie Postcommercialisation. Jede Dimension beinhaltet Indikatoren, die Tätigkeiten der einzelnen Phasen der Produktentwicklung widerspiegeln.[269]

Ein alternatives Messmodell nutzen NORBURN ET AL. (1995), die ein aus sieben Items bestehendes, tätigkeitsunabhängiges Kooperationskonstrukt verwenden.[270] Dies ermöglicht eine aufgabenunabhängige Messung der Beziehung zwischen zwei Bereichen. Durch die Konzeptualisierung auf Basis der sozialen Austauschtheorie leisten NORBURN ET AL. (1995) zudem einen Erkenntnisbeitrag zur theoretischen Fundierung von Kooperation.[271]

Auch die von DE RUYTER/WETZELS (2000a, b) entwickelte Skala der *Relational Exchange Orientation* lässt sich unabhängig vom Aufgabengebiet einzelner Abteilungen einsetzen.[272] Die Autoren konzeptualisieren und operationalisieren die Beziehung zwischen Marketing und F&E durch die vier Dimensionen *Trust, Bonding, Reciprocity* und *Empathy*. Diese werden mithilfe von Gütekriterien der ersten und zweiten Generation überprüft und weisen gute Ergebnisse auf. Kritisch zu hinterfragen ist hingegen die Auswahl der verwendeten Dimensionen zur Messung interfunktionaler Beziehungen.[273] Die theoretische Fundierung der Arbeit ist mit dem Verweis auf verhaltensbezogene Theorien des Relationship Marketing ebenfalls begrenzt.[274]

2.4.3.3 Integrative Perspektive

Arbeiten der integrativen Perspektive verbinden die informationsfluss- und verhaltensbezogene Sichtweise. Die Kooperation von Funktionsbereichen wird als „process of interdepartmental interaction and interdepartmental collaboration that brings departments together into a cohesive organisation“[275] aufgefasst. Innerhalb dieser Perspektive lassen sich unterschiedliche Gruppen der Konzeptualisierung und Operationalisierung von Kooperation identifizieren. Mit den Ansätzen um GUPTA/RAJ/WILEMON (1985a, b), NARVER/SLATER (1990), KOHLI/JAWORSKI (1990) und KAHN (1996) werden nachfolgend vier unter-

---

269 Für aufgabenbezogene Skalen vgl. auch Dunk/Kilgore (2004), S. 132; Rho/Hahm/Yu (1994), S. 31.
270 Vgl. Norburn et al. (1995), S. 215 ff. Ähnlich Hoegl/Proserpio (2004), S. 1162.
271 Vgl. Norburn et al. (1995), S. 217.
272 Vgl. hierzu und im Folgenden De Ruyter/Wetzels (2000a), S. 257 ff.; De Ruyter/Wetzels (2000b), S. 209 ff.
273 So werden die verwendeten Dimensionen in anderen Arbeiten teilweise als Einflussfaktoren von Kooperation verwendet. Vgl. z. B. De Ruyter/Wetzels (2000a), De Ruyter/Wetzels (2000b), Maltz/Kohli (1996). Ähnlich im zwischenbetrieblichen Kontext Matthes (2005), S. 56 f.
274 Vgl. De Ruyter/Wetzels (2000a), S. 258 f., De Ruyter/Wetzels (2000b), S. 210 f.
275 Kahn/Mentzer (1996), S. 9. Ähnlich Chia-Hui/Chang-Jung (2006), S. 205.

schiedliche Möglichkeiten zur Konzeptualisierung und Operationalisierung der integrativen Perspektive dargestellt.[276]

Eine frühe Darstellung der integrativen Perspektive findet sich in den Arbeiten von GUPTA/RAJ/WILEMON (1985a, b).[277] Im Rahmen ihrer Untersuchung zur Neuprodukt-entwicklung identifizieren sie Tätigkeiten im Innovationsprozess, die eine Kooperation von Marketing und F&E erfordern. Diese ordnen sie den verhaltensbezogenen Dimensionen *Marketing Involvement* und *R&D Involvement* sowie der informationsbezogenen Dimension *Information Sharing* zu.[278]

Darauf aufbauend entwickeln GUPTA/RAJ/WILEMON (1986) ein Modell zur Erklärung der Schnittstelle von Marketing und F&E.[279] Hierbei reduzieren sie die zuvor dargestellten drei Kooperationsdimensionen auf die beiden Konstrukte *R&D-Marketing Involvement* und *Information Sharing*.[280] Diese werden von GUPTA/WILEMON (1988) empirisch getestet.[281] Da aber keine Prüfung der Validität und Reliabilität der entwickelten Konstrukte stattfindet, kann die Güte der Messung nicht beurteilt werden. Auch die theoretische Fundierung der Arbeiten ist zu kritisieren. So werden zwar Bezüge zur verhaltensorientierten Organisations-theorie erwähnt, die jedoch nicht zur Konstruktentwicklung herangezogen werden.[282]

AYERS/DAHLSTROM/SKINNER (1997) bauen auf den Arbeiten um GUPTA auf und übernehmen in ihrer Untersuchung die zuvor entwickelten Kooperationskonstrukte.[283] Im Unterschied zu GUPTA/RAJ/WILEMON (1985a, b) unterziehen sie die Konstrukte des *Marketing Involvement, Engineering Involvement* und *Information Exchange* einer Faktoren-analyse.[284] Hierbei bestätigen sie die von GUPTA entwickelten Dimensionen. Die theoretische Grundlage zur Erklärung der interfunktionalen Kooperation ist aber auch in dieser Arbeit begrenzt.[285]

---

[276] Darüber hinaus existieren auch weitere individuelle Ansätze, die aber mit keinem weiteren Erkenntnisfort-schritt für die Arbeit verbunden sind und daher nicht näher betrachtet werden. Vgl. z. B. Ottum/Moore (1997), S. 258; Pinto/Pinto/Prescott (1993), S. 1281 ff.; Pinto/Pinto (1990), S. 200 ff.

[277] Vgl. im Folgenden Gupta/Raj/Wilemon (1985b), S. 289 ff.; Gupta/Raj/Wilemon (1985a), S. 12 ff.

[278] Vgl. Gupta/Raj/Wilemon (1985b), S. 293; Gupta/Raj/Wilemon (1985a), S. 23.

[279] Vgl. hierzu Gupta/Raj/Wilemon (1986), S. 7 ff.

[280] Vgl. Gupta/Raj/Wilemon (1986), S. 15.

[281] Vgl. hierzu Gupta/Wilemon (1988), S. 20 ff.

[282] Vgl. Gupta/Raj/Wilemon (1986), S. 9 f. und 15.

[283] Vgl. hierzu Ayers/Dahlstrom/Skinner (1997), S. 107 ff.

[284] Vgl. Ayers/Dahlstrom/Skinner (1997), S. 114 f.

[285] Zwar verweisen die Autoren zur theoretischen Fundierung auf die Kontrolltheorie. Diese wird zur Erklärung einzelner Determinanten herangezogen, liefert aber keinen Beitrag zur Konzeptualisierung interfunktionaler Kooperation. Vgl. Ayers/Dahlstrom/Skinner (1997), S. 108 ff.

Einen anderen Ansatz zur Modellierung interfunktionaler Kooperation entwickeln NARVER/SLATER (1994, 1990).[286] Demnach stellt kooperatives Verhalten von Funktionsbereichen einen Bestandteil der Marktorientierung dar, der sich durch das eindimensionale Konstrukt *Interfunctional Coordination* konzeptualisieren lässt. Dies definieren die Autoren als „coordinated utilization of company resources in creating superior value for target customers“[287]. Die Operationalisierung erfolgt über fünf informationsfluss- und verhaltensbezogene Items, die jedoch inhaltlich nicht abgeleitet werden. Die Messung der Reliabilität des Konstrukts mithilfe von Kriterien der ersten Generation liefert mäßige Werte.[288] Gütekriterien der zweiten Generation werden nicht angewendet. Zudem kann auch die begrenzte theoretische Fundierung als Schwäche der Arbeiten angesehen werden.[289]Trotz dieser Defizite baut eine Reihe von Folgeuntersuchungen auf NARVER/SLATER (1990) auf.

Beispielsweise entwickeln DENG/DART (1994) eine ähnliche Messskala, die ebenfalls das Konstrukt der Interfunctional Coordination enthält.[290] Im Unterschied zu NARVER/SLATER (1990) wird dies aber anhand des informationsbezogenen Elements *Information Sharing* sowie der Verhaltensdimension *Interdepartmental Integration* konzeptualisiert.[291] Die Operationalisierung erfolgt hingegen entsprechend NARVER/SLATER (1990) als eindimensionales Konstrukt. Auch hier sind die Validitäts- und Reliabilitätswerte als mäßig anzusehen.[292]

SIGUAW/DIAMONTOPOULOS (1995) stellen bei den von NARVER/SLATER (1990) entwickelten Konstrukten ebenfalls Validitäts- und Reliabilitätsprobleme fest.[293] Sie untersuchen die Operationalisierung in drei unterschiedlichen Messungen, von denen keine zufriedenstellende Ergebnisse ausweist.[294] Insbesondere die Items des Konstrukts *Interfunctional Coordination* lassen sich im Rahmen der explorativen Faktorenanalyse nicht eindeutig zuordnen.[295]

---

286 Vgl. hierzu und im Folgenden Slater/Narver (1994), S. 46 ff.; Narver/Slater (1990), S. 20 ff.

287 Narver/Slater (1990), S. 22.

288 Das Cronbach'sche Alpha für das Konstrukt Interfunctional Coordination beträgt 0,71. Vgl. Narver/Slater (1990), S. 24. Der Wert liegt somit nur leicht über dem nach Nunally (1978), S. 245, akzeptablen Mindestwert von 0,7.

289 Vgl. zur theoretischen Fundierung der Arbeiten auch Homburg (2000), S. 11.

290 Vgl. hierzu Deng/Dart (1994), S. 725 ff.

291 Vgl. Deng/Dart (1994), S. 728.

292 So beträgt das unkorrigierte Cronbach'sche Alpha des Konstrukts Interfunctional Coordination 0,72. Vgl. Deng/Dart (1994), S. 734.

293 Vgl. hierzu Siguaw/Diamantopoulos (1995), S. 77 ff. Vgl. auch Pflesser (1999), S. 40.

294 Vgl. Siguaw/Diamantopoulos (1995), S. 82 ff.

295 Vgl. Siguaw/Diamantopoulos (1995), S. 84.

Auch die Arbeiten um LANGERAK leisten einen Erkenntnisbeitrag zur Eignung des von NARVER/SLATER (1990) entwickelten eindimensionalen Kooperationskonstrukts. LANGERAK (2003) greift in seiner Untersuchung ebenfalls auf die Operationalisierung von NARVER/SLATER (1990) zurück.[296] Die Validitäts- und Reliabilitätsprüfung weist auch hier nur bedingt zufriedenstellende Werte auf.[297] In weiteren Studien modifizieren LANGERAK (2001) sowie LANGERAK/HULTINK/ROBBEN (2004a, b) das Konstrukt der *Interfunctional Coordination* und ersetzen die informationsbezogenen Indikatoren durch verhaltensorientierte Items.[298] Das durch Modifikation einer einheitlichen Sichtweise zuzuordnende Konstrukt besitzt deutlich bessere Gütekriterien.[299]

Eine weitere Möglichkeit zur Konzeptualisierung und Operationalisierung von Kooperation unter Anwendung der integrativen Perspektive findet sich in den Arbeiten um KOHLI/JAWORSKI (1990). Ebenso wie die Studien um NARVER betrachten diese die Kooperation innerbetrieblicher Funktionsbereiche unter dem Blickwinkel der Kunden- bzw. Marktorientierung.[300] Im Unterschied zu den Arbeiten um NARVER/SLATER (1994, 1990) wird das verwendete Konstrukt der *Interfunctional Dynamics* jedoch durch mehrere Dimensionen dargestellt. KOHLI/JAWORSKI (1990) definieren Kooperation als „the formal and informal interactions and relationships among an organization's departments"[301]. Die Konzeptualisierung erfolgt entlang der verhaltensbezogenen Dimensionen *Interdepartmental Conflict* und *Concern for Ideas of Other Departments* sowie dem informationsbezogenen Bestandteil *Interdepartmental Connectedness*.[302] Hierbei ist inhaltlich anzumerken, dass *Interdepartmental Conflict* nicht die Zusammenarbeit, sondern das Konfliktverhalten zwischen Abteilungen erfasst.

In einer weiteren Arbeit reduzieren die Autoren das Modell der Interfunctional Dynamics auf die Dimensionen *Interdepartmental Connectedness* und *Interdepartmental Conflict*.[303] Diese operationalisieren sie durch je sieben selbst entwickelte Items.[304] Da im Rahmen der Validitätsprüfung aber keine Kriterien der zweiten Generation verwendet werden, kann die Güte der einzelnen Konstrukte nicht vollständig beurteilt werden. Mit Hinblick auf die dritte for-

296 Vgl. hierzu Langerak (2003), S. 93 ff.
297 Vgl. Langerak (2003), S. 106.
298 Vgl. Langerak/Hultink/Robben (2004a), S. 79 ff.; Langerak/Hultink/Robben (2004b), S. 295 ff.; Langerak (2001), S. 43 ff.
299 Vgl. beispielsweise Langerak (2001), S. 60.
300 Vgl. hierzu und im Folgenden Kohli/Jaworski (1990).
301 Kohli/Jaworski (1990), S. 9.
302 Vgl. Kohli/Jaworski (1990), S. 10.
303 Vgl. hierzu Jaworski/Kohli (1993), S. 53 ff.
304 Vgl. Jaworski/Kohli (1993), S. 59.

schungsleitende Frage lässt sich zudem die theoretische Fundierung der Studien kritisieren. So basieren die Konzeptualisierung und die anschließende Operationalisierung im Wesentlichen auf Feldinterviews und einer Analyse der Marketingliteratur.[305]

Trotz dieser Defizite dienen KOHLI/JAWORSKI (1993, 1990) als Grundlage für eine Reihe weiterer Untersuchungen. Als Beispiele sollen im Folgenden die Arbeiten von UTZIG (1997), MORGAN/PIERCY (1998) und CHIMHANZI (2004) erwähnt werden.[306]

UTZIG (1997) leistet in Hinblick auf die vorliegende Untersuchung vor allem einen Erkenntnisbeitrag für die theoretische Fundierung.[307] Er begründet die Kooperation zwischen Unternehmensteilbereichen mithilfe der Ressourcenabhängigkeitsperspektive. Eine darauf basierende Operationalisierung erfolgt jedoch nicht.

MORGAN/PIERCY (1998) ergänzen in ihrer Arbeit die beiden von KOHLI/JAWORSKI (1990) verwendeten Konstrukte Interfunctional Conflict und Connectedness um ein informationsbezogenes Konstrukt mit dem Namen *Communication Frequency*.[308] Dies bildet die objektive Interaktionshäufigkeit unter Nutzung unterschiedlicher Kommunikationsformen ab. Dabei wird deutlich, dass die subjektive Skala der informationsbezogenen Perspektive im Vergleich zum objektiven Messmodell eine höhere Reliabilität aufweist.[309]

Eine weitere Modifikation des Ansatzes von KOHLI/JAWORSKI (1990) findet sich bei CHIMHANZI (2004).[310] Ähnlich wie MORGAN/PIERCY (1998) konzeptualisiert und operationalisiert CHIMHANZI (2004) die informationsbezogene Sichtweise durch die Messung der objektiven Kommunikationshäufigkeit zwischen Abteilungen.[311] Zusätzlich unterscheidet sie jedoch zwischen formellen und informellen Kommunikationskanälen.[312] Beide Interaktionskonstrukte werden im Rahmen einer Faktorenanalyse bestätigt und weisen gute Validitäts-

305 Vgl. auch Kohli/Jaworski (1990), S. 6.

306 Eine erneute Bestätigung der Ergebnisse von Jaworski/Kohli (1993) findet sich zudem bei Menon/Jaworski/Kohli (1997), S. 187 ff. Da keine weiteren für diese Arbeit relevanten Erkenntnisse generiert werden, soll auf eine ausführliche Darstellung der Untersuchung verzichtet werden.

307 Vgl. hierzu und im Folgenden Utzig (1997), S. 116 ff.

308 Vgl. Morgan/Piercy (1998), S. 193.

309 Vgl. Morgan/Piercy (1998), S. 200.

310 Vgl. hierzu und im Folgenden Chimhanzi (2004), S. 713 ff.

311 Zur Messung der verhaltensbezogenen Perspektive bezieht sich Chimhanzi (2004), S. 725, auf Jaworski/Kohli (1993).

312 Vgl. Chimhanzi (2004), S. 724 f.

und Reliabilitätswerte auf.[313] Zur theoretischen Fundierung greift CHIMANZI (2004) auf die Ressourcenabhängigkeitsperspektive zurück.[314]

Abschließend soll mit den Arbeiten um KAHN der jüngste der identifizierten Ansätze zur integrativen Sichtweise vorgestellt werden.

Nach KAHN (1996) und KAHN/MENTZER (1998, 1996) kann die Kooperation von Funktionsbereichen als „multidimensional process that comprises the two distinct processes of interaction and collaboration"[315] verstanden werden. Die Konzeptualisierung des für die Darstellung der Kooperation verwendeten Konstrukts der *Interdepartmental Integration* erfolgt hierbei durch die beiden Dimensionen *Interaction* und *Collaboration*.[316] Interaction bezeichnet den Kommunikationsfluss zwischen einzelnen Abteilungen. Collaboration zielt auf die Zusammenarbeit sowie das Erreichen gemeinsamer Ziele ab.

Interaction wird von KAHN (1996) in Anlehnung an die Skala von VAN DE VEN/FERRY (1980) durch neun Items operationalisiert.[317] Aufgrund der Ergebnisse der Faktorenanalyse werden die Items entgegen der ursprünglichen Konzeptualisierung in die beiden Konstrukte *Meetings* und *Documented Information Exchange* untergliedert. Meetings umfassen den direkten, eher informellen Kontakt zwischen Abteilungen. Documented Information Exchange beinhaltet den schriftlichen und eher formell geprägten Austausch zwischen Funktionsbereichen. Collaboration wird von KAHN (1996) durch sechs Items neu entwickelt.

Die Validität und Reliabilität der Konstrukte kann als zufriedenstellend bis sehr gut beurteilt werden.[318] Allerdings erfolgt keine Prüfung des übergeordneten Konstrukts Interdepartmental Integration. Für die theoretische Fundierung der informationsbezogenen Dimension verweist KAHN (1996) auf Erkenntnisse der Transaktionskostentheorie.[319] Zur Erklärung der verhaltensbezogenen Perspektive wird das Relationship Marketing herangezogen. Eine umfassende Konzeptualisierung auf der Basis theoretischer Erkenntnisse wird jedoch nicht vorgenommen.

In einer weiteren Untersuchung bestätigt KAHN (2001) die Validität und Reliabilität der Konstrukte Collaboration und Documented Information Exchange.[320] Das informelle Inter-

313 Vgl. Chimhanzi (2004), S. 733.
314 Vgl. Chimhanzi (2004), S. 716 f.
315 Kahn (1996), S. 139. Ähnlich Kahn/Mentzer (1996), S. 9.
316 Vgl. Kahn/Mentzer (1998), S. 55 f.; Kahn (1996), S. 141; Kahn/Mentzer (1996), S. 9.
317 Vgl. hierzu und im Folgenden Kahn (1996), S. 143.
318 Vgl. Kahn/Mentzer (1998), S. 61 f.; Kahn (1996), S. 151.
319 Vgl. hierzu und im Folgenden Kahn (1996), S. 140.
320 Vgl. hierzu und im Folgenden Kahn (2001), S. 314 ff.

aktionskonstrukt Meetings wird nicht verwendet. Zudem grenzt KAHN (2001) durch eine Faktorenanalyse die Konstrukte Collaboration und Documented Information Exchange vom in Arbeiten zur Markt- und Kundenorientierung häufig verwendeten Konstrukt der Interfunctional Coordination ab.

ERNST (2001) bezieht sich in seiner Arbeit ebenfalls auf die durch KAHN (1996) vorgenommene Konzeptualisierung und Operationalisierung der Kooperation. Einen Erkenntnisbeitrag für die vorliegende Untersuchung leistet ERNST (2001) vor allem durch die deutsche Übersetzung der Indikatoren des Konstrukts Collaboration.[321] Die Validitäts- und Reliabilitätsprüfungen des deutschen Konstrukts Zusammenarbeit weisen gute Werte auf.[322] Die bei KAHN (1996) vorzufindende Operationalisierung des Informationsflusses in Form der objektiv messbaren Nutzung einzelner Kommunikationskanäle wird von ERNST (2001) hingegen als zu eng empfunden. Stattdessen greift er auf eine von JAWORSKI/KOHLI (1993) entwickelte Skala zur subjektiven Erhebung der Interaktion zurück, die ebenfalls ins Deutsche übersetzt wird. Die Güte des übersetzten Konstrukts Kommunikationsbeziehungen kann als zufriedenstellend beurteilt werden.[323]

In einer jüngeren Publikation ersetzen auch KAHN/REIZENSTEIN/RENTZ (2004) die objektive Messung der Interaktionsdimension durch das auf RUEKERT/WALKER (2002) zurückgehende subjektive Konstrukt des *Communication Ease*.[324] Die verhaltensbezogene Dimension wird mit dem Konstrukt *Cooperation* ebenfalls modifiziert. Sowohl Communication Ease als auch Cooperation weisen zufriedenstellende Gütemaße auf.

2.4.3.4 Zusammenfassung und Fazit der Erkenntnisbeiträge der Schnittstellenforschung

Die im Rahmen der Literaturdiskussion vorgestellten Arbeiten sind nachfolgend noch einmal übersichtsartig in Tabelle 1 zusammengefasst.

[321] Vgl. Ernst (2001), S. 185.
[322] Vgl. Ernst (2001), S. 288.
[323] Vgl. Ernst (2001), S. 285.
[324] Vgl. Kahn/Reizenstein/Rentz (2004), S. 1086 ff.

Autor(en)	Definition/Verständnis Kooperation	Konzeptualisierung/ Operationalisierung	Theoretische Fundierung	Empirische Analyse	
				Datengrundlage	Methode(n)
Informationsflussorientierte Perspektive (Interaction)					
Ruekert/Walker (1987)	„communication flows between the people in the two areas"	Drei Dimensionen: Amount of Communication Amount of Formal Communication Communication Difficulty	Teilweise: Systemtheorie Transaktionskosten-basierter Ansatz Ressourcenabhängigkeits-perspektive	151 Marketingmanager und Nicht-Marketing-manager aus amerika-nischen Industrie-unternehmen	Validitäts- und Reliabilitätsanalysen Korrelationsanalyse
Moenaert/Souder (1990a, b) Souder/Moenaert (1992)	„symbiotic interrelating of two or more entities that results in the production of net benefits to them"	Zwei Dimensionen: Transfer of Information from Marketing to R&D Transfer of Information from R&D to Marketing	Teilweise: Ressourcenabhängigkeits-perspektive Transaktionskosten-basierter Ansatz	-	-
Moenaert et al. (1994)	„information sharing between the technological and the marketing function"	Zwei Dimensionen: Information received by Marketing Information received by R&D	Teilweise: Ressourcenabhängigkeits-perspektive Uncertainty Reduction Perspective	147 Marketing- und F&E-Manager aus 78 Innovationsprojekten belgischer Unternehmen (Dyaden)	Validitäts- und Reliabilitätsanalysen T-Test Multiple Regressions-analyse
Maltz/Kohli (1996)	„dissemination of market intelligence by marketing managers to nonmarketing managers"	Zwei Dimensionen: Dissemination Frequency Dissemination Formality	Teilweise: Soziale Austauschtheorie	788 Nicht-Marketingmanager US-amerikanischer Technologieunternehmen	Multiple Regressions-analyse
Fisher/Maltz/Jaworski (1997)	Kommunikationsverhalten zwischen Abteilungen	Drei Dimensionen: Communication Frequency Bidirectionality Coerciveness	-	89 Marketingmanager US-amerikanischer Unternehmen	Validitäts- und Reliabilitätsanalysen Moderierte Regressionsanalyse
Maltz (2000)	Kommunikations-häufigkeit zwischen Abteilungen	Vier Dimensionen: Written Electronic Phone Face-to-face	-	504 F&E- und Produktionsmanager aus 262 Unternehmen	Multiple Regressions-analyse

Verhaltensbezogene Perspektive (Collaboration)					
Barclay (1991)	Betrachtung von Manifest Conflict als „interaction such that the actions of one group tend to prevent or compel some outcome against the resistance of another group"	Eine Dimension: Manifest Conflict	Teilweise: Organisationstheorie Systemtheorie	1.113 Einkäufer und Produktionsmanager kanadischer Industrie-unternehmen	Validitäts- und Reliabilitätsanalysen Kausalanalyse
Parry/Song (1993)	Zusammenarbeit in verschiedenen Phasen des Neuproduktentwicklungs-prozesses	Fünf Dimensionen: Integration achieved in: Budgeting Stage Planning Stage Idea/Concept Generation Product Development Postcommercialization	-	274 F&E Manager japanischer Technologieunternehmen	Validitäts- und Reliabilitätsanalysen Regressionsanalyse
Rho et al. (1994)	„degree of consensus between two addressed groups"	Interface Congruence	-	Manager aus koreanischen Industrieunternehmen	Validitäts- und Reliabilitätsanalysen Korrelationsanalyse
Norburn et al. (1995)	Keine Definition, aber verhaltensorientierte Perspektive	Drei Dimensionen: Interfunctional Exchange Relationship Effectiveness of Relationships Interfunctional Conflict	Constituency-based theory of the firm Teamtheorie Soziale Austauschtheorie	129 US-amerikanische Industrieunternehmen	Validitäts- und Reliabilitätsanalysen Korrelationsanalyse Clusteranalyse
Menon/Bharadwaj/Howell (1996)	Betrachtung von interfunktionalem Konflikt als mehrdimensionales Verhalten	Zwei Dimensionen: Functional Conflict Dysfunctional Conflict	Teilweise: Relationship Marketing	236 Marketingmanager US-amerikanischer Unternehmen	Validitäts- und Reliabilitätsanalysen Kausalanalyse
De Ruyter/Wetzels (2000a, b)	„relational attitude between exchange partners"	Vier Dimensionen: Trust Bonding Reciprocity Empathy	Teilweise: Relationship Marketing	162 Finance- und Marketingmanager und 271 Marketing- und Produktionsmanager niederländischer Unternehmen	Validitäts- und Reliabilitätsanalysen Regressionsanalyse

Hausman/Montgomery/ Roth (2000, 2002)	Kooperation als Ausmaß an interfunktionaler Zusammenarbeit und Konflikten	Zwei Dimensionen: Interfunctional Harmony Level of Conflict	Resource Based View Information Processing Theory Sozialwissenschaften	290 Teilnehmer eines US-amerikanischen Executive Education Programms	Validitäts- und Reliabilitätsanalysen Kausalanalyse
Maltz/Kohli (2000)	„degree to which managers in one functional group behave in a way that frustrates another group"	Eine Dimension: Manifest Interfunctional Conflict	Teilweise: Organisationstheorie	788 Nicht-Marketingmanager aus 265 US-amerikanischen Technologieunternehmen	Validitäts- und Reliabilitätsanalysen Regressionsanalyse
Dunk/Kilgore (2004)	„interaction of the functional areas of R&D, production, marketing and/or divisions to enhance synergistic outcomes"	Eine Dimension: Interfunctional Coordination	-	56 Finance-Direktoren australischer Unternehmen	Validitäts- und Reliabilitätsanalysen Regressionsanalyse
Hoegl/Weinkauf/ Gemuenden (2004)	„coordination with other teams (i. e., synchronization of interdependent tasks and schedules) and its commitment to the project (i. e., identification with the overall project goals)"	Eine Dimension: Interteam Coordination	Teilweise: Ressourcenabhängigkeits-perspektive Teamtheorie	261 Mitglieder aus 39 Neuprodukttteams der europäischen Automobilindustrie	Validitäts- und Reliabilitätsanalysen Regressionsanalyse
Integrative Perspektive					
Gupta/Raj/Wilemon (1985a, b)	„need to integrate and share information with each other"	Drei Dimensionen: Marketing Involvement R&D Involvement Information Sharing	-	216 Manager der Abteilungen Marketing und R&D in 167 US-amerikanischen Technologieunternehmen	Deskriptive Auswertung Korrelationsanalyse
Gupta/Raj/Wilemon (1986)	„extent of R&D-marketing involvement and information sharing"	Zwei Dimensionen: Involvement Information Sharing	Teilweise: Verhaltensorientierte Organisationslehre	-	-

Gupta/Wilemon (1988)	„extent of R&D-marketing involvement and information sharing"	Zwei Dimensionen: Involvement Information Sharing	-	80 F&E-Manager aus US-amerikanischen Technologieunternehmen	Deskriptive Auswertung Korrelationsanalyse
Kohli/Jaworski (1990)	„the formal and informal interactions and relationships among an organization's departments"	Drei Dimensionen: Interdepartmental Conflict Interdepartmental Connectedness Concern for Ideas of Other Departments	Teilweise: Organisationstheorie Relationship Marketing	-	-
Narver/Slater (1990) Slater/Narver (1994)	„the coordinated utilization of company resources in creating superior value for target customers"	Eine Dimension: Interfunctional Coordination (enthält kommunikative und kollaborative Elemente)	Teilweise: Organisationstheorie Strategische Managementtheorie Industrieökonomik	113 Manager aus SBUs eines Großunternehmens	Validitäts- und Reliabilitätsanalysen Regressionsanalyse
Pinto/Pinto (1990) Pinto/Pinto/Prescott (1993)	„quality of task and interpersonal relationships when different functional areas work together to accomplish organizational tasks"	Eine Dimension: Cross-Functional Cooperation (enthält kommunikative und kollaborative Elemente)	Teilweise: Organisationstheorie Teamtheorie	262 Mitglieder aus Projektteams US-amerikanischer Krankenhäuser	Validitäts- und Reliabilitätsanalysen T-Test Regressionsanalyse
Jaworski/Kohli (1993)	Zusammenarbeit und Informationsaustausch	Zwei Dimensionen: Interdepartmental Conflict Interdepartmental Connectedness	Teilweise: Organisationstheorie Relationship Marketing	230 Mitglieder der American Marketing Association und 102 Mitglieder des Marketing-Science-Instituts	Validitäts- und Reliabilitätsanalysen Regressionsanalyse
Deng/Dart (1994)	„recognition that all parts of the organization must accept responsibility for servicing the market"	Eine Dimension: Interfunctional Coordination (enthält kommunikative und kollaborative Elemente)	Keine	Manager aus 248 kanadischen Unternehmen	Korrelationsanalyse Faktorenanalyse
Siguaw/Diamantopoulos (1995)	Übernahme der Definition von Narver/Slater (1990, 1994)	Eine Dimension: Interfunctional Coordination (enthält kommunikative und kollaborative Elemente)	Keine	303 Vertriebsmanager US-amerikanischer Unternehmen des Informations- und Bildungswesens	Faktorenanalyse

Kahn (1996)	„a multidimensional process that comprises the two distinct processes of interaction and collaboration"	Zwei Dimensionen: Interaction Collaboration	Teilweise: Transaktionskostenansatz Relationship Marketing	514 Manager der Funktionsbereiche Marketing, F&E, Produktion aus US-amerikanischen Technologieunternehmen	Validitäts- und Reliabilitätsanalysen Regressionsanalyse
Kahn/Mentzer (1996)	„a process of interdepartmental interaction and interdepartmental collaboration that brings departments together into a cohesive organisation"	Zwei Dimensionen: Interaction Collaboration	Teilweise: Transaktionskostenansatz Relationship Marketing	-	-
Ayers/Dahlstrom/Skinner (1997)	„extent of information sharing and involvement across functional areas"	Drei Dimensionen: Marketing Involvement Engineering Involvement Information Exchange	Kontrolltheorie	115 Manager der Bereiche Marketing und R&D aus 19 Projekten zur Neuproduktentwicklung US-amerikanischer IT-Unternehmen	Validitäts- und Reliabilitätsanalysen Kausalanalyse
Menon/Jaworski/Kohli (1997)	„connectedness and conflict"	Zwei Dimensionen: Interdepartmental Conflict Interdepartmental Connectedness	Relationship Marketing Organisationstheorie Industrieökonomik	Manager von 222 Strategic Business Units US-amerikanischer Unternehmen	Validitäts- und Reliabilitätsanalysen Moderierte Regressionsanalyse
Ottum/Moore (1997)	„transfer of information and/or the degree of cooperation or cohesion"	Vier Dimensionen: Cooperation Cohesiveness Frequency and Quality of Communication	-	Manager von 58 Neuproduktprojekten aus 28 US-amerikanischen Unternehmen	Korrelationsanalyse Moderierte Regressionsanalyse
Utzig (1997)	Zusammenarbeit an der Schnittstelle zwischen zwei Abteilungen	Eine Dimension: Abteilungsübergreifende Zusammenarbeit	Ressourcenabhängigkeitsperspektive	-	-
Kahn/Mentzer (1998)	„a multidimensional process where interaction and collaboration have unique, significant contributions"	Zwei Dimensionen: Interaction Collaboration	Teilweise: Transaktionskostenansatz Relationship Marketing	514 Manager der Funktionsbereiche Marketing, F&E, Produktion aus US-amerikanischen Technologieunternehmen	Validitäts- und Reliabilitätsanalysen Regressionsanalyse

Morgan/Piercy (1998)	Kommunikation, Verbundenheit und geringes Konfliktniveau	Drei Dimensionen: Connectedness Communication Frequency Interdepartmental Conflict	Teilweise: Relationship Marketing Organisationstheorie Resource-based View	1.018 Manager britischer Unternehmen	Validitäts- und Reliabilitätsanalysen Moderierte Regressionsanalyse
Xie/Song/Stringfellow (1998)	Kooperatives Arbeiten zum Erreichen gemeinsamer Ziele	Eine Dimension: Collaboration (enthält kommunikative und kollaborative Elemente)	Teilweise: Organisationstheorie	968 Manager der Marketingabteilung aus Unternehmen in Japan, Hongkong, USA und Großbritannien	Regressionsanalyse
Kahn (2001)	„interaction and collaboration“	Zwei Dimensionen: Interaction Collaboration	-	156 Manager der Bereiche Marketing, F&E, Produktion US-amerikanischer Unternehmen	Validitäts- und Reliabilitätsanalysen Regressionsanalyse
Langerak (2001)	Kooperation als Bestandteil der Marktorientierung eines Unternehmens	Zwei Dimensionen: Upstream Interfunctional Coordination Downstream Interfunctional Coordination	-	331 Manager aus niederländischen Unternehmen	Faktorenanalyse Regressionsanalyse Korrelationsanalyse
Langerak (2003)	„coordinated creation of value for customers”	Eine Dimension: Interfunctional Coordination (enthält interaktive und kollaborative Elemente)	-	122 Manager niederländischer Technologieunternehmen	Validitäts- und Reliabilitätsanalysen Kausalanalyse
Chimhanzi (2004)	Kommunikation und kooperatives Verhalten	Vier Dimensionen: Written Communication Interpersonal Communication Connectedness Conflict	Ressourcenabhängigkeitsperspektive	230 Manager britischer Industrieunternehmen	Validitäts- und Reliabilitätsanalysen Regressionsanalyse
Kahn/Reizenstein/Rentz (2004)	„the positive degree of interest, trust, and support between functions”	Zwei Dimensionen: Communication Ease Cooperation	-	865 Manager aus US-amerikanischen Fortune 100 Unternehmen	Validitäts- und Reliabilitätsanalysen Regressionsanalyse
Langerak/Hultink/Robben (2004a, b)	Kooperation als Teil der Marktorientierung eines Unternehmens	Kooperation als Bestandteil der Marktorientierung	-	126 Manager niederländischer Industrieunternehmen	Faktorenanalyse Kausalanalyse

Tabelle 1: Übersicht über ausgewählte Arbeiten der Schnittstellenforschung

Im Hinblick auf die Forschungsfragen der vorliegenden Untersuchung ergeben sich aus den dargestellten Arbeiten der Schnittstellenforschung folgende Erkenntnisbeiträge:

- Die Schnittstellenliteratur bietet bisher kein einheitliches Verständnis zur Kooperation zwischen Funktionsbereichen.
- Die betrachteten Arbeiten zur abteilungsübergreifenden Kooperation können mit einer informationsflussbezogenen, einer verhaltensorientierten sowie einer integrativen Perspektive grundlegend drei verschiedenen Sichtweisen zugeordnet werden.
- Sowohl das über einen längeren Zeitraum beobachtbare Kommunikationsverhalten als auch langfristig angelegte relationale Beziehungen sind für die Zusammenarbeit von Abteilungen von Bedeutung.
- Im Rahmen der informationsbezogenen Dimension wird in vielen Arbeiten weitergehend in formelle und informelle Kommunikation unterschieden. Die verhaltensbezogene Dimension wird in einigen Arbeiten durch ein Konstrukt Collaboration konzeptualisiert.
- Die Mehrzahl der betrachteten Arbeiten verfügt über keine umfassende theoretische Fundierung.
- Die Einschätzung zum Kooperationsverhalten erfolgt häufig durch Mitarbeiter einer Abteilung. Streng dyadische Untersuchungen stellen die Ausnahme dar.
- Die Betrachtung interfunktionaler Schnittstellen lässt sich in ihrem Ursprung auf den Marketingkontext zurückführen. Insbesondere in neueren Arbeiten werden aber auch Beziehungen zwischen anderen Funktionsbereichen untersucht. Von einer Übertragbarkeit der im Marketing existierenden Erkenntnisse auf andere organisatorische Schnittstellen ist daher auszugehen.

2.4.4 Erkenntnisbeiträge der Controlling- und Strategieforschung

2.4.4.1 Informationsflussorientierte Perspektive

Entgegen den zahlreichen Befunden der Schnittstellenliteratur zur Kooperation von Funktionsbereichen bietet die Strategie- und Controllingliteratur nur vereinzelte Erkenntnisse zur Kooperation von Controllerbereich und Strategieabteilung.[325] Aussagen zum Informationsaustausch zwischen Controllerbereich und Strategieabteilung finden sich erstmalig in der grundlegenden konzeptionellen Arbeit zum strategischen Controlling von MANN (1979). Aufgrund der organisatorischen Trennung von Controlling und strategischer Planung sind

[325] Als mögliche Begründung hierfür könnte die über lange Zeit isolierte Betrachtung der Themengebiete Controlling und Strategie herangezogen werden. Vgl. hierzu auch Steinle/Lawa/Kolbeck (1994), S. 376 f.

beide Stellen nach MANN (1979/1987) in den gleichen Informationsfluss einzubetten.[326] Der Controllerbereich benötigt demnach Informationen der strategischen Planung zur Durchführung seiner operativen Tätigkeiten. Gleichzeitig ist die Strategieabteilung auf operative Informationen angewiesen, um die Realisierbarkeit von Strategien zu überprüfen. Eine präzise Konzeptualisierung und eine Operationalisierung des Informationsaustausches finden jedoch nicht statt. Ebenso fehlt der Arbeit eine theoretische Fundierung.

Ähnliche Erkenntnisse bietet der Beitrag von STEINLE/LAWA/KOLBECK (1994). Demnach scheint es sinnvoll, dass beiden Bereiche sich gegenseitig mit Informationen versorgen.[327] Beispielsweise kann der Controllerbereich für die Strategieabteilung operative Planungsunterlagen und Planentwürfe bereitstellen. Eine weiterführende Konzeptualisierung und Operationalisierung sowie eine theoretische Fundierung sind jedoch auch hier nicht vorhanden.

In Abgrenzung zu den rein konzeptionellen Beiträgen von MANN (1979/1987) und STEINLE/LAWA/KOLBECK (1994) liefern HAMPRECHT (1996) und HORVÁTH (2003) auch empirische Hinweise für einen Austausch von Informationen zwischen Controllerbereich und Strategieabteilung.

HAMPRECHT (1996) betrachtet in seiner Untersuchung anhand von Fallstudien die Gestaltung von Planungssystemen in deutschen Großunternehmen.[328] Er stellt fest, dass in einem der drei detailliert analysierten Unternehmen die Strategieabteilung die Unternehmensstrategie entwickelt und diese anschließend zur Umsetzung an den Controllerbereich übermittelt.[329] Dort dient die Strategie als Vorgabe und Rahmen für die operative Planung.

Auch HORVÁTH (2003) stellt im Rahmen seiner Fallstudie zum Planungs- und Kontrollsystem der Debitel AG eine Aufgabentrennung von Strategieabteilung und Controllerbereich fest.[330] Die Entwicklung der Strategie erfolgt ähnlich wie bei HAMPRECHT (1996) unter

326 Vgl. hierzu und im Folgenden Mann (1979/1987), S. 39 ff.
327 Vgl. hierzu und im Folgenden Steinle/Lawa/Kolbeck (1994), S. 386 f.
328 Vgl. Hamprecht (1996).
329 Vgl. Hamprecht (1996), S. 190 ff. Zudem stellt Hamprecht (1996), S. 211 f., fest, dass in einem der untersuchten Unternehmen sowohl die Strategieabteilung als auch der Controllerbereich die strategische Planung wahrnehmen.
330 Vgl. hierzu und im Folgenden Horváth (2003), S. 301 ff.

Federführung der Strategieabteilung. Anschließend werden die strategischen Pläne zur operativen Umsetzung an den Controllerbereich übermittelt.[331]

Allerdings fehlt wie in den zuvor skizzierten Arbeiten sowohl bei HAMPRECHT (1996) als auch bei HORVÁTH (2003) eine weiterführende Konzeptualisierung und Operationalisierung des Informationstransfers. Eine im Hinblick auf das Kooperationsverhalten beider Bereiche anwendbare theoretische Basis ist in den dargestellten Arbeiten ebenfalls nicht vorhanden. Zudem ist der rein fallstudienbezogene Charakter der Untersuchungen zu kritisieren, der einer Verallgemeinerung der Ergebnisse im Wege steht.

Demgegenüber bietet die von WEBER ET AL. (2006a) durchgeführte ICV-Studie erstmalig großzahlig-empirische Belege zum Informationsaustausch zwischen Controllerbereich und Strategieabteilung.[332] Im Rahmen der Untersuchung nennt ein Großteil der befragten Controller die Strategieabteilung als bedeutenden Abnehmer der vom Controllerbereich bereitgestellten Informationen. Auch die Strategieabteilung wird als wichtiger Informationslieferant des Controllerbereichs aufgeführt, dessen Bedeutung nach Einschätzung der befragten Controller auch zukünftig weiter steigen dürfte. Im Gegensatz hierzu wird die Strategieabteilung nur von wenigen Controllern als Wettbewerber für den eigenen Bereich wahrgenommen.

Trotz dieser Ergebnisse und der erstmaligen großzahligen Bestätigung der Informationsbeziehung zwischen Controllerbereich und Strategieabteilung ist mit Hinblick auf die vorliegende Untersuchung die fehlende theoretische Fundierung des Informationsflusses zwischen Controllerbereich und Strategieabteilung zu beachten. Zudem ist in methodischer Hinsicht auf die deskriptive Darstellung der Studienergebnisse hinzuweisen.

2.4.4.2 Verhaltensbezogene Perspektive

Im Unterschied zu den informationsflussorientierten Arbeiten der Controllingforschung finden sich verhaltensorientierte Erkenntnisse zur Kooperation von Controllerbereich und Strategieabteilung vor allem in der neueren Controllingliteratur zur internen Kunden- und Marktorientierung des Controllerbereichs.

---

331 Zu ähnlichen Ergebnissen wie Hamprecht (1996) und Horváth (2003) kommen auch Fischer (1990) und Liebe (1987). Da die dort beschriebenen Fallstudien keine weiteren Erkenntnisse beinhalten, soll auf eine Darstellung verzichtet werden.

332 Vgl. hierzu und im Folgenden Weber et al. (2006a), S. 48 ff.

WEBER/DAVID/PRENZLER (2001) untersuchen in ihrer Studie zur „Controller Excellence“ die Aufgaben und die Positionierung von Controllerbereichen in fünf deutschen Großunternehmen.[333] Unter Anwendung des markt- und ressourcenorientierten Ansatzes des strategischen Managements analysieren die Autoren die Beziehung des Controllerbereichs zu anderen Abteilungen. Sie stellen fest, dass vor allem das Verhältnis des Controllerbereichs zur Strategieabteilung durch Konflikte und Kompetenzstreitigkeiten gekennzeichnet sein kann, woraus sich Probleme im Rahmen der Strategieumsetzung ergeben.[334] Allerdings belassen es die Autoren bei dieser Aussage. Eine detaillierte Betrachtung der Beziehung zwischen beiden Abteilungen erfolgt nicht. Auch im Hinblick auf die theoretische Fundierung kooperativen Verhaltens liefern die Autoren keine weiteren Erkenntnisse.

Einen Beitrag für die vorliegende Untersuchung leistet auch MOSIEK (2002). Im Rahmen seiner konzeptionellen Arbeit zur internen Kundenorientierung des Controllerbereichs stellt MOSIEK (2002) fest, dass der Controllerbereich zur Positionierung gegenüber anderen Abteilungen prinzipiell über die strategischen Handlungsoptionen der Konfrontation und Kooperation verfügt.[335] Da durch dysfunktionales Verhalten die Gefahr einer Gefährdung der für alle Bereiche maßgeblichen Oberziele der Unternehmung besteht, ist nach MOSIEK (2002) eine kooperative Strategie zu bevorzugen.[336] Dies gilt insbesondere für Situationen, in denen der Controllerbereich nicht über die notwendigen Ressourcen oder Kapazitäten verfügt, um Leistungen adäquat erbringen zu können.[337] Eine Kooperation mit anderen Abteilungen stellt nach MOSIEK (2002) somit eine Möglichkeit dar, den Controllerbereich mit notwendigen Ressourcen zu versorgen. Diese Sichtweise kann im Hinblick auf den theoretischen Gehalt der Arbeit als Ausprägung der Ressourcenabhängigkeitsperspektive interpretiert werden.[338]

Die Ressourcenorientierung wird von DAVID (2005) in seiner Arbeit zum strategischen Management für Controllerbereiche aufgegriffen. Auch DAVID (2005) betont, dass sich dem Controllerbereich durch kooperatives Verhalten gegenüber anderen Abteilungen die Möglich-

---

333 Vgl. hierzu und im Folgenden Weber/David/Prenzler (2001), S. 7 ff.

334 Vgl. Weber/David/Prenzler (2001), S. 26. Weber et al. (2001), S. 25, stellen in ihrer Studie ebenfalls Überschneidungen der Aufgaben von Controllerbereich und Strategieabteilung fest. Auch Al-Laham (1997), S. 464, weist in seiner empirischen Studie zu den Strategieprozessen in deutschen Großunternehmen auf Abstimmungsprobleme zwischen den am Strategieprozess beteiligten Instanzen, zu denen auch Controllerbereich und Strategieabteilung gehören, hin. Da jedoch weder Weber et al. (2001) noch Al-Laham (1997) näher auf die Beziehung von Controllerbereich und Strategieabteilung eingehen, soll an dieser Stelle auf eine ausführliche Darstellung verzichtet werden.

335 Vgl. Mosiek (2002), S. 221 ff.

336 Vgl. Mosiek (2002), S. 223.

337 Vgl. Mosiek (2002), S. 223 f.

338 Ähnlich im Rahmen der internen Kundenorientierung Spillecke (2006), S. 52.

keit bietet, selbst nicht verfügbare Kompetenzen zu nutzen und sich anzueignen.[339] Als konkretes Beispiel verweist er auf eine Kooperation des Controllerbereichs mit der Strategieabteilung. Durch eine enge Zusammenarbeit mit Mitarbeitern der Strategieabteilung können Controller demnach die für strategische Aufgaben notwendigen Fähigkeiten nach und nach erlernen.[340] Allerdings ergeben sich auch aus der Arbeit von DAVID (2005) keine näheren Hinweise für die Konzeptualisierung und Operationalisierung der Kooperation von Controllerbereich und Strategieabteilung.

2.4.4.3 Zusammenfassung und Fazit der Erkenntnisbeiträge der Controlling- und Strategieforschung

In der nachfolgenden Tabelle 2 sind die vorgestellten Arbeiten der Controlling- und Strategieforschung noch einmal im Überblick aufgeführt.

339 Vgl. David (2005), S. 180.
340 Vgl. David (2005), S. 168 und 180.

Autor(en)	Definition/Verständnis Kooperation	Konzeptualisierung/ Operationalisierung	Theoretische Fundierung	Empirische Analyse	
				Datengrundlage	Methode(n)
Mann (1979/1987)	Informationsfluss Controllerbereich und Strategieabteilung	-	-	-	-
Liebe (1987)	Zusammenarbeit	-	-	Eine Fallstudie	Deskriptiv
Fischer (1990)	-	-	-	Eine Fallstudie	Deskriptiv
Steinle/Lawa/Kolbeck (1994)	Nutzung des Wissensspektrums der jeweils anderen Abteilung	-	-	-	-
Hamprecht (1996)	Übermittlung von Informationen	-	-	Fallstudien in acht deutschen Großunternehmen, drei Detaildarstellungen	Deskriptiv
Al Laham (1997)	-	-	-	65 deutsche Großunternehmen	Deskriptiv
Weber/David/Prenzler (2001)	-	-	Ansätze des strategischen Managements	Fallstudien in fünf deutschen Großunternehmen (220 schriftliche und 120 mündliche Befragungen)	Deskriptiv
Mosiek (2002)	Kooperation als strategisches Verhalten zur Beschaffung von Ressourcen	-	Ansätze des strategischen Managements Teilweise Ressourcen-abhängigkeitsperspektive	-	-
Horváth (2003)	Übermittlung von Informationen	-	-	Eine Fallstudie	Deskriptiv
David (2005)	Kooperation als strategisches Verhalten zur Beschaffung von Ressourcen		Ansätze des strategischen Managements Teilweise Ressourcen-abhängigkeitsperspektive	Fallstudien in drei deutschen Großunternehmen	Deskriptiv
Weber et al. (2006a)	Übermittlung von Informationen	Inhaltlich: Informationsbereitstellung Informationsempfang	-	618 Controller des Internationalen Controller Vereins (ICV)	Deskriptiv

Tabelle 2: Übersicht über ausgewählte Arbeiten der Controlling- und Strategieforschung

Zusammenfassend ergeben sich aus den Beiträgen der Controlling- und Strategieforschung folgende Erkenntnisse für die vorliegende Untersuchung:

- Das Verhältnis von Controllerbereich und Strategieabteilung ist in der Literatur bisher kaum durchdrungen. Relevante Beiträge entstammen oftmals praxisnaher Literatur und lassen eine theoretische Fundierung vermissen.
- In der Controllingforschung wird die Beziehung zwischen beiden Bereichen zunehmend in der Literatur zum strategischen Management für Controllerbereiche thematisiert. Kooperation lässt sich hierbei als eine Verhaltensstrategie des Controllerbereichs auffassen.
- Im Rahmen einer Kooperation von Controllerbereich und Strategieabteilung sind sowohl informationsflussbezogene als auch verhaltensorientierte Elemente von Bedeutung. Eine Konzeptualisierung und Operationalisierung der Kooperation von Controllerbereich und Strategieabteilung ist bislang aber noch nicht erfolgt.
- Die Arbeiten von MOSIEK (2002) und DAVID (2005) betrachten die Kooperation des Controllerbereichs mit anderen Abteilungen als Möglichkeit, den Controllerbereich mit benötigten Ressourcen zu versorgen. Zur theoretischen Fundierung könnte somit die Ressourcenabhängigkeitsperspektive verwendet werden.

2.5 Theoretische Bezugspunkte der Arbeit

2.5.1 Grundlagen

In der betriebswirtschaftlichen Literatur existiert bisher keine in sich geschlossene und einheitliche Theorie der interfunktionalen Kooperation:[341] „Many theoretical frameworks can be used to describe cooperation."[342] Stattdessen werden in Arbeiten zur Schnittstellenforschung unterschiedliche Ansätze zur Erklärung ausgewählter Einzelaspekte verwendet.[343] Hierbei wird sowohl auf organisationstheoretische als auch auf sozialpsychologische Erkenntnisse zurückgegriffen.[344]

341 Vgl. Balling (1998), S. 7 f.; Röder (2001), S. 55.

342 Smith/Carroll/Ashford (1995), S. 15. Diese identifizieren nachfolgend fünf wesentliche theoretische Richtungen, mit deren Hilfe sich kooperatives Verhalten erklären lässt. Vgl. Smith/Carroll/Ashford (1995), S. 17 ff. Ähnlich bemerkt bereits Cook (1977), S. 77: „No single theoretical perspective will enable us to explain everything about organizational interaction."

343 Vgl. auch die Ausführungen bei Herbst (2002), S. 14 ff.

344 Vgl. Abschnitt 2.4. Ähnlich Kahn (1996), S. 140. Organisationstheoretische Ansätze bezeichnen Ansätze, die sich „mit sozialen Gebilden … [beschäftigen], in denen zwei oder mehr Personen miteinander kooperieren, um bestimmte Ziele (besser) zu erreichen." Laux/Liermann (2003), S. 1. Sozialpsychologische Ansätze bilden demgegenüber die relationalen Aspekte einer Beziehung ab, die durch organisationstheoretische Erklärungsbeiträge nur unzureichend erfasst werden. Vgl. Cook (1977), S. 63.

Aufgrund der Komplexität des Phänomens der interfunktionalen Kooperation und der Relevanz sowohl organisations- als auch verhaltenstheoretischer Erkenntnisse in der Literatur nimmt auch diese Arbeit für die theoretische Ableitung des später empirisch zu überprüfenden Modells der Kooperation von Controllerbereich und Strategieabteilung auf einander ergänzende Ansätze der Organisationstheorie und der Sozialpsychologie Bezug. Diese werden nicht etwa eklektisch zusammengestellt, sondern sind in ihrer Gesamtheit komplementär auf ein umfassendes Modell der Kooperation von Controllerbereich und Strategieabteilung ausgerichtet, das es erlaubt, sowohl kooperatives Verhalten als auch seine Wirkungen und Einflussfaktoren abzubilden und zu untersuchen.

Als Ausgangspunkt der Diskussion der theoretischen Bezugspunkte wird auf die *Ressourcenabhängigkeitsperspektive* zurückgegriffen. Controllerbereich und Strategieabteilung stellen organisatorische Einheiten eines Unternehmens dar, auf die sich organisationstheoretische Erkenntnisse grundlegend übertragen lassen. Wie in Abschnitt 2.4.4 dargestellt, wird Controllern in der Controllingliteratur kooperatives Verhalten zudem als Maßnahme empfohlen, um benötigtes Wissen bzw. benötigte Ressourcen von anderen Funktionsbereichen zu beschaffen und die Qualität der eigenen Leistungen zu verbessern. Insbesondere die Ressourcenabhängigkeitsperspektive, nach der kooperatives Verhalten eine Maßnahme zur Beschaffung von Ressourcen und zur Bewältigung der Abhängigkeit von anderen Akteuren darstellt, ist daher geeignet, das Bemühen des Controllerbereichs um eine kooperative Gestaltung der Beziehung zu anderen Funktionsbereichen wie der Strategieabteilung zu erklären.[345]

Allerdings ergeben sich bei einer alleinigen Verwendung des Ansatzes Probleme bezüglich der Auswahl und Analyse der Bestimmungsfaktoren kooperativen Verhaltens. So rückt die Ressourcenabhängigkeitsperspektive die Abhängigkeit einer Organisation vom jeweiligen Umfeld und die Einflüsse des Umfeldes auf die Organisation in den Mittelpunkt der Betrachtungen.[346] Die in Abschnitt 2.4 aufgeführten Beiträge zum Stand der Forschung weisen jedoch darauf hin, dass das Verhalten von Controllerbereich und Strategieabteilung auch durch

[345] Hingegen kommt der ebenfalls in der Schnittstellenforschung verwendete Transaktionskostenansatz aufgrund seiner grundlegenden Annahmen und Eigenschaften nicht für die Fundierung der Arbeit infrage. Dies begründet sich zum einen dadurch, dass die mithilfe der Transaktionskostentheorie getroffenen Annahmen zur Existenz und zu den Einflussfaktoren von Kooperation auch mithilfe der Ressourcenabhängigkeitsperspektive abgeleitet werden können. Zum anderen erscheint eine Anwendung aufgrund der dem Ansatz immanenten typischen Schwachstellen, wie dem kostenorientierten Betrachtungswinkel, der Operationalisierbarkeit der Transaktionskosten, dem Vorwurf zu eng gefasster Verhaltensannahmen sowie der bereits von Williamson (1985), S. 393, angemahnten Vernachlässigung der Interdependenz von Transaktionen, die bei der Betrachtung unternehmensinterner Kooperationsprozesse besonders zum Tragen kommen, problematisch. Vgl. hierzu ausführlich Schuster (1998), S. 33 ff. Ähnlich Powell (1996) , S. 217 f.

[346] Vgl. Homburg (2000), S. 51.

soziale Beziehungen und Bindungen der jeweiligen Interaktionspartner determiniert wird. Diese finden im Rahmen der Ausführungen zur Ressourcenabhängigkeitsperspektive nur unzureichend Berücksichtigung. Vielmehr stellen relationale Aspekte von Beziehungen den Betrachtungsschwerpunkt der Sozialpsychologie dar.[347] Die Ressourcenabhängigkeitsperspektive wird in der vorliegenden Arbeit daher um sozialpsychologische Ansätze ergänzt.

Hierbei wird zunächst auf die auch in der Schnittstellenforschung verbreitete *soziale Austauschtheorie* zurückgegriffen, die die Interaktion von Funktionsbereichen anhand sozialer Kosten und sozialen Nutzens erklärt. Diese eignet sich vor allem deshalb zur Ergänzung der Ressourcenabhängigkeitsperspektive, weil sie ähnlich wie letztere auf frühe soziologische Erkenntnisse um EMERSON (1962) zurückgeführt werden kann und somit über vergleichbare Wurzeln verfügt.[348] Ebenso wie die Ressourcenabhängigkeitsperspektive betrachtet die soziale Austauschtheorie Abhängigkeit als bedeutenden Treiber sozialer Beziehungen. Im Unterschied zum Ressourcenabhängigkeitsansatz werden kooperative Beziehungen jedoch nicht ausschließlich über Abhängigkeitsverhältnisse erklärt. Vielmehr lassen sich anhand der sozialen Kosten und des sozialen Nutzens einer Beziehung auch weitere Bestimmungsfaktoren der Kooperation von Controllerbereich und Strategieabteilung untersuchen.

Sozialpsychologische Erkenntnisse der Schnittstellenforschung verdeutlichen zudem, dass Interaktionsbeziehungen zwischen Funktionsbereichen neben Kosten-Nutzen-Überlegungen auch durch von den jeweiligen Bereichsmitarbeitern vorgenommene Gruppenkategorisierungsprozesse determiniert werden.[349] Allgemein verwendete Bezeichnungen wie beispielsweise „Bremser“ oder „Erbsenzähler“[350] für Controller sowie „Theoretiker“[351] und „Eggheads“[352] für Unternehmensstrategen verdeutlichen, dass Mitarbeiter des Controllerbereichs und der Strategieabteilung ebenfalls häufig mit entsprechenden Stereotypen versehenen Gruppenkategorien zugeordnet werden. Zur Erklärung der resultierenden Intergruppenphänomene werden in der vorliegenden Arbeit daher mit den inhaltlich verwandten Theorien des realistischen Konflikts und der sozialen Identität auch Ansätze der Intergruppenforschung verwendet.

---

347 Vgl. Wallenburg (2004), S. 76.
348 Vgl. hierzu und im Folgenden auch Homburg (2000), S. 52 f.
349 Vgl. hierzu grundlegend Röder (2001), S. 18 ff.
350 Für einen Überblick über Rollenbilder von Controllern vgl. auch Weber/Schäffer (2000), S. 183 ff. Für eine empirische Übersicht über verwendete Rollenbezeichnungen für Controller vgl. zudem Weber et al. (2006a), S. 44 f.
351 Kolks (1990), S. 189.
352 Weber (2005), S. 7.

Die *Theorie des realistischen Konflikts* eignet sich vor allem deshalb zur Erklärung kooperativen Verhaltens, weil sie die Wirkung der grundlegenden Einstellungen von Controllerbereich und Strategieabteilung zueinander berücksichtigt. Hierdurch lässt sich beispielsweise der kooperationsmindernde Einfluss einer nach Abschnitt 2.3.2.3 ebenfalls denkbaren Rivalität zwischen beiden Abteilungen erklären. Darüber hinaus dient der Ansatz als Grundlage für die ebenfalls verwendete *Theorie der sozialen Identität*, mit der sich das für kooperative Beziehungen bedeutsame Kategorisierungsverhalten der Mitarbeiter von Controllerbereich und Strategieabteilung darstellen lässt.

Ergänzt werden die aufgeführten Theorien um den in empirischen Arbeiten gängigen *situativen Ansatz*, dem im Rahmen der empirischen Untersuchung die Rolle eines übergeordneten Rahmens zukommt.

Nachfolgend werden die ausgewählten Theorien kurz dargestellt und ihr jeweiliger Erklärungsbeitrag für die Arbeit erläutert. Hierbei werden mit der Ressourcenabhängigkeitsperspektive und dem situativen Ansatz zunächst die verwendeten organisationstheoretischen Ansätze dargestellt. Im Anschluss wird auf die sozialpsychologischen Erkenntnisbeiträge der sozialen Austauschtheorie, der Theorie des realistischen Konflikts und der Theorie der sozialen Identität Bezug genommen. Abschließend werden die vorgestellten Ansätze hinsichtlich ihrer Kompatibilität diskutiert und die Erkenntnisse der theoretischen Bezugspunkte noch einmal zusammengefasst.

2.5.2 Organisationstheoretische Ansätze

2.5.2.1 Ressourcenabhängigkeitsperspektive

Die *Ressourcenabhängigkeitsperspektive* wurde im Wesentlichen durch die Arbeiten von ALDRICH (1976), ALDRICH/PFEFFER (1976) und PFEFFER/SALANCIK (1978) geprägt.[353] Im Rahmen der Ressourcenabhängigkeitsperspektive werden Organisationen als offene Systeme aufgefasst, die von ihrer jeweiligen Umwelt abhängen.[354] Im Mittelpunkt der Betrachtung stehen die Beziehungen der Organisation zur Unternehmensumwelt und den

[353] Vgl. grundlegend Pfeffer/Salancik (1978). Für eine kurze Übersicht des Ansatzes vgl. zudem Homburg (2000), S. 51 ff.; Utzig (1997), S. 74 ff.

[354] Organisationen stellen nach Pfeffer/Salancik (1978), S. 36, eine „coalition of groups and interests, each attempting to obtain something from the collectivity by interacting with each others, and each with its own preferences and objectives“ dar. Ähnlich Anderson (1982), S. 19.

dortigen Akteuren: „To understand organizational behavior, one must understand how the organization relates to other social actors in its environment.“[355]

Die Ressourcenabhängigkeitsperspektive beschäftigt sich mit der Frage nach der Überlebensfähigkeit von Organisationen.[356] Demnach sind Organisationen aufgrund fehlender Mittel nicht fähig, unabhängig von der Umwelt zu existieren.[357] Um benötigte Ressourcen beschaffen zu können, ergibt sich die Notwendigkeit einer Interaktion mit anderen Akteuren.[358] Hiervon hängt die Überlebensfähigkeit einer Organisation ab: „Survival of the organization is partially explained by the ability to cope with environmental contingencies; negotiating exchanges to ensure the continuation of needed resources is the focus of much organizational action.“[359]

Durch die Notwendigkeit der Ressourcenbeschaffung ergibt sich eine potenzielle Abhängigkeit der Organisation von denjenigen externen Akteuren, die über die benötigten Mittel und die damit verbundene Möglichkeit einer Einflussnahme verfügen. Der Erfolg einer Organisation ergibt sich nach PFEFFER/SALANCIK (1978) aus dem Umgang mit diesen Gruppen: „Our position is that organizations survive to the extent that they are effective. Their effectiveness derives from the management of demands, particularly the demands of interest groups upon which the organizations depend for resources and support.“[360] Das Verhalten der Organisation gegenüber externen Interessengruppen wird hierbei vom Grad ihrer Abhängigkeit bestimmt. Dieser wird im Wesentlichen durch drei Dimensionen beeinflusst: (1) die Bedeutung der benötigten Ressourcen für den Fortbestand der Organisation, (2) den Einfluss der Interessengruppe auf die Allokation und Verteilung der Ressourcen und (3) die Existenz und Verfügbarkeit alternativer Beschaffungswege der Ressourcen.[361]

Im Rahmen der Ressourcenabhängigkeitsperspektive wird das Verhalten von Organisationen somit durch die Darstellung der Abhängigkeit von Ressourcen und Interessengruppen der Umwelt modelliert.[362] Darüber hinaus trifft der Ansatz Aussagen zum Management von

---

355 Pfeffer/Salancik (1978), S. 257.

356 Hierdurch manifestiert sich die Nähe zur allgemeiner gehaltenen Systemtheorie, die entsprechend ihrem Ursprung in der Biologie ebenfalls die Überlebensfähigkeit eines Systems als zentralen Erfolgsmaßstab betrachtet. Dieses Erfolgsmaß wird in der Literatur jedoch kritisch gesehen. Vgl. hierzu Kast/Rosenzweig (1972), S. 456 f.

357 Der Ressourcenbegriff ist hierbei weit gefasst und beinhaltet neben finanziellen Mitteln alles, was zum Überleben einer Organisation notwendig ist wie z. B. Geld, Know-how, Lizenzen, Verhaltensweisen etc. Vgl. Freeman (1984), S. 59; Pfeffer/Salancik (1978), S. 43.

358 Vgl. Utzig (1997), S. 77.

359 Pfeffer/Salancik (1978), S. 258. Ähnlich Casciaro/Piskorski (2005), S. 167; Anderson (1982), S. 19.

360 Pfeffer/Salancik (1978), S. 2.

361 Vgl. Spillecke (2006), S. 58; Homburg (2000), S. 52; Utzig (1997), S. 81; Mendelow (1983), S. 72 f.; Pfeffer/Salancik (1978), S. 45 f.

362 Vgl. Homburg (2000), S. 53; Pfeffer (1982), S. 202 ff.; Pfeffer/Salancik (1978), S. 225 ff.

Organisationen und zur Beeinflussung des Organisationsumfeldes: „According to the resource dependence perspective, firms do not merely respond to external constraint and control through compliance to environmental demands. Rather, a variety of strategies may be undertaken to somehow alter the situation."[363] Hierbei lassen sich im Wesentlichen sechs grundsätzliche Verhaltensweisen zur Bewältigung der Abhängigkeit von externen Anspruchsgruppen bzw. Personen unterscheiden:[364] (1) die Erfüllung einer Forderung, (2) die Vermeidung einer Einflussnahme, (3) die Beeinflussung von Bestimmungsfaktoren der Einflussnahme, (4) die Änderung der Abhängigkeitsstruktur durch Wachstum, Fusion oder Diversifikation, (5) die Schaffung von Mustern interorganisationalen Verhaltens (durch Beziehungen, Verbände, Koordinationsgremien etc.) und (6) die Beeinflussung von Gesetzgebung und Politik.

Aus der Sicht der Ressourcenabhängigkeitsperspektive kommt hierbei kooperativem Verhalten eine besondere Bedeutung zu: „The typical solution to problems of interdependence and uncertainty involves increasing coordination, which means increasing the mutual control over each other's activities, or, in other words, increasing the behavioural interdependence of the social actors."[365] Das jeweilige Ausmaß an Kooperation lässt sich demnach anhand der Abhängigkeit von den auszutauschenden Ressourcen bestimmen.[366] Es wird umso höher liegen, je stärker diese Abhängigkeit ausgeprägt ist.[367] Ziel der Kooperation ist es in jedem Fall, die Distanz zwischen Organisationen zu „überbrücken".[368] SCOTT (1987) bezeichnet dieses Verhalten zur Bewältigung von Unsicherheit auch als „Brückenstrategie" (Bridging Strategies), die er von den nicht distanzüberbrückenden „Pufferstrategien" (Buffering Strategies) abgrenzt.[369]

Erklärungsgehalt für die vorliegende Untersuchung:

Die Grundidee der Ressourcenabhängigkeitsperspektive, nach der die Abhängigkeit von Ressourcen das Verhalten einer Organisation determiniert und erklärt, lässt sich auch auf das

[363] Pfeffer (1982), S. 197. Zwar untersucht auch der situative Ansatz die Anpassung einer Organisation an das jeweilige Unternehmensumfeld. Der bewusste Versuch, die Unternehmensumwelt zu gestalten, stellt aber einen grundlegenden Unterschied zwischen Ressourcenabhängigkeitsperspektive und situativem Ansatz dar. Vgl. hierzu ausführlich Grandori (1987), S. 60 ff. Durch diesen Aspekt differenziert sich die Ressourcenabhängigkeitsperspektive auch von evolutionsorientierten Ansätzen der Organisationstheorie. Vgl. Scott (1987), S. 111; Pfeffer (1982), S. 204 ff.; Aldrich/Pfeffer (1976), S. 84. Für einen Überblick zu den evolutionstheoretischen Ansätzen vgl. z. B. Kieser (2001b), S. 253 ff.

[364] Vgl. im Folgenden Homburg (2000), S. 54. Ähnlich Mendelow (1983), S. 73 f.; Pfeffer/Salancik (1978), S. 95 ff.

[365] Pfeffer/Salancik (1978), S. 43. Ähnlich Casciaro/Piskorski (2005), S. 167 f.

[366] Vgl. Utzig (1997), S. 117.

[367] Vgl. Van de Ven/Ferry (1980), S. 311.

[368] Vgl. Homburg (2000), S. 54.

[369] Vgl. Scott (1987), S. 185 ff.

Verhältnis von betrieblichen Funktionen oder Abteilungen übertragen.[370] Aufgrund dessen wird die Ressourcenabhängigkeitsperspektive im Rahmen der Schnittstellenforschung von verschiedenen Autoren verwendet und soll auch in der vorliegenden Untersuchung als theoretischer Rahmen dienen.[371] Hierbei leistet der Ansatz insbesondere drei wesentliche Erkenntnisbeiträge für die Untersuchung:[372]

- Zunächst ermöglicht die Ressourcenabhängigkeitsperspektive die Erklärung des Phänomens der Kooperation von Controllerbereich und Strategieabteilung. Controllerbereich und Strategieabteilung sind für die Erfüllung ihrer Aufgaben auf die Leistungen des jeweils anderen Bereichs angewiesen.[373] Kooperatives Verhalten kann als Reaktion zur Überbrückung (Bridging) dieser Abhängigkeit und der damit verbundenen Unsicherheit aufgefasst werden. Kooperation stellt für beide Bereiche demnach eine Strategie zur Beschaffung der benötigten Ressourcen von der anderen Abteilung dar.[374]
- Zudem ist die Ressourcenabhängigkeitsperspektive geeignet, die Erfolgsauswirkungen der Kooperation von Controllerbereich und Strategieabteilung zu begründen. Kooperatives Verhalten beider Abteilungen ermöglicht den Zugriff auf die Kenntnisse und die Kompetenzen des jeweils anderen Bereichs. Aufgrund der verbreiterten Wissensbasis, die dem Controllerbereich hierdurch zur Verfügung steht, ist eine qualitative Verbesserung der Leistungserbringung zu erwarten. Auch kann angesichts der Aneignung von Kompetenzen der strategischen Planung und Kontrolle eine verstärkte Einbeziehung des Controllerbereichs in strategische Projekte vermutet werden.
- Abschließend lassen sich mithilfe der Ressourcenabhängigkeitsperspektive auch die Determinanten der unternehmensexternen Unsicherheit und der Abhängigkeit beider Bereiche ableiten. Da kooperatives Verhalten eine Möglichkeit zur Reduktion von Unsicherheit darstellt, sollte die Kooperation umso besser sein, je größer die wahrgenommene Umweltunsicherheit ausgeprägt ist. Ähnliches gilt für die Wirkung der Abhängigkeit beider Bereiche. Je größer die wahrgenommene Abhängigkeit von Controllerbereich und Strategieabteilung ist, desto besser dürfte die Kooperation zwischen beiden Abteilungen ausgeprägt sein.

---

370 Vgl. Utzig (1997), S. 116.

371 Vgl. Utzig (1997), S. 116 ff. Andere Autoren führen Erläuterungen der Ressourcenabhängigkeitsperspektive als Begründung für kooperatives Verhalten auf, ohne den Ansatz mit Namen zu nennen. Vgl. z. B. Chimhanzi (2004), S. 716.; Ruekert/Walker (1987), S. 2 f.

372 Vgl. im Folgenden auch Spillecke (2006), S. 59 f.; Homburg (2000), S. 55.

373 Vgl. hierzu ausführlich Abschnitt 2.3.

374 Auch David (2005), S. 168 und 180, betont, dass sich der Controllerbereich durch eine Zusammenarbeit mit der Strategieabteilung die notwendigen Kompetenzen für strategische Projekte aneignen kann.

2.5.2.2 *Situativer Ansatz*

Ähnlich wie die Ressourcenabhängigkeitsperspektive befasst sich auch der situative Ansatz, der in der Literatur alternativ mit dem Begriff „Kontingenzansatz" belegt wird,[375] mit der Anpassung einer Organisation an die Erfordernisse der vorherrschenden Umweltgegebenheiten. Der situative Ansatz fand seinen Ursprung in empirischen Arbeiten der Organisationsforschung der späten 1950er und 1960er Jahre.[376] Er entstand aufgrund der Kritik an den damaligen organisationstheoretischen Ansätzen der Betriebswirtschaftslehre, denen es darum ging, „universelle, in vielerlei Kontexten gültige bzw. tragfähige Verhaltensvorschläge bereitzustellen"[377]. In einer Reihe von Studien dieser Zeit wurden signifikante Unterschiede im Aufbau und Verhalten von Organisationen festgestellt.[378] Aufgrund dieser Resultate setzte sich in der damaligen Managementlehre die Erkenntnis durch, dass die Existenz allgemeingültiger Gestaltungsprinzipien im Sinne eines „one best way of organizing"[379] nicht möglich sei.[380] Um die Effizienz einer Organisation zu gewährleisten, ist vielmehr eine Anpassung des Verhaltens und der Struktur an die jeweilige Situation notwendig.[381] Die optimale Ausgestaltung der Organisation hängt somit von situativen Faktoren ab,[382] die auch als Kontext- bzw. Kontingenzvariablen bezeichnet werden. Diese können in interne (z. B. Organisationsgröße, Fertigungstechnik) und externe Faktoren (z. B. Marktdynamik, Wettbewerbsdruck) unterteilt werden.[383]

Das Ziel des situativen Ansatzes besteht darin, „Unterschiede zwischen den Organisationsstrukturen verschiedener Unternehmen durch Unterschiede in deren Kontext (Situation) zu erklären."[384] Zur Generierung von Erkenntnissen wird insbesondere eine empirische Vorgehensweise gewählt.[385] Das Forschungsprogramm der diesbezüglichen Untersuchungen kann nach KIESER (2001) durch folgende drei Fragestellungen wiedergegeben werden:

---

375 Vgl. Bea/Göbel (2002), S. 84; Kieser/Kubicek (1992), S. 46.

376 Vgl. Bea/Göbel (2002), S. 84; Kieser (2001a), S. 170 f.

377 Wolf (2005), S. 153.

378 Vgl. z. B. Pugh et al. (1969), S. 92 ff.; Pugh et al. (1968), S. 67 ff.; Hall (1963), S. 37 ff.; Hall (1962), S. 302 ff.; Udy Jr. (1958), S. 415 ff.

379 Bea/Göbel (2002), S. 86.

380 Vgl. Kieser (2001a), S. 170. Ähnlich Drazin/Van de Ven (1985), S. 514, mit der Aussage: „There is no one best way to manage an organization." Vgl. auch Zeithaml/Varadarajan/Zeithaml (1988), S. 39.

381 Vgl. Kieser (2001a), S. 169; Frese (1992), S. 112 ff.; Zeithaml/Varadarajan/Zeithaml (1988), S. 39 f.; Galbraith (1973), S. 2. Hierbei geht es darum herauszufinden, „which technique will, in a particular situation, under particular circumstances, and at a particular time, best contribute to the attainment of managerial goals." Stoner (1982), S. 54.

382 Vgl. Kieser/Kubicek (1992), S. 60; Galbraith (1973), S. 2.

383 Vgl. Kieser/Walgenbach (2003), S. 44. Zudem unterscheiden Bea/Göbel (2002), S. 88, in Abhängigkeit von den betrachteten situativen Faktoren mono- und multivariate Ansätze.

384 Bea/Göbel (2002), S. 86.

385 Ein Überblick und eine Beschreibung empirischer Studien findet sich bei Kieser (2001a), S. 176 ff.

- „Wie können Organisationsstrukturen beschrieben – in Begriffe gefasst – und operationalisiert – meßbar [sic!] gemacht – werden, um Unterschiede zwischen Organisationsstrukturen in empirischen Untersuchungen aufzeigen zu können?
- Welche situativen Faktoren oder Einflußgrößen [sic!] erklären eventuell festgelegte Unterschiede zwischen Organisationsstrukturen?
- Welche Auswirkungen haben unterschiedliche Situation-Struktur-Konstellationen auf das Verhalten der Organisationsstrukturen und die Zielerreichung (Effizienz) der Organisation? Lässt sich für jede Situation eine Organisationsstruktur finden, die das Verhalten der Organisationsmitglieder so steuert, daß [sic!] die Effizienz der Organisation gesichert werden kann?“[386]

Aufgrund seiner Flexibilität und der damit einhergehenden Anwendungsmöglichkeiten hat der situative Ansatz in der betriebswirtschaftlichen Forschung eine hohe Verbreitung erlangt.[387] WOLF (2005) bezeichnet ihn gar als „‚Metakonzept‘der Betriebswirtschaftslehre bzw. Sozialwissenschaften“[388]. Auch in der Strategie- und Controllingliteratur hat der situative Ansatz an Bedeutung gewonnen. Beispielsweise merken ZEITHAML/VARADARAJAN/ZEITHAML (1988) an: „The management subdiscipline of strategic management ... employs the contingency approach as the primary theory-building technique for its study of business strategy.“[389] Auch WELGE (1989) betont im Controllingkontext, „daß [sic!] der situative Ansatz eine fruchtbare Perspektive für die Controllingforschung bieten kann.“[390]

Trotz seiner weiten Verbreitung in der betriebswirtschaftlichen Literatur stößt der situative Ansatz immer wieder auf heftige Kritik. Daher zählt er insgesamt „zu den umstrittensten Organisations-, Management- und Unternehmensführungstheorien“[391]. In der Literatur lässt sich eine Vielzahl von Schwächen des situativen Ansatzes identifizieren.[392] Im Folgenden

---

386 Kieser (2001a), S. 171. Ähnlich Wolf (2005), S. 155.

387 Vgl. Wolf (2005), S. 154; Drazin/Van de Ven (1985), S. 514; Schreyögg (1978), S. 322.

388 Wolf (2005), S. 154.

389 Zeithaml/Varadarajan/Zeithaml (1988), S. 43. Von Bedeutung ist der situative Ansatz im Rahmen der strategischen Managementlehre vor allem deswegen, weil er die stringente Einführung der Organisationstheorie in das Denkgebäude des strategischen Managements ermöglicht. Vgl. hierzu Bea/Göbel (2002), S. 98.

390 Welge (1988), S. 57. Ähnlich Welge (1989), S. 149. Für Anwendungsbeispiele des situativen Ansatzes in der Controllingforschung vgl. etwa Spillecke (2006), Hunold (2003), Karlshaus (2000), Aust (1999).

391 Wolf (2005), S. 168.

392 Für eine detaillierte Kritik des situativen Ansatzes vgl. Wolf (2005), S. 168 ff; Kieser (2001a), S. 183 ff.; Krohmer (1999), S. 44 ff.; Schreyögg (1978), S. 344.

sollen vier häufig genannte Aspekte dargestellt und bezüglich ihrer Auswirkungen auf die vorliegende Arbeit kurz erläutert werden.[393]

Zunächst trifft den situativen Ansatz oftmals der Vorwurf der Theorielosigkeit.[394] Der Ansatz wird von Kritikern weniger als eine Theorie denn als ein „formalanalytisches Grundgerüst"[395] angesehen. Dieser Vorwurf wird in der Literatur in der Regel dadurch entkräftet, dass der situative Ansatz nicht als eigenständige Theorie, sondern als Ansatz aufgefasst wird, dessen Inhalte beliebig gestaltbar sind.[396] Dieser Ansicht folgt auch die vorliegende Arbeit. Das Forschungsmodell wird daher nicht auf Basis des situativen Ansatzes, sondern aufgrund von Erkenntnissen der Schnittstellen- und Controllingforschung entwickelt.[397]

Ein weiterer Kritikpunkt zielt auf die verwendeten Prämissen ab.[398] Der situative Ansatz nimmt an, dass für jede Organisation nur jeweils eine richtige, situationsabhängige Struktur existiert, wobei die jeweilige Situation nicht durch die Organisation beeinflussbar ist. Zudem wird für jede Organisation ein bestimmtes und verbindliches Niveau erreichbarer ökonomischer Effizienz angenommen, das ebenfalls nicht von der Organisation verändert werden kann.

Entgegen diesen Prämissen ließ sich in empirischen Arbeiten darlegen, dass in vergleichbaren Situationen durchaus unterschiedliche geeignete Organisationsstrukturen existieren können.[399] Ebenso wurde nachgewiesen, dass Organisationen eine Einflussnahme auf ihre Umwelt möglich ist. Schließlich zeigt sich, dass auch die Effizienzannahme nicht immer als gegeben betrachtet werden kann.[400] Aufgrund dessen ist davon auszugehen, dass die Organisationsstruktur nicht ausschließlich durch situative Faktoren bestimmt wird.[401] In der vorliegenden Arbeit wird daher angenommen, dass die Kooperation von Controllerbereich und Strategieabteilung sowohl durch situative Elemente als auch weitere Faktoren beeinflusst wird.

Weitere Kritik ergibt sich in der Literatur zudem aufgrund der empirischen Ausrichtung des situativen Ansatzes. Da die Mehrzahl der vorgenommenen empirischen Untersuchungen in

393 Vgl. hierzu und im Folgenden auch Spillecke (2006), S. 66 f.; Homburg (2000), S. 70. Ähnlich Hunold (2003), S. 40; Dehler (2001), S. 57 f.
394 Vgl. Wolf (2005), S. 169; Picot (1991), S. 51; Schreyögg (1978), S. 344.
395 Wolf (2005), S. 169.
396 Vgl. Homburg (2000), S. 70; Aldrich (1972), S. 40.
397 Vgl. auch Spillecke (2006), S. 66; Homburg (2000), S. 70.
398 Vgl. zu den Prämissen Schreyögg (1978), S. 229 und 348. Vgl. auch Dehler (2001), S. 57 f.
399 Vgl. hierzu und im Folgenden Wood (1979), S. 353; Child (1972), S. 18.
400 Gerade auf unvollkommenen Märkten besteht durchaus die Möglichkeit suboptimaler Organisationsstrukturen. Vgl. Spillecke (2006), S. 67; Dehler (2001), S. 58.
401 Vgl. Dehler (2001), S. 58.

der Vergangenheit liegende Situationen und Gestaltungsformen betrachtet, wird dem situativen Ansatz eine zu starke Vergangenheitsorientierung vorgeworfen.[402] Diese fördert eine eher konservative Organisationsgestaltung und behindert die Erarbeitung innovativer Lösungsansätze.[403] Auch dieser Vorwurf ist für die vorliegende Arbeit unbedeutend, da es sich bei der Kooperation von Controllerbereich und Strategieabteilung um innovatives Gedankengut im Rahmen der Controllingforschung handelt.

Abschließend werden auch die methodischen Mängel existierender empirischer Untersuchungen kritisiert. Hierbei werden vor allem die mangelnde Repräsentativität der Stichproben, die schlechte Konzeptualisierung von Variablen sowie unzureichende Validitäts- und Reliabilitätsprüfungen kritisiert.[404] Diesem Vorwurf tritt die Untersuchung entgegen, indem vor allem bereits etablierte Skalen der Schnittstellen- und Controllingforschung zur Anwendung kommen.[405] Zudem werden zur Überprüfung der Skalen sowohl Gütekriterien der ersten als auch der zweiten Generation verwendet.

Erklärungsgehalt für die vorliegende Untersuchung:
Aufgrund der obigen Ausführungen erscheint die Anwendung des situativen Ansatzes vertretbar. Wegen der dem Ansatz anhaftenden Kritik wird dieser nicht als eigenständige Theorie, sondern als konzeptioneller Rahmen der Untersuchung aufgefasst.[406] Der Ansatz erklärt hierbei, dass in Abhängigkeit der situativen Gegebenheiten zwischen Unternehmen Unterschiede in der Ausprägung der Kooperation von Controllerbereich und Strategieabteilung bestehen können. Die jeweiligen kausalen Zusammenhänge zwischen der interfunktionalen Kooperation, den Erfolgswirkungen sowie den betrachteten Determinanten werden hingegen immer auch durch weitere Theorien begründet.

2.5.3 Sozialpsychologische Ansätze

2.5.3.1 Soziale Austauschtheorie

Die soziale Austauschtheorie, die in der Literatur auch als sozialpsychologische Interaktionstheorie bezeichnet wird,[407] geht vor allem auf die Arbeiten von HOMANS (1958), EMERSON

402 Vgl. Wolf (2005), S. 175.
403 Vgl. Spillecke (2006), S. 67.
404 Vgl. Kieser/Walgenbach (2003), S. 44.
405 Vgl. auch Dehler (2001), S. 58.
406 Vgl. auch Spillecke (2006), S. 67; Dehler (2001), S. 58.
407 Vgl. Wallenburg (2004), S. 77. Zudem wird auch der Ausdruck Interdependenztheorie verwendet. Vgl. hierzu Athenstaedt/Freudenthaler/Mikula (2002), S. 62 f.

(1962), BLAU (1964) und THIBAULT/KELLEY (1978, 1969, 1959) zurück.[408] Sie versucht mithilfe von relationalen Verträgen, die Entstehung und Entwicklung mittel- und langfristiger menschlicher Austauschbeziehungen zu erklären.[409] Die wesentliche Annahme liegt hierbei darin, dass Individuen nur so lange in eine Beziehung investieren, wie der resultierende wirtschaftliche oder soziale Nutzen der Beziehung den Nutzen alternativer Beziehungen übertrifft.[410] Die Ausführungen zielen somit überwiegend auf Interaktionen zwischen zwei Personen ab, lassen sich aber ebenso auf Gruppen und Organisationen übertragen.[411] Die Grundgedanken der Theorie lassen sich in vier wesentlichen Punkten zusammenfassen:[412] (1) Austauschbeziehungen stiften einen ökonomischen und sozialen Nutzen, verursachen aber auch Kosten,[413] (2) der erwartete Nutzen und die erwarteten Kosten[414] einer Austauschbeziehung werden mit den erwarteten Erträgen alternativer Austauschbeziehungen verglichen, (3) positiv bewertete Nettonutzen führen zu einer Beibehaltung oder Ausdehnung der Beziehung und verstärken das Vertrauen und die Intensität der Beziehung, (4) positiv bewertete Austauschhandlungen führen langfristig zu Normen des relationalen Austauschs, die als Governance-Strukturen dienen.

Gemäß der sozialen Austauschtheorie gehen Individuen vor allem solche Beziehungen ein, die für sie einen zufriedenstellenden Ertrag erwarten lassen:[415] „The parties to a relationship become willing to cooperate when the benefits of cooperation exceed the costs.“[416] Zur Bewertung des Ertrags einer kooperativen Beziehung wird ein Vergleich mit einem Standard

408 Auf Homans (1958) geht die erste systematische Theorie zurück, die soziales Verhalten auf Austausch bezieht. Demgegenüber untersucht Emerson (1962) in seiner Hauptarbeit die Rolle von Macht und Machtungleichgewicht im Rahmen von sozialem Austausch. Der Begriff der sozialen Austauschtheorie geht im Wesentlichen auf Blau (1964) zurück, der in seiner Arbeit als erster den Ausdruck „theory of social exchange“ verwendet. Der Verdienst von Thibaut/Kelley (1959) liegt in der Entwicklung des in diesem Abschnitt noch näher zu erläuternden Comparison-Level-Konzeptes. Vgl. hierzu auch Kelley/Thibaut (1978), Kelley/Thibaut (1969). Für einen Überblick vgl. zudem Lambe/Wittmann/Spekman (2001), S. 4 ff.

409 Vgl. Chia-Hui/Chang-Jung (2006), S. 203; Bruhn (2001), S. 32.

410 Vgl. Blau (2002), S. 93; Bruhn (2001), S. 32; Lambe/Wittmann/Spekman (2001), S. 4; Klee (2000), S. 36; Bierhoff (1994), S. 136.

411 Vgl. Athenstaedt/Freudenthaler/Mikula (2002), S. 63.

412 Vgl. im Folgenden Wallenburg (2004), S. 77; Lambe/Wittmann/Spekman (2001), S. 6.

413 Nutzen und Kosten einer Austauschbeziehung können hierbei sowohl materieller als auch immaterieller Art sein und z. B. Zeit, Geld, Energie und Erfahrungen beinhalten. Vgl. Chia-Hui/Chang-Jung (2006), S. 203; Wallenburg (2004), S. 78; Blau (2002), S. 14; Klee (2000), S. 36.

414 Dwyer/Schurr/Oh (1987), S. 14, stellen fest: „Parties with highly divergent goals may spend considerable economic and psychic resources in conflict and haggling processes. More important may be the opportunity costs of foregone exchange with alternative partners.“ Diese Aussage verdeutlicht, dass neben dem Nutzen auch die Kosten einer sozialen Austauschbeziehung zu beachten sind. Vgl. auch Spillecke (2006), S. 71.

415 Vgl. Wallenburg (2004), S. 78; Athenstaedt/Freudenthaler/Mikula (2002), S. 63.

416 Smith/Carroll/Ashford (1995), S. 15.

vorgenommen, der von Person zu Person variieren kann.[417] Dieser Vergleichsprozess ist insbesondere von THIBAUT/KELLEY (1959) konzeptualisiert worden.[418] Als Ausgangspunkt ihrer Überlegungen dient ein grundlegendes Vergleichsniveau (Comparison Level). Dies kann als der Nutzenstandard interpretiert werden, den das Individuum aus einer Beziehung erwartet.[419] Erträge über dem Comparison Level steigern die Zufriedenheit, Erträge unterhalb des Vergleichsniveaus werden hingegen als unbefriedigend wahrgenommen.[420]

Das Verhalten eines Individuums in einer Beziehung wird jedoch nicht alleine durch dessen Zufriedenheit mit der Beziehung bestimmt, sondern ist zusätzlich von einem Vergleichsmaß (Comparison Level for Alternatives) abhängig.[421] Dies ergibt sich aus dem Nutzen der besten Alternative, die dem Akteur beim Ausscheiden aus einer aktuellen Beziehung zur Verfügung steht.[422] Sofern ein alternativer Anbieter einen im Vergleich zum aktuellen Partner höheren Ertrag in Aussicht stellt, wird das Individuum die bestehende Beziehung beenden und eine neue Verbindung eingehen. Umgekehrt wird ein Individuum umso stärker an eine bestehende Beziehung gebunden, je geringer das alternative Vergleichsmaß ausfällt und je stärker die Abhängigkeit von der bestehenden Alternative ist.

Die soziale Austauschtheorie geht grundlegend von der Annahme aus, dass Individuen in ihrem Handeln danach streben, den eigenen Nutzen zu maximieren. Allerdings können Individuen von diesem grundlegenden Verhalten auch abweichen.[423] RUSBULT/VAN LANGE (1996) unterscheiden hierbei mit interpersonalen Dispositionen, beziehungsspezifischen Motiven sowie Verhaltensnormen drei Einflussfaktoren, die die Stabilität von Beziehungen beeinflussen können.[424]

Interpersonale Dispositionen stellen auf persönlichen Erfahrungen beruhende, situationsübergreifende Neigungen dar, Interdependenzsituationen auf eine bestimmte Art und Weise wahrzunehmen und mit einem bestimmten Verhalten zu reagieren.[425] Sie äußern sich z. B. in unterschiedlichen sozialen Wertorientierungen, Bindungsstilen oder Transaktionsorientierungen.[426] Diese können darin zum Ausdruck kommen, dass Personen beispielsweise auch das Wohl-

417 Hierbei wird nicht jede Interaktion einzeln betrachtet. Ein Gefühl für Kosten und Nutzen der Beziehung entsteht vielmehr im Laufe der Beziehungsgeschichte. Vgl. hierzu auch Wallenburg (2004), S. 78.
418 Vgl. hierzu und im Folgenden Thibaut/Kelley (1959), S. 21 ff.
419 Vgl. Wallenburg (2004), S. 78; Lambe/Wittmann/Spekman (2001), S 8 f.; Klee (2000), S. 38.
420 Vgl. Athenstaedt/Freudenthaler/Mikula (2002), S. 64.
421 Vgl. Lambe/Wittmann/Spekman (2001), S 9.
422 Vgl. hierzu und im Folgenden Athenstaedt/Freudenthaler/Mikula (2002), S. 64 f.
423 Vgl. Kelley/Thibaut (1978), S. 184 ff.
424 Vgl. Rusbult/Van Lange (1996), S. 581 ff.
425 Vgl. Athenstaedt/Freudenthaler/Mikula (2002), S. 73.
426 Vgl. Rusbult/Van Lange (1996), S. 581.

ergehen des Interaktionspartners berücksichtigen oder ihre Entscheidung vom Verhalten des Interaktionspartners abhängig machen.[427]

Beziehungsspezifische Motive manifestieren sich durch stabile Wahrnehmungs- und Verhaltenstendenzen, die im Rahmen bestimmter Beziehungen auftreten können.[428] Eine besondere Rolle kommt hierbei dem Commitment in eine Beziehung und dem Vertrauen zu.[429] Ein hohes Commitment begünstigt die Stabilität einer Beziehung: „Relationships are built on the foundation of mutual commitment."[430] Vertrauen stellt eine wichtige Stütze einer Beziehung dar[431] und fördert das Beziehungscommitment.[432]

Verhaltensnormen können abschließend als Verhaltensregeln aufgefasst werden, welche die Interaktion von Personen in Beziehungen regeln.[433] Durch beidseitig akzeptierte Normen wird das Verhalten der Interaktionspartner vorhersehbarer, so dass sich die Unsicherheit einer Transaktion reduzieren lässt.[434] Die Stabilität einer Beziehung wird hierdurch erhöht.

Erklärungsgehalt für die vorliegende Untersuchung

Bei der Kooperation von Controllerbereich und Strategieabteilung handelt es sich nicht nur um rein wirtschaftliche, sondern auch um soziale Austauschbeziehungen. Die soziale Austauschtheorie leistet einen Beitrag zur Erklärung dieser sozialen Komponente der Beziehung.[435] In der vorliegenden Arbeit lassen sich mithilfe der sozialen Austauschtheorie sowohl relationale als auch strukturelle Einflussfaktoren der Kooperation von Controllerbereich und Strategieabteilung ableiten und die Wirkung auf das Kooperationsverhalten beider Abteilungen erklären.[436] Zudem ergeben sich mithilfe des Ansatzes auch Aussagen zur Auswirkung des Konstrukts Role Making des Controllerbereichs auf die Kooperation von Controllerbereich und Strategieabteilung.

[427] Vgl. Athenstaedt/Freudenthaler/Mikula (2002), S. 71.
[428] Vgl. Athenstaedt/Freudenthaler/Mikula (2002), S. 73; Rusbult/Van Lange (1996), S. 583.
[429] Vgl. Chu/Fang (2006), S. 224 ff.; Morgan/Hunt (1994), S. 23 f.
[430] Berry/Parasuraman (1991), S. 139.
[431] Spekman (1988), S. 79, stellt fest, dass Vertrauen „the cornerstone of strategic partnership" darstellt. Ullrich (2004), S. 70, fasst Vertrauen als Mechanismus auf, „um mit *Risiko* oder *Unsicherheit* in Interaktionsbeziehungen umzugehen."
[432] Vgl. Morgan/Hunt (1994), S. 24.
[433] Vgl. Athenstaedt/Freudenthaler/Mikula (2002), S. 73; Rusbult/Van Lange (1996), S. 583.
[434] Vgl. Wallenburg (2004), S. 78; Lambe/Wittmann/Spekman (2001), S. 12.
[435] Aufgrund dessen wird die soziale Austauschtheorie auch im Rahmen der Schnittstellenforschung verwendet. Vgl. z. B. Maltz/Kohli (1996), S. 51; Norburn et al. (1995), S. 217.
[436] Hierbei gilt Vertrauen als wichtigste Einflussgröße relationaler Beziehungen. Vgl. Wallenburg (2004), S. 78. Strukturelle Maßnahmen können nach der sozialen Austauschtheorie als Versuch aufgefasst werden, die sozialen Kosten der Beziehung zwischen Controllerbereich und Strategieabteilung zu senken und die Beziehung zu stabilisieren. Vgl. auch Maltz/Kohli (1996), S. 51.

2.5.3.2 Theorie des realistischen Konflikts

Aufgrund der Annahme, dass sich das Verhalten von Gruppen klar vom Verhalten einzelner Individuen unterscheidet, entwickelt SHERIF (1966) auf der Basis einer Reihe von Experimenten die Theorie des realistischen Konflikts.[437] Dieser Ansatz galt bis in die 70er Jahre als dominierende Theorie zur Erforschung der Interaktion von Gruppen und wird bis heute als „Meilenstein“[438] der Kooperationsforschung angesehen.[439]

Im Unterschied zur sozialen Austauschtheorie, welche die Beziehung zwischen Akteuren ohne Einschränkung des Betrachtungskontexts untersucht, befasst sich die Theorie des realistischen Konfliktes mit der Interaktion von Gruppen und organisatorischen Einheiten: „Our claim is the study of relations between groups and intergroups attitudes of their respective members.“[440] Interaktion von Gruppen liegt hierbei nach SHERIF (1966) immer dann vor, „whenever individuals belonging to one group interact, collectively or individually, with another group or its members in terms of their group identification.“[441]

Die zentrale Aussage der Theorie des realistischen Konflikts besteht darin, dass die Qualität des Verhaltens zwischen zwei Gruppen von der Struktur ihrer Beziehung zueinander bestimmt wird: „The quality of intergroup relations depends on the structure of interdependence among groups.“[442] Diese ergibt sich wiederum aus der Vereinbarkeit oder Unvereinbarkeit der betreffenden Gruppeninteressen.[443] Sofern Ziele und Interessen in Konflikt zueinander stehen, besteht die Gefahr, dass Gruppen miteinander in Konkurrenz treten.[444] Intergruppenwettbewerb kann zu dysfunktionalem Verhalten führen.[445] Demgegenüber wird durch übergeordnete gemeinsame Ziele und eine gegenseitige Zielabhängigkeit ein kooperatives und freundliches Klima zwischen Gruppen gefördert.[446]

Die Entwicklung der Theorie des realistischen Konflikts erfolgte zunächst aufbauend auf den Ergebnissen einer Reihe von Feldexperimenten mit Kindern in amerikanischen Ferien-

---

[437] Vgl. Sherif (1966). Für eine kurze Beschreibung der Theorie des realistischen Konflikts vgl. auch Mummendey/Otten (2002), S. 96 ff.; Röder (2001), S. 33 ff. Als experimentelle Grundlage des Ansatzes dienen die so genannten „Summer-Camp“-Studien bzw. „Robbers-Cave“-Experimente. Vgl. hierzu Sherif et al. (1961), Sherif/White/Harvey (1955), Sherif/Sherif (1953), Sherif (1951).

[438] Mummendey/Otten (2002), S. 96.

[439] Vgl. Röder (2001), S. 33.

[440] Sherif (1966), S. 62.

[441] Sherif (1966), S. 12. Ähnlich Sherif/Sherif (1979), S. 9.

[442] Echebarrai-Echabe/Guede (2003), S. 763. Vgl. auch Mummendey/Otten (2002), S. 97.

[443] Vgl. Taylor/Moghaddam (1994), S. 35; Sherif (1966), S. 12.

[444] Vgl. Sherif/Sherif (1979), S. 10. Mummendey/Otten (2002), S. 97, stellen hierzu fest: „Real conflict of group interests causes intergroup conflict.“

[445] Vgl. Echebarrai-Echabe/Guede (2003), S. 763.

[446] Vgl. Mummendey/Otten (2002), S. 97.

lagern.[447] BLAKE/MOUTON (1962, 1961a, 1961b) übertrugen die Erkenntnisse von SHERIF erstmalig in den Kontext eines Unternehmens.[448] Seit diesem Zeitpunkt ist die Theorie zur Erklärung des Verhaltens von Akteuren in Unternehmen verwendet worden.[449]

Erklärungsbeitrag für die vorliegende Untersuchung:
Auch Controllerbereich und Strategieabteilung stellen zwei eigenständige organisatorische Gruppen eines Unternehmens dar. Die Kooperation zwischen beiden Bereichen lässt sich somit als Intergruppenverhalten auffassen. Dieses wird im Rahmen der Theorie des realistischen Konflikts durch die Beziehung der beiden Bereiche zueinander bestimmt. Mögliche Ausprägungen sind insbesondere Wettbewerb und Abhängigkeit. Die Theorie des realistischen Konflikts dient in der vorliegenden Arbeit daher der Ableitung der beiden relationalen Einflussfaktoren Rivalität und Abhängigkeit und ermöglicht die Generierung von Hypothesen zur Wirkung der beiden Determinanten auf die Kooperation von Controllerbereich und Strategieabteilung. Zudem bildet der Ansatz die Grundlage für die Theorie der sozialen Identität, die im folgenden Abschnitt vorgestellt wird.

2.5.3.3 Theorie der sozialen Identität

Ähnlich wie die Theorie des realistischen Konflikts beschäftigt sich auch die Theorie der sozialen Identität mit dem Verhalten von Gruppen bzw. organisatorischer Einheiten zueinander. Sie stellt eine Weiterentwicklung der Erkenntnisse von SHERIF (1966) dar und geht im Wesentlichen auf die Arbeiten von TAJFEL (1982) und TAJFEL/TURNER (1986, 1979) zurück.[450] Den Ausgangspunkt dieser Weiterentwicklung bildet die Erkenntnis, dass Individuen unterschiedlicher Gruppen auch ohne die Existenz von Wettbewerb dazu neigen, die eigene Gruppe zu bevorzugen: „The major assumption is that even when there is no explicit or institutionalized conflict or competition between the groups, there is a tendency toward ingroup-favoring behavior."[451] Das Ziel des Ansatzes besteht deshalb darin, zu erklären, warum Personen, die einer bestimmten Gruppe bzw. Organisation angehören, zu sozial diskrimi-

---

447 Die Auswahl der Teilnehmer an den von Sherif und Mitarbeitern durchgeführten Experimenten gilt bis heute als einer der Hauptkritikpunkte der Theorie des realistischen Konflikts. Für eine überblicksartige Darstellung der Kritik vgl. Röder (2001) S. 37 ff.

448 Vgl. Blake/Mouton (1962), S. 237 f.; Blake/Mouton (1961a), S. 177 ff.; Blake/Mouton (1961b), S. 420 ff. Vgl. zudem Blake/Mouton/Sloma (1965), S. 25 ff. Für einen Überblick vgl. auch Blake/Mouton (1979), S. 20 f.

449 Vgl. z. B. Echebarrai-Echabe/Guede (2003), S. 768 ff.

450 Vgl. Tajfel/Turner (1986), Tajfel (1982), Tajfel/Turner (1979). Für eine kurze Beschreibung des Ansatzes vgl. auch Mummendey/Otten (2002), S. 99 ff.; Röder (2001), S. 39 ff.

451 Tajfel (1982), S. 24. Ähnlich Tajfel/Turner (1979), S. 34, die bezüglich der Theorie des realistischen Konflikts feststellen: „The theory does not focus either upon the processes underlying the development and maintenance of group identity nor upon the possibly autonomous effects upon the in-group and intergroup behaviour of these ‚subjective' aspects of group membership."

nierendem Verhalten gegenüber anderen Gruppen neigen und auf welche Weise diese Verhaltensweise reduziert werden kann.[452]

Den Ausgangspunkt der Überlegungen bildet der Prozess der sozialen Kategorisierung.[453] Um soziale Komplexität zu reduzieren, unterteilen Individuen ihre soziale Welt in Kategorien, denen sie selbst angehören (Eigengruppe), und solche, denen sie nicht zugehörig sind (Fremdgruppe).[454] Unterschiede zwischen den Kategorien werden hierbei sehr deutlich, solche innerhalb einer Kategorie nur eingeschränkt wahrgenommen: „As a result of [the] categorization process, within-group differences become minimized and between-group differences become exaggerated.“[455]

Die Zugehörigkeit zu einer bestimmten sozialen Gruppe und die Art der Beziehung zu anderen Gruppen bestimmen die soziale Identität eines Individuums.[456] Letztere lässt sich als das Wissen und Selbstverständnis bzgl. der Zugehörigkeit zu einer sozialen Gruppe auffassen, mit deren Schicksal sich das Individuum verbunden sieht.[457] Im Rahmen des Ansatzes wird angenommen, dass das Verhalten von Akteuren sowohl durch individuelle Merkmale als auch durch die soziale Identität bestimmt wird.[458] In Abhängigkeit von der jeweiligen Situation werden Individuen sich eher gemäß ihrer persönlichen Merkmale oder ihrer Gruppenzugehörigkeit verhalten: „When social identity is salient one acts as a group member, whereas, when personal identity is salient, one does not.“[459]

Die Theorie der sozialen Identität unterstellt, dass Mitglieder einer Gruppe danach streben, über ihre Gruppenzugehörigkeit eine möglichst positive Identität zu erlangen.[460] Diese ergibt sich durch den sozialen Vergleich zu anderen Gruppen: „Positive social identity can be achieved, in a vast majority of cases, only through appropriate intergroup social compa-risons.“[461] Das angestrebte Ziel des sozialen Vergleichs besteht somit nicht darin, in absoluten Kriterien

---

452 Vgl. Tajfel (1982), S. 13.

453 Soziale Kategorisierungen werden von Tajfel/Turner (1979), S. 40, definiert als „tools that segment, classify, and order the social environment, and thus enable the individual to undertake many forms of social action they also provide a system of orientation for *self*-reference: they create and define the individual's place in society.“

454 Vgl. Mummendey/Otten (2002), S. 100; Röder (2001), S. 42 ff.

455 Taylor et al. (1978), S. 779.

456 Vgl. Mummendey/Otten (2002), S. 100.

457 Vgl. Tajfel (1981), S. 255.

458 Vgl. Mummendey/Otten (2002), S. 100; Tajfel/Turner (1979), S. 34.

459 Tajfel (1978), S. 63. Hervorhebung im Original.

460 Vgl. Röder (2001), S. 46 f.; Tajfel/Turner (1979), S. 40 ff.

461 Tajfel (1982), S. 24. Im Original teilweise kursiv. Ähnlich Commins/Lockwood (1979), S. 281 f. Hierbei muss es sich um eine relevante Vergleichsgruppe handeln: „Ingroups do not compare themselves with every cognitively available outgroup: the outgroup must be perceived as a relevant comparison group.“ Tajfel/Turner (1979), S. 41.

möglichst positiv abzuschneiden, sondern die Distanz zu einer anderen Gruppe zu maximieren.[462] Da dieses Ziel von Mitgliedern beider Gruppen verfolgt wird, kann eine positive soziale Identität jeweils nur auf Kosten der Fremdgruppe erlangt werden. Die Beziehung zwischen sozialen Gruppen weist nach diesem Verständnis naturgemäß kompetitive Züge auf.

Das Verhältnis zwischen Gruppen lässt sich jedoch durch verschiedene Maßnahmen verbessern.[463] Diese können in Anlehnung an MUMMENDEY/OTTEN (2002) in Aktivitäten der Dekategorisierung, der Rekategorisierung sowie der wechselseitigen Differenzierung unterschieden werden.[464]

Das Ziel einer *Dekategorisierung* besteht darin, existierende Gruppenzuordnungen aufzuweichen oder zu eliminieren. Dies lässt sich vor allem durch Mehrfachkategorisierung[465] oder Personalisierung erreichen.[466] Eine Mehrfachkategorisierung zielt auf den gleichzeitigen Einsatz unterschiedlicher Gruppenzuordnungskriterien ab.[467] Im Rahmen einer Personalisierung sind den Akteuren beider Gruppen individuelle Informationen über Mitglieder der jeweiligen Fremdgruppe zugänglich.[468] Zuvor als gleichförmig und austauschbar wahrgenommene Gruppenmitglieder werden hierdurch zu unverwechselbaren Individuen. Interaktion findet nicht mehr auf der Gruppenebene, sondern zwischen den einzelnen Akteuren statt, so dass sich bestehende Stereotype und Gruppenvorurteile widerlegen lassen.

Im Rahmen einer *Rekategorisierung* findet für ursprünglich separate soziale Gruppen eine erneute Kategorisierung auf einer höheren Inklusionsebene statt.[469] Akteure der Eigen- und Fremdgruppe werden zu Mitgliedern einer gemeinsamen neuen Gruppe: „By changing the nature of categorical representation from ‚us‘ and ‚them‘ to a more inclusive ‚we‘ it is pos-

---

[462] Vgl. hierzu und im Folgenden Röder (2001), S. 47; Brown/Ross (1982), S. 156.

[463] Vgl. hierzu auch Tajfel (1982), S. 27 ff.

[464] Vgl. hierzu und im Folgenden Mummendey/Otten (2002), S. 109 ff.

[465] Alternativ wird auch der Begriff „Kreuzkategorisierung“ verwendet. Vgl. Mummendey/Otten (2002), S. 109.

[466] Vgl. Mummendey/Otten (2002), S. 109; Tajfel (1982), S. 29 f.

[467] Tajfel (1982), S. 29, merkt hierzu an: „Individuals find themselves belonging to one group on the basis of one set of criteria and to a traditionally hostile group according to other criteria.“

[468] Vgl. hierzu und im Folgenden Mummendey/Otten (2002), S. 109; Tajfel (1982), S. 30. Für empirische Befunde hierzu vgl. z. B. Gaertner et al. (2000), S. 136 ff.; Pettigrew (1998), S. 72 f.; Wilder (1978), S. 1363 ff.

[469] Vgl. Mummendey/Otten (2002), S. 110.

sible to reduce intergroup bias."[470] Die Interaktion zwischen den ursprünglichen Gruppen lässt sich hierdurch ebenfalls verbessern.[471]

Wechselseitige Differenzierung zwischen Gruppen bietet die Möglichkeit, die negative Interdependenz von Eigen- und Fremdgruppe beim Streben nach sozialer Identität aufzubrechen. Dies kann zum einen über eine Vergrößerung der Anzahl der für den sozialen Vergleich maßgeblichen Dimensionen geschehen.[472] Zum anderen kann sozialer Wettbewerb auch durch die Zuweisung komplementärer Rollen bei der Lösung von Aufgaben oder der Bewältigung von Problemen vermindert werden.[473]

Erklärungsbeitrag für die vorliegende Untersuchung

Nach Auffassung der Theorie der sozialen Identität neigen organisatorische Gruppen wie Controllerbereich und Strategieabteilung auch ohne Rivalität zu dysfunktionalem Wettbewerbsverhalten, das durch geeignete Maßnahmen verbessert werden kann. Der Ansatz leistet somit einen Erklärungsbeitrag hinsichtlich der betrachteten Einflussfaktoren kooperativen Verhaltens. Beispielsweise lassen sich die betrachteten strukturellen Determinanten als organisatorische Maßnahmen zur De- bzw. Rekategorisierung auffassen. Mithilfe der Theorie der sozialen Identität können daher Hypothesen zur Wirkung dieser Einflussfaktoren auf die Kooperation von Controllerbereich und Strategieabteilung generiert werden. Zudem können ausgewählte relationale Faktoren als Ausprägungen einer Aufgabendifferenzierung zwischen Controllerbereich und Strategieabteilung interpretiert werden, deren Wirkungsrichtung sich ebenfalls durch die Theorie der sozialen Identität begründen lässt.

2.5.4 Kompatibilität der verwendeten Theorien

Zum Teil weisen empirische Arbeiten der Controlling- und Schnittstellenforschung Schwächen dahingehend auf, das sie nicht oder nicht ausreichend auf die Vereinbarkeit der zugrundegelegten Theorien miteinander eingehen. Um diesem Vorwurf zu begegnen, wird in der vorliegenden Arbeit daher überprüft, inwieweit sich die zuvor isoliert beschriebenen Ansätze zur Darstellung kooperativen Verhaltens gemeinsam verwenden lassen. Zur Darstellung der Kompatibilität der beschriebenen Ansätze werden zunächst die für alle zur Hypo-

[470] Crisp/Stone/Hall (2006), S. 230. Ähnlich Mummendey/Otten (2002), S. 110. Um psychologische Barrieren zwischen Gruppen zu vermindern, sind insbesondere Maßnahmen geeignet, die beide Gruppen zusammenbringen. Vgl. Crisp/Stone/Hall (2006), S. 231.

[471] Für einen empirischen Nachweis des positiven Effekts gemeinsamen Handelns von Gruppen vgl. z. B. Gaertner/Dovidio/Bachmann (1996), Gaertner et al. (1990).

[472] Mummendey/Schreiber (1983), S. 389 ff., zeigen beispielsweise experimentell, dass Leistungen von Eigen- und Fremdgruppe paritätisch bewertet wurden, sobald die Vergleiche auf der Basis unterschiedlicher Dimensionen für beide Gruppen durchgeführt wurden.

[473] Vgl. Mummendey/Otten (2002), S. 111.

thesengenerierung eingesetzten Theorien gültigen Grundannahmen betrachtet. Im Anschluss werden weitere Ähnlichkeiten zwischen den einzelnen Ansätzen vorgestellt.

Wie bereits bei der Erläuterung der einzelnen Theorien kurz skizziert und auch in Abschnitt 2.4 ausgeführt, sind kooperative Beziehungen zwischen Funktionsbereichen in der Regel langfristig ausgerichtet. Diese Langfristigkeit wird insbesondere im Rahmen der Ressourcenabhängigkeitsperspektive abgebildet. Kooperatives Verhalten wird dort als dauerhaft ausgerichtete Strategie verstanden, um die Abhängigkeit von der Unternehmensumwelt zu vermindern und benötigte Ressourcen zu beschaffen.[474] Auch die verwendeten sozialpsychologischen Ansätze zeichnen sich durch ihren langfristigen Charakter aus. Die der sozialen Austauschtheorie zugrundeliegenden Beurteilungen von Kosten-Nutzen-Verhältnissen ergeben sich in der Regel erst aus dem Verlauf einer Beziehungsgeschichte.[475] Ähnlich dürften sich die in den Theorien des realistischen Konflikts und der sozialen Identität verwendeten Einstellungen und Gruppenkategorisierungen kurzfristig nicht wesentlich beeinflussen lassen. Alle zur Hypothesengenerierung verwendeten Theorien zeichnen sich somit durch ihren eher langfristigen Charakter aus.

Zudem wurde bei der Betrachtung des Forschungsstandes deutlich, dass kooperatives Verhalten des Controllerbereichs vor allem durch die Verbesserung der eigenen Leistungsfähigkeit motiviert wird.[476] Diese zentrale Annahme des Eigennutzes von Kooperation findet sich insbesondere in der Ressourcenabhängigkeitsperspektive wieder, die daher als Ausgangspunkt der theoretischen Diskussion verwendet wurde.[477] Darüber hinaus stellt die Annahme der Nutzenmaximierung auch eine wichtige Prämisse der aufgeführten sozialpsychologischen Ansätze dar.[478] Nach der sozialen Austauschtheorie wägen Individuen für die Gestaltung ihrer Beziehungen die hieraus resultierenden sozialen Kosten und den sozialen Nutzen ab. Ähnlich werden in der Theorie des realistischen Konflikts andere Akteure dahingehend beurteilt, inwieweit sie eine potenzielle Bedrohung oder eine Unterstützung für die eigenen Interessen darstellen. Auch im Rahmen der Theorie der sozialen Identität besteht das Ziel der Mitglieder einer Gruppe darin, die Distanz zu anderen Gruppen zu maximieren. Alle zur Hypothesenbildung verwendeten Theorien erklären das Verhalten von Akteuren zueinander somit durch von Eigennutz getriebene Überlegungen.

---

474 Vgl. auch Abschnitt 2.5.2.1.

475 Vgl. Wallenburg (2004), S. 78. Auch Lambe/Wittmann/Spekman (2001), S. 6, betonen, dass sich Normen relationalen Austauschs erst im Rahmen langfristiger Beziehungen ergeben.

476 Vgl. auch Abschnitt 2.4.4.

477 Vgl. hierzu die Abschnitte 2.5.1 und 2.5.2.1.

478 Vgl. hierzu und im Folgenden Abschnitt 2.5.3.

Neben diesen für alle verwendeten Theorien gültigen Eigenschaften lassen sich zudem Berührungspunkte zwischen einzelnen Ansätzen identifizieren. Bereits die Zuordnung der sozialen Austauschtheorie und der Theorien des realistischen Konflikts sowie der sozialen Identität zur sozialpsychologischen Interaktionsforschung weisen beispielsweise auf soziale Beziehungen als gemeinsamen Betrachtungsgegenstand der Ansätze hin. Die enge Beziehung der Theorien der Intergruppenforschung wird zudem dadurch deutlich, dass die Theorie des realistischen Konflikts als Grundlage für die Theorie der sozialen Identität dient.[479] Auch der bereits in Abschnitt 2.5.1 aufgeführte gemeinsame Ursprung der organisationstheoretischen Ressourcenabhängigkeitsperspektive und der sozialen Austauschtheorie weist auf die Möglichkeit einer gemeinsamen Anwendbarkeit der Ansätze hin.

Demgegenüber könnten zwischen Ressourcenabhängigkeitsperspektive und situativem Ansatz Kompatibilitätsprobleme hinsichtlich der Berücksichtigung der Umwelt bestehen. Während sich die Umwelt im Rahmen des Ressourcenabhängigkeitsansatzes durch die Akteure aktiv beeinflussen lässt, besteht ein Hauptkritikpunkt am situativen Ansatz darin, dass dieser keine Einflussnahme der Organisation auf die Umwelt vorsieht.[480] Dieser inhaltliche Widerspruch wird in der Arbeit aber dadurch entschärft, dass der situative Ansatz lediglich als übergeordneter theoretischer Rahmen verwendet wird und im Rahmen der inhaltlichen Hypothesenformulierung nicht zur Anwendung kommt.

Als Ergebnis der Kompatibilitätsanalyse lässt sich daher festhalten, dass die zuvor einzeln dargestellten theoretischen Erklärungsbeiträge in der vorliegenden Arbeit gemeinsam verwendet werden können.

2.5.5 Zusammenfassung der theoretischen Beiträge

Aufgrund der Vielschichtigkeit des Phänomens Kooperation und in Ermangelung einer umfassenden Kooperationstheorie[481] wird in der vorliegenden Untersuchung ein theoriepluralistischer Ansatz gewählt, der sowohl organisations- als auch verhaltenswissenschaftliche Erkenntnisse berücksichtigt. Aus der Organisationstheorie wird hierzu auf die Ressourcenabhängigkeitsperspektive und den situativen Ansatz zurückgegriffen. Sozialpsychologische Erkenntnisse finden durch die soziale Austauschtheorie, die Theorie des realistischen Konflikts und die Theorie der sozialen Identität Berücksichtigung. Die vorge-

---

479 Vgl. Abschnitt 2.5.3.3.

480 Vgl. auch Abschnitt 2.5.2.2.

481 Vgl. hierzu auch Röder (2001), S. 55; Balling (1998), S. 7 f. Auch in empirischen Arbeiten zur Schnittstellenforschung werden zahlreiche unterschiedliche Ansätze verwendet. Vgl. hierzu Kapitel 2.4.3.

stellten Ansätze lassen sich aufgrund der zugrundeliegenden Prämissen gemeinsam verwenden und ermöglichen die theoretische Ableitung des zu untersuchenden Forschungsmodells.

Mithilfe der *Ressourcenabhängigkeitsperspektive* lässt sich zunächst das Phänomen der Kooperation von Controllerbereich und Strategieabteilung erklären. Zudem ermöglicht der Ansatz Aussagen zur Erfolgswirkung kooperativen Verhaltens und die Ableitung von Forschungshypothesen bezüglich der Determinanten Unsicherheit und Abhängigkeit.

Der *situative Ansatz* dient insbesondere als konzeptioneller Rahmen der Arbeit. In Anlehnung an den Kontingenzansatz werden die unterschiedlichen Ausprägungen kooperativen Verhaltens in Abhängigkeit von den strukturellen und relationalen Organisationsmerkmalen sowie der Umweltunsicherheit untersucht. Des Weiteren stellt der situative Ansatz auch einen Bezugspunkt für die Analyse der Erfolgswirkung kooperativen Verhaltens von Controllerbereich und Strategieabteilung dar.

Auf Basis der in der Untersuchung verwendeten *sozialpsychologischen Ansätze* lassen sich relevante Determinanten der Kooperation und Wirkungshypothesen ableiten. Die aus der Interaktionsforschung stammende *soziale Austauschtheorie* leistet einen Erklärungsbeitrag zur Herleitung und Wirkung verschiedener relationaler und strukturell-organisatorischer Faktoren, die das kooperative Verhalten von Personen beeinflussen können. Aus den Erkenntnissen der *Theorie des realistischen Konflikts* zum Intergruppenverhalten lassen sich die relationalen Determinanten Rivalität und Abhängigkeit ableiten und Forschungshypothesen formulieren. Zudem dient der Ansatz als Basis für die *Theorie der sozialen Identität.* Diese erklärt vor allem die Wirkung der strukturellen Einflussfaktoren, liefert aber auch Hinweise zum Einfluss der relationalen Determinanten Rivalität und Abhängigkeit.

3 Methodische Konzeption der Untersuchung

Die im Rahmen der Arbeit untersuchten Forschungsfragen zwei bis vier sollen mithilfe einer empirischen Untersuchung beantwortet werden. Im Folgenden werden die hierfür notwendigen methodischen Grundlagen vorgestellt. Im ersten Abschnitt werden die Untersuchungsmethode und der Untersuchungsbereich dargestellt. Der zweite Abschnitt geht auf die Datenbasis der Untersuchung und die Charakteristika der an der Umfrage beteiligten Unternehmen ein. Abschließend werden die verwendeten Analysemethoden erläutert, wobei sowohl Verfahren zur Konstruktmessung als auch Methodiken der Dependenzanalyse dargestellt werden.

3.1 Methodische Grundlagen und Ablauf der empirischen Untersuchung

3.1.1 Untersuchungsmethode und Untersuchungsbereich

Das Ziel der vorliegenden Arbeit besteht in der Schaffung eines Grundverständnisses der Kooperation von Controllerbereich und Strategieabteilung. Basierend auf Erkenntnissen der Schnittstellenliteratur werden ein branchenübergreifendes und kontextunabhängiges Messmodell für die Kooperation beider Bereiche entwickelt und die Beziehungen zu ausgewählten Determinanten und Erfolgsgrößen theoretisch abgeleitet und empirisch getestet. Da die hierzu verwendeten Maße nicht direkt erfasst werden können, wird auf *theoretische Konstrukte*[482] bzw. *latente Variablen*[483] zurückgegriffen. Für die Überprüfung dieser Konstrukte und die Analyse der Zusammenhänge zwischen den Variablen ist eine hinreichend große Stichprobe erforderlich.[484] Um diese gewährleisten zu können, wurde als Untersuchungsmethodik eine standardisierte schriftliche Fragebogenerhebung ausgewählt.[485]

Um allgemeingültige Aussagen zum Kooperationsverhalten von Controllerbereich und Strategieabteilung treffen zu können, wurden *möglichst unterschiedliche Unternehmen* angeschrieben.[486] Zum einen sollte durch eine branchenübergreifende Erhebung ein breites Spektrum an Wirtschaftszweigen abgedeckt werden. Neben produzierenden Unternehmen wurden deshalb auch Handel, Banken und Versicherungen in die Studie einbezogen. Zum anderen beinhaltet die Stichprobe auch Unternehmen unterschiedlicher Größenklassen, wobei

---

482 Vgl. Bagozzi/Fornell (1982), S. 24; Bagozzi/Phillips (1982), S. 465.

483 Vgl. Homburg/Giering (1996), S. 6.

484 Vgl. Homburg/Baumgartner (1995a), S. 1093; Bagozzi (1981), S. 380.

485 Vgl. hierzu auch Berekhoven/Eckert/Ellenrieder (1996), S. 112 ff. Für eine Darstellung der Vor- und Nachteile einer fragebogenbasierten und insbesondere online durchgeführten Erhebung gegenüber Interviews vgl. auch Matthes (2005), S. 81 ff.

486 Eine genaue Übersicht der Datengrundlage ist in Kapitel 3.2 aufgeführt.

eine Mindestanzahl von 100 bzw. 200 Mitarbeitern vorgegeben wurde.[487] Hierdurch sollte die Teilnahme von möglichst nur Unternehmen mit existierendem Controllerbereich gewährleistet werden.

Als *Respondenten* wurden die Leiter der in den befragten Unternehmen existierenden Controllerbereiche ausgewählt. Diese können die Güte kooperativen Verhaltens der eigenen Mitarbeiter mit der Strategieabteilung sowie deren Auswirkungen und Einflussfaktoren umfassend beurteilen. Auch sollten die Leiter von Controllerbereichen befähigt sein, Auskünfte über die herangezogenen Kontextfaktoren zu geben.

Einschränkend anzumerken ist zu diesem Vorgehen, dass bei der alleinigen Befragung von Controllerbereichsleitern prinzipiell die Gefahr eines Informant Bias[488] besteht. Dieser Vorwurf lässt sich zunächst durch die Ergebnisse der empirischen Studie von BAUER (2002), der in seiner Untersuchung ein ähnliches Antwortverhalten der befragten Manager und Controller feststellt, entkräften.[489] Um das Auftreten eines Informant Bias weiter zu vermindern, wurde zudem auf eine einfache und neutrale Formulierung der Indikatoren geachtet.[490] Ebenso wurde eine Abfrage hinzugefügt, in der die Respondenten die Klarheit und Verständlichkeit des Fragebogens beurteilen sollten.[491] Sofern diese Abfrage einen nur geringen Wert aufwies, erfolgte eine kritische manuelle Prüfung dieser Fragebögen, bei der unplausible Antworten aus der Datengrundgesamtheit entfernt wurden.

3.1.2 Ablauf der Untersuchung

Der Ablauf der empirischen Erhebung lässt sich mit den Schritten Literaturanalyse, Fragebogenerstellung, Fragebogenverfeinerung, Pre-Test und Datenerhebung in insgesamt fünf Phasen untergliedern, die im Folgenden näher beschrieben werden.

---

[487] Ähnlich Spillecke (2006), S. 75; Bauer (2002), S. 149. Für die Untersuchung wurde auf zwei Datensätze der Hoppenstedt-Datenbank zurückgegriffen. Zum einen wurden Unternehmen ab 100 Mitarbeitern und bekannter Adresse des Controllerbereichsleiters angeschrieben. Zum anderen wurden alle Unternehmen ab 200 Mitarbeitern herausgefiltert, für die keine Kontaktdaten des Controllerbereichsleiters vorlagen. Diese wurden im Vorfeld der eigentlichen Umfrage kontaktiert, um die E-Mail-Adressen zu ermitteln.

[488] Im Rahmen der Diskussion des Informant Bias wird davon ausgegangen, dass ein einzelner Respondent eines Unternehmens nicht in der Lage ist, abgefragte Sachverhalte korrekt beurteilen zu können. Deshalb kommt der geeigneten Auswahl von Informanten eine besondere Bedeutung zu. Mögliche Stellhebel zur Verminderung eines Informant Bias liegen vor allem in der Anzahl und der Kompetenz der Respondenten. Vgl. hierzu ausführlich Ernst (2001), S. 87 ff.

[489] Vgl. Bauer (2002), S. 192.

[490] Nach Nunally/Bernstein (1994), S. 418, besteht ein Problem in der Verwendung von Schlüsselinformanten dann, „when an incorrect alternative (distractor) is disproportionately more attractive to one group than to another at a given attribute (θ) level." Der einfachen und neutralen Formulierung der Indikatoren kommt somit eine besondere Bedeutung zu. Vgl. zur Fragebogenformulierung auch ausführlich Abschnitt 3.1.2.

[491] Hierzu wurde das Item „Wie zufrieden sind Sie mit der Verständlichkeit und Eindeutigkeit der Fragen?" in die Erhebung aufgenommen. Zu diesem Vorgehen vgl. auch Matthes (2005), S. 85.

Das Ziel der *Literaturanalyse* bestand darin, einen umfassenden Überblick über die Interaktion von Controllerbereich und Strategieabteilung zu erlangen. Um die Tätigkeitsfelder und Berührungspunkte beider Abteilungen zu identifizieren, wurden Beiträge der Controlling- und Strategieforschung analysiert. Für die Konzeptualisierung und Operationalisierung der Beziehung von Controllerbereich und Strategieabteilung wurden Arbeiten der interfunktionalen Schnittstellenliteratur einbezogen.

Aufbauend auf den theoretischen Erkenntnissen der Literaturanalyse erfolgte im nächsten Schritt die *Fragebogenerstellung*. Aufbau und Gestaltung wurden in Anlehnung an die in der Literatur üblichen Empfehlungen vorgenommen.[492] Zunächst wurden vergleichsweise einfache deskriptive Informationen zur eigenen Tätigkeit und zum Unternehmen abgefragt. Anschließend erfolgte die Erhebung allgemeiner Konstrukte zum Unternehmen und zum Controllerbereich. Im zweiten Teil des Fragebogens wurden als erste die für die Untersuchung kritischen Items zur Kooperation von Controllerbereich und Strategieabteilung aufgeführt. Nachfolgend wurden weitere, für die Untersuchung weniger bedeutende Items abgefragt. Am Ende des Fragebogens wurden Daten zur Person des Respondenten erhoben.

Die Formulierung der einzelnen Items erfolgte mit größter Sorgfalt.[493] Aus der Controlling- und Schnittstellenliteratur übernommene Konstrukte wurden hinsichtlich ihrer sprachlichen Eignung genau überprüft. Bei der Formulierung eigener Konstrukte wurde auf eine einfache und verständliche Sprache geachtet. Negativformulierungen wurden weitestgehend vermieden.[494] Auch Aufzählungen wie beispielsweise „und"-Verknüpfungen wurden, sofern möglich, nicht angewendet.[495] Zur Vermeidung eines Response Bias[496] wurde zudem auf emotional belegte oder in soziologischer Hinsicht unpräzise Formulierungen verzichtet.[497] Die Antworten der Respondenten wurden mithilfe von fünfstufigen Likert-Skalen gemessen.[498]

492 Vgl. hierzu etwa Bortz (2003), S. 181 ff.; Mummendey (1999), S. 86; Churchill Jr. (1991), S. 389 ff.; Luck/Rubin (1987), S. 195 ff.; Kreutz/Titscher (1974), S. 40 f.; Wieken (1974), S. 147.

493 Vgl. hierzu auch Matthes (2005), S. 85 f.

494 Vgl. Peterson/Peterson (1976), S. 163 f.

495 Dies erfolgte aufgrund der Annahme, dass ein Respondent mittels einer Likert-Skala nicht ausdrücken kann, inwieweit er einem Aspekt eines Items im Vergleich zu einem anderen Aspekt zustimmt. Vgl. hierzu auch Matthes (2005), S. 86.

496 Beim Response Bias können insbesondere die Probleme der Akquieszenz und der sozialen Erwünschtheit unterschieden werden. Vgl. hierzu auch Esser (1977), S. 254 ff.

497 Vgl. hierzu auch Busz et al. (1972), S. 289 ff.

498 Im Rahmen des im Folgenden darzustellenden Pre-Tests wurde den Respondenten sowohl eine fünfstufige als auch siebenstufige Likert-Skala vorgelegt. Dabei wurde die fünfstufige Skala bevorzugt. Diese kann im Rahmen von Maximum Likelihood- (ML-) Schätzungen als quasimetrisch angesehen werden, da sie keine nennenswerten Verzerrungen verursacht. Vgl. hierzu Bollen/Barb (1981).

Auf der Basis von Experteninterviews, regelmäßiger Treffen einer Forschergruppe zum Thema „Innerbetriebliche Kooperation des Controllerbereichs“[499] und eines Workshops zur Fragestellung „Controller im Wettbewerb?“ erfolgte die *Verfeinerung des Fragebogens.* Für die Experteninterviews wurde auf Lehrstuhlinhaber und wissenschaftliche Mitarbeiter zurückgegriffen.[500] Die Treffen der Forschergruppe, bestehend aus dem Lehrstuhlinhaber, einem Habilitanden sowie vier wissenschaftlichen Mitarbeitern, fanden i. d. R. in monatlichem Abstand statt.[501] Zudem wurde ein Workshop veranstaltet, bei dem die Beziehung des Controllerbereichs zur Strategieabteilung sowie zu anderen Funktionsbereichen mit Controllern aus deutschen Großunternehmen diskutiert wurde.

Der verfeinerte Fragebogen wurde einem *Pre-Test* unterzogen, bei dem insbesondere die Verständlichkeit der formulierten Items, die thematische Vollständigkeit, der Aufbau und die Länge des Fragebogens überprüft wurden. Hierzu wurde der Fragebogen sechs Wissenschaftlern sowie 22 Controllern zur Beurteilung vorgelegt. Aufgrund der Ergebnisse des Pre-Tests wurden ein Indikator eliminiert, einige Umformulierungen vorgenommen, weitere Erläuterungen in den Fragebogen integriert sowie eine fünf- statt einer siebenstufigen Likert-Skala verwendet.

Die *Datenerhebung* erfolgte im Rahmen einer umfassenden Untersuchung zur Kooperation des Controllerbereichs mit anderen Abteilungen.[502] Als Form der Befragung wurde eine personalisierte Online-Erhebung gewählt.[503] Die potenziellen Respondenten wurden mithilfe der Hoppenstedt Firmendatenbank identifiziert. Für die Stichprobe wurden Unternehmen mit

499 Die Beziehung von Controllerbereich und Strategieabteilung wurde im Rahmen eines umfangreichen Forschungsprojektes des Lehrstuhls für Controlling und Telekommunikation – Stiftungslehrstuhl der Deutschen Telekom AG an der WHU – Otto-Beisheim-Hochschule durchgeführt. Darüber hinaus wurde auch das Verhältnis des Controllerbereichs zur Innenrevision, zum externen Rechnungswesen und zum dezentralen Controllerbereich untersucht.

500 Als Auswahlkriterien für die Experteninterviews wurden umfangreiche Kenntnisse mit empirischen Befragungen, Wissen über die Interaktion von Schnittstellen sowie Kenntnisse über die Abteilungen Controllerbereich und Strategieabteilung herangezogen.

501 Neben diesem formellen Austausch fand zudem eine Vielzahl informeller Treffen statt.

502 Im Rahmen der Erhebung wurde zunächst abgefragt, inwieweit im Unternehmen neben dem Controllerbereich die Funktionsbereiche Strategieabteilung, Innenrevision, externes Rechnungswesen und dezentraler Controllerbereich existieren. Anschließend wurde die Schnittstelle zwischen Controllerbereich und den angegebenen Abteilungen untersucht. Um die Antwortzeit für Controller mit insgesamt drei oder vier Schnittstellen auf einen vertretbaren Rahmen zu begrenzen, wurde eine Sonderprogrammierung in Form eines Leveling durchgeführt. Hierbei wurde immer zuerst das Verhältnis zu derjenigen Abteilung abgefragt, für die der geringste Rücklauf vorlag. Nach Abfrage der zweiten Schnittstelle bestand für die Respondenten die Möglichkeit, den Fragebogen zu beenden oder optional Antworten zu weiteren Schnittstellen vorzunehmen.

503 Zu den Vorteilen einer Onlinebefragung im Vergleich zu einer großzahlig-schriftlichen Erhebung vgl. auch Zerr (2001), S. 12 ff. Für die Erhebung wurde auf das Programm OPST von Unipark zurückgegriffen, das für die Umfrage – wie oben dargestellt – um eine Sonderprogrammierung erweitert wurde.

mehr als 100 bzw. 200 Mitarbeitern,[504] einem eigenständigen Controllerbereich sowie einer vorhandenen E-Mail-Adresse ausgewählt. Soweit möglich, wurden die Koordinaten des Controllerbereichsleiters über die Hoppenstedt-Datenbank ermittelt.[505] Da für viele Unternehmen lediglich allgemeine E-Mail-Adressen der Form „info@unternehmen.de" bezogen werden konnten, war eine weitere Bearbeitung dieser Adressen notwendig, um individuelle E-Mail-Adressen generieren zu können.[506]

Der *elektronische Versand* der Einladungen zum Forschungsprojekt erfolgte Mitte bis Ende Januar 2006. Der Inhalt der E-Mail bestand aus einer kurzen Erläuterung des Forschungsprojekts, einem Link zum Online-Fragebogen sowie der Zusicherung einer streng vertraulichen Behandlung der Daten. Um die Rücklaufquote zu erhöhen, wurden zudem folgende Anreize für eine Teilnahme am Forschungsprojekt beschrieben:[507]

- Die Teilnehmer erhielten einen individuellen Benchmarking-Bericht zur Ausprägung der Kooperation des Controllerbereichs mit unterschiedlichen Abteilungen des Unternehmens.
- Zudem wurde den Respondenten ein Gratisexemplar des Standardwerks „Einführung in das Controlling" von WEBER (2004) zugesandt.
- Als weiteren Anreiz erhielten die Controllerbereichsleiter eine Einladung zu einem kostenlosen, eintägigen Seminar an der WHU, an dem entweder der Respondent selbst oder ein von ihm benannter Mitarbeiter teilnehmen konnte.
- Zudem erhielten diejenigen Controller, die bereit waren, optionale Teile des Fragebogens zur Beziehung des Controllerbereichs zu weiteren Abteilungen zu beantworten, für jede zusätzlich beantwortete Schnittstelle je eine Publikation aus der Schriftenreihe „Advanced Controlling".

Insgesamt konnten 4.304 der zuvor generierten E-Mail-Adressen zugestellt werden. Eine Nachfassaktion fand rund zwei Wochen nach der Einladung zur ersten Teilnahme statt. Diejenigen Controllerbereichsleiter, die bis dahin nicht geantwortet hatten, wurden hierzu noch einmal per E-Mail kontaktiert.

504 Wie oben erläutert, wurden Unternehmen mit weniger als 200 Mitarbeitern nur bei bekannter Existenz eines eigenständigen Controllerbereichs in die Untersuchung einbezogen.

505 Fehlten diese Angaben, wurde das Unternehmen angeschrieben und gebeten, die Informationen zur Studie mit der Bitte um eine Teilnahme an den Controllerbereichsleiter weiterzuleiten.

506 So wurden aus dem Vor- und Nachnamen der Controllerbereichsleiter sowie der Firmendomain eigene E-Mail-Adressen generiert. Hierzu wurden die Muster vorname.nachname@firma.de, v.nachname @firma.de; vnachname@firma.de; nachnamev@firma.de; nachname@firma.de verwendet.

507 Zur Bedeutung von Anreizen bei fragebogenbasierten Erhebungen vgl. auch Diamontopoulos/Schlegelmilch (1996), S. 62.

3.2 Datengrundlage

3.2.1 Umfang der Datengrundlage

Von den eingegangenen Antworten ließen sich insgesamt 1.717 Fragebögen verwerten. Die resultierende Rücklaufquote von 39,9 % kann in Anbetracht der Länge des Fragebogens sowie der hohen hierarchischen Stellung der Respondenten als außergewöhnlich hoch eingestuft werden. Im Rahmen der Controllingforschung existieren nach Kenntnis des Autors derzeit keine empirischen Arbeiten, die einen vergleichbaren Rücklauf aufweisen können.

Wie aus Abbildung 2 hervorgeht, weisen insgesamt 27,9 % bzw. 479 der antwortenden Unternehmen eine eigenständige Strategieabteilung auf. Demgegenüber werden in 72,1 % der Unternehmen strategische Aufgaben ausschließlich von der Linie bzw. anderen Abteilungen wahrgenommen. Der geringere Anteil von Unternehmen mit einer Strategieabteilung lässt sich möglicherweise durch zwei Faktoren erklären. Zum einen nahmen an der Erhebung viele kleinere Unternehmen teil. Diese verfügen – wie ebenfalls aus Abbildung 2 ersichtlich – tendenziell weniger häufig über gesonderte Strategieabteilungen.[508] Zum anderen wird in Theorie und Praxis die Eignung einer eigenständigen organisatorischen Einheit für strategische Aufgaben durchaus kontrovers diskutiert.[509]

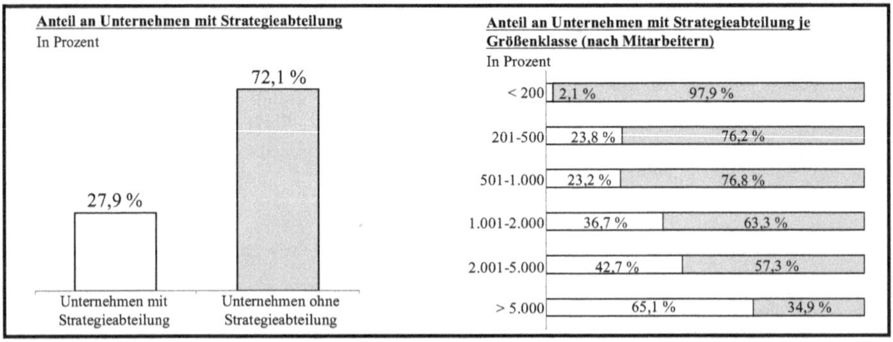

Abbildung 2: Anteil von Unternehmen mit eigenständiger Strategieabteilung an der Stichprobe

Von den 479 Unternehmen mit Controllerbereich und Strategieabteilung wurden im Rahmen der Erhebung 420 zur Kooperation beider Abteilungen befragt. Von den 420 Datensätzen

[508] Die Erkenntnis, dass vor allem größere Unternehmen über einen formalisierten Strategieprozess und eine eigenständige Abteilung für strategische Fragestellungen verfügen, ist auch aus der Literatur bekannt. Vgl. hierzu auch Al-Laham (1997), S. 81. Da im Fokus der Erhebung jedoch nicht nur die Kooperation des Controllerbereichs mit der Strategieabteilung, sondern auch mit anderen Bereichen stand, wurden auch kleinere Unternehmen in die Stichprobe einbezogen.

[509] Zur Eignung strategischer Stabsabteilungen vgl. z. B. auch Al-Ani (2000), S. 55 ff.; Schneider (1994), S. 158; Tochtermann (1990), S. 32 f.

konnten 379 in die Datenauswertung und Analyse einbezogen werden.[510] Dies entspricht einer auf die Gesamtzahl der angeschriebenen Unternehmen bezogenen effektiven Rücklaufquote von 8,8 %.

3.2.2 Charakteristika der berücksichtigten Unternehmen

Zur allgemeinen Charakterisierung der an der Umfrage beteiligten Unternehmen wurden die Dimensionen Branche und Unternehmensgröße, bezogen auf die Mitarbeiteranzahl, verwendet. Als erstes Ergebnis der Datenauswertung ließ sich feststellen, dass Unternehmen aller abgefragten Branchen- und Größenklassen an der Befragung beteiligt waren. Abbildung 3 bietet einen Überblick über die Charakteristika der antwortenden Unternehmen.[511]

Die Ergebnisse der deskriptiven Branchenanalyse weisen auf eine heterogene Branchenverteilung hin. Trotz umfassender Branchenklassenabfrage beinhaltet die Stichprobe einen hohen Anteil „Sonstiger Dienstleister" und „Anderer". Dieser ist möglicherweise dadurch zu erklären, dass insbesondere größere Unternehmen über unterschiedliche Geschäftsfelder verfügen, so dass keine eindeutige Zuordnung vorgenommen werden konnte. Zudem beinhalten diese Branchengruppen die Antworten öffentlicher Institutionen, für die keine eigenständige Branchenzugehörigkeit abgefragt wurde. Banken und Versicherungen stellen die größte einer bestimmten Branche zuordenbare Gruppe dar. Demgegenüber machen Unternehmen aus dem Bereich Konsumgüter/Handel und Chemie/Pharma/Kunststoff nur einen vergleichsweise kleinen Teil der Stichprobe aus.

Da keine Angaben über die Branchenverteilung der Grundgesamtheit vorliegen, lässt sich keine verlässliche Aussage zur Branchenrepräsentativität der Stichprobe treffen. Allerdings zeigt ein χ^2-Test zwischen der Branchenaufteilung der Stichprobe und der im Rahmen des gesamten Forschungsprojekts antwortenden Unternehmen keine signifikanten Unterschiede in der Branchenverteilung. Dieses Ergebnis sowie der außergewöhnlich hohe Rücklauf aus der

---

[510] 39 Fragebögen wurden aufgrund unvollständiger Daten eliminiert. Zudem wurden zwei Fragebögen aufgrund systematischer Muster im Antwortverhalten entfernt. Einzelne fehlende Items wurden mithilfe des Expectation Maximization- (EM-) Algorithmus bestimmt. Für eine Beschreibung und einen Vergleich mit anderen „Füllverfahren" vgl. grundlegend Lemieux/McAlister (2005). Der EM-Algorithmus eignet sich vor allem deshalb zum Nachtragen einzelner Items, da das Verfahren sich von der in der Praxis häufig nicht erfüllten Annahme der vollständigen Zufälligkeit („missing completely at random") fehlender Daten löst. Vgl. hierzu ausführlich Enders (2004), S. 421 ff.; Enders (2003), S. 323 ff.

[511] Im Einzelnen wurden die Branchen Konsumgüterindustrie, Handel, Automobil-/Zuliefererindustrie, Chemie/Pharma/Kunststoff, Maschinen- und Apparatebau, Elektrotechnik/Feinmechanik/Optik, Banken/Kreditinstitute, Versicherungen/Sonstige Finanzdienstleister, Logistik-/Transportdienstleister, Sonstige Dienstleister und Andere abgefragt. Inhaltlich verwandte Branchen mit geringem Rücklauf wurden für die Auswertungen anschließend zusammengefasst.

Grundgesamtheit stützen die Hypothese, dass die Datenbasis für die nachfolgenden Analysen repräsentativ ist.[512]

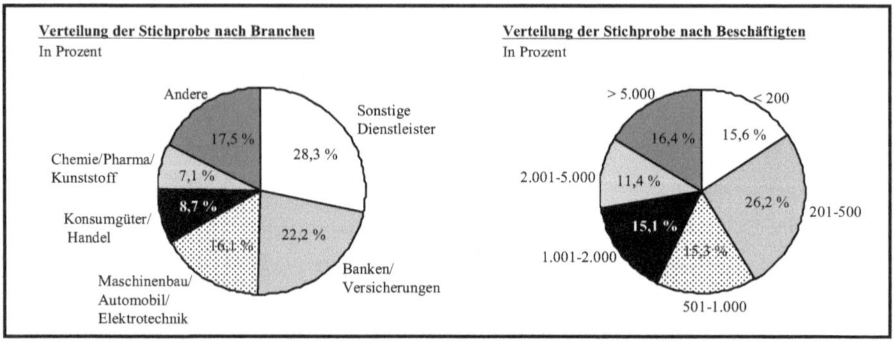

Abbildung 3: Charakteristika der Stichprobe

Wie ebenfalls aus Abbildung 3 hervorgeht, weist die Stichprobe eine breite Streuung bezüglich der Unternehmensgröße auf.[513] Aufgrund der im Vorfeld getätigten Annahme, dass eigenständige Strategieabteilungen eher in größeren Unternehmen auftreten, verwundert der hohe Anteil (41,7 %) von Unternehmen mit weniger als 500 Mitarbeitern. Eine mögliche Erklärung hierfür könnte in der hohen Anzahl kleinerer Unternehmen im Rahmen der Grundgesamtheit bestehen. Als weitere Ursache kommt zudem die umfassende Definition des Funktionsbereichs Strategieabteilung als „ein bzw. mehrere Mitarbeiter, die sich schwerpunktmäßig mit strategischen Fragestellungen beschäftigen“[514], infrage.

Um die Konsistenz der Antworten zwischen kleineren und größeren Unternehmen zu überprüfen, wurde ein t-Test zwischen den Unternehmensgruppen mit mehr bzw. weniger als 500 Mitarbeitern durchgeführt. Da lediglich in Ausnahmefällen ein signifikanter Unterschied im Antwortverhalten festgestellt werden konnte, ließen sich auch die Angaben der kleineren Unternehmen für weitere Auswertungen verwenden.[515]

Des Weiteren wurde untersucht, ob systematische Unterschiede zwischen antwortenden und nicht-antwortenden Controllerbereichsleitern existieren. Zu diesem Zweck wurde auf den *Non-Response-Bias-Test* nach ARMSTRONG/OVERTON (1977) zurückgegriffen.[516] Diese unterstellen, dass Unternehmen, die gegen Ende einer Umfrage antworten, tendenziell den

---

512 Vgl. für die Argumentation des hohen Rücklaufs der Grundgesamtheit auch Matthes (2005), S. 92.

513 Analog zur Branchenauswertung wurden abgefragte Größenklassen zusammengelegt.

514 Vgl. Anhang 1.

515 Bezüglich der umsatzinduzierten und mitarbeiterbezogenen Größenunterschiede ließ sich bei jeweils drei von 88 Variablen ein signifikanter Mittelwertunterschied feststellen.

516 Vgl. hierzu und im Folgenden Armstrong/Overton (1977), S. 397.

nicht-teilnehmenden Unternehmen ähneln. Aufgrund dieser Annahme lässt sich mithilfe eines t-Tests zwischen einer Gruppe von Respondenten, die zu Beginn der Studie geantwortet haben, und solchen, die gegen Ende des Projekts an der Befragung teilgenommen haben, feststellen, ob ein Non-Response-Bias vorliegt. Für die vorliegende Arbeit wurde hierzu das erste Drittel der Fragebogenzugriffe mit dem letzten Drittel verglichen.[517] Da nur für eine von 88 Variablen ein signifikanter Unterschied im Antwortverhalten zwischen beiden Gruppen festgestellt wurde, ist davon auszugehen, dass kein Non-Response-Bias vorliegt.

3.3 Überprüfung der Messmodelle

3.3.1 Grundlagen der Konstruktmessung

Die Betrachtungsobjekte dieser Arbeit sind nicht direkt messbar, so dass auf *latente Variablen*[518] bzw. *theoretische Konstrukte*[519] zurückgegriffen wird. Ein theoretisches Konstrukt lässt sich nach BAGOZZI/FORNELL (1982) als „an abstract entity which represents the ‚true', nonobservational state or nature of a phenomenon"[520] auffassen. Um ein Konstrukt zu erstellen, sind zwei grundlegende Schritte notwendig: eine *Konzeptualisierung* und eine *Operationalisierung.*[521] Als Konzeptualisierung wird die inhaltliche Erarbeitung des Konstrukts bezeichnet. Die Operationalisierung umfasst die Entwicklung eines inhaltsadäquaten Messinstruments.

Konstrukte können hinsichtlich mehrerer Merkmale beschrieben werden. Zunächst lassen sie sich anhand der Anzahl verwendeter Indikatoren unterscheiden. Sofern ein Messmodell aus lediglich einem Indikator besteht, handelt es sich um ein *Single-Item-Konstrukt.*[522] Werden mehrere Indikatoren herangezogen, wird von einem *Multi-Item-Konstrukt* gesprochen. Um den in der Literatur vorgegebenen Validitätsanforderungen von komplexen Konstrukten gerecht zu werden, greift die vorliegende Arbeit ausschließlich auf Multi-Item-Konstrukte zurück.[523]

Hinsichtlich der Anzahl verwendeter Faktoren lassen Konstrukte sich zudem in *ein- und mehrfaktorielle Konstrukte* untergliedern.[524] Entscheidend für diese Zuordnung ist, inwieweit sich Indikatoren im Rahmen einer Faktorenanalyse auf einen oder mehrere Faktoren verdich-

---

517 Vgl. zu diesem Vorgehen auch Wallenburg (2004), S. 134.
518 Vgl. Homburg/Giering (1996), S. 6.
519 Vgl. Bagozzi/Fornell (1982), S. 24.
520 Bagozzi/Fornell (1982), S. 24. Ähnlich Bagozzi/Phillips (1982), S. 465.
521 Vgl. hierzu und im Folgenden Homburg/Giering (1996), S. 5.
522 Vgl. hierzu und im Folgenden Henseler (2005), S. 70 f.; Jacoby (1978), S. 93.
523 Vgl. hierzu auch Churchill Jr. (1979), S. 66.
524 Vgl. hierzu und im Folgenden Homburg/Giering (1996), S. 6.

ten. Bei einem einfaktoriellen Konstrukt laden die verwendeten Indikatoren auf genau einen Faktor. In einem mehrfaktoriellen Konstrukt bilden die Indikatoren hingegen mehrere Faktoren.

Je nachdem, ob die verwendeten Faktoren derselben oder unterschiedlichen theoretischen Dimensionen zugeordnet werden, lassen sich *ein-* oder *mehrdimensionale* Konstrukte unterscheiden.[525] In der vorliegenden Untersuchung wird der vielschichtige Sachverhalt der Kooperation von Controllerbereich und Strategieabteilung durch mehrere Dimensionen dargestellt. Die Konzeptualisierung und Operationalisierung einfacherer Konstrukte wie z. B. der räumlichen Nähe zwischen Abteilungen erfolgt hingegen durch eine Dimension.

Neben den dargestellten umfangbasierten Differenzierungskriterien lassen Konstrukte sich je nach Richtung der Beziehungen zwischen einem Faktor und den zugehörigen Indikatoren in *reflektiv* und *formativ gebildete Konstrukte* unterscheiden.[526] In einem reflektiven Konstrukt „verursacht" ein Faktor die ihm zugeordneten Indikatoren.[527] Diese sind untereinander korreliert und prinzipiell austauschbar.[528] Die Messung ist in der Regel mit Fehlern behaftet.[529] Demgegenüber liegt bei formativen Konstrukten eine umgekehrte Wirkungsrichtung vor. Der Faktor stellt in diesem Fall eine Funktion bzw. einen Effekt der ihn abbildenden Indikatoren dar:[530] „When constructs are conceived as explanatory *combinations* of indicators … which are determined by a combination of variables, their indicators should be formative."[531]

In empirischen Arbeiten der Wirtschafts- und Sozialwissenschaften wurde der Wahl des jeweils geeigneten Messmodells lange Zeit nur wenig Beachtung geschenkt und vor allem auf reflektive Ansätze zurückgegriffen:[532] „Most researchers in social sciences assume that indicators are effect indicators. Cause indicators are neglected despite their appropriateness in many instances."[533] Eine Beschränkung auf die ausschließliche Verwendung reflektiver Indikatoren kann im konkreten Fall jedoch zu einer Fehlspezifikation des Messmodells und einer Nicht-Erfüllung der geforderten Gütekriterien führen.[534] Aufgrund dessen werden in der vorlie-

525 Vgl. Homburg/Giering (1996), S. 6.
526 Vgl. Eggert/Fassot (2003), S. 2 ff.; Bollen/Lennox (1991), S. 306; Fornell (1986), S. 9.
527 Vgl. Eggert/Fassot (2003), S. 1. Aufgrund dessen werden diese Indikatoren in der englischsprachigen Literatur auch „effect indicators" genannt. Vgl. z. B. Bollen (1989), S. 65.
528 Vgl. Bollen/Lennox (1991), S. 308.
529 Vgl. Hunt (1991), S. 386.
530 Vgl. Götz/Liehr-Gobbers (2004a), S. 718; Bagozzi/Fornell (1982), S. 34. Aus diesem Grund werden Indikatoren eines formativen Konstrukts auch als „cause indicators" bezeichnet. Vgl. z. B. Bollen (1989), S. 65.
531 Fornell/Bookstein (1982), S. 442.
532 Vgl. Eggert/Fassot (2003), S. 1.
533 Vgl. Bollen (1989), S. 65.
534 Vgl. Eggert/Fassot (2003), S. 1.

genden Arbeit je nach inhaltlicher Eignung sowohl reflektive als auch formative Indikatoren verwendet.

3.3.2 Reliabilität und Validität von Konstrukten

Die Messgüte von Konstrukten wurde in empirischen Arbeiten lange Zeit vernachlässigt.[535] So merkt JACOBY (1978) im Rahmen seiner Übersichtsarbeit zur Konsumentenverhaltensforschung an: „Most of our measures are only measures, because someone says they are, not because they have been shown to satisfy standard measurement criteria."[536] Erst gegen Ende der 1970er Jahre begann die Marketingwissenschaft, sich intensiver mit der Messung komplexer Konstrukte und deren Validierung zu befassen.[537] Seitdem wurden erhebliche Fortschritte erzielt und statistische Verfahren und Kriterien zur Beurteilung der Reliabilität und Validität von Konstrukten entwickelt.[538]

Die *Reliabilität* (Zuverlässigkeit) einer Konstruktmessung bezeichnet hierbei „the degree to which measures are free from random error and therefore yield consistent results"[539]. Sie zielt somit auf die formale Richtigkeit eines Messmodells ab.[540] In einem reflektiven Messmodell liegt eine hohe Reliabilität immer dann vor, wenn das Messmodell nur einen geringen Zufallsfehler[541] aufweist und das Konstrukt einen großen Teil der Varianz erklärt.[542] In der Literatur werden im Wesentlichen drei unterschiedliche Formen der Reliabilität unterschieden:[543]

- *Test-Retest-Reliabilität:* Überprüfung der Zuverlässigkeit eines Messinstruments durch eine Vergleichserhebung unter Verwendung derselben Skalen zu einem späteren Zeitpunkt,
- *Parallel-Test-Reliabilität:* Überprüfung der Zuverlässigkeit eines Messinstruments durch eine Vergleichsmessung mit einer äquivalenten Skala,
- *Interne-Konsistenz-Reliabilität:* Überprüfung der Korrelation zwischen Indikatoren desselben Messinstruments.

---

535 Ähnlich Homburg/Giering (1996), S. 5.

536 Jacoby (1978), S. 91.

537 Vgl. Homburg/Giering (1996), S. 6. Als richtungsweisende Arbeiten vgl. z. B. Bagozzi (1979), Churchill Jr. (1979), Peter (1979), Jacoby (1978).

538 Vgl. Homburg/Giering (1996), S. 6.

539 Peter (1979), S. 6.

540 Vgl. Berekhoven/Eckert/Ellenrieder (1996), S. 87.

541 Messfehler lassen sich in *Zufallsfehler* und *systematische Fehler* unterteilen. Zufallsfehler stellen zufällige Abweichungen vom wahren Wert dar, die sich z. B. aufgrund situativer Einflüsse ergeben. Vgl. auch Churchill Jr. (1999), S. 381.

542 Vgl. Peter (1979), S. 7.

543 Vgl. im Folgenden Stier (1999), S. 53; Hildebrandt (1998), S. 88; Friedrichs (1981), S. 102.

Die Überprüfung der Test-Retest-Reliabilität und Parallel-Test-Reliabilität bedingt die Durchführung weiterer Messungen mit dem gleichen oder einem äquivalenten Messinstrument. Aufgrund des damit verbundenen Aufwands wird in empirischen Arbeiten in der Regel auf die Interne-Konsistenz-Reliabilität zurückgegriffen.[544] Auch in dieser Arbeit soll zur Überprüfung der Reliabilität die Korrelation zwischen den einzelnen Indikatoren der Messinstrumente betrachtet werden. Hierzu wird auf die im folgenden Abschnitt vorgestellten Kriterien Cronbach'sches Alpha und Item-to-Total-Korrelation zurückgegriffen.

Während die Reliabilität lediglich auf die formale Genauigkeit einer Messung abzielt, lässt sich durch eine Überprüfung der *Validität* die inhaltliche Richtigkeit eines Messinstruments feststellen.[545] Eine Messung gilt als valide, „when the differences in observed scores reflect the true differences on the characteristic one is attempting to measure and nothing else."[546] Durch die Messung der Validität kann also überprüft werden, inwieweit ein Messmodell nur das misst, was gemessen werden soll.[547] Im Unterschied zur Reliabilitätsprüfung, die lediglich die Existenz von Zufallsfehlern überprüft, zielt eine Betrachtung der Validität somit sowohl auf die Identifikation von Zufallsfehlern als auch von systematischen Fehlern ab.[548] Die Reliabilität eines Messmodells lässt sich daher als notwendige, aber nicht hinreichende Bedingung für dessen Validität auffassen.[549] Letztere lässt sich anhand unterschiedlicher Dimensionen beurteilen.[550]

In Abhängigkeit vom jeweiligen Untersuchungsfokus lassen sich zunächst die beiden Ebenen Inhalts- und Konstruktvalidität unterscheiden.[551]

Nach BOHRNSTEDT (1970) beschreibt die *Inhaltsvalidität (content validity)*, inwieweit die verwendeten Indikatoren eines Messmodells den im Rahmen der Konzeptualisierung festgelegten Bedeutungsinhalt eines Konstrukts auch tatsächlich abbilden.[552] Die Beurteilung der Inhaltsvalidität unterliegt vor allem subjektiven Einschätzungen: „Assessing a scale's content validity is necessarily qualitative rather than quantitative."[553] Ihr kommt im Rahmen der

---

544 Vgl. Hildebrandt (1998), S. 88.
545 Vgl. Homburg (2000), S. 73; Berekhoven/Eckert/Ellenrieder (1996), S. 87.
546 Churchill Jr. (1979), S. 65. Vgl. auch Homburg/Giering (1996), S. 6 f.
547 Vgl. Heeler/Ray (1972), S. 361.
548 Vgl. Homburg/Giering (1996), S. 7.
549 Vgl. Homburg/Giering (1996), S. 7; Carmines/Zeller (1979), S. 13; Peter (1979), S. 6 ff.
550 Vgl. Homburg (2000), S. 73.
551 Vgl. auch Spillecke (2006), S. 82.
552 Vgl. Bohrnstedt (1970), S. 92. Vgl. auch Homburg/Giering (1996), S. 7.
553 Parasuraman/Zeithaml/Berry (1988), S. 28.

Konstruktbeurteilung vor allem die Rolle einer Leitidee zu,[554] der durch eine inhaltlich präzise Konzeptualisierung des Konstrukts und eine adäquate Überführung in ein Messmodell Rechnung zu tragen ist. HOMBURG/GIERING (1996) zeigen zudem, dass Inhaltsvalidität durch eine gleichzeitige direkte und indirekte Abfrage eines Konstrukts auch quantitativ erhoben werden kann.[555]

Im Gegensatz zur Inhaltsvalidität beschäftigt sich die *Konstruktvalidität (face validity)* mit der Beziehung zwischen Messinstrument und zugehörigem Konstrukt sowie der Frage: „Do the scale items capture key facets of the unobservable construct being measured?“[556] Mit der Konvergenzvalidität, der Diskriminanzvalidität sowie der nomologischen Validität lassen sich hierbei drei Arten der Validität unterscheiden:[557]

- *Konvergenzvalidität* lässt sich nach BAGOZZI/PHILLIPS (1982) als „the degree to which two or more attempts to measure the same concept through maximally dissimilar methods are in agreement“[558] auffassen. Die Konvergenzvalidität eines Konstrukts ergibt sich aus dem Zusammenhang der einzelnen Indikatoren eines Konstrukts untereinander, wobei ein starker Zusammenhang auf eine hohe Konvergenzvalidität hinweist.[559]
- *Diskriminanzvalidität* beschreibt „the degree to which measures of distinct concepts differ“[560]. Für die Beurteilung der Diskriminanzvalidität wird der Zusammenhang zwischen Indikatoren, die unterschiedlichen Faktoren zugeordnet sind, überprüft.[561] Für reflektive Messmodelle wird gefordert, dass die Assoziation zwischen zwei Indikatoren unterschiedlicher Faktoren eine geringere Ausprägung als die Assoziation zweier Indikatoren des gleichen Faktors aufweist.[562]
- *Nomologische Validität* lässt sich als „the degree to which predictions based on a concept are confirmed within the context of a larger theory“[563] auffassen. Um die nomologische Validität überprüfen zu können, ist somit die Existenz eines theoretischen Rahmens notwendig.[564] Nomologische Validität liegt immer dann vor, wenn theoretisch abgeleitete

554 Vgl. Schnell/Hill/Esser (2005), S. 155.
555 Vgl. Homburg/Giering (1996), S. 17 ff.
556 Parasuraman/Zeithaml/Berry (1988), S. 28.
557 Vgl. Spillecke (2006), S. 83.
558 Bagozzi/Phillips (1982), S. 468.
559 Vgl. Homburg (2000), S. 73.
560 Bagozzi/Phillips (1982), S. 469.
561 Vgl. Homburg (2000), S. 73.
562 Vgl. Stier (1999), S. 60; Homburg/Giering (1996), S. 7; Bagozzi/Yi/Phillips (1991), S. 425.
563 Bagozzi (1979), S. 24.
564 Vgl. hierzu und im Folgenden Ruekert/Churchill Jr. (1984), S. 231 f.; Bagozzi (1979), S. 24.

Zusammenhänge zwischen Konstrukten in hohem Maße mit empirisch nachgewiesenen Beziehungen übereinstimmen.

In dieser Untersuchung werden insbesondere die Konvergenz- und Diskriminanzvalidität der verwendeten Konstrukte quantitativ überprüft. Eine quantitative Analyse der Inhaltsvalidität unter Verwendung des von HOMBURG/GIERING (1996) dargestellten Verfahrens wird aufgrund des zusätzlichen messtechnischen Aufwands nur für das zentrale Konstrukt der Arbeit „Kooperation von Controllerbereich und Strategieabteilung" vorgenommen. Die restlichen Konstrukte werden bezüglich der Inhaltsvalidität lediglich qualitativ beurteilt. Ähnliches gilt für die nomologische Validität, deren Nachweis ebenfalls qualitativ erfolgt. Es ist davon auszugehen, dass nomologische Validität vorliegt, wenn sich die theoretisch abgeleiteten Hypothesen empirisch bestätigen lassen. Hierbei ergeben sich Einschränkungen bezüglich der Aussagekraft aufgrund der Tatsache, dass für die Ableitung der Hypothesen nicht auf eine einzige abgesicherte Theorie, sondern mehrere theoretische Konzeptionen zurückgegriffen wurde.[565]

Im Folgenden werden die in dieser Arbeit für die Prüfung der Validität und Reliabilität der reflektiven und formativen Konstrukte verwendeten Methoden vorgestellt.

3.3.3 Gütebeurteilung für reflektive Messmodelle

3.3.3.1 Gütebeurteilung durch Kriterien der ersten Generation

In Anlehnung an FORNELL (1986) lassen sich die Methoden zur Reliabilitäts- und Validitätsmessung reflektiver Konstrukte in Verfahren der ersten und der zweiten Generation unterteilen.[566] Zu den Verfahren der ersten Generation, die ausschließlich der Beurteilung von Messmodellen dienen, zählen die explorative Faktorenanalyse, das Cronbach'sche Alpha sowie die Item-to-Total-Korrelation.[567]

Die *explorative Faktorenanalyse* wird eingesetzt, um die einer Indikatormenge zugrundeliegende Faktorenstruktur zu identifizieren.[568] Das Ziel der Faktorenanalyse besteht darin, aus einer Vielzahl von Variablen möglichst wenige, voneinander unabhängige Einflussfaktoren herauszufiltern, die die vorhandenen Indikatoren ausreichend gut repräsentieren.[569] Die Analyse erfolgt im Gegensatz zur später vorzustellenden konfirmatorischen Faktorenanalyse

565 Vgl. auch Spillecke (2006), S. 83; Homburg (2000), S. 75.
566 Vgl. grundlegend Fornell (1986).
567 Vgl. Homburg/Giering (1996), S. 8; Churchill Jr. (1979), S. 66.
568 Vgl. hierzu und im Folgenden grundlegend Backhaus et al. (2006), S. 259 ff.
569 Vgl. Homburg/Giering (1996), S. 8.

zunächst explorativ, d. h., der Anwender hat keine bestimmten Vorstellungen über den Zusammenhang zwischen einzelnen Variablen.[570] Erst im Anschluss wird die explorativ generierte Faktorenstruktur mit den theoretisch erarbeiteten Erkenntnissen verglichen. Die Durchführung der explorativen Faktorenanalyse besteht im Wesentlichen aus drei Schritten: der Berechnung und Prüfung der Korrelationsmatrix, der Extraktion der Faktoren und der Überprüfung der Faktorladungen.[571]

Den Ausgangspunkt der Analyse bildet die Korrelationsmatrix der verwendeten Indikatoren. Eine Faktorextraktion ist nur dann durchführbar, wenn zwischen den Indikatoren ausreichend hohe Korrelationen bestehen. Die Korrelationsmatrix ist somit in einem ersten Schritt auf ihre Eignung hin zu überprüfen. Hierfür werden unterschiedliche Verfahren wie das Signifikanzniveau der Korrelationen, die Inverse der Korrelationsmatrix, der Barret-Test, die Anti-Image-Kovarianzmatrix sowie das Kaiser-Meyer-Olkin-Kriterium herangezogen.[572]

Im nächsten Schritt werden aus der Korrelationsmatrix rechnerisch die einzelnen Faktoren abgeleitet. Hierzu wird auf das Fundamentaltheorem der Faktorenanalyse zurückgegriffen. Dies besagt, dass „sich die Korrelationsmatrix durch die Faktorladungen .. und die Korrelationen zwischen den Faktoren .. reproduzieren lässt."[573] Die Faktorladung, die sich mathematisch als Korrelation zwischen einem Indikator und dem Faktor auffassen lässt,[574] gibt hierbei Aufschluss über die Zuordnung eines Indikators zu einem Faktor. Ein Indikator wird dann als einem Faktor eindeutig zugehörig angenommen, wenn er ausreichend hoch auf den entsprechenden Faktor lädt und gleichzeitig die Ladung auf andere Faktoren signifikant niedriger ist. Als Mindestgröße wird in der Literatur ein Wert von 0,4 gefordert.[575]

Für die Ermittlung der einzelnen Faktoren stehen die Verfahren der Hauptkomponenten- und Hauptachsenanalyse zur Verfügung.[576] Die aus der Menge der Indikatoren extrahierten Faktoren werden in einer Faktorladungsmatrix dargestellt, wobei ein identifizierter Faktor nur

570 Vgl. Backhaus et al. (2006), S. 330.
571 Vgl. Sandt (2004), S. 95. Für den Ablauf der exploratorischen Faktoranalyse vgl. ausführlich Backhaus et al. (2006), S. 269 ff.
572 Vgl. Sandt (2004), S. 96. Für eine ausführliche Erläuterung der einzelnen Verfahren vgl. Backhaus et al. (2006), S. 272 ff.
573 Backhaus et al. (2006), S. 279.
574 Vgl. Backhaus et al. (2006), S. 278.
575 Vgl. Homburg/Giering (1996), S. 8. Im Gegensatz hierzu fordern Backhaus et al. (2006), S. 299, einen höheren Schwellenwert von 0,5.
576 Im Rahmen der *Hauptkomponentenanalyse* wird angenommen, dass die Varianz einer Ausgangsvariablen vollständig durch die Extraktion erklärt werden kann, so dass keine Restvarianz in den Variablen existiert. Demgegenüber unterstellt die *Hauptachsenanalyse*, dass die Varianz einer Variablen sich immer in die Komponenten Kommunalität und Einzelrestvarianz aufteilt. Vgl. hierzu Backhaus et al. (2006), S. 291 f. Im Rahmen dieser Arbeit wurde auf die Hauptachsenanalyse zurückgegriffen.

dann als aussagekräftig gilt, wenn er mindestens 50 % der Varianz einer Indikatormenge erklärt.[577] Zur Erleichterung der Interpretation der Matrix wird das Koordinatenkreuz in seinem Ursprung rotiert. Hierfür werden in der Regel das VARIMAX- oder das OBLIMIN-Verfahren verwendet.[578]

Die Anzahl der zu extrahierenden Faktoren lässt sich durch Anwendung des Kaiser-Kriteriums festlegen.[579] Demnach ergibt sich die Faktoranzahl aus der Menge der Faktoren, deren Eigenwert (Eigenvalue) größer als eins ist. Die Eigenwerte bestimmen sich aus der Summe der quadrierten Faktorladungen über alle Indikatoren. Sie stellen ein Maß für den Beitrag eines Faktors zur Erklärung der Varianz der Indikatoren dar. Liegt der Eigenwert nahe eins, wird zusätzlich zum Kaiser-Kriterium der Scree-Test eingesetzt.[580] Hierzu werden alle berechneten Eigenwerte in einem Koordinatensystem nach absteigender Wertefolge sortiert und die Punkte im Koordinatensystem verbunden. Die Anzahl der zu extrahierenden Faktoren ergibt sich aus der Stelle, an der im Koordinatensystem ein Knick auftritt und ein steiler Anstieg der Werte beginnt.

Zusätzlich zur Identifikation von Faktoren erlaubt die explorative Faktorenanalyse anhand der Zuordnung der Indikatoren auf einzelne Faktoren eine erste Beurteilung der Konvergenz- und Diskriminanzvalidität von Messmodellen.[581] Konvergenzvalidität wird dann angenommen, wenn jeder Indikator sich eindeutig einem Faktor zuordnen lässt. Diskriminanzvalidität liegt vor, wenn die Indikatoren eines Faktors geringer auf andere Faktoren laden.

Im Unterschied zur explorativen Faktoranalyse misst das *Cronbach'sche Alpha* die Interne-Konsistenz-Reliabilität der einem Faktor zugeordneten Indikatoren.[582] Die Ermittlung des Cronbach'schen Alphas beruht auf der „Split-Half-Methode". Hierbei werden die Indikatoren in zwei Gruppen unterteilt und die Korrelationen zwischen der ersten und der zweiten Hälfte der Indikatoren ermittelt.[583] Das Cronbach'sche Alpha lässt sich anschließend als arith-

---

577 Vgl. Homburg/Giering (1996), S. 13; Homburg/Baumgartner (1995a), S. 170.

578 Beide Verfahren unterscheiden sich im zulässigen Winkel zwischen den Faktoren während der Rotation. Während das VARIMAX-Verfahren von unabhängigen Faktoren ausgeht und die Faktoren während der Rotation orthogonal zueinander angeordnet bleiben, sind im Rahmen des OBLIMIN-Verfahrens beliebige Winkel zwischen den Faktoren möglich. Vgl. hierzu auch Backhaus et al. (2006), S. 299 ff. In der vorliegenden Untersuchung wurde die OBLIMIN-Rotation verwendet.

579 Vgl. hierzu und im Folgenden Backhaus et al. (2006), S. 295 ff. Zum Kaiser-Kriterium vgl. grundlegend Kaiser (1974).

580 Vgl. Backhaus et al. (2006), S. 296 f.

581 Vgl. hierzu und im Folgenden Sandt (2004), S. 96; Homburg/Giering (1996), S. 8.

582 Vgl. Carmines/Zeller (1979), S. 44 ff.; Churchill Jr. (1979), S. 68; Nunally (1978), S. 229 ff. Vgl. grundlegend zudem Cronbach (1951), S. 297 ff.

583 Vgl. Carmines/Zeller (1979), S. 45.

metisches Mittel aller Split-Half-Koeffizienten ermitteln.[584] Hierbei sind Werte zwischen null und eins möglich, wobei die jeweilige Höhe auf den Grad der Reliabilität hinweist. Der Schwellenwert, ab welchem für einen Faktor von einer hinreichenden Reliabilität ausgegangen werden kann, ist in der Literatur umstritten. Häufig wird ein auf NUNALLY (1978) zurückgehender Grenzwert von mindestens 0,7 gefordert,[585] der auch in dieser Untersuchung verwendet werden soll. Insbesondere bei der Betrachtung weitgehend unerforschter Konstrukte gilt in der Literatur aber auch ein geringerer Grenzwert von 0,6 als akzeptabel.[586]

Als drittes Gütekriterium der ersten Generation wird in der vorliegenden Arbeit die *Item-to-Total-Korrelation* betrachtet. Diese ergibt sich aus der Korrelation jedes einzelnen Indikators mit der Summe aller Indikatoren eines Faktors.[587] Wird die Korrelation eines einzelnen Indikators lediglich mit den übrigen Indikatoren eines Faktors ermittelt, wird diese als *Corrected-Item-to-Total-Korrelation* bezeichnet. Der betrachtete Indikator geht in diesem Fall nicht in die Summenbildung ein.[588] Hohe Item-to-Total-Korrelationen weisen auf eine hohe Konvergenzvalidität hin: „Compared to items with relatively low correlations with total scores, those that have higher correlations with total scores have more variance relating to the common factor among the items, and they add more to the ... reliability."[589] Aufgrund dessen wird die Item-to-Total-Korrelation in der vorliegenden Arbeit als Eliminationskriterium für Indikatoren verwendet. Weist ein Faktor ein zu geringes Cronbach'sches Alpha aus, wird zur Steigerung der Reliabilität der Indikator mit der geringsten Item-to-Total-Korrelation eliminiert.[590]

Die Anwendung der Gütekriterien der ersten Art ermöglicht grundsätzliche Aussagen zur Reliabilität und Validität von Messmodellen. Die in dieser Arbeit verwandten Kriterien und die jeweiligen Mindestanforderungen sind im Überblick in Tabelle 3 zusammengefasst. Die Überprüfung erfolgte in SPSS 11.5.

---

584 Das Cronbach'sche Alpha hängt vor allem von der Stärke der Assoziationen zwischen Indikatorvariablen ab. Mathematisch lässt sich das Cronbach'sche Alpha nach folgender Formel bestimmen:

$$\alpha = \frac{N}{N-1} \cdot \left(1 - \frac{\sum_{i=1}^{N} \sigma_i^2}{\sigma_i^2} \right)$$, mit N als Anzahl faktorbezogener Indikatoren und σ_i^2 als Varianz des Indikators i.

585 Vgl. Nunally (1978), S. 245.

586 Vgl. Malhotra (1993), S. 308; DeVellis (1991), S. 85; Nunally (1967), S. 226.

587 Vgl. Homburg/Giering (1996), S. 8.

588 Aufgrund der höheren Aussagekraft wird in dieser Arbeit ausschließlich die Corrected-Item-to-Total-Korrelation verwandt. Die Beifügung „Corrected" wird im Folgenden ausgelassen.

589 Nunally (1978), S. 245.

590 Vgl. Churchill Jr. (1979), S. 68.

Kriterien der ersten Generation	Anspruchsniveau
Erklärte Varianz	≥ 0,5
Cronbach'sches Alpha	≥ 0,7
Item-to-Total-Korrelation	Elimination des Indikators mit der geringsten Item-to-Total-Korrelation bei zu geringem Cronbach'schem Alpha

Tabelle 3: Gütekriterien der ersten Generation zur Beurteilung der reflektiven Messmodelle

Gleichzeitig weisen die Kriterien der ersten Art „einige gravierende Nachteile auf"[591]. So werden u. a. die restriktiven Annahmen, die den Verfahren zugrunde liegen, kritisiert.[592] Des Weiteren fehlt es an Möglichkeiten zur Schätzung von Messfehlern und inferenzstatistischen Prüfungen von Parametern.[593] Aufgrund dessen wurden die Gütekriterien der zweiten Art entwickelt, die im Folgenden vorgestellt werden.

3.3.3.2 Gütebeurteilung durch Kriterien der zweiten Generation

Grundlage der Gütekriterien der zweiten Generation bildet die maßgeblich von JÖRESKOG (1969, 1967, 1966) entwickelte konfirmatorische Faktorenanalyse.[594] Diese unterscheidet sich von der zuvor dargestellten explorativen Faktorenanalyse dadurch, dass bereits a priori Hypothesen über die Zuordnung von Indikatoren auf einzelnen Faktoren existieren.[595] Das theoretisch formulierte Messmodell wird dann an die empirisch erhobenen Daten angepasst, wobei zahlreiche Gütemaße und inferenzstatistische Tests eingesetzt werden.

Die konfirmatorische Faktorenanalyse stellt einen Sonderfall der Kausalanalyse, die auch als Kovarianzstrukturanalyse bezeichnet wird, dar.[596] Ein vollständiges kausalanalytisches Modell besteht aus zwei Modellebenen: einem bzw. mehreren Messmodellen und einem Strukturmodell.[597] Im Messmodell werden mithilfe der konfirmatorischen Faktorenanalyse die nur indirekt beobachtbaren Variablen bzw. Faktoren durch direkt gemessene Indikatoren erfasst.

591 Homburg/Giering (1996), S. 8. Vgl. hierzu und im Folgenden auch Bagozzi/Yi/Phillips (1991), S. 429 ff.
592 Beispielsweise unterstellt das Cronbach'sche Alpha, dass alle Indikatoren eines Faktors die gleiche Reliabilität aufweisen. Vgl. hierzu Gerbing/Anderson (1988), S. 190.
593 Vgl. Gerbing/Anderson (1988), S. 189.
594 Vgl. grundlegend Jöreskog (1969), S. 183 ff.; Jöreskog (1967), S. 443 ff.; Jöreskog (1966), S. 165 ff.
595 Vgl. hierzu und im Folgenden Homburg/Giering (1996), S. 9. Ähnlich Backhaus et al. (2006), S. 330.
596 Vgl. Homburg/Giering (1996), S. 9. Die Begriffe Kausalanalyse und Kovarianzstrukturanalyse werden in der Literatur häufig synonym verwendet. Vgl. z. B. Homburg (1992), S. 500. In dieser Arbeit wird der Ausdruck Kausalanalyse als Oberbegriff sowohl kovarianz- als auch varianzbasierter Verfahren gebraucht.
597 Vgl. hierzu und im Folgenden Homburg/Giering (1996), S. 9. Ähnlich bereits Sheth (1971), S. 15, der multivariate Verfahren in Methoden zur Analyse von Zusammengehörigkeits- und Abhängigkeitsstrukturen unterteilt.

Das Strukturmodell wird für die Analyse der Abhängigkeitsbeziehungen zwischen mehreren Faktoren verwendet.[598]

Eine wesentliche Voraussetzung für die Durchführung der Parameterschätzung besteht in der Identifikation des zuvor spezifizierten Modells.[599] Dabei stellt sich vor allem die Frage, ob genügend Informationen für eine eindeutige Schätzung der Parameter vorliegen. Eine notwendige Bedingung liegt etwa darin, dass die Anzahl der zu schätzenden Modellparameter nicht die Anzahl der empirischen Varianzen und Kovarianzen übersteigen darf.[600] Aus dieser Voraussetzung lässt sich ableiten, dass eine (einfaktorielle) konfirmatorische Faktorenanalyse mindestens drei Indikatoren erfordert. In diesem Fall ist die Zahl der Freiheitsgrade, berechnet aus der Differenz der Anzahl der empirischen Varianzen und Kovarianzen sowie der Anzahl zu schätzender Parameter, gleich null.

Im Anschluss an die Parameterschätzung erfolgt die Gütebeurteilung des Messmodells. In Anlehnung an HOMBURG/BAUMGARTNER (1995a) lassen sich die hierfür verwendeten Kriterien in globale und lokale Anpassungsmaße unterscheiden.[601]

Globale Anpassungsmaße überprüfen die Anpassung des gesamten Modells an die zugrundeliegenden empirischen Daten. Sie lassen sich weiter in relative Anpassungsmaße und Anpassungsmaße mit Vergleichsstandard untergliedern. Relative globale Anpassungsmaße werden zum Vergleich der Güte mehrerer Modelle verwendet. Für die Beurteilung der Güte eines einzelnen Modells sind sie ungeeignet. Aufgrund dessen wird in dieser Arbeit lediglich auf globale Anpassungsmaße mit Vergleichsstandard zurückgegriffen. Hierbei können inferenzstatistische und deskriptive Stand-alone-Maße sowie inkrementelle Kriterien unterschieden werden.[602]

[598] In dieser Arbeit erfolgt die Messung der Beziehungen zwischen Variablen mithilfe des varianzbasierten Partial Least Squares- (PLS-) Ansatzes. Demgegenüber erfolgt die Validierung der reflektiven Messmodelle mit kovarianzbasierten Verfahren. Vgl. hierzu auch Hermann/Huber/Kressmann (2006), S. 50 und 63; Spillecke (2006), S. 88.

[599] Vgl. Homburg/Pflesser (2000), S. 645.

[600] Vgl. Homburg/Baumgartner (1995b), S. 1093.

[601] Vgl. hierzu und im Folgenden Homburg/Baumgartner (1995a), S. 165 f.

[602] Vgl. hierzu und im Folgenden ausführlich Wallenburg (2004), S. 147 ff.; Homburg/Baumgartner (1995a), S. 165 ff. Stand-alone-Maße nehmen eine isolierte Bewertung der Modellgüte vor. Im Unterschied hierzu setzen inkrementelle Maße das Messmodell in Relation zu einem Basismodell.

Inferenzstatistische Stand-alone-Maße beurteilen die gesamthafte Modellgüte mithilfe statistischer Tests.[603] Als häufig in empirischen Untersuchungen verwendete Verfahren lassen sich der χ^2-Test und der RMSEA (Root Mean Squared Error of Approximation) aufführen.

Der *χ^2-Test* bietet die Möglichkeit einer inferenzstatistischen Beurteilung der Richtigkeit eines Modells.[604] Dem Verfahren liegt die Nullhypothese zugrunde, dass die empirische Kovarianzmatrix der modelltheoretischen Kovarianzmatrix entspricht. Für die Beurteilung dieser Annahme wird beim χ^2-Test ein p-Wert angeführt. Dieser gibt die Wahrscheinlichkeit dafür an, dass „die *Ablehnung* [im Original kursiv] der Nullhypothese eine Fehlentscheidung darstellen würde."[605] In der Literatur wird für den p-Wert eine Mindestgröße von 0,05 gefordert.[606] Dies bedeutet, dass das spezifizierte Modell auf dem 5-%-Niveau nicht abgelehnt werden kann.

Die Aussagekraft des χ^2-Tests ist aus mehreren Gründen begrenzt.[607] Zum einen sind für eine Durchführung mehrere einschränkende Voraussetzungen, wie die Annahme einer Normalverteilung, die Existenz einer Stichproben-Kovarianzmatrix sowie eine hinreichend große Stichprobe, zu erfüllen. Zum anderen ist der χ^2-Test nicht geeignet, Fehler zweiter Art abzubilden. Somit können keine Aussagen über die Wahrscheinlichkeit getroffen werden, dass eine falsche Modellstruktur als wahr angenommen wird.[608] Aufgrund dessen wird in der Literatur empfohlen, den χ^2-Wert durch die Anzahl der Freiheitsgrade zu dividieren und den resultierenden Quotienten als deskriptives Anpassungsmaß zu verwenden.[609] Als hierfür maximal zulässiger Grenzwert wird in der Literatur eine Größe von drei vorgeschlagen,[610] wobei mit zunehmender Stichprobengröße die Wahrscheinlichkeit einer Ablehnung des Gesamtmodells zunimmt.[611]

---

603 Vgl. Homburg/Baumgartner (1995a), S. 166.

604 Vgl. Homburg/Giering (1996), S. 10.

605 Backhaus et al. (2006), S. 379. Aus dem p-Wert lässt sich mit 1-p die Irrtumswahrscheinlichkeit, der so genannte Fehler der ersten Art aus der Testtheorie ableiten. Vgl. hierzu Backhaus et al. (2006), S. 379.

606 Vgl. Homburg/Giering (1996), S. 10. Einige Autoren fordern einen strengeren Wert von 0,1. Vgl. etwa Bagozzi (1980), S. 105.

607 Vgl. hierzu und im Folgenden Backhaus et al. (2006), S. 379. Ähnlich Homburg/Giering (1996), S. 10, und die dort angegebene Literatur.

608 Vgl. Förster et al. (1984), S. 357 ff.; Jöreskog/Sörbom (1982), S. 25 ff.

609 Vgl. Bagozzi/Baumgartner (1994), S. 398; Förster et al. (1984), S. 361.

610 Vgl. Homburg (2000), S. 93. Bisweilen finden sich in der Literatur auch Forderungen nach strengeren bzw. weiteren Werten. Beispielsweise schlagen Backhaus et al. (2006), S. 379, einen Wert von maximal 2,5 vor. Demgegenüber empfehlen Balderjahn (1986), S. 109, und Hildebrandt (1983), S. 105, insbesondere bei großen Stichproben höhere Werte.

611 Vgl. Bearden/Sharma/Teel (1982), S. 428 ff.

Als weiteres inferenzstatistisches Anpassungsmaß kann der *RMSEA* verwendet werden, bei dem wesentliche Restriktionen des χ^2-Tests entfallen.[612] Der RMSEA lässt sich als „Wurzel aus dem um die Modellkomplexität bereinigten, geschätzten Minimum der Diskrepanzfunktion in der Grundgesamtheit"[613] berechnen. Anders als der χ^2-Test prüft der RMSEA somit nicht die absolute Richtigkeit des Messmodells, sondern beurteilt die Anpassung des Messmodells an die Realität.[614] Werte des RMSEA von unter 0,05 weisen auf einen sehr guten und Werte von bis zu 0,08 auf einen zufriedenstellenden Fit hin.[615] In neueren Untersuchungen wird auch ein Wert von 0,06 als Grenzgröße für eine gute Modellanpassung genannt.[616] Werte von über 0,1 deuten hingegen auf einen schlechten Fit hin.[617]

Im Unterschied zu den inferenzstatistischen Verfahren basieren die *deskriptiven globalen Anpassungsmaße*, von denen in dieser Arbeit auf den *GFI (Goodness of Fit Index)* und *AGFI (Adjusted Goodness of Fit Index)* zurückgegriffen wird, nicht auf statistischen Tests, sondern auf Heuristiken.[618] Ähnlich dem Bestimmtheitsmaß in der Regressionsanalyse messen beide Größen die Varianz und Kovarianz, die das entwickelte Modell insgesamt abbildet.[619] Allerdings vernachlässigt der GFI den Komplexitätsgrad eines Messmodells.[620] Dieser wird beim AGFI durch die Einführung eines parameteranzahlabhängigen Strafterms berücksichtigt.[621] Ein Modell mit wenigen Parametern wird demnach bei gleicher Anpassungsgüte besser bewertet als ein Modell mit vielen Parametern. Sowohl für GFI als auch für AGFI werden in

612 Vgl. Steiger (1990), S. 173 ff.

613 Backhaus et al. (2006), S. 381. Der RMSEA berechnet sich als: $\sqrt{\frac{\chi^2\text{-df}}{\text{df}(n-1)}}$ mit n als Stichprobengröße und df als Anzahl der Freiheitsgrade.

614 Vgl. Homburg/Baumgartner (1995a), S. 166.

615 Vgl. Homburg/Baumgartner (1995a), S. 167; Browne/Cudeck (1993), S. 144.

616 Vgl. Hu/Bentler (1999), S. 27.

617 Vgl. Backhaus et al. (2006), S. 382; Browne/Cudeck (1993), S. 136 ff.

618 Vgl. Spillecke (2006), S. 90 f.

619 Vgl. Backhaus et al. (2006), S. 380 f.

620 So geht aus der nachfolgenden Formel des GFI hervor, dass dieser sich durch Hinzufügen zusätzlicher Modellparameter steigern lässt. Der GFI berechnet sich nach der ML-Schätzung folgendermaßen:

$$\text{GFI} = 1 - \frac{\text{sp}\left[\left(\hat{\Sigma}^{-1}\text{S-I}\right)^2\right]}{\text{sp}\left[\left(\hat{\Sigma}^{-1}\text{S}\right)^2\right]}$$, mit Σ und S als Kovarianzmatrizen des Modells und der empirischen Datengrundlage, sp als Spur und I als Einheitsmatrix. Vgl Hu/Bentler (1995), S. 85.

621 Der AGFI berechnet sich nach Hu/Bentler (1995), S. 86, wie folgt: $\text{AGFI} = 1 - \frac{(p+q)\,(p+q+1)}{2\text{df}}\,(1\text{-GFI})$ mit p und q als Anzahl der x- und y-Variablen.

der Literatur Mindestmaße von 0,9 gefordert.[622] Bisweilen finden sich für den AGFI auch Mindestwerte von 0,8.[623]

Inkrementelle Anpassungsmaße setzen das Messmodell in Relation zu einem Basismodell.[624] Hierbei lassen sich ebenfalls Kriterien unterscheiden, die die Anzahl der Freiheitsgrade nicht berücksichtigen, und solche, in denen Freiheitsgrade beachtet werden. Ein häufig verwendetes Kriterium der ersten Gruppe stellt der *NFI (Normed Fit Index)* dar, der den Minimalwert der Diskrepanzfunktion eines spezifizierten Modells mit dem Wert des Basismodells vergleicht.[625] Aufgrund fehlender Berücksichtigung der Freiheitsgrade wird der NFI in dieser Arbeit nicht als Gütekriterium verwendet.

Stattdessen wird auf den *CFI (Comparative Fit Index)* zurückgegriffen, der bei der Berechnung die Anzahl der Freiheitsgrade berücksichtigt.[626] Da der CFI durch den Umfang der Stichprobe beeinflusst wird, soll als weiteres Gütekriterium der stichprobenumfang-unabhängige *TLI (Tucker Lewis Index)* ermittelt werden.[627] CFI und TLI können Werte von null bis eins annehmen, wobei auch hier hohe Werte auf eine gute Anpassung hinweisen. In der Literatur werden für beide Kriterien in der Regel Mindestwerte von 0,9 gefordert.[628]

Im Gegensatz zu den globalen Kriterien betrachten die *lokalen Anpassungsmaße* lediglich Teilstrukturen des spezifizierten Modells.[629] Die entsprechenden Kenngrößen können unterschieden werden in Anpassungsmaße, die sich auf einzelne Indikatoren beziehen, und solche, die einen Faktor insgesamt betrachten. In dieser Untersuchung werden als indikatorbezogene Kriterien die Indikatorreliabilität und der t-Wert der Faktorladung verwendet. Diese werden durch die faktorbezogenen Anpassungsmaße Faktorreliabilität und durchschnittlich erfasste Varianz ergänzt.

---

622 Vgl. z. B. Homburg (2000), S. 93; Bagozzi/Yi (1988), S. 82.

623 Vgl. Kiedaisch (1997), S. 73; Sharma (1996), S. 152.

624 Zu den inkrementellen Anpassungsmaßen vgl. grundlegend Bentler/Bonnet (1980), S. 588 ff.

625 Vgl. Bentler/Bonnet (1980), S. 588 ff.

626 Vgl. Bentler (1990), S. 238 ff. Die Formel zur Berechnung des CFI lautet:
$CFI = 1 - \frac{\max\{\aleph^2_{model} - df_{model}; 0\}}{\max\{\aleph^2_{null} - df_{null}; \aleph^2_{model} - df_{model}; 0\}}$. $\aleph^2_{model}$ bezeichnet hierbeit den $\aleph^2$-Wert des zu prüfenden Modells. $\aleph^2_{null}$ steht für den $\aleph^2$-Wert des Basismodells. Der Wert df gibt die Freiheitsgrade der Modelle an. Vgl. Hu/Bentler (1995), S. 85.

627 Ähnlich Matthes (2005), S. 100. Der TLI, der auch als Non-Normed Fit Index bezeichnet wird, lässt sich gemäß Tucker/Lewis (1973) nach folgender Formel ermitteln: $\frac{\left| df_{null} - \aleph^2_{model} \right| df_{model}}{\aleph^2_{null} \left| df_{null} - 1 \right.}$, zur Notation vgl. Fußnote 626.

628 Vgl. Backhaus et al. (2006), S. 381; Matthes (2005), S. 102; Homburg/Baumgartner (1995a), S. 170; Hu/Bentler (1995), S. 91.

629 Vgl. Homburg/Giering (1998), S. 124.

Als *Indikatorreliabilität* wird die quadrierte Korrelation zwischen einem Indikator und dem zugrundeliegenden Faktor bezeichnet.[630] Sie ermöglicht Rückschlüsse auf den Anteil der Varianz eines Indikators, der durch den jeweiligen Faktor erklärt wird. Der Wertebereich der Indikatorreliabilität erstreckt sich von null bis eins. In der Literatur wird in der Regel ein Mindestwert von 0,4 vorgegeben.[631] Bei größeren Stichproben sind nach BALDERJAHN (1986) auch geringere Indikatorreliabilitäten akzeptabel.[632]

Demgegenüber kann mithilfe des auch als C. R. (Critical Ratio) bezeichneten *t-Werts der Faktorladung* die Hypothese überprüft werden, dass die Faktorladungen der Indikatoren nicht signifikant von null abweichen.[633] Dies ist genau dann erfüllt, wenn der t-Wert der Faktorladung mindestens 1,645 beträgt (5-%-Signifikanzniveau, einseitiger Test).[634] Der t-Wert der Faktorladung berechnet sich hierbei als Quotient aus unstandardisierter Faktorladung und dem Standardfehler der Schätzung.[635]

Bedeutender als die Frage, wie gut ein einzelner Indikator den Faktor darstellt, ist nach BAGOZZI/BAUMGARTNER (1994) die Frage, wie gut ein Faktor durch die Gesamtheit der verwendeten Indikatoren abgebildet wird.[636] Um dies zu beurteilen, werden in der Literatur die *Faktorreliabilität*[637] und die *durchschnittlich erfasste Varianz (DEV)*[638] betrachtet. Beide Maße geben an, wie gut ein Faktor durch die jeweils zugeordneten Indikatoren gemessen wird.[639] Der Wertebereich erstreckt sich für beide Kriterien von null bis eins, wobei ein jeweils hoher Wert auf eine gute Messung des Faktors hinweist. Der in der Literatur ange-

---

630 Vgl. Homburg/Giering (1996), S. 10. Die Indikatorreliabilität lässt sich nach folgender Formel berechnen: Indikatorreliabilität $(x_i) = \frac{\lambda_{ij}^2 Ø_{jj}}{\lambda_{ij}^2 Ø_{jj} + \theta_{ii}}$, mit λ_{ij} als geschätzter Faktorladung, $Ø_{jj}$ als geschätzter Varianz sowie θ_{ii} als geschätzter Varianz des Messfehlers. Vgl. auch Bagozzi/Yi (1988), S. 80.

631 Vgl. Homburg/Baumgartner (1995a), S. 170.

632 Vgl. Balderjahn (1986), S. 117.

633 Vgl. Backhaus et al. (2006), S. 383; Bagozzi/Yi/Phillips (1991), S. 434.

634 Vgl. Homburg/Giering (1996), S. 11.

635 Vgl. Backhaus et al. (2006), S. 383.

636 Vgl. Bagozzi/Baumgartner (1994), S. 402.

637 Die Faktorreliabilität lässt sich in Anlehnung an Homburg/Giering (1996), S. 10, wie folgt berechnen: $FR(\xi_i) = \frac{\left(\sum_i \lambda_{ij}\right)^2 Ø_{jj}}{\left(\sum_i \lambda_{ij}\right)^2 Ø_{jj} + \sum_i \theta_{ii}}$, zur Notation vgl. Fußnote 630.

638 Die durchschnittlich erfasste Varianz wird in Anlehnung an Fornell/Larcker (1981), S. 46, ermittelt als: $DEV(\xi_i) = \frac{\sum_i \lambda_{ij}^2 Ø_{jj}}{\sum_i \lambda_{ij}^2 Ø_{jj} + \sum_i \theta_{ii}}$, zur Notation vgl. Fußnote 630.

639 Vgl. hierzu und im Folgenden Homburg (2000), S. 91 f.

gebene Mindestwert für die Faktorreliabilität liegt bei 0,6.[640] Demgegenüber wird für die durchschnittlich erfasste Varianz eine Minimalgröße von 0,5 gefordert.

Die dargestellten Gütekriterien der zweiten Generation ermöglichen genaue Angaben zur Reliabilität sowie Validität von Messmodellen und ergänzen die zuvor dargestellten Verfahren der ersten Art. Die für diese Arbeit verwendeten Kriterien und die jeweils maßgeblichen Mindestanforderungen sind überblicksartig in Tabelle 4 aufgeführt. Für die Überprüfung wurde auf AMOS 5.0 zurückgegriffen.

Gütekriterien der zweiten Generation	**Anspruchsniveau**
χ^2/df	≤ 3
RMSEA	$\leq$ 0,05 (0,08)
GFI	$\geq$ 0,9
AGFI	$\geq$ 0,9
CFI	$\geq$ 0,9
TLI	$\geq$ 0,9
Indikatorreliabilität	$\geq$ 0,4
Signifikanzniveau der Faktorladung	$\geq$ 1,654
Faktorreliabilität	$\geq$ 0,6
DEV	$\geq$ 0,5

Tabelle 4: Gütekriterien der zweiten Generation zur Beurteilung der reflektiven Messmodelle

Anpassungsmaße der ersten und zweiten Art sind für die Beurteilung der Reliabilität und Konvergenzvalidität von Messmodellen geeignet, ermöglichen aber keine Aussagen hinsichtlich der Diskriminanzvalidität. Diese ist notwendig, um die Unabhängigkeit der die Kooperation von Controllerbereich und Strategieabteilung abbildenden Teilkonstrukte sicherzustellen. Hierfür werden in der empirischen Literatur mit dem χ^2-Differenztest und dem Fornell/Larcker-Kriterium insbesondere zwei Verfahren ausgewiesen.[641]

Beim *χ^2-Differenztest* wird zunächst der χ^2-Wert eines Modells ermittelt.[642] Anschließend wird die Korrelation zwischen zwei Faktoren des Modells auf eins fixiert und der χ^2-Wert erneut berechnet. Im nächsten Schritt wird die Differenz zwischen beiden ermittelten χ^2-Werten gebildet. Sofern sich die Anpassungsgüte durch Einführung der zusätzlichen Restriktion signifikant verschlechtert, kann von Diskriminanzvalidität zwischen den betrachteten Faktoren augegangen werden.

640 Vgl. hierzu und im Folgenden Bagozzi/Yi (1988), S. 80; Homburg/Baumgartner (1995a), S. 170.
641 Vgl. Jöreskog/Sörbom (1982), S. 412 ff.
642 Vgl. hierzu und im Folgenden Homburg/Giering (1996), S. 11.

Das *Fornell/Larcker-Kriterium* vergleicht die durchschnittlich erfasste Varianz mit der quadrierten Korrelation der Faktoren.[643] Damit Diskriminanzvalidität zwischen den einzelnen Faktoren vorliegt, muss hierbei die durchschnittlich erfasste Varianz eines Faktors größer sein als jede quadrierte Korrelation des Faktors mit einem anderen Faktor.[644] Da diese Bedingung im Vergleich zum χ^2-Differenztest als wesentlich strenger gilt,[645] wird in dieser Arbeit für die Beurteilung der Diskriminanzvalidität das Fornell/Larcker-Kriterium eingesetzt.

3.3.4 Gütebeurteilung für formative Messmodelle

Wie in Abschnitt 3.3.1 dargestellt, werden in der vorliegenden Untersuchung auch Konstrukte mit formativen Indikatoren verwendet. Formative Indikatoren verursachen das jeweilige latente Konstrukt.[646] Sie geben einen im Vergleich zu reflektiven Indikatoren umgekehrten Wirkungszusammenhang wieder.[647] Aufgrund dessen sind für formative Indikatoren andere Maßstäbe der Gütebeurteilung als für reflektive Indikatoren notwendig.[648] Nachfolgend sollen die in dieser Arbeit verwendeten Methoden für die Untersuchung der Validität und Reliabilität formativer Konstrukte vorgestellt werden. In Anlehnung an GÖTZ/LIEHR-GOBBERS (2004a, b) wird hierzu auf die Möglichkeiten zur Beurteilung der Inhaltsvalidität, der Indikatorreliabilität sowie der Konvergenz- und der Diskriminanzvalidität eingegangen.[649]

Anders als bei reflektiven Konstrukten ist eine statistische Gütebeurteilung der *Inhaltsvalidität* – ebenso wie der Unidimensionalität – bei formativen Konstrukten nicht möglich.[650] Stattdessen ist bereits im Rahmen der Spezifikation der einzelnen Indikatoren die Inhaltsvalidität sicherzustellen.[651] Besondere Bedeutung kommt hierbei der umfassenden Modellierung des betrachteten Konstrukts mit allen Facetten zu: „More specifically, the items used as indicators must cover the entire scope of the latent variable as described under the content

643 Vgl. hierzu und im Folgenden ausführlich Fornell/Larcker (1981), S. 41 ff.
644 Vgl. Fornell/Larcker (1981), S. 46.
645 Vgl. Anderson/Gerbing (1993), S. 2.
646 Vgl. Götz/Liehr-Gobbers (2004b), S. 16 f.; Eggert/Fassot (2003), S. 2.
647 Vgl. Henseler (2005), S. 71.
648 Vgl. Diamantopoulos/Winklhofer (2001), S. 271; Chin/Newsted (1999), S. 310; Diamantopoulos (1999), S. 447 f.; Bollen/Lennox (1991), S. 305.
649 Vgl. hierzu und im Folgenden Götz/Liehr-Gobbers (2004a), S. 718 ff.; Götz/Liehr-Gobbers (2004b), S. 15 ff. Ähnlich Spillecke (2006), S. 94 ff.; Diamantopoulos/Winklhofer (2001), S. 269 ff.
650 Vgl. Götz/Liehr-Gobbers (2004a), S. 728; Götz/Liehr-Gobbers (2004b), S. 17.
651 Vgl. Bollen/Lennox (1991), S. 307.

specification."[652] Die Nichtberücksichtigung einer inhaltlichen Dimension oder die Fehlspezifikation eines Indikators ändern die Bedeutung des gesamten latenten Konstrukts.[653]

Da keine Annahmen darüber existieren, dass formative Indikatoren eines Messmodells kovariieren, ist bei formativen Messmodellen auch die bei reflektiven Konstrukten vorgenommene Überprüfung der *Indikatorreliabilität* wenig sinnvoll.[654] Stattdessen schlägt CHIN (1998) vor, die Gewichte jedes Indikators im formativen Messmodell zu vergleichen, um festzustellen, welchen Indikatoren bei der Beschreibung eines Konstrukts die größte Bedeutung zukommt.[655] Hierbei ist zu beachten, dass die Gewichte formativer Indikatoren in der Regel geringer ausfallen als die Ladungen reflektiver Indikatoren. Aufgrund dessen dürfen geringe absolute Werte nicht als Fehlspezifikation des Messmodells fehlinterpretiert werden.[656] Auch dürfen Indikatoren in formativen Konstrukten nicht, wie bei reflektiven Messmodellen üblich, aufgrund einer zu geringen Ladung bzw. eines zu geringen Gewichts eliminiert werden.[657] Dies würde zu einer inhaltlichen Änderung des Messmodells führen: „Omitting an indicator is omitting a part of the construct."[658]

Neben der Höhe der Indikatorgewichte ist zur Beurteilung der Indikatoren die Signifikanz der Gewichte von Bedeutung.[659] Hierfür gelangen Resampling-Techniken wie Jackknifing oder Bootstrapping zum Einsatz.[660] Bei diesen Verfahren werden n-fach eine bestimmte Anzahl

652 Diamantopoulos/Winklhofer (2001), S. 271. Ähnlich Reinartz/Krafft/Hoyer (2004), S. 298.

653 Vgl. Diamantopoulos/Winklhofer (2001), S. 271; Nunally/Bernstein (1994), S. 484; Bollen/Lennox (1991), S. 307 f. Um eine Fehlspezifikation zu vermeiden, empfehlen Anderson/Gerbing (1991), S. 732 ff., einen Pre-Test mit Experten oder repräsentativen Personen. Hierzu entwickeln die Autoren zwei Indizes, in denen die Anzahl der richtigen Zuordnungen ins Verhältnis zur Anzahl der befragten Personen gesetzt wird. Da den in dieser Arbeit verwendeten Konstrukten eine fundierte theoretische Basis zugrundeliegt, wurde auf die Bildung der vorgeschlagenen Indizes verzichtet. Ähnlich Spillecke (2006), S. 94.

654 Vgl. Chin (1998), S. 306.

655 Vgl. Chin (1998), S. 307. Ähnlich Götz/Liehr-Gobbers (2004a), S. 728; Götz/Liehr-Gobbers (2004b), S. 18 f.; Sambamurthy/Chin (1994), S. 231 f.

656 Vgl. Chin (1998), S. 307.

657 Vgl. Götz/Liehr-Gobbers (2004b), S. 19.

658 Bollen/Lennox (1991), S. 308. Trotzdem wird in der Literatur vorgeschlagen, Indikatoren mit einem zu geringen Gewicht zu eliminieren. Vgl. Chin (1998), S. 324 f.; Lohmöller (1989), S. 60 f. Ähnlich Ringle (2004a), S. 22; Ringle (2004b), S. 334. Aufgrund der damit verbundenen inhaltlichen Probleme soll diesem Vorschlag nicht gefolgt werden.

659 Vgl. Hermann/Huber/Kressmann (2006), S. 57.

660 Vgl. hierzu und im Folgenden Henseler (2005), S. 74; Götz/Liehr-Gobbers (2004a), S. 731; Ringle (2004a), S. 18. Bootstrapping und Jackknifing unterscheiden sich dadurch, dass bei Ersterem das Subsample über eine Anzahl zufällig ausgewählter Fälle geschätzt wird, während bei Letzterem eine feste Zahl zu unterdrückender Fälle schematisch festgelegt wird. Aufgrund eines geringeren Standardfehlers wird in der Literatur die Verwendung von Bootstrapping gegenüber Jackknifing vorgezogen. Vgl. hierzu Efron/Tibshirani (1993), S. 145 f.; Efron/Gong (1983), S. 39 f.

von Beobachtungswerten gezogen und die Modellparameter neu geschätzt.[661] Aus dem Quotient von Erwartungswert und Standardabweichung der Subsample wird anschließend ein t-Wert bestimmt, der Auskunft über die „Vorhersagevalidität eines Indikators hinsichtlich des Konstruktes“[662] gibt. Analog zu den reflektiven Indikatoren wird auch in dieser Arbeit ein t-Wert von mindestens 1,645 (5-%-Signifikanzniveau, einseitiger Test) gefordert.[663]

Entgegen ihrer Forderung zur Beibehaltung von Indikatoren bei mangelnden Gewichten empfehlen GÖTZ/LIEHR-GOBBERS (2004a, b) jedoch eine Elimination, wenn ein hoher Grad an Multikollinearität, d. h., eine hohe lineare Abhängigkeit zwischen Indikatoren, vorliegt.[664] Diese kann zu Verzerrungen und Ungenauigkeiten in der Parameterschätzung führen, da der Einfluss einzelner Indikatoren im Messmodell nicht länger exakt feststellbar ist: „High multicollinearity would render the assessment of indicator validity problematic.“[665] Zudem ist bei perfekter Multikollinearität[666] die der Gütebeurteilung formativer Faktoren zugrundeliegende Regressionsanalyse „rechnerisch nicht durchführbar“[667]. Um Indikatoren eines Konstrukts auf Multikollinearität hin zu überprüfen, stehen grundsätzlich die Korrelationsmatrix, der Variance Inflation Factor (VIF) und der Konditionsindex (KI) zur Verfügung.

Erste Hinweise auf Multikollinearität ergeben sich aus der Betrachtung der *Korrelationsmatrix* der betreffenden Indikatoren.[668] Hohe Korrelationskoeffizienten in der Nähe des Extremwertes eins weisen auf eine hohe lineare Abhängigkeit zwischen Indikatoren hin. Da in der Korrelationsmatrix immer nur die paarweisen linearen Abhängigkeiten ermittelt werden, ist die Aussagekraft beschränkt. Multikollinearität zwischen mehr als zwei Indikatoren ist somit auf eine andere Weise zu überprüfen.

Als weitere Testgröße steht deshalb der *Variance Inflation Factor (VIF)* zur Verfügung.[669] Den Ausgangspunkt für die Bestimmung des VIF bilden lineare Hilfsregressionen, in denen

---

661 Als Ziehungsgröße (Sample Size) wurde in Anlehnung an Rodgers (1999), S. 448, die Stichprobengröße gewählt. Da in der Testtheorie bereits ab 200 Ziehungen die statistischen Verteilungsannahmen einer unendlichen Ziehung mit Zurücklegen erfüllt sind, wurden jeweils 200 Ziehungen durchgeführt.

662 Hermann/Huber/Kressmann (2006), S. 57.

663 Vgl. auch Abschnitt 3.3.3.2.

664 Vgl. Götz/Liehr-Gobbers (2004a), S. 729 f.; Götz/Liehr-Gobbers (2004b), S. 19 ff.

665 Diamantopoulos/Winklhofer (2001), S. 272.

666 Perfekte Multikollinearität liegt dann vor, wenn sich ein Regressor als lineare Funktion der übrigen Regressoren darstellen lässt. Vgl. grundlegend Backhaus et al. (2006), S. 89 ff. Bei reflektiven Messmodellen kommt diesem Problem nur geringe Bedeutung zu. Vgl. hierzu Diamantopoulos/Winklhofer (2001), S. 272.

667 Backhaus et al. (2006), S. 89.

668 Vgl. hierzu und im Folgenden Backhaus et al. (2006), S. 91; Götz/Liehr-Gobbers (2004b), S. 20.

669 Vgl. hierzu und im Folgenden Backhaus et al. (2006), S. 91; Götz/Liehr-Gobbers (2004a), S. 729. Der Variance Inflation Factor der Variable j lässt sich wie folgt bestimmen: $VIF_j = \frac{1}{1-R_j^2}$. R_j^2 bezeichnet hierbei das Bestimmtheitsmaß des Regressors j in Bezug auf die übrigen Regressoren.

ein ursprünglich unabhängiger Indikator durch andere Indikatoren erklärt wird. Für jede Regression werden das Bestimmtheitsmaß, das den Anteil der erklärten Varianz an der Gesamtvarianz einer Variablen darstellt, sowie der komplementäre Toleranzwert ermittelt. Der VIF lässt sich anschließend als Kehrwert der Toleranz errechnen.[670] Der minimale Wert liegt bei eins und wird erreicht, wenn die Indikatoren vollkommen linear unabhängig voneinander sind. In der Literatur werden für den VIF Werte von unter zehn gefordert.[671]

Zudem lässt sich zur Überprüfung von Multikollinearität der *Konditionsindex* nach BELSLEY/KUH/WELSCH (1980) verwenden.[672] Nimmt dieser Werte oberhalb von 30 an, kann von einem signifikanten Grad an Multikollinearität ausgegangen werden.[673]

Da formative Indikatoren nicht zwangsweise hochgradig miteinander korreliert sein müssen, ist eine Prüfung des Messmodells auf *Konvergenzvalidität* ebenfalls nicht sinnvoll.[674] Stattdessen schlagen REINARTZ/KRAFFT/HOYER (2004) vor, für die Bewertung formativer Modelle die externe Validität als zusätzliches Gütekriterium zu betrachten.[675] Dies kann zum einen durch Anwendung eines Multiple-Indicators-and-Multiple-Causes- (MIMIC-) Modells erfolgen, in dem eine einzelne latente Variable sowohl durch formative als auch reflektive Indikatoren gemessen wird.[676] Alternativ kann auch auf Zwei-Konstrukt-Modelle zurückgegriffen werden, in denen weitere Variablen als so genannte Phantom- bzw. Antezedenzvariablen eingefügt werden.[677]

Auch die *Diskriminanzvalidität* lässt sich für formative Messmodelle nicht sinnvoll beurteilen. So verhindert die nicht zwingend notwendige Korrelation zwischen formativen Indikatoren eine Anwendung des Fornell/Larcker-Kriteriums.[678]

Abschließend sind in Tabelle 5 die in dieser Arbeit verwendeten Gütekriterien für formative Messmodelle zusammengefasst.[679]

---

670 Vgl. Ekey/Kosfeld/Draeger (2001), S. 93.

671 Vgl. Götz/Liehr-Gobbers (2004b), S. 20; Diamantopoulos/Winklhofer (2001), S. 272.

672 Der Konditionsindex des Konstrukts i berechnet sich nach folgender Formel $KI_i = \sqrt{\frac{Eigenwert_{max}}{Eigenwert_i}}$. Vgl. Götz/Liehr-Gobbers (2004b), S. 21.

673 Vgl. Götz/Liehr-Gobbers (2004b), S. 21. Als weiteres Verfahren wird in der Literatur eine Kombination des Konditionsindexes mit einer Varianzzerlegung vorgeschlagen. Vgl. hierzu Hair et al. (1998), S. 220 f.

674 Vgl. Götz/Liehr-Gobbers (2004b), S. 21; Nunally/Bernstein (1994), S. 489.

675 Vgl. Reinartz/Krafft/Hoyer (2004), S. 298.

676 Vgl. ausführlich Diamantopoulos/Winklhofer (2001), S. 272 f.; Hauser/Goldberger (1971), S. 81 f.

677 Eine Phantomvariable bezeichnet hierbei die reflektive Operationalisierung einer latenten Variablen. Wird zwischen realer Variable und der Phantomvariablen ein starker Zusammenhang festgestellt, liegt externe Validität vor. Vgl. hierzu Diamantopoulos/Winklhofer (2001), S. 272 ff.

678 Vgl. Götz/Liehr-Gobbers (2004b), S. 23.

Gütekriterien	Anspruchsniveau
Interpretation der Gewichte	Qualitativ (kein quantitatives Anspruchsniveau)
Signifikanz der Gewichte	$\geq$ 1,654
VIF	$\leq$ 10
Konditionsindex	$\leq$ 30

Tabelle 5: Gütekriterien zur Beurteilung der formativen Messmodelle

3.4 Überprüfung der Strukturmodelle

3.4.1 Auswahl des PLS-Ansatzes als Methodik der Dependenzanalyse

Für die Analyse von Zusammenhängen zwischen Konstrukten stehen prinzipiell Regressionsverfahren oder kausalanalytische Methoden zur Verfügung. Kausalanalytische Verfahren gelten gegenüber Regressionen als leistungsfähiger.[680] Sie ermöglichen die simultane Schätzung eines faktoranalytischen Modells und eines Strukturmodells. Zudem berücksichtigt die Kausalanalyse auftretende Messfehler und bereinigt diese im Rahmen der Parameterschätzung. Des Weiteren lassen sich durch kausalanalytische Verfahren komplexe Abhängigkeitsbeziehungen untersuchen. Aufgrund dessen wird auch in dieser Arbeit auf eine kausalanalytische Methode zurückgegriffen.

Hierbei stehen mit kovarianz- und varianzbasierten Verfahren wie dem PLS-Ansatz[681] zwei Vorgehensweisen zur Verfügung, die sich hinsichtlich der verwendeten Algorithmen zur Parameterschätzung unterscheiden. Im Rahmen kovarianzbasierter Verfahren werden die Modellparameter dadurch geschätzt, dass die empirischen Kovarianzmatrizen der Indikatoren so gut wie möglich reproduziert werden.[682] Demgegenüber zielt der PLS-Ansatz auf eine bestmögliche Nachbildung der tatsächlichen Daten ab.[683]

Die PLS-Schätzung bietet gegenüber kovarianzbasierten Verfahren eine Reihe von Vorteilen.[684] So basiert der PLS-Algorithmus auf der Schätzung einzelner Regressionsgleichungen

---

679 Vgl. hierzu auch Spillecke (2006), S. 97. Die Überprüfung der Gütekriterien wurde in Smart-PLS 2.0 und SPSS 11.5 vorgenommen.

680 Vgl. hierzu und im Folgenden Homburg (1992), S. 499 f. Als weiteren Vorteil der Kausalanalyse nennt Homburg (1992), S. 499, das Wegfallen der restriktiven Annahme einer unabhängiger Variablen. Da ein hohes Maß an Multikollinearität auch bei der Verwendung varianzbasierter Verfahren mit Problemen verbunden ist, wird dieser Aspekt hier nicht weiter aufgeführt.

681 Der PLS-Ansatz wurde ursprünglich von WOLD entwickelt. Vgl. grundsätzlich Wold (1975), Wold (1973), Wold (1966). Später wurde der Ansatz von zahlreichen Autoren weiterentwickelt. Vgl hierzu auch Lohmöller (1989), S. 27 ff.

682 Hierzu stehen unterschiedliche Verfahren wie Maximum Likelihood (ML), Generalized Least Squares, Weighted Least Squares und Unweighted Least Squares zur Verfügung. Für einen Überblick vgl. auch Backhaus et al. (2006), S. 368 ff.

683 Vgl. Hermann/Huber/Kressmann (2006), S. 37.

684 Vgl. hierzu und im Folgenden Hermann/Huber/Kressmann (2006), S. 38 ff.; Götz/Liehr-Gobbers (2004b), S. 3 f.

im Gesamtmodell.[685] Die Güte des Schätzmodells lässt sich anhand der Jackknifing- oder Bootstrapping-Methode beurteilen.[686] Aufgrund dieser Eigenschaften ermöglicht PLS im Vergleich zu kovarianzbasierten Methoden eine Schätzung mit einer deutlich geringeren Stichprobengröße.[687]

Zudem zielt der PLS-Ansatz auf die Maximierung der Erklärungskraft eines Schätzmodells ab.[688] Hierdurch eignet sich der Ansatz insbesondere für die Betrachtung von „managementorientierten Problemstellungen mit Entscheidungsrelevanz“[689]. Gleichzeitig ermöglicht die Maximierung des Erklärungsgehalts den Einsatz des Verfahrens im Rahmen explorativer Forschungsvorhaben, in denen die Relationen von Konstrukten sowie die Beziehungen von Indikatoren und Konstrukten nicht von Beginn an spezifiziert sind.[690]

Weitere Vorteile gegenüber kovarianzbasierten Verfahren bestehen in der problemlosen Verwendung sowohl formativer als auch reflektiver Indikatoren,[691] dem Verzicht auf Verteilungsannahmen hinsichtlich der manifesten Variablen,[692] sowie der Robustheit gegenüber fehlenden Modellelementen und moderater Multikollinearität.[693]

Neben den geschilderten Vorteilen bringt der Einsatz des PLS-Ansatzes aber auch Nachteile mit sich.[694] So offenbaren die Parameter-Schätzungen Probleme hinsichtlich systematischer Messfehler und Konsistenz. Im Gegensatz zu kovarianzbasierten Verfahren lässt sich die Zuverlässigkeit der Schätzergebnisse nicht allein durch eine Steigerung des Stichprobenumfangs erhöhen. Vielmehr ist eine gleichzeitige Steigerung der Anzahl der reflektiven Indikatoren im Messmodell, der so genannten „consistency at large“[695], notwendig:[696] „Thus, in PLS, better estimates cannot simply be obtained by increasing the sample size. Both more

685 Vgl. Hermann/Huber/Kressmann (2006), S. 39.
686 Vgl. Götz/Liehr-Gobbers (2004b), S. 3.
687 Vgl. Chin/Newsted (1999), S. 314 und 326; Fornell/Bookstein (1982), S. 449.
688 Vgl. Götz/Liehr-Gobbers (2004b), S. 4; Fornell/Bookstein (1982), S. 443.
689 Hermann/Huber/Kressmann (2006), S. 45.
690 Vgl. Hermann/Huber/Kressmann (2006), S. 45.
691 Vgl. Götz/Liehr-Gobbers (2004a), S. 721; Ringle (2004b), S. 315.
692 Vgl. Götz/Liehr-Gobbers (2004b), S. 4; Fornell/Bookstein (1982), S. 443. Bei kovarianzbasierten Verfahren ist lediglich im Rahmen der Unweighted Least Squares diese Voraussetzung gegeben. Häufig verwendete Verfahren wie Maximum Likelihood benötigen hingegen eine Multinormalverteilung der Daten. Vgl. Backhaus et al. (2006), S. 369 f.
693 Vgl. Cassel/Hackl/Westlund (1999), S. 438 ff.
694 Vgl. auch Götz/Liehr-Gobbers (2004b), S. 4 f.; Chin/Newsted (1999), S. 329.
695 Wold (1982b), S. 25.
696 Vgl. Hermann/Huber/Kressmann (2006), S. 41; Götz/Liehr-Gobbers (2004a), S. 721; Götz/Liehr-Gobbers (2004b), S. 4 f. Da in dieser Untersuchung auch zahlreiche reflektive Indikatoren verwendet werden, stellt „consistency at large“ keinen Nachteil dar.

indicators and more cases are needed."[697] Ansonsten besteht die Gefahr, dass im Vergleich zu kovarianzbasierten Verfahren die Ladungen über- und die Pfadkoeffizienten unterschätzt werden.[698]

Zudem existieren keine Gesamtgütemaße bezüglich der Modellanpassung:[699] „Since PLS does not attempt to minimize residual item covariance, there is no summary statistic to measure the overall fit of models as in the case of SEM techniques."[700] Da der PLS-Algorithmus keine Verteilungsannahmen voraussetzt, lassen sich somit keine verteilungsbezogenen inferenzstatistischen Tests durchführen.[701] Lediglich nichtparametrische Tests sind möglich.

Dennoch soll in dieser Arbeit aufgrund der aufgeführten Vorteile auf den PLS-Ansatz als Verfahren der Dependenzanalyse zurückgegriffen werden. Diese Entscheidung begründet sich zunächst dadurch, dass das inhaltliche Analyseziel dieser Arbeit in einer möglichst umfassenden Erklärung des Phänomens der Kooperation von Controllerbereich und Strategieabteilung besteht. Zudem existieren hierzu bis zum gegenwärtigen Zeitpunkt vergleichsweise wenige Erkenntnisse in der Controlling- und Strategieliteratur. Wie zuvor dargestellt, erscheint eine kovarianzbasierte Überprüfung des Gesamtmodells somit auch deshalb problematisch. Auch der begrenzte Stichprobenumfang und die formative und reflektive Operationalisierung der verwendeten Konstrukte lassen PLS im Vergleich zu den bestehenden kovarianzbasierten Methoden als das geeignetere Verfahren für diese Arbeit erscheinen.

Im Folgenden soll daher kurz auf den im Rahmen des PLS-Ansatzes verwendeten Schätzalgorithmus eingegangen werden.[702]

3.4.2 Darstellung des PLS-Schätzalgorithmus

Der PLS-Algorithmus wurde ursprünglich von WOLD (1980, 1975, 1973, 1966) als alternativer Ansatz zur Schätzung von Kausalmodellen entwickelt:[703] „It struck me that it might be

---

697 Chin/Newsted (1999), S. 329.

698 Vgl. Chin/Newsted (1999), S. 328. Allerdings konnte nachgewiesen werden, dass sich Über- bw. Unterschätzungen in Mess- bzw. Strukturmodell aufheben und die Korrelationen zwischen Indikatoren latenter Variablen wiederum stets konsistent sind. Vgl. Hermann/Huber/Kressmann (2006), S. 41; Fornell/Cha (1994), S. 67.

699 Aufgrund dieser Eigenschaft kann keine Gesamtbeurteilung des abgeleiteten Strukturmodells erfolgen. Stattdessen können lediglich die Beziehungen zwischen den im Strukturmodell „verbundenen" Variablen analysiert werden. Da aber die Darstellung kausalanalytischer Ergebnisse in gesamthaften Strukturmodellen gängige Praxis ist, findet sich eine solche Visualisierung auch in dieser Arbeit wieder. Vgl. hierzu auch Spillecke (2006), S. 99.

700 Sarkar et al. (2001), S. 366.

701 Vgl. hierzu und im Folgenden Götz/Liehr-Gobbers (2004b), S. 5. Ähnlich Hermann/Huber/Kressmann (2006), S. 42 f.

702 Im Folgenden wird der PLS-Algorithmus verbal vorgestellt. Für eine formalanalytische Darstellung vgl. Henseler (2005), S. 71 ff.; Chin/Newsted (1999), S. 321; Fornell/Bookstein (1982), S. 441 ff.

possible to estimate models with the same arrow scheme by an appropriate generalization of my LS algorithms for principal components and canonical correlations. The extensions involved two crucial steps, namely from two or three LVs and corresponding blocks of indicators, and from one to two inner relations. Once these steps were taken, the road to an iterative LS algorithm of general scope for estimation of path models with latent variables observed by multiple indicators was straightforward.“[704]

Das Verfahren basiert auf der statistischen Modellbildung nach der „Partialkleinstquadratemethode (Partial Least Squares)“[705]. Die Beziehungen zwischen einzelnen Variablen werden durch Regressionsgleichungen modelliert. Zur Ermittlung der Schätzparameter werden Hilfsvariablen verwendet, deren Gewichte zur Bestimmung der Werte der latenten Variablen herangezogen werden.[706] Das Verfahren überprüft die Übereinstimmung von hypothetischen Abhängigkeitsbeziehungen mit empirisch ermittelten Korrelationen. Das Ziel des Ansatzes besteht dabei darin, ein Strukturmodell bestmöglich anhand verfügbarer Daten zu erklären.[707]

Durch den PLS-Algorithmus werden mit Ladungen, Pfadkoeffizienten und Konstanten drei unterschiedliche Typen von Parametern geschätzt.[708] Erstens werden die Indikatorladungen bzw. -gewichte ermittelt, die für die Bildung der latenten Konstrukte verwendet werden. Dies erfolgt für jede latente Variable unter der Annahme, dass sich die benachbarten latenten Variablen perfekt messen lassen.[709] Zweitens werden die Pfadkoeffizienten ermittelt, die die latenten Variablen in Beziehung zueinander setzen. Drittens schätzt PLS die Konstanten der Regression, der Indikatoren und der latenten Variablen.

Die Schätzung der dargestellten Parameter erfolgt im Rahmen eines sukzessiven und iterativen Prozesses.[710] Dieser besteht aus der Prozessinitialisierung, dem Algorithmus zur Schätzung der latenten Variablen sowie der abschließenden Ermittlung der Strukturgleichungsparameter.[711] Abbildung 4 bietet einen Überblick über den Ablauf des Schätzverfahrens.

703 Vgl. grundlegend Wold (1980), Wold (1975), Wold (1973), Wold (1966).
704 Wold (1982a), S. 200.
705 Götz/Liehr-Gobbers (2004b), S. 5.
706 Vgl. Hermann/Huber/Kressmann (2006), S. 37.
707 Vgl. Götz/Liehr-Gobbers (2004b), S. 5.
708 Vgl. hierzu und im Folgenden Chin/Newsted (1999), S. 315.
709 Vgl. Götz/Liehr-Gobbers (2004b), S. 5.
710 Für eine ausführliche Beschreibung des Schätzverfahrens vgl. Hermann/Huber/Kressmann (2006), S. 36 ff.; Henseler (2005), S. 71 ff.; Ringle (2004a), S. 8 ff.
711 Vgl. Henseler (2005), S. 71.

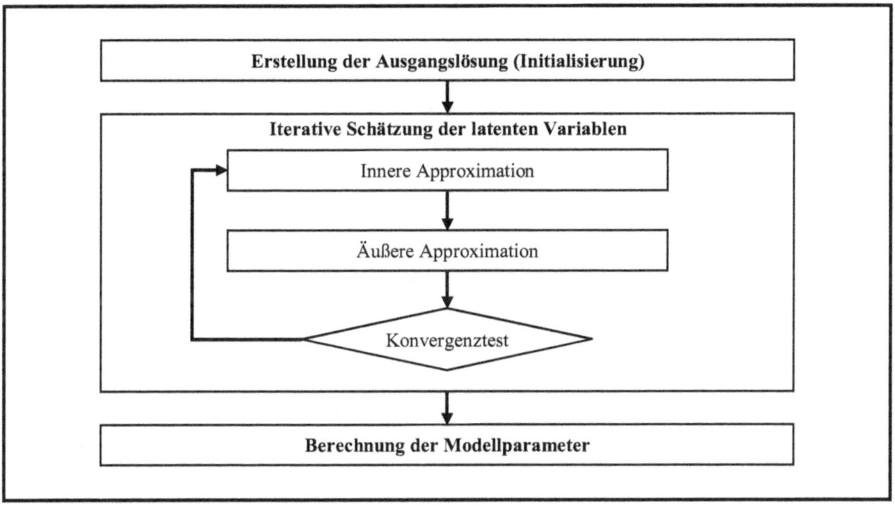

Abbildung 4: Ablauf des PLS-Schätzalgorithmus[712]

Der PLS-Algorithmus beginnt mit der Erstellung einer Ausgangslösung, in der willkürlich gewählte Indikatorgewichte als Basispunkte verwendet werden (Initialisierung).[713] Jede latente Variable wird hierbei als standardisierte Linearkombination ihrer empirischen Indikatoren ausgedrückt.[714]

Anschließend wird die Ausgangslösung durch eine wechselseitige innere und äußere Approximation iterativ verbessert.[715] Für jede latente Variable wird abwechselnd je ein Wert aus dem Messmodell (äußere Approximation) und ein Wert aus dem Strukturmodell (innere Approximation) ermittelt: „Each latent variable is determined by both the inner structure and the measurement model. In each iteration, both equations are used to find an approximation of the latent variable. The estimated case-values will fit into both equations."[716] Die äußere Approximation hat hierbei die Minimierung der Messfehler des Messmodells zum Ziel. Die innere Approximation, die zur latenten Variablen in Beziehung stehende Modellteile einbezieht, dient der Verbesserung des Gesamtmodells. Durch eine Kombination von äußerer und innerer Approximation sollen die Residualvarianzen sowohl im Messmodell als auch im Strukturmodell minimiert werden.[717]

712 Eigene Erstellung in Anlehnung an Kern (1990), S. 87.
713 Vgl. Hermann/Huber/Kressmann (2006), S. 37.
714 Vgl. Götz/Liehr-Gobbers (2004b), S. 5.
715 Vgl. Henseler (2005), S. 72; Götz/Liehr-Gobbers (2004b), S. 5 f.
716 Cassel/Hackl/Westlund (2000), S. 902
717 Vgl. Hermann/Huber/Kressmann (2006), S. 38; Götz/Liehr-Gobbers (2004b), S. 6; Ringle (2004a), S. 7 f.

Dieser Iterationszirkel wird durchlaufen, bis ein vorgegebenes Konvergenzkriterium erreicht ist:[718] „The procedure iteratively switches between the inside and outside approximation until convergence is achieved.“[719] Dies ist dann der Fall, wenn sich die einzelnen Ladungen bzw. Gewichte nicht mehr verändern. Hierfür wird in der Literatur eine Konstanz der vierten Nachkommastelle für die Gewichte gefordert.[720]

Im Anschluss an die Bestimmung der latenten Variablen werden die Faktorladungen und Pfadkoeffizienten geschätzt. Mithilfe multipler Regressionen werden zunächst die Werte im Strukturmodell (inneres Modell) und anschließend im Messmodell (äußeres Modell) bestimmt.[721] Hierzu wird auf einfache Regressionen zurückgegriffen.[722]

Nachfolgend werden die in dieser Arbeit verwendeten Methoden zur Beurteilung der aus den Schätzungen resultierenden Strukturmodelle vorgestellt.

3.4.3 Gütebeurteilung von PLS-Strukturmodellen

Um die nomologische Validität eines Strukturmodells beurteilen zu können, ist eine Bewertung der hypothetischen Beziehungen zwischen den einzelnen Elementen des Modells notwendig.[723] Wie in Abschnitt 3.4.1 aufgeführt, stehen hierfür lediglich nichparametrische Methoden zur Verfügung. Die Zahl der anwendbaren statistischen Gütemaße ist daher deutlich geringer. In Anlehnung an GÖTZ/LIEHR-GOBBERS (2004a, b) werden in dieser Arbeit vier Gütekriterien zur Beurteilung des Strukturmodells eingesetzt: das Bestimmtheitsmaß R^2, die Effektgröße f^2 sowie die Stärke und Signifikanz der Pfadkoeffizienten.[724]

Als erstes Gütemaß lässt sich das aus der Regressionsanalyse bekannte *Bestimmtheitsmaß* R^2 ermitteln.[725] Dies wird aus dem Verhältnis von erklärter Streuung zur Gesamtstreuung bestimmt.[726] Es gibt somit Auskunft über die Güte der Anpassung einer Regressionsfunktion an die empirisch gewonnenen manifesten Items („goodness of fit“). Das Bestimmtheitsmaß stellt eine genormte Größe dar und kann Werte zwischen null und eins annehmen. Hohe

718 Vgl. Ringle (2004a), S. 9; Bontis (1998), S. 68.
719 Cassel/Hackl/Westlund (2000), S. 902.
720 Vgl. Götz/Liehr-Gobbers (2004b), S. 6; Chin/Newsted (1999), S. 320.
721 Vgl. Götz/Liehr-Gobbers (2004b), S. 6.
722 Vgl. Chin/Newsted (1999), S. 319.
723 Vgl. Hermann/Huber/Kressmann (2006), S. 58.
724 Vgl. Götz/Liehr-Gobbers (2004a), S. 730 f.; Götz/Liehr-Gobbers (2004b), S. 23 ff. Vgl. auch Chin (1998), S. 316 ff., der einen umfangreichen Beurteilungskatalog für PLS-Modelle vorstellt. Als weiteres Kriterium nennen Götz/Liehr-Gobbers (2004b), S. 25 f., zudem das Stone-Geiser-Kriterium. In der verwendeten Software Smart-PLS 2.0 wird dieses Gütekriterium nicht ausgewiesen. Auf eine Überprüfung wird daher verzichtet.
725 Vgl. Ringle (2004a), S. 9.
726 Vgl. hierzu und im Folgenden Backhaus et al. (2006), S. 66.

Werte deuten auf eine gute Anpassung hin, während geringe Werte eine schlechte Anpassung signalisieren. Nach CHIN (1998) ist ein Bestimmtheitsmaß von 0,67 als „substanziell“ zu bezeichnen, während Werte von bis zu 0,33 sowie 0,19 als „durchschnittlich“ bzw. „schwach“ einzuschätzen sind.[727]

Des Weiteren gibt eine Analyse der R^2-Änderung Auskunft darüber, ob eine unabhängige latente Variable einen substanziellen Einfluss auf eine abhängige latente Variable ausübt.[728] Hierzu wird die so genannte *Effektgröße* f^2 ermittelt.[729] Für die Berechnung der Effektgröße wird das Bestimmtheitsmaß des Strukturmodells einmal mit und einmal ohne die betrachtete unabhängige Variable geschätzt. Werte von unter 0,02 deuten auf einen schwachen Einfluss der betrachteten unabhängigen Variablen hin, während Werte von 0,15 und 0,35 auf eine mittlere bzw. starke Wirkung hinweisen.[730] Werte von 0,00 weisen auf einen vernachlässigbaren Einfluss der abhängigen auf die unabhängige Variable hin, so dass in dieser Arbeit eine Effektgröße von größer 0,00 gefordert wird.[731]

Neben Bestimmtheitsmaß und Effektgröße lassen sich zudem die *Stärke und Signifikanz der Pfadkoeffizienten* zur Gütebeurteilung verwenden: „The structural model is evaluated by … the size of the structural path coefficients. Finally, the stability of the estimates is examined by using the t-statistics obtained from bootstrapping resampling.“[732] Pfadkoeffizienten lassen sich wie standardisierte Beta-Koeffizienten interpretieren.[733] Nach LOHMÖLLER (1989) sind Koeffizientenwerte oberhalb von 0,1 als wesentlich einzustufen.[734] Zur Überprüfung der Signifikanz der Pfadkoeffizienten gelangen wie bei der Prüfung von Indikatorgewichten Resampling-Techniken zum Einsatz.[735]

Tabelle 6 bietet einen Überblick über die zur Beurteilung des Strukturmodells verwendeten Gütekriterien.[736]

---

727 Vgl. Chin (1998), S. 323.

728 Vgl. Henseler (2005), S. 74; Götz/Liehr-Gobbers (2004a), S. 731; Götz/Liehr-Gobbers (2004b), S. 24 f.

729 Die Formel der Effektgröße lautet wie folgt: $f^2 = \frac{R^2_{incl} - R^2_{excl}}{1 - R^2_{incl}}$, mit R^2_{incl} als Bestimmtheitsmaß mit und R^2_{excl} als Bestimmtheitsmaß ohne Berücksichtigung der betrachteten Variablen. Vgl. Chin (1998), S. 316.

730 Vgl. Henseler (2005), S. 74.

731 Vgl. auch Spillecke (2006), S. 102 f.

732 Venaik/Midgley/Devinney (2001), S. 20.

733 Vgl. Götz/Liehr-Gobbers (2004b), S. 24.

734 Vgl. Lohmöller (1989), S. 60 f.

735 Vgl. hierzu auch Abschnitt 3.3.4.

736 Vgl. hierzu auch Spillecke (2006), S. 103.

Gütekriterien Strukturmodell	**Anspruchsniveau**
Bestimmtheitsmaß R^2	Interpretierbar wie bei der Regression
Effektgröße f^2	$> 0{,}00$
Stärke der Pfadkoeffizienten	$\geq 0{,}1$
Signifikanzniveau der Pfadkoeffizienten	$\geq 1{,}654$

Tabelle 6: Gütekriterien zur Beurteilung der Strukturmodelle

3.4.4 Messung mediierender und moderierender Effekte

Neben der Analyse einfacher Wirkungsbeziehungen zwischen jeweils zwei Konstrukten lassen sich mithilfe des PLS-Ansatzes auch komplexere Kausalstrukturen analysieren. Im Rahmen dieser Arbeit werden ausgewählte Konstrukte hinsichtlich ihres mediierenden und moderierenden Einflusses untersucht. Da hierfür mehrere Verfahren zur Verfügung stehen und beide Effekte in der betriebswirtschaftlichen Forschung vergleichsweise selten analysiert werden,[737] soll im Folgenden kurz erläutert werden, auf welche Weise mediierende und moderierende Beziehungen in dieser Arbeit überprüft werden.

Eine *mediierende Wirkungsbeziehung* zeichnet sich dadurch aus, dass der Einfluss einer exogenen Variablen auf eine endogene Größe durch eine oder mehrere Variablen vermittelt wird.[738] Der mediierende Effekt lässt sich dabei dahingehend unterscheiden, ob die exogene Variable teilweise oder vollkommen mediiert wird. Als bekanntes Beispiel wird in der Literatur auf das Stimulus-Organism-Response-Modell (S-O-R) des Käuferverhaltens verwiesen. Demnach werden empfangene Umweltreize vom Käufer zunächst in psychologischen Prozessen verarbeitet, um sich anschließend in einer Verhaltensreaktion zu manifestieren.[739]

Die Existenz mediierender Effekte ist nach BARON/KENNY (1986) an drei Voraussetzungen gebunden:[740] (1) Zunächst hat von der exogenen Variable ein signifikanter Einfluss auf die mediierende Größe auszugehen. (2) Ebenso muss der Pfadkoeffizient zwischen Mediatorvariable und endogener Variable einen signifikanten Wert aufweisen. (3) Abschließend hat der direkte Pfadkoeffizient zwischen exogener und endogener Variable im Schätzmodell mit Berücksichtigung des mediierenden Effekts kleiner als in einem Schätzmodell ohne Berücksichtigung des mediierenden Effekts zu sein.

[737] Vgl. Eggert/Fassott/Helm (2005), S. 102. Vgl. für diese Feststellung bzgl. der Untersuchung moderierender Einflüsse auch Götz/Liehr-Gobbers (2004a), S. 724; Chin/Marcolin/Newsted (2003), S. 192 f.

[738] Vgl. hierzu und im Folgenden Eggert/Fassott/Helm (2005), S. 102 f.

[739] Vgl. hierzu ausführlich Kotler/Bliemel (2001), S. 324 f.

[740] Vgl. hierzu und im Folgenden grundlegend Baron/Kenny (1986), S. 1176. Ähnlich Hoyle/Kenny (1999), S. 198 f.

Um die genannten Bedingungen zu überprüfen, können unterschiedliche Vorgehen gewählt werden.[741] So schlagen BARON/KENNY (1986) vor, für die Validierung der Voraussetzungen (1) bis (3) zwei unterschiedliche Teilmodelle zu schätzen, in denen die mediierende Wirkbeziehung einmal berücksichtigt und einmal vernachlässigt wird.[742] Der Vergleich der Schätzergebnisse beider Modelle gibt anschließend Aufschluss über die Validität der mediierenden Wirkbeziehung.

Demgegenüber besteht eine weitere Möglichkeit in der Schätzung eines einzigen Strukturmodells.[743] Die Bildung eines Modells ohne Mediatorvariable ist bei diesem Vorgehen nicht erforderlich. Stattdessen lässt sich das Ausmaß des mediierenden Effekts durch die Bestimmung der Messgröße *Variance Accounted For (VAF)* ermitteln.[744] Hierbei wird der indirekte Einfluss der exogenen Variablen auf die endogene Größe ins Verhältnis zu ihrem Gesamteinfluss gesetzt. Zudem lässt sich die Signifikanz des mediierenden Zusammenhangs anhand des von SOBEL (1985) vorgeschlagenen z-Tests berechnen.[745]

Im Unterschied zur Betrachtung der vermittelnden Wirkung einer Variablen gibt eine Analyse *moderierender Effekte* Auskunft darüber, inwieweit die Stärke eines Wirkungszusammenhanges zwischen einer endogenen und einer exogenen Variablen durch eine moderierende Variable bestimmt wird.[746] In der Literatur werden verschiedene Arten von Moderatorvariablen unterschieden.[747] Im Rahmen dieser Arbeit wird eine moderierende Variable in Anlehnung an BARON/KENNY (1986) umfassend definiert als „qualitative (e. g., sex, race, class) or quantitative (e. g. level of reward) variable that affects the direction and/or strength of the relation between an independent or predictor variable and a dependent or criterion variable“[748].

[741] Vgl für einen Überblick Eggert/Fassott/Helm (2005), S. 105.

[742] Vgl. Baron/Kenny (1986), S. 1177.

[743] Vgl. hierzu Eggert/Fassott/Helm (2005), S. 105, und die dort angegebene Literatur.

[744] Die entsprechende Berechnungsformel lautet: $VAF = \frac{a \bullet b}{a \bullet b + c}$, mit a und b als Pfadkoeffizienten zwischen exogener Variable und Mediatorvariable (a) bzw. Mediatorvariable und endogener Variable (b) sowie c als Pfadkoeffizient zwischen exogener und endogener Variable. Vgl. Eggert/Fassott/Helm (2005), S. 106.

[745] Der z-Wert bestimmt sich unter Berücksichtigung der Pfadkoeffizienten a und b sowie der Standardfehler der Pfadkoeffizienten s_a und s_b wie folgt: $z = \frac{a \bullet b}{\sqrt{b^2 \bullet s_a^2 + a^2 \bullet s_b^2}}$. Vgl. Eggert/Fassott/Helm (2005), S. 106.

[746] Vgl. Eggert/Fassott/Helm (2005), S. 102.

[747] Für einen Überblick über unterschiedliche Typen von Moderatorvariablen vgl. Sharma/Durand/Gur-Arie (1981), S. 292 ff.

[748] Baron/Kenny (1986), S. 1174.

Auch für die Darstellung von Moderationseffekten stehen in der Literatur grundsätzlich mehrere Verfahren zur Verfügung.[749] In PLS lässt sich die moderierende Wirkung einer Variablen durch ein Strukturmodell schätzen, das neben der Beziehung zwischen exogener und endogener Variable auch den Zusammenhang zwischen Moderatorvariable und endogener Größe sowie zwischen einer Interaktionsvariable und der endogenen Variable abbildet.[750] Die Interaktionsvariable lässt sich hierbei als Produkt aus exogener Variable und Moderatorvariable berechnen. Nachfolgend soll das Vorgehen zur Modellierung des entsprechenden Strukturmodells dargestellt werden. Hierbei sind verschiedene Vorgehensweisen für reflektive und formative Indikatoren zu unterscheiden.[751] Abschließend werden die Kriterien zur Validierung des moderierenden Effekts dargestellt.

Bei Vorliegen *reflektiver Indikatoren* besteht der erste Schritt der Modellierung in einer Standardisierung bzw. Zentrierung der individuellen Indikatorschätzwerte.[752] Sofern die Indikatoren für die Konstruktmessung von ungefähr gleicher Bedeutung sind, ist eine Standardisierung vorzunehmen. Wird einzelnen Indikatoren im Rahmen der Konzeptualisierung eine unterschiedliche Bedeutung für die Konstruktbildung zugeschrieben, sind die jeweiligen Werte zu zentrieren. Im Anschluss lassen sich die Indikatoren der Interaktionsvariablen berechnen. Hierzu werden die (standardisierten bzw. zentrierten) Indikatorwerte der exogenen Variablen und der Moderatorvariablen jeweils paarweise miteinander multipliziert.[753] Abschließend wird das aus exogener und endogener Variable sowie moderierender Größe und Interaktionskonstrukt bestehende Strukturmodell gebildet.

Im Falle *formativer Indikatoren* ist eine paarweise Indikatormultiplikation nicht zulässig: „Since formative indicators are not assumed to reflect the same underlying construct (i. e., can be independent of one another and measuring different factors), the product indicators between two sets of formative indicators will not necessarily tap into the same underlying interaction effect."[754] Stattdessen werden für die exogene und moderierende Variable in PLS zunächst die standardisierten Konstruktwerte der einzelnen Fälle bestimmt.[755] Diese werden im Anschluss miteinander multipliziert, wobei der aus der Multiplikation resultierende Indi-

[749] Für einen Überblick über mögliche Verfahren vgl. z. B. Chin/Marcolin/Newsted (2003), S. 190 ff.; Li et al. (1998), S. 2 ff.
[750] Vgl. hierzu und im Folgenden Eggert/Fassott/Helm (2005), S. 107.
[751] Vgl. Götz/Liehr-Gobbers (2004a), S. 724.
[752] Vgl. hierzu und im Folgenden Götz/Liehr-Gobbers (2004a), S. 724 ff.; Chin/Marcolin/Newsted (2003), S. 198 f.
[753] Sofern die exogene Variable und die Moderatorvariable z. B. aus jeweils vier Indikatoren bestehen, ergeben sich für das Interaktionskonstrukt somit 4*4 = 16 Indikatoren.
[754] Chin/Marcolin/Newsted (2003), Appendix D.
[755] Vgl. hierzu und im Folgenden Eggert/Fassott/Helm (2005), S. 108 f.; Götz/Liehr-Gobbers (2004a), S. 725.

kator den Interaktionsterm abbildet. Analog zum Vorgehen bei reflektiven Indikatoren wird abschließend das Strukturmodell geschätzt.

Für die *Beurteilung der Interaktionseffekte* lassen sich sowohl die Höhe und Signifikanz der Pfadkoeffizienten als auch die Änderung des Bestimmtheitsmaßes bzw. die Effektgrößen des Schätzmodells verwenden.[756] Der Pfadkoeffizient der Interaktionsvariablen gibt hierbei an, inwieweit eine Variation der moderierenden Größe zu einer Änderung des Einflusses der exogenen auf die endogene Variable führt.[757] Die Effektstärke beschreibt analog zur Darstellung der PLS-Strukturmodelle die Stärke des moderierenden Einflusses. Allerdings betonen CHIN ET AL. (2003), dass eine moderierende Wirkung aufgrund einer geringen Effektstärke nicht zwingend als unwichtig zu interpretieren ist: „Even a small interaction effect can be meaningful under extreme moderating conditions, if the resulting beta changes are meaningful, then it is important to take these conditions into account."[758]

[756] Vgl. Götz/Liehr-Gobbers (2004a), S. 725.

[757] Vgl. hierzu und im Folgenden Eggert/Fassott/Helm (2005), S. 109 f.

[758] Chin/Marcolin/Newsted (2003), S. 211. So ist es denkbar, dass der Effekt der Interaktionsvariablen vor allem auf Kosten der Haupteffekte eintritt, so dass die Veränderungen des Bestimmtheitsmaßes gering bleiben. Vgl. hierzu Eggert/Fassott/Helm (2005), S. 110.

4 Konzeptualisierung und Operationalisierung sowie Messung der Kooperation von Controllerbereich und Strategieabteilung

Das Ziel dieses Kapitels besteht in der Entwicklung und Anwendung eines branchenunabhängigen und kontextfreien Messmodells der Güte der Kooperation von Controllerbereich und Strategieabteilung. Um die Relevanz einer empirischen Kooperationsmessung sicherzustellen, ist zunächst darzulegen, dass der Controllerbereich im Rahmen eines strategischen Managements von Controllerbereichen überhaupt die Möglichkeit zu einem eigenständigen koope-rativen Verhalten gegenüber anderen Abteilungen besitzt. Im Anschluss wird aus den in Abschnitt 2.4 vorgestellten Sichtweisen interfunktionaler Kooperation eine geeignete Perspektive ausgewählt. Diese wird für den Controllingkontext konzeptualisiert und operationalisiert. Abschließend werden mithilfe des entwickelten Messmodells die Ausprägungen kooperativen Verhaltens von Controllerbereich und Strategieabteilung ermittelt und analysiert.

4.1 Grundlagen

4.1.1 Möglichkeit kooperativen Verhaltens des Controllerbereichs

Damit eine empirische Untersuchung kooperativen Verhaltens des Controllerbereichs gegenüber anderen Abteilungen für Controller von Bedeutung ist, müssen diese ihre Positionierung gegenüber anderen Akteuren eigenständig festlegen können.[759] Zudem ist für eine Analyse von Ursache-Wirkungsbeziehungen der Kooperation von Controllerbereich und Strategieabteilung mit anderen Größen die Existenz unterschiedlicher Ausprägungen kooperativen Verhaltens notwendig. Im Vorfeld der empirischen Untersuchung soll daher zunächst dargelegt werden, dass Controllerbereiche selbstständig über die Ausprägung kooperativen Verhaltens gegenüber anderen Akteuren bestimmen können.

Als Ausgangspunkt der Überlegungen wird hierfür auf den Stand der Controllingforschung in Abschnitt 2.4.4 zurückgegriffen. Kooperatives Verhalten wird dort als eine Wettbewerbsstrategie im Rahmen eines strategischen Managements für Controllerbereiche aufgefasst.[760] Um die Beziehung zu anderen Funktionsbereichen frei gestalten zu können, müssen Controller demnach über die Möglichkeit eines eigenständigen strategischen Bereichsmanagements

---

759 Im Rahmen dieser Untersuchung wird die Kooperation von Controllerbereich und Strategieabteilung aus der Sicht des Controllerbereichs untersucht. Die nachfolgenden Betrachtungen erfolgen daher aus dem Blickwinkel des Controllerbereichs.

760 Vgl. auch David (2005), S. 180; Mosiek (2002), S. 221 ff.

verfügen. Nach DAVID (2005) muss der Controllerbereich hierzu ähnlich wie ein Unternehmen auf einem externen Markt drei zentrale Voraussetzungen erfüllen:[761]

- Der Controllerbereich muss über die Möglichkeit autonomen Handelns verfügen.
- Der Controllerbereich muss eigenständige Ziele verfolgen und eine Nutzenmaximierung anstreben, die vor allem durch den Erfolg seiner Leistungen bestimmt wird.
- Der Controllerbereich muss sich in einer Wettbewerbs- bzw. Interaktionssituation mit anderen unternehmensinternen bzw. -externen Akteuren befinden.

Die *Entscheidungsautonomie des Controllerbereichs* hängt nach DAVID (2005) vor allem von der Ausprägung organisatorischer Aspekte wie der hierarchischen Einordnung, dem Delegationsgrad oder der Existenz internen Marktdenkens ab.[762] Controllerbereiche sind in den meisten Fällen relativ hoch in der Unternehmenshierarchie, beispielsweise auf der zweiten Führungsebene, angesiedelt.[763] Gerade in Großunternehmen verfügen sie aufgrund ihres Spezialwissens über erhebliche Entscheidungsfreiräume.[764] Auch eine interne Marktorientierung scheint für Controllerbereiche trotz Einschränkungen durch bestehende Leistungsverpflichtungen, wie z. B. die monatliche Berichterstattung[765], grundsätzlich gegeben.[766] Aufgrund dessen kann die Entscheidungsautonomie als erste Voraussetzung für strategisches Verhalten des Controllerbereichs als erfüllt betrachtet werden.[767]

Als *maßgebliche Ziele* des Controllerbereichs und seiner Mitarbeiter kommen nach DAVID (2005) insbesondere das Streben nach Existenzsicherung und ein kundenorientiertes Verhalten infrage.[768] Die Sicherung der Abteilungsexistenz ist für die Mitarbeiter des Controller-

---

761 Vgl. hierzu und im Folgenden David (2005), S. 62. Ähnliche Kriterien verwenden auch Brockhoff/Hauschildt (1993), S. 400, für ihre Definition von Schnittstellenmanagement.

762 Vgl. hierzu ausführlich David (2005), S. 64 ff.

763 Vgl. Weber et al. (2001), S. 28; Amshoff (1993), S. 333 f.

764 Vgl. David (2005), S. 65. Zum Delegationsgrad vgl. auch Bauer (2002), S. 97 f.

765 Vgl. hierzu Währisch (1998), S. 338.

766 Zwar bemerkt David (2005), dass reine interne Märkte für Controllerbereiche nur selten existieren dürften und in den meisten Unternehmen schwerpunktmäßig eine Koordination durch Pläne erfolgt. „Gleichzeitig herrscht aber eine Denkhaltung der internen Marktorientierung auch in Stabsbereichen vor und wird gefördert." David (2005), S. 84. Auch Weber et al. (2006b), S. 46, stellen in in ihrer Studie fest, dass Controller prinzipiell über die Möglichkeit zur eigenen Gestaltung der von ihnen wahrgenommenen Rolle im Unternehmen verfügen.

767 Vgl. auch David (2005), S. 82 ff. Auch für die Strategieabteilung kann von einem hohen Ausmaß an Entscheidungsautonomie ausgegangen werden. Ebenso wie der Controllerbereich ist die Strategieabteilung häufig hoch in der Unternehmenshierarchie angesiedelt. Vgl. hierzu Hahn (1991), S. 126. Zudem kann auch aufgrund der Mitarbeiterqualifikationen und der Aufgabe, für das Unternehmen innovative strategische Lösungen zu entwickeln, von hohen Handlungsfreiräumen ausgegangen werden.

768 Vgl. David (2005), S. 85 f. Als weitere mögliche Ziele des Controllerbereichs können zudem die Reduzierung des eigenen Arbeitsleides oder das Streben nach Macht aufgeführt werden. Bei einer adäquaten Anreizgestaltung sind auch monetäre Zielsetzungen denkbar. Vgl. David (2005), S. 85 ff.

bereichs insbesondere aufgrund von Karrieregesichtspunkten von Bedeutung.[769] Eine Auflösung des Bereichs kann als Signal von Unzufriedenheit mit den erbrachten Leistungen interpretiert werden und die Karriere der betroffenen Controller beeinträchtigen. Kundenorientiertes Verhalten trägt demgegenüber zur Zufriedenheit mit den Controllerleistungen bei und erhöht den Einfluss des Controllerbereichs insgesamt sowie die Karriereaussichten der einzelnen Mitarbeiter innerhalb des Unternehmens.[770] Zudem wirkt kundenorientiertes Verhalten positiv auf den Unternehmenserfolg.[771] Insgesamt lässt sich daher feststellen, dass der Controllerbereich ähnlich wie ein Unternehmen grundsätzlich eigene Ziele verfolgt.[772] Damit ist auch die zweite Voraussetzung für die Existenz strategischen Verhaltens des Controllerbereichs gegeben.

Abschließend lässt sich auch die dritte Annahme für ein strategisches Management von Controllerbereichen, die Existenz von *Wettbewerbs- bzw. Interaktionsbeziehungen des Controllerbereichs* zu anderen Abteilungen, bestätigen.[773] Interaktion und potenzieller Wettbewerb treten insbesondere an innerbetrieblichen Schnittstellen zwischen Abteilungen auf.[774] Aufgrund seiner vielfältigen Tätigkeiten lässt sich für den Controllerbereich eine Vielzahl möglicher Schnittstellen zu anderen Funktionsbereichen identifizieren.[775] Insbesondere zur Strategieabteilung ergeben sich, wie in Abschnitt 2.3.2 erläutert, zahlreiche Berührungspunkte.

Zusammenfassend lässt sich festhalten, dass der Controllerbereich die Bedingungen eines strategischen Managements erfüllt.[776] Controller verfügen somit grundsätzlich über die Möglichkeit, ihr Verhalten gegenüber anderen Abteilungen frei zu bestimmen.

Neben der grundsätzlichen Möglichkeit kooperativen Verhaltens lässt sich zudem darlegen, dass der Controllerbereich insbesondere gegenüber der Strategieabteilung ein aktives Interesse an einer Kooperation haben dürfte. Dies kann durch die Ressourcenabhängigkeits-

---

[769] Vgl. hierzu und im Folgenden David (2005), S. 85 f.

[770] Vgl. David (2005), S. 86. Zur Erfolgswirkung einer internen Kundenorientierung des Controllerbereichs vgl. auch ausführlich Spillecke (2006), S. 135 ff.

[771] Vgl. Spillecke (2006), S. 185.

[772] Vgl. David (2005), S. 90.

[773] Vgl. David (2005), S. 91 ff.

[774] Vgl. Brockhoff (1994), S. 15 ff.; Brockhoff/Hauschildt (1993), S. 396 ff.

[775] Vgl. hierzu ausführlich David (2005), S. 91 ff. und 125 ff.

[776] Dies wird auch durch zahlreiche Forderungen der Literatur nach einem strategischen Management von Controllerbereichen untermauert. Vgl. hierzu z. B. Mosiek (2002), S. 198 f.; Niedermayr (2000), S. 58 ff.; Steinle/Thiem/Rohden (2000), S. 281; Weber (1998), S. 36.

perspektive begründet werden.[777] Die Strategieabteilung ist in vielen Unternehmen im Besitz von Ressourcen, die für die Leistungserbringung des Controllerbereichs von Relevanz sind.[778] Kooperatives Verhalten lässt sich somit als mögliche Reaktion interpretieren, um die Versorgung mit benötigtem Wissen und Know-how dauerhaft sicherzustellen.

Kooperation ist somit für den Controllerbereich sowohl möglich als auch von Bedeutung und kann in der vorliegenden Arbeit empirisch untersucht werden. Hierzu soll nachfolgend das Konstrukt der Kooperation von Controllerbereich und Strategieabteilung konzeptualisiert und operationalisiert werden.

4.1.2 Integrative Sichtweise als Ausgangspunkt der Konzeptualisierung

Wie die Literaturanalyse zum Schnittstellenmanagement verdeutlicht, lassen sich mit der informationsbezogenenen, der verhaltensorientierten und der integrativen Sichtweise drei grundlegende Verständnisse interfunktionaler Kooperation unterscheiden.[779] Diese Arbeit greift zur Darstellung des Kooperationsverhaltens von Controllerbereich und Strategieabteilung auf die integrative Perspektive zurück, die aus zwei Gründen geeignet erscheint.

Zum einen erlaubt die integrative Sichtweise die gleichzeitige Betrachtung sowohl des Informationsaustauschs als auch der relationalen Beziehung zwischen zwei Abteilungen.

Die Ausführungen zur Schnittstelle von Controllerbereich und Strategieabteilung verdeutlichen, dass beide Bereiche für die Erfüllung ihrer Aufgaben auf Informationen der jeweils anderen Abteilung angewiesen sind.[780] Analog zu den Erkenntnissen der Schnittstellenforschung dürfte der wechselseitige Austausch von Informationen daher auch im Rahmen einer Kooperation von Controllerbereich und Strategieabteilung von Bedeutung sein.

Gleichzeitig weisen die verhaltensorientierten Beiträge der Controllingforschung darauf hin, dass kooperatives Verhalten von Controllerbereich und Strategieabteilung auch durch relationale Aspekte bestimmt wird.[781] Gegensätzliche Ziele und mangelndes Verständnis der anderen Abteilung können demnach zu dysfunktionalem Verhalten führen. Demgegenüber sind

---

[777] Vgl. Abschnitt 2.5.2. Für eine ähnliche Argumentation im Rahmen der internen Kundenorientierung des Controllerbereichs vgl. Spillecke (2006), S. 105 f.

[778] Vgl. Abschnitt 2.3.2.

[779] Vgl. Abschnitt 2.4.3.

[780] Vgl. Abschnitt 2.4.4.1. Vgl. zudem auch die Erläuterungen in Abschnitt 2.3.2.

[781] Vgl. auch Abschnitt 2.4.4.2. Ähnlich stellt Hoffjan (2003), S. 1026, fest: „Die Nutzung der vom Controlling bereitgestellten Informationen ist jedoch an kommunikative Prozesse gebunden, die auch einen Beziehungsaspekt einschließen.“

kooperative Beziehungen zwischen beiden Bereichen durch gemeinsame Ziele, gegenseitige Unterstützung und ein enges Zusammenwirken gekennzeichnet.

Zum anderen scheint die integrative Sichtweise für die Darstellung der Kooperation von Controllerbereich und Strategieabteilung auch deshalb geeignet, weil sie die am häufigsten verwendete Perspektive der Schnittstellenforschung darstellt.[782] Wie im Rahmen der Ausführungen zum Stand der Forschung ausgeführt, sind insbesondere jüngere Arbeiten nahezu ausschließlich der integrativen Perspektive zuzuordnen. Die Sichtweise scheint somit im Rahmen der gegenwärtigen Forschung von Bedeutung und bietet zudem umfangreiche konzeptionelle und empirische Vorarbeiten.

Wie in Abschnitt 2.4.3.3 dargestellt, lassen sich im Rahmen der integrativen Perspektive mehrere Konzeptualisierungen der Kooperation von Funktionsbereichen unterscheiden.[783] In dieser Arbeit wird auf den Ansatz von KAHN (1996) zurückgegriffen,[784] der Vorteile gegenüber den übrigen Darstellungen interfunktionaler Kooperation aufweist. So werden im Vergleich zu den auf GUPTA (1984) basierenden Arbeiten die einzelnen Dimensionen kooperativen Verhaltens klarer abgegrenzt.[785] Im Gegensatz zur einfaktoriellen Konzeptualisierung der auf NARVER/SLATER (1990) basierenden Untersuchungen erlaubt der Ansatz zudem eine differenziertere Betrachtung der Bestandteile kooperativen Verhaltens.[786] Die höhere Eignung gegenüber den auf KOHLI/JAWORSKI (1990) zurückgehenden Darstellungen begründet sich abschließend dadurch, dass dort anstelle von Kooperation das Konfliktverhalten zwischen Funktionsbereichen betrachtet wird.

KAHN (1996) konzeptualisiert interfunktionale Kooperation als „multidimensional process that comprises the two distinct processes of interaction and collaboration“[787]. Interaction zielt auf die informationsbezogene Komponente der Kooperation ab und bezieht sich auf den Informationsaustausch zwischen Abteilungen. Demgegenüber umfasst Collaboration die relationalen Aspekte der Beziehung von Funktionsbereichen.

Die beiden Dimensionen Informationsaustausch und Collaboration werden auch in dieser Arbeit zur Darstellung der Kooperationsbeziehung von Controllerbereich und Strategie-

---

782 Vgl. hierzu und im Folgenden auch Abschnitt 2.4.3. Ähnlich Kahn (1996), S. 139.

783 Vgl. Abschnitt 2.4.3.3. Vgl. auch Kahn (1996), S. 139.

784 Vgl. grundlegend Kahn (1996). Ähnlich Kahn/Mentzer (1998), Kahn/Mentzer (1996).

785 Vgl. hierzu Kahn (1996), S. 139. Hierdurch werden Probleme mangelnder Diskriminanzvalidität verringert.

786 Vgl. hierzu Ernst (2001), S. 183. Durch eine Trennung der Kooperationsdimensionen dürften sich insbesondere die bei Narver/Slater (1990) eher mäßigen Validitäts- und Reliabilitätsmaße verbessern.

787 Kahn (1996), S. 139. Ähnlich Kahn/Mentzer (1996), S. 9.

abteilung verwendet. Allerdings wird der von KAHN (1996) entwickelte Ansatz in der vorliegenden Untersuchung zweifach erweitert. Zum einen wird der Informationsaustausch zwischen Funktionsbereichen in eine formelle und eine informelle Kommunikation untergliedert. Zum anderen wird aus den einzelnen Dimensionen ein gesamthaftes Messmodell entwickelt. Beide Änderungen werden nachfolgend kurz beschrieben.

Empirische Arbeiten des Schnittstellenmanagements zeigen, dass sich der Informationsaustausch zwischen Funktionsbereichen in Abhängigkeit vom verwendeten Kommunikationskanal unterscheidet.[788] Schriftliche bzw. unpersönliche Kommunikationswege weisen in der Regel eine andere Qualität auf als informeller und persönlicher Austausch. Um diesen Unterschieden Rechnung zu tragen, wird insbesondere in neueren Arbeiten der Schnittstellenforschung zwischen einem formellen, durch schriftliche Regeln geprägten Informationsfluss und einem informellen Austausch von Informationen differenziert.[789]

Auch dem Controllerbereich stehen für die Zusammenarbeit mit dem Management und anderen Abteilungen des Unternehmens sowohl formelle als auch informelle Kommunikationskanäle zur Verfügung.[790] Die empirische Untersuchung von SPILLECKE (2006) verdeutlicht hierbei, dass auch im Controllingkontext Unterschiede zwischen formeller und informeller Kommunikation bestehen können.[791] Aufgrund dessen soll in dieser Arbeit der von KAHN (1996) konzeptualisierte Informationsaustausch zwischen Funktionsbereichen in eine formelle und eine informelle Dimension untergliedert werden. Zur Messung der Kooperation von Controllerbereich und Strategieabteilung werden somit nicht zwei, sondern drei Faktoren verwendet: formeller Informationsaustausch, informeller Informationsaustausch und Collaboration.

Zudem wird im Unterschied zu bisherigen Beiträgen der Schnittstellenforschung ein gesamthaftes Messmodell interfunktionaler Kooperation entwickelt. Nach KAHN (1996) setzt sich kooperatives Verhalten zwar aus den beiden Bestandteilen Informationsaustausch und Collaboration zusammen, diese werden jedoch ausschließlich getrennt analysiert.[792] In dieser Arbeit

788 Vgl. Maltz (2000), S. 120. Auch Kahn (1996), S. 145, stellt in seiner Untersuchung eine unterschiedliche Wirkung schriftlicher und persönlicher Kommunikation fest und nimmt in Folgeuntersuchungen eine Beschränkung auf formelle Mechanismen vor. Vgl. hierzu auch Kahn (2001), S. 318.

789 Vgl. z. B. Chimhanzi (2004), S. 724 f., die Kommunikationsmechanismen in schriftliche und persönliche Kanäle unterteilt. Ähnlich Maltz/Kohli (1996), S. 48, die formelle und informelle Mechanismen unterscheiden. Vgl. konzeptionell zudem Hoegl/Gemuenden (2001), S. 437; Jaworski/Kohli (1993), S. 56; Kohli/Jaworski (1990), S. 4 f.; Pinto/Pinto (1990), S. 202.

790 Vgl. Matschke/Kolf (1980), S. 604.

791 Vgl. Spillecke (2006), S. 113 ff.

792 Vg. Kahn (1996), S. 143 ff.

soll eine gesamthafte Messung der Kooperation von Controllerbereich und Strategieabteilung sowie ihrer Auswirkungen und Einflussfaktoren erfolgen. Hierzu werden die einzelnen Dimensionen kooperativen Verhaltens zu einem gesamthaften Index der Kooperation von Controllerbereich und Strategieabteilung verdichtet.

Nachfolgend werden die einzelnen Faktoren des Messmodells konzeptualisiert, operationalisiert und empirisch validiert.

4.2 Modellierung der Dimensionen von Kooperation

4.2.1 Informationsaustausch

4.2.1.1 Konzeptualisierung

Der Austausch von Informationen ist Gegenstand zahlreicher Untersuchungen der Schnittstellenliteratur. Kommunikation wird gemeinhin als wesentlicher Bestandteil kooperativen Verhaltens zwischen Abteilungen betrachtet.[793] Um die Ziele der Zusammenarbeit zwischen Abteilungen zu erreichen, sind vor allem Informationen von Bedeutung.[794] Umgekehrt besteht bei mangelnder Kommunikation die Gefahr von Doppelarbeiten, Missverständnissen, Fehlern und Konflikten.[795]

Auch die Controllingforschung befasst sich seit vielen Jahren mit der Gestaltung des Informationsflusses zwischen dem Controllerbereich und anderen Akteuren des Unternehmens. Bereits MATZSCHKE/KOLF (1980) stellen fest: „Die ständige Zusammenarbeit zwischen Controller-Bereichen und den anderen Unternehmungsbereichen erfordert eine Vielzahl von formalen und informalen Kommunikationsbeziehungen bzw. -kanälen.“[796] Insbesondere stand hierbei bisher die Deckung des Informationsbedarfs des Managers im Mittelpunkt der Betrachtungen.[797] Der Informationsaustausch des Controllerbereichs mit anderen internen Dienstleistern wie der Strategieabteilung wurde hingegen weitestgehend vernachlässigt.[798] Die Konzeptualisierung und Operationalisierung der Kommunikationsbeziehungen zwischen Controllerbereich und Strategieabteilung greift daher vor allem auf Erkenntnisse der Schnittstellenforschung sowie Befunde zum Informationsfluss zwischen Controller und Manager zurück.

793 Vgl. Schuster (1998), S. 23; Bronner (1995), S. 69 f.
794 Vgl. Brockhoff (1994), S. 5.
795 Vgl. Scholl (1992), Sp. 907 f.
796 Matschke/Kolf (1980), S. 604.
797 Vgl. z. B. die Arbeiten von Spillecke (2006), Bauer (2002).
798 Vgl. hierzu auch Abschnitt 2.4.4.1.

Bei der Betrachtung der Informationsbeziehung zwischen Controllerbereich und Strategieabteilung stellt sich zunächst die Frage, was hierunter konkret zu verstehen ist. Viele Arbeiten der Schnittstellenforschung fassen Informationsaustausch als Kommunikation unter Verwendung unterschiedlicher Kommunikationskanäle auf.[799] Betrachtet wird vor allem die Kommunikationsintensität, die anhand der Nutzungshäufigkeit der zur Verfügung stehenden Interaktionsmedien erhoben wird. Demgegenüber definieren andere Studien gegenseitigen Informationsaustausch als „die proaktive Bereitstellung aller Informationen, die dem jeweiligen Partner von Nutzen sein könnten."[800] Untersucht wird nicht die Kommunikationshäufigkeit, sondern die Bereitschaft, den Informationsbedarf des anderen Funktionsbereichs zu erkennen und die benötigten Informationen bereitzustellen.

Für den Informationsaustausch von Controllerbereich und Strategieabteilung dürften sowohl die Identifikation des Informationsbedarfs als auch der eigentliche Informationstransfer von Bedeutung sein. Bei fehlender Kommunikation wird kein Informationsaustausch zwischen beiden Bereichen stattfinden. Gleichzeitig dürfte eine ungerichtete und nicht bedarfsorientierte Informationsversorgung für beide Abteilungen nur mit geringem Nutzen verbunden sein. Im Rahmen dieser Arbeit werden unter wechselseitigem Informationsaustausch von Controllerbereich und Strategieabteilung daher die gerichtete Bereitstellung und der Transfer von Informationen zwischen beiden Bereichen verstanden. Diese werden nachfolgend näher erläutert.

Eine Herausforderung im Rahmen der Informationsbereitstellung stellt die auch aus der Literatur zur internen Kundenorientierung des Controllerbereichs bekannte *Identifikation des Informationsbedarfs* der anderen Abteilung dar.[801] Hierbei kann zwischen dem objektiven und dem subjektiven Informationsbedarf sowie der aktiven Informationsnachfrage differenziert werden. Der objektive Informationsbedarf lässt sich als die Menge an Informationen auffassen, die Controllerbereich und Strategieabteilung für die Erfüllung ihrer Aufgaben benötigen. Der subjektive Informationsbedarf umfasst die vom einzelnen Bereich als notwendig erach-

---

799 Vgl. z. B. Maltz (2000), S. 113 f.; Kahn (1996), S. 139; Maltz/Kohli (1996), S. 48; Ruekert/Walker (1987), S. 7. Vgl. auch Bronner (1987), S. 69 f., der feststellt, dass die Verteilung von Informationen die Voraussetzung für Interaktion von Funktionsbereichen in Unternehmen darstellt.

800 Giering (2000), S. 107. Ähnlich Heide/John (1992), S. 35. Vgl. im Controllingkontext auch Spillecke (2006), S. 116 ff. Dementsprechend identifizieren Gupta/Wilemon (1988), S. 39, die nicht an den Bedürfnissen der Informationsempfänger ausgerichtete Bereitstellung von Informationen als häufigsten Grund für deren Nicht-Verwendung.

801 Vgl. hierzu und im Folgenden ähnlich Spillecke (2006), S. 110; Weber (2004), S. 118 ff.; Horváth (2003), S. 363; Küpper (2001), S. 141.

teten Informationen. Im Unterschied hierzu beinhaltet die Informationsnachfrage nur den Teil der subjektiven Informationen, die vom anderen Funktionsbereich aktiv verlangt werden.

In der Realität stimmen die drei dargestellten Dimensionen des Informationsbedarfs nur in seltenen Fällen überein.[802] Daher ist zu klären, welches Verständnis dem Konstrukt Informationsaustausch in der vorliegenden Arbeit zugrundegelegt wird. Eine Berücksichtigung des objektiven Informationsbedarfs scheint hierzu nur wenig geeignet. Controllerbereich und Strategieabteilung nehmen in der Regel vielfältige und teilweise sehr unterschiedliche Aufgaben wahr. Eine genaue Kenntnis der benötigten Informationen durch die jeweils andere Abteilung scheint somit nur wenig realistisch. Demgegenüber dürfte eine ausschließliche Berücksichtigung der geäußerten Informationsnachfrage zu kurz greifen, da hierdurch nicht artikulierte Informationsbedürfnisse unberücksichtigt bleiben.[803] Infolgedessen bezeichnet der Informationsbedarf von Controllerbereich und Strategieabteilung in dieser Arbeit die von den jeweiligen Mitgliedern der Funktionsbereiche subjektiv benötigten Informationen.

Für die Ermittlung des Informationsbedarfs lassen sich grundsätzlich eine induktive und eine deduktive Vorgehensweise unterscheiden.[804] Im Rahmen eines induktiven Vorgehens wird der Informationsbedarf anhand von Techniken wie Dokumentenanalysen, datentechnischen Auswertungen, Organisationsanalysen oder persönlichen Befragungen und Beobachtungen der Informationsnutzer erhoben. Demgegenüber lässt sich bei einem deduktiven Vorgehen der notwendige Informationsbedarf anhand logischer Überlegungen aus der konkreten Entscheidungssituation bzw. dem Aufgabengebiet des Informationsverwenders ableiten. Deduktive Bedarfsanalysen dienen insbesondere der Ermittlung des objektiven Informationsbedarfs.[805] Sie erlauben lediglich indirekte Rückschlüsse bezüglich der vom Informationsnutzer subjektiv benötigten Informationen und sind für die Bestimmung des subjektiven Informationsbedarfs nur wenig geeignet. Auch die Verwendung von Dokumentenauswertungen, datentechnischen Analysen und Organisationsanalysen kann sich als problematisch erweisen, da in diesem Fall aus dem bereits bestehenden Informationsangebot auf die Informationsnachfrage geschlossen wird.[806] Stattdessen ist für die Ermittlung des subjektiven Informationsbedarfs auf die Beobachtung und direkte Befragung der Informationsempfänger zurückzugreifen.[807] Dement-

[802] Vgl. Weber (2004), S. 118.
[803] Vgl. Spillecke (2006), S. 111. Insbesondere im Rahmen von strategischen Fragestellungen dürften Akteure aufgrund hoher Unsicherheit nur selten in der Lage sein, alle benötigten Daten bewusst nachzufragen.
[804] Vgl. hierzu und im Folgenden Horváth (2003), S. 365; Küpper (2001), S. 144 ff.
[805] Vgl. hierzu und im Folgenden Spillecke (2006), S. 113.
[806] Vgl. Horváth (2003), S. 365 f.
[807] Vgl. Weber (2004), S. 118.

sprechend stellen auch WEBER/SCHÄFFER (2000) in ihren Ausführungen zur Informationsbedarfsermittlung fest: „Um die tatsächlichen Informationsbedarfe des Managements zu kennen, darf es nicht bei eigenen Bedarfsvermutungen der Controller bleiben; erforderlich sind vielmehr ‚Kunden-Lieferanten-Gespräche'."[808]

Im Rahmen der *Informationsübermittlung* wird in der Schnittstellenliteratur insbesondere die Eignung unterschiedlicher Kommunikationskanäle diskutiert. In Anlehnung an MALTZ (2000) stehen für den Informationstransfer zwischen Funktionsbereichen grundlegend vier Kommunikationskanäle in Form von schriftlichen Berichten, elektronischem Austausch, Telefonaten und persönlichen Treffen zur Verfügung, die sich hinsichtlich Reichhaltigkeit, Spontaneität und Geschwindigkeit des Informationsaustauschs unterscheiden.[809] Schriftliche Kommunikation beinhaltet sowohl den Austausch regelmäßig verfasster Berichte als auch von bei Bedarf generierten Ad-hoc-Meldungen und zeichnet sich durch einen vergleichsweise stark begrenzten Informationsgehalt aus. Ähnliches gilt für elektronische Kommunikation in Form von E-Mails und elektronischen Dokumenten. Demgegenüber weisen Telefonate, die sich in terminlich vereinbarte und spontane Anrufe unterscheiden lassen, aufgrund der Möglichkeit zur direkten Interaktion einen höheren Informationsgehalt auf. Dies gilt auch für den persönlichen Austausch im Rahmen von Meetings oder informellen Treffen. Die Auswahl der einzelnen Kommunikationskanäle dürfte in der Realität von einer Vielzahl situativer und persönlicher Faktoren abhängen und schwer zu erfassen sein. Daher stellt diese Arbeit nicht auf die Nutzung einzelner Kommunikationskanäle, sondern den gesamthaften Informationsaustausch ab.

Aufgrund der vielfältigen Möglichkeiten zur Ermittlung des Informationsbedarfs und des Transfers von Informationen sowie hierbei beobachtbarer Unterschiede im Kommunikationsverhalten stellt sich zudem die Frage nach einer Untergliederung der verwendeten Techniken.[810] So lassen sich sowohl die Kanäle zur Erhebung des Informationsbedarfs als auch zur Übermittlung von Informationen in formelle und informelle Methoden unterscheiden.[811] Als formelle Techniken zur Ermittlung des Informationsbedarfs stehen schriftliche Fragebögen,

---

808 Weber/Schäffer (2000), S. 230.

809 Vgl. Maltz (2000), S. 113 f. Ähnlich Ruekert/Walker (1987), S. 7; Van de Ven/Ferry (1980), S. 254 f.

810 Einen umfassenden Überblick über alternative Strukturierungsmöglichkeiten bieten Pinto/Pinto (1990), S. 202.

811 So stellen Kohli/Jaworski (1990), S. 4, zur Informationsbedarfsermittlung fest: „Intelligence may be created through a variety of formal as well as informal means." Ähnlich betonen Jaworski/Kohli (1993), S. 56, im Rahmen des Informationstransfers zwischen Funktionsbereichen: „Interdepartmental connectedness ... refers to the degree of formal and informal direct contact among employees across departments." Vgl. auch Hoegl/Gemuenden (2001), S. 437; Maltz/Kohli (1996), S. 57; Ruekert/Walker (1987), S. 3.

qualitative Interviews oder Fokusgruppen zur Verfügung.[812] Formelle Methoden des Informationstransfers stellen beispielsweise regelmäßige Berichte und gemeinsame Meetings dar. Demgegenüber lassen sich unter informellen Techniken der Bedarfsermittlung und des Transfers von Informationen spontane persönliche Treffen, z. B. im Rahmen von Flurgesprächen oder während des Mittagessens, formlose Mitteilungen sowie zwanglose Telefonate subsumieren.

Die Relevanz einer getrennten Betrachtung von formellem und informellem Informationsaustausch wird durch empirische Erkenntnisse der Schnittstellen- und Controllingforschung verdeutlicht. Beispielsweise stellt KAHN (1996) in seiner Untersuchung eine unterschiedlich starke Wirkung zwischen einem durch formelle Kommunikationstechniken geprägten Konstrukt „Documented Information Exchange“ und einem eher informellen Konstrukt „Meetings“ auf die Leistungsqualität fest.[813] Auch SPILLECKE (2006) weist im Controllingkontext nach, dass eine formelle Kommunikation zwischen Controller und Manager eine wesentlich stärkere Bedeutung für die interne Kundenorientierung des Controllerbereichs besitzt als ein informeller Austausch. Aufgrund der festgestellten Unterschiede soll daher in dieser Arbeit ebenfalls eine getrennte Betrachtung des formellen und informellen Informationsaustauschs zwischen Controllerbereich und Strategieabteilung erfolgen.

Abschließend ist im Vorfeld der Operationalisierung zu klären, ob zur Messung des Informationsaustauschs von Controllerbereich und Strategieabteilung auf objektiv quantitative oder subjektiv qualitative Indikatoren zurückgegriffen werden soll. Die Mehrzahl empirischer Arbeiten der Schnittstellenforschung verwendet einen quantitativen Ansatz.[814] Anhand der absoluten Anzahl von Kontakten im Rahmen einzelner Kommunikationskanäle wird versucht, Rückschlüsse auf die Kooperation von Funktionsbereichen zu erzielen. Demgegenüber ist eine qualitative Erhebung durch subjektive Aussagen zum Informationsaustausch gekennzeichnet.

Trotz der weiten Verbreitung eines quantitativen Vorgehens ist eine Erfassung des Informationsaustauschs anhand der objektiv messbaren Kommunikationshäufigkeit mit Problemen behaftet. So bleiben bei einer ausschließlichen Erhebung der Kontaktanzahl zwischen Bereichen andere Dimensionen wie die Qualität der Interaktion unberücksichtigt. Zudem stellt ein

[812] Vgl. Spillecke (2006), S. 113.

[813] Vgl. Kahn (1996), S. 146. Kritisch anzumerken ist allerdings die eher mäßige Signifikanz der aufgezeigten Unterschiede. Verschiedene Ausprägungen und Wirkungen der verwendeten Kommunikationskanäle finden sich zudem bei Maltz (2000), S. 120 f.

[814] Vgl. z. B. Maltz (2000), S. 113 ff.; Fisher/Maltz/Jaworski (1997), S. 68; Ruekert/Walker (1987), S. 17.

häufiger Kontakt zwischen Funktionsbereichen nicht zwingend einen Hinweis für eine hohe Kooperationsqualität dar.[815] Darüber hinaus dürfte auch die als optimal erachtete Kommunikationsfrequenz von Unternehmen zu Unternehmen variieren. Daher werden zur Messung des Informationsaustauschs zwischen Controllerbereich und Strategieabteilung in dieser Arbeit qualitative Indikatoren verwendet.[816]

Zusammenfassend lässt sich der Informationsaustausch von Controllerbereich und Strategieabteilung als Ermittlung des wechselseitigen subjektiven Informationsbedarfs und als Austausch von Informationen auf formellem und informellem Wege definieren, die mithilfe qualitativer Messgrößen erhoben werden. Die zugehörigen Faktoren des formellen und informellen Informationsaustauschs werden nachfolgend operationalisiert und empirisch validiert.

4.2.1.2 Operationalisierung und empirische Validierung

4.2.1.2.1 Formeller Informationsaustausch

In Anlehnung an die obigen Ausführungen wird der formelle Informationsaustausch zwischen Controllerbereich und Strategieabteilung in dieser Arbeit als Ermittlung des gegenseitigen subjektiven Informationsbedarfs und Transfer von Informationen unter Verwendung offizieller bzw. formeller Informations- und Kommunikationstechniken verstanden. Die verwendeten Indikatoren bilden somit sowohl das Verständnis der Informationsbedürfnisse als auch den Informationstransfer zwischen Mitarbeitern des Controllerbereichs und der Strategieabteilung ab.

Als Grundlage der Operationalisierung wurde auf die Skala von SPILLECKE (2006) zum formellen Informationsaustausch zwischen Controller und Manager zurückgegriffen, die auf den Operationalisierungen von LINGS/GREENLEY (2005, 2001) und JAWORSKI/KOHLI (1993) basiert.[817] Vier der sechs bei SPILLECKE (2006) verwendeten Indikatoren konnten in leicht modifizierter Form übernommen werden. Die übrigen beiden Indikatoren, die sich aus inhaltlichen Gründen nicht verwenden ließen,[818] wurden durch Neuformulierungen ersetzt. Zum einen wurde ein revers kodiertes Item hinzugefügt. Zum anderen wurde abgefragt, wie konstruktiv der Informationsaustausch zwischen Controllerbereich und Strategieabteilung

[815] Beispielsweise stellen Maltz/Kohli (1996), S. 55 f., bei zu hoher Kontaktanzahl einen negativen Effekt auf die wahrgenommene Qualität der zwischen Funktionsbereichen übermittelten Informationen fest.

[816] Vgl. zu diesem Vorgehen auch Ernst (2001), S. 186, der eine quantitative Erhebungsform als zu eng erachtet und ebenfalls eine qualitative Vorgehensweise wählt.

[817] Vgl. Spillecke (2006), S. 114. Für die englischen Operationalisierungen vgl. zudem Lings/Greenley (2005), S. 296; Lings/Greenley (2001), S. 28 f.; Jaworski/Kohli (1993), S. 66.

[818] Die beiden nicht verwendeten Indikatoren wurden auch von Spillecke (2006), S. 114, eliminiert.

eingeschätzt wird. Die Indikatoren und Gütekriterien sind Tabelle 7 zu entnehmen. Die Messung erfolgte reflektiv.

Informationen zu den einzelnen Indikatoren des Faktors **„Güte des formellen Informationsaustauschs von Controllerbereich und Strategieabteilung"**			
Bezeichnung der Indikatoren	Item-to-Total-Korrelation	Indikator-reliabilität	t-Wert der Faktorladung
Die Mitarbeiter der Strategieabteilung erkennen Änderungen im Informationsbedarf des Controllings sehr schnell.	0,70	0,56	17,14
Die Mitarbeiter der Strategieabteilung versuchen aktiv, die Informationsbedürfnisse des Controllings zu verstehen.	Eliminiert		
Die Mitarbeiter der Strategieabteilung tauschen sich häufig mit den Mitarbeitern des Controllings aus, um zu verstehen, wie sie sich gegenseitig unterstützen können.	0,84	0,81	23,23
Die Mitarbeiter der Strategieabteilung treffen sich regelmäßig mit den Mitarbeitern des Controllings, um herauszufinden, welche Informationen und Leistungen der jeweils andere Bereich in Zukunft benötigt.	0,81	0,75	-
Die Kommunikation zwischen Controlling und Strategieabteilung ist häufig mit Problemen behaftet. (RC)	Eliminiert		
Der formelle Informationsaustausch zwischen Controlling und Strategieabteilung ist sehr konstruktiv.	0,74	0,62	18,72

Informationen zum Faktor **„Güte des formellen Informationsaustauschs von Controllerbereich und Strategieabteilung"**			
Cronbach'sches Alpha	0,90	AGFI	1,00
Erklärte Varianz	0,76	CFI	1,00
χ^2/df	0,18	TLI	1,00
RMSEA	0,00	Faktorreliabilität	0,90
GFI	1,00	Durchschnittlich erfasste Varianz	0,70

Tabelle 7: Informationen zum Konstrukt „Güte des formellen Informationsaustauschs von Controllerbereich und Strategieabteilung"

Das ursprünglich sechs Indikatoren umfassende Messmodell weist außerhalb der zulässigen Grenzen liegende Werte für den χ^2/df und den RMSEA aus, die durch hohe Korrelationen der Messfehlervariablen der Indikatoren eins und zwei verursacht werden.[819] Zur Verbesserung der Modellgüte wurde daher der Indikator zwei, der eine im Vergleich geringere Indikatorreliabilität aufweist, eliminiert. Auch der revers kodierte Indikator fünf wurde aufgrund einer zu geringen Indikatorreliabilität nicht in die Messung einbezogen. Das resultierende Messmodell weist eine hervorragende Güte auf. Alle lokalen und globalen Gütekriterien liegen

[819] Dieses Problem tritt insbesondere zwischen inhaltlich sehr ähnlichen Indikatoren auf. Vgl. hierzu auch Wallenburg (2004), S. 185.

deutlich innerhalb der geforderten Grenzen.[820] Da die verbleibenden Indikatoren sowohl die Informationsbedarfsermittlung als auch den Informationstransfer abbilden, kann die Inhaltsvalidität des Konstrukts ebenfalls als erfüllt betrachtet werden.

4.2.1.2.2 Informeller Informationsaustausch

Analog zum Verständnis der formellen Interaktion bezeichnet der informelle Informationsaustausch zwischen Controllerbereich und Strategieabteilung die Ermittlung des gegenseitigen subjektiven Informationsbedarfs und den Transfer von Informationen durch Techniken, die nicht zu den offiziellen Tätigkeiten beider Bereiche gehören. Als Beispiele informellen Informationsaustauschs lassen sich Gespräche während des Mittagessens oder im Rahmen gemeinsamer Freizeitaktivitäten aufführen. Die verwendeten Indikatoren umfassen wie beim formellen Informationsaustausch sowohl die Ermittlung der Informationsbedürfnisse als auch den Informationstransfer zwischen Mitarbeitern des Controllerbereichs und der Strategieabteilung.

Die Operationalisierung der Items erfolgt wiederum in Anlehnung an die Skalen von SPILLECKE (2006), LINGS/GREENLEY (2005, 2001) und JAWORSKI/KOHLI (1993),[821] aus denen sechs Indikatoren nach verbalen Anpassungen übernommen wurden. Darüber hinaus wurde ein siebter Indikator formuliert, der die persönliche Vernetzung von Controllern und Mitarbeitern der Strategieabteilung abfragt. Die verwendeten Indikatoren bilden das Konstrukt reflektiv ab und können Tabelle 8 entnommen werden.

---

820 Vgl. zu den Gütemaßen auch Abschnitt 3.3.3.

821 Vgl. Spillecke (2006), S. 115 und 118. Für die englischen Operationalisierungen vgl. Lings/Greenley (2005), S. 296; Lings/Greenley (2001), S. 28 f.; Jaworski/Kohli (1993), S. 66.

Informationen zu den einzelnen Indikatoren des Faktors **„Güte des informellen Informationsaustauschs von Controllerbereich und Strategieabteilung“**			
Bezeichnung der Indikatoren	Item-to-Total-Korrelation	Indikator-reliabilität	t-Wert der Faktorladung
Die Mitarbeiter des Controllerbereichs und der Strategieabteilung haben persönlich sehr engen Kontakt.	Eliminiert		
Die Mitarbeiter des Controllerbereichs und der Strategieabteilung diskutieren oftmals auch außerhalb der offiziellen Treffen (z. B. abends bei einem Bier/auf dem Flur) über aktuelle Themen.	Eliminiert		
Die Mitarbeiter des Controllerbereichs und der Strategieabteilung nutzen auch informelle Treffen, um die Fragestellungen des jeweils anderen Bereiches zu verstehen (z. B. während des Mittagessens).	0,81	0,77	-
Die Mitarbeiter des Controllerbereichs und der Strategieabteilung tauschen sich sehr häufig in Flurgesprächen zu aktuellen Problemen des Unternehmens aus.	0,75	0,66	19,13
Die Mitarbeiter des Controllerbereichs und der Strategieabteilung sind auch persönlich untereinander sehr gut vernetzt.	0,77	0,68	19,75
Die Mitarbeiter des Controllerbereichs und der Strategieabteilung sprechen auch informell regelmäßig miteinander.	Eliminiert		
Ein informeller Informationsaustausch zwischen beiden Bereichen findet selten statt. (RC)	0,74	0,62	18,37

Informationen zum Faktor **„Güte des informellen Informationsaustauschs von Controllerbereich und Strategieabteilung“**			
Cronbach'sches Alpha	0,89	AGFI	0,99
Erklärte Varianz	0,68	CFI	1,00
χ^2/df	0,47	TLI	1,00
RMSEA	0,00	Faktorreliabilität	0,89
GFI	1,00	Durchschnittlich erfasste Varianz	0,68

Tabelle 8: Informationen zum Konstrukt „Güte des informellen Informationsaustauschs von Controllerbereich und Strategieabteilung“

Im Unterschied zum formellen Informationsaustausch kann der revers kodierte Indikator beibehalten werden. Demgegenüber wurden aufgrund auftretender Korrelationen zwischen Messfehlervariablen die Indikatoren eins, zwei und sechs eliminiert. Das resultierende Messmodell weist wiederum eine sehr hohe Güte der verwendeten Anpassungskriterien auf. Die verbleibenden Indikatoren bilden sowohl die Informationsbedarfsermittlung als auch den Informationstransfer ab.

4.2.2 Collaboration

4.2.2.1 Konzeptualisierung

Zusätzlich zu einer Betrachtung des Informationsaustauschs zwischen Funktionsbereichen wird das Kooperationsverhalten von Abteilungen in zahlreichen Arbeiten der Schnittstellenliteratur anhand der Qualität der relationalen Beziehung ermittelt.[822] Insbesondere in sozialpsychologisch geprägten Arbeiten wird das relationale Verhältnis zweier Funktionsbereiche als zentraler Bestandteil kooperativen Verhaltens aufgefasst.[823]

Eine nähere Analyse der vorgestellten Untersuchungen verdeutlicht hierbei, dass es der Schnittstellenforschung bisher an einem einheitlichen Verständnis der relationalen Kooperationsdimension mangelt. Bereits im Rahmen der terminologischen Bezeichnung werden mit verschiedenen Bedeutungen belegte Begriffe wie Coordination, Collaboration oder Integration verwendet.[824] Auch die Heterogenität der verwendeten Definitionen zeigt auf, dass unterschiedliche Auffassungen darüber existieren, was unter einer kooperativen Beziehung zu verstehen ist. Ähnlich wie bei den Darstellungen zum Informationsaustausch sind für die nachfolgende Operationalisierung daher zunächst die Inhalte und die Terminologie der relationalen Dimension kooperativen Verhaltens zu präzisieren.

In dieser Arbeit soll grundlegend auf die Konzeptualisierung von KAHN (1996) zurückgegriffen werden, der relationales Verhalten mit dem Begriff Collaboration belegt. Aufbauend auf einer umfangreichen Analyse der Schnittstellenliteratur definiert KAHN (1996) Collaboration als „affective, volitional, mutual/shared process where two or more departments work together, have mutual understanding, have a common vision, share resources, and achieve collective goals“[825]. Wesentliche Merkmale einer relationalen Beziehung sind somit gemeinsame Wertvorstellungen, ein positives Verhältnis zur anderen Abteilung, der Austausch von Ressourcen sowie die Zusammenarbeit zur gemeinsamen Erfüllung von Aufgaben.

Gemeinsame Wertvorstellungen sind insbesondere durch die Existenz bereichsübergreifender Ziele gekennzeichnet. So stellt bereits DEUTSCH (1949) in seiner vielzitierten Arbeit „A Theory of Co-operation and Competition“ die Hypothese auf, dass die Kooperationsbereitschaft von Personen und Gruppen grundlegend durch das Ausmaß positiver Zielinterdependenz bestimmt wird.[826] Positive Zielinterdependenz ist hierbei dadurch gekennzeichnet, „dass das Ausmaß oder die Wahrscheinlichkeit der Zielerreichung einer Person positiv mit dem Ausmaß oder der Wahrscheinlichkeit der Zielerreichung einer anderen Person [korre-

822 Für einen Überblick vgl. auch die Abschnitte 2.4.3.2 und 2.4.3.3.
823 Vgl. hierzu im Überblick auch Röder (2001), S. 23 ff.
824 Für einen Überblick zu unterschiedlichen Begriffen und Definitionen vgl. die tabellarische Auflistung bei Pinto/Pinto (1990), S. 203.
825 Kahn (1996), S. 139
826 Vgl. Deutsch (1949), S. 131 f.

liert].“[827] Diese Annahme wird in zahlreichen theoretischen und empirischen Arbeiten insbesondere mit sozialpsychologischem Hintergrund aufgegriffen und bestätigt.[828]

Ebenso wird in der Sozialpsychologie die *positive Einstellung zu anderen Akteuren* als Element kooperativen Verhaltens betont: „In cooperation, the positive value given to each other's effective behavior is generalized to a positive attitude toward each other.“[829] Als bedeutende Merkmale relationaler Beziehungen lassen sich hierbei Empathie und Reziprozität identifizieren.[830] Empathie spiegelt in diesem Zusammenhang die Fähigkeit wider, die Bedürfnisse und Probleme der anderen Abteilung zu erkennen.[831] Demgegenüber bezeichnet Reziprozität die Ausgewogenheit einer Beziehung.[832] Beiden Eigenschaften wird in sozialpsychologischen Ansätzen eine hohe Bedeutung für kooperatives Verhalten zugemessen. Beispielsweise finden sich in den Ausführungen zur Theorie der sozialen Identität Hinweise darauf, dass sich diskriminierendes Intergruppenverhalten durch eine verbesserte gegenseitige Kenntnis der Gruppen reduzieren lässt.[833] Ähnlich wird Reziprozität eine stabilisierende Wirkung auf die Beziehung von Akteuren zugesprochen.[834]

Basierend auf den Ausführungen zur Ressourcenabhängigkeitsperspektive lässt sich auch der *Austausch von Ressourcen* als Bestandteil einer kooperativen Beziehung auffassen. Kooperationen bieten Akteuren die Möglichkeit, beim Partner verfügbare und selbst benötigte Ressourcen zu beschaffen.[835] Auch für den Controllerbereich besteht ein wesentlicher Nutzen der Kooperation mit der Strategieabteilung darin, für die eigene Aufgabenerfüllung notwendige Ressourcen zu erlangen.[836] Der Austausch von Ressourcen dürfte somit ebenfalls einen wesentlichen Bestandteil kooperativen Verhaltens beider Funktionsbereiche darstellen.

Ähnliches lässt sich auch für die letzte Eigenschaft der verhaltensbezogenen Kooperationsperspektive in Form der *Zusammenarbeit zur Erfüllung gemeinsamer Aufgaben* feststellen. So

---

827 Deutsch (1981), S. 28.

828 Vgl. z. B. Steinmann/Schreyögg (1997), S. 551; Bartunek/Foster-Fishman/Keys (1996), S. 706; Tjosvold (1984), S. 751 ff. Ähnlich zuvor auch Deutsch (1976), S. 31 ff.

829 Tjosvold (1984), S. 746.

830 Vgl. De Ruyter/Wetzels (2000a), S. 260 f.; De Ruyter/Wetzels (2000b), S. 210 f., welche die relationale Komponente der Beziehung zwischen Funktionsbereichen als Relational Exchange Orientation bezeichnen. Neben Empathie und Reziprozität zählen sie hierzu auch gemeinsame Ziele und Vertrauen. Gemeinsame Ziele wurden oben bereits separat betrachtet. Vertrauen bzw. ein vertrauensvolles Klima wird in Anlehnung an Maltz/Kohli (1996), S. 55, und Moenaert et al. (1994), S. 32 f., nicht als Bestandteil, sondern als Einflussfaktor kooperativen Verhaltens betrachtet.

831 Vgl. auch Eisenberg (2005), S. 74 ff.; Nelson/Klein/Irvin (2003), S. 37 f.

832 Vgl. De Ruyter/Wetzels (2000a), S. 260 f.

833 Vgl. auch Abschnitt 2.5.3. Vgl. zudem Röder (2001), S. 39 ff.

834 Vgl. Appley/Winder (1977), S. 285.

835 Vgl. hierzu auch Abschnitt 2.5.2.

836 Vgl. hierzu auch Abschnitt 4.1.1.

werden in einigen Arbeiten die Begriffe Kooperation und Zusammenarbeit synonym verwendet. Kooperation bezeichnet nach diesem Verständnis jede „Form von Zusammenarbeit mit dem Ziel der gemeinschaftlichen Erfüllung von Aufgaben“[837].

Im Anschluss an die inhaltliche Präzisierung einer verhaltensorientierten Dimension kooperativen Verhaltens ist zudem die terminologische Bezeichnung des Konstrukts zu bestimmen. Auf KAHN (1996) basierende deutschsprachige Arbeiten verwenden zumeist den Begriff „Zusammenarbeit“.[838] Wie oben erläutert, stellt Zusammenarbeit lediglich ein Teilelement der inhaltlichen Konzeptualisierung dar. In dieser Arbeit wird die deutsche Übersetzung des Konstrukts daher nicht benutzt, sondern der von KAHN (1996) verwendete Begriff der Collaboration beibehalten.[839]

Als Ergebnis der Konzeptualisierung lässt sich daher festhalten, dass die relationale Dimension der Kooperation von Controllerbereich und Strategieabteilung durch das Konstrukt Collaboration erhoben wird. Dies bildet das Ausmaß an Zielkongruenz und gegenseitigem Verständnis ab und beinhaltet zudem die Existenz des gegenseitigen Ressourcenaustauschs und der Zusammenarbeit zwischen Controllerbereich und Strategieabteilung.

4.2.2.2 Operationalisierung und empirische Validierung

Zur Operationalisierung des Konstrukts Collaboration wird auf die Skala von KAHN (1996) nach der deutschen Übersetzung von Ernst (2001) zurückgegriffen.[840] Diese wird durch zwei Indikatoren der Skala von KAHN/REIZENSTEIN/RENTZ (2004), die auf der Operationalisierung von JONES/JAMES (1979) basiert,[841] ergänzt.

Fünf der sechs Indikatoren des von KAHN (1996) operationalisierten Konstrukts konnten für die vorliegende Arbeit übernommen werden. Lediglich das von ERNST (2001) als „haben die gleiche Vision für das Unternehmen“ übersetzte Item wurde nicht berücksichtigt.[842] Zwei der fünf verwendeten Indikatoren wurden zudem umformuliert. So wurde die von ERNST (2001) gewählte Übersetzung „arbeiten oft auch informell zusammen“ durch die Formulierung

---

837 Marr (1992), Sp. 1154 f. Ähnlich Küpper (1991), S. 177.

838 Vgl. Matthes (2005), S. 56; Ernst (2001), S. 185.

839 Auf den deutschen Begriff Kollaboration wird aufgrund der negativen historischen Konnotationen bewusst verzichtet.

840 Vgl. Ernst (2001), S. 185; Kahn (1996), S. 152.

841 Vgl. Kahn/Reizenstein/Rentz (2004), S. 1088; Jones/James (1979), S. 213.

842 Der Indikator weist bei Kahn (1996), S. 152, die geringste Faktorladung auf und wurde aufgrund schlechter Gütemaße auch bei Ernst (2001), S. 288 ff., eliminiert.

„arbeiten auch abseits von Regularien und Richtlinien zusammen“ präzisiert.[843] Ebenso wurde die Aussage „arbeiten zusammen als ein Team“ zur besseren Abgrenzung von der Determinante Teamarbeit durch die Formulierung „arbeiten eng zusammen“ ersetzt.

Aus der Untersuchung von KAHN/REIZENSTEIN/RENTZ (2004) wurden zudem ein Indikator für die Darstellung der Reziprozität zwischen Controllerbereich und Strategieabteilung sowie ein revers kodiertes Item übernommen. Da KAHN/REIZENSTEIN/RENTZ (2004) sich stark an der Arbeit von KAHN (1996) anlehnen, erscheint eine Ergänzung der ursprünglichen Skala durch die beiden Indikatoren unproblematisch. Die insgesamt sieben Indikatoren und ihre Gütekriterien können Tabelle 9 entnommen werden. Die Messung erfolgte reflektiv.

Informationen zu den einzelnen Indikatoren des Faktors **„Güte der Collaboration von Controllerbereich und Strategieabteilung“**			
Bezeichnung der Indikatoren	Item-to-Total-Korrelation	Indikator-reliabilität	t-Wert der Faktorladung
Controlling und Strategieabteilung versuchen, Ziele gemeinsam zu erreichen.	Eliminiert		
Controlling und Strategieabteilung haben ein gutes gegenseitiges Verständnis.	0,83	0,77	23,25
Controlling und Strategieabteilung arbeiten auch abseits von Regularien und Richtlinien zusammen.	0,80	0,70	21,33
Controlling und Strategieabteilung teilen Ideen, Informationen und/oder Ressourcen.	0,83	0,78	-
Controlling und Strategieabteilung arbeiten eng zusammen.	Eliminiert		
Controlling und Strategieabteilung unterstützen sich gegenseitig bei der Erfüllung ihrer Aufgaben.	0,83	0,78	23,53
Bei der Zusammenarbeit von Controlling und Strategieabteilung kommt es häufig zu Konflikten. (RC)	Eliminiert		

Informationen zum Faktor **„Güte der Collaboration von Controllerbereich und Strategieabteilung“**			
Cronbach'sches Alpha	0,92	AGFI	0,97
Erklärte Varianz	0,75	CFI	1,00
χ^2/df	2,26	TLI	0,99
RMSEA	0,06	Faktorreliabilität	0,92
GFI	0,99	Durchschnittlich erfasste Varianz	0,75

Tabelle 9: Informationen zum Konstrukt „Güte der Collaboration von Controllerbereich und Strategieabteilung“

Das ursprünglich sieben Indikatoren umfassende Messmodell weist hohe χ^2/df-Werte und einen außerhalb der zulässigen Grenzen liegenden RMSEA auf, die vor allem aus Korrelationen der Messfehlervariablen der Indikatoren eins und fünf mit den Messfehlervariablen

[843] Eine Umformulierung schien auch deshalb geboten, weil der betrachtete Indikator in der Untersuchung von Ernst (2001), S. 288 ff., mit Problemen behaftet war und daher eliminiert werden musste.

der anderen Items resultieren. Beide Indikatoren wurden daher eliminiert. Ebenso wurde das revers kodierte Item sieben aufgrund einer geringen Indikatorreliabilität nicht in die Messung einbezogen. Die statistische Güte des aus den verbleibenden vier Indikatoren bestehenden Messmodells entspricht den in der Literatur gestellten Anforderungen.

4.3 Untersuchung des Gesamtmodells

4.3.1 Beurteilung der Diskriminanzvalidität

In seinen Ausführungen zur integrativen Perspektive unterstellt KAHN (1996), dass es sich bei der informationsbezogenen und verhaltensorientierten Sichtweise um eigenständige und unabhängige Dimensionen kooperativen Verhaltens handelt. Diese Aussage ist in der Literatur umstritten. Beispielsweise merkt ERNST (2001) an: „Somit ist auch zu vermuten, dass die von KAHN (1996) unterstellte Unabhängigkeit von Informationsfluss und Zusammenarbeit nicht zutrifft.“[844] Auch GIERING (2000) weist im Rahmen ihrer Konzeptualisierung auf einen Zusammenhang beider Dimensionen hin.[845] Im Vorfeld einer Zusammenführung der einzelnen Faktoren zu einem gesamthaften Messmodell der Kooperation ist daher in einem ersten Schritt zu überprüfen, ob die einzelnen Faktoren ein ausreichendes Maß an Diskriminanzvalidität aufweisen. Hierzu wird auf das Fornell-Larcker-Kriterium zurückgegriffen, nach dem die quadrierten Korrelationen eines Faktorenpaares unterhalb der durchschnittlich erfassten Varianzen der entsprechenden Faktoren liegen sollen. Wie aus Tabelle 10 hervorgeht, ist diese Bedingung gegeben. Dementsprechend kann von Diskriminanzvalidität des Konstruktverbundes ausgegangen werden. Allerdings ist anzumerken, dass die quadrierten Korrelationen zwischen den einzelnen Faktoren vergleichsweise hohe Werte aufweisen.

Faktor		Güte des formellen Informationsaustauschs	Güte des informellen Informationsaustauschs	Güte der Collaboration
	DEV	0,70	0,68	0,75
Güte des formellen Informationsaustauschs	0,70	-		
Güte des informellen Informationsaustauschs	0,68	0,52	-	
Güte der Collaboration	0,75	0,66	0,56	-

Tabelle 10: Fornell-Larcker-Kriterium zur Messung der Diskriminanzvalidität der einzelnen Faktoren der Güte der Kooperation von Controllerbereich und Strategieabteilung

844 Ernst (2001), S. 186.

845 Vgl. Giering (2000), S. 107. In einigen Arbeiten der integrativen Perspektive werden die informations- und verhaltensbezogene Sichtweise zudem in einem Konstrukt abgebildet. Vgl. hierzu Abschnitt 2.4.3.3.

4.3.2 Beurteilung der Konvergenzvalidität

Nachdem eine hinreichende Unabhängigkeit der einzelnen Dimensionen kooperativen Verhaltens nachgewiesen wurde, sollen diese im folgenden Schritt erstmalig in der Schnittstellenforschung zu einem Index der Kooperation von Controllerbereich und Strategieabteilung zusammengefügt und validiert werden. Die einzelnen reflektiv gemessenen Faktoren werden hierzu formativ zu einem gesamthaften Kooperationskonstrukt zusammengefasst. Es handelt sich dabei um ein so genanntes „reflective first-order, formative second-order construct"[846]. Für die Messung und Validierung des Kooperationsindexes wird auf das in Abbildung 5 dargestellte MIMIC-Modell zurückgegriffen.[847]

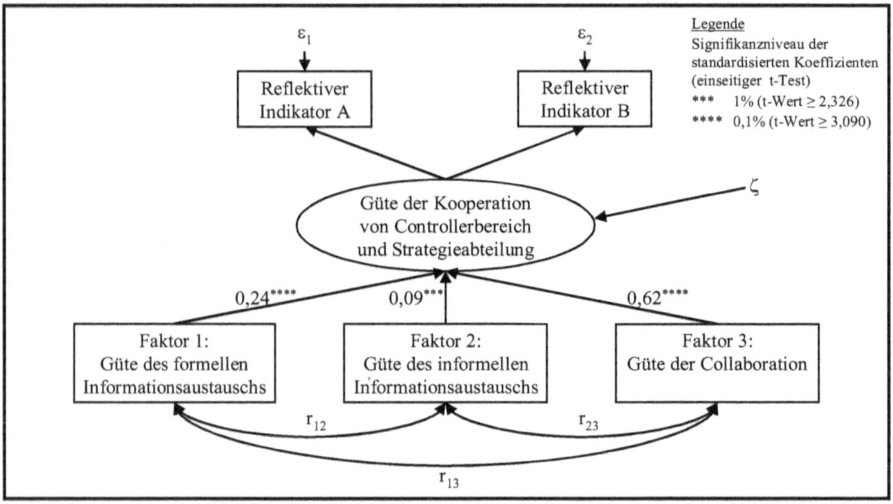

Abbildung 5: MIMIC-Modell der Güte der Kooperation von Controllerbereich und Strategieabteilung

Im MIMIC-Modell wird das Konstrukt der Kooperation von Controllerbereich und Strategieabteilung sowohl durch formative als auch reflektive Indikatoren erhoben.[848] Für die Schätzung des Modells wird auf ein kovarianzbasiertes Kausalanalyseverfahren zurückgegriffen.[849] Die Güte des verwendeten Modells lässt sich hierbei bereits als Hinweis dafür auffassen, wie gut das formativ gebildete Messmodell das Konstrukt der Güte der Koope-

846 Jarvis/Mackenzie/Podsakoff (2003), S. 205.

847 Für ein ähnliches Vorgehen im Kontext der internen Kundenorientierung des Controllerbereichs vgl. auch Spillecke (2006), S. 123 f. Zum MIMIC-Modell vgl. grundlegend Diamantopoulos/Winklhofer (2001), S. 272 f.; Hauser/Goldberger (1971), S. 81 f.

848 Die verwendeten reflektiven Indikatoren sind Tabelle 12 zu entnehmen.

849 Ein kovarianzbasiertes Verfahren wird deshalb eingesetzt, weil die verwendete PLS-Software bisher keine simultane Schätzung mit formativen und reflektiven Variablen erlaubt.

ration von Controllerbereich und Strategieabteilung abbildet.[850] Die entsprechenden Gütekriterien des Gesamtmodells können Tabelle 11 entnommen werden.

Gütekriterium	χ^2/df	RMSEA	GFI	AGFI	CFI	TLI
Ausprägung im Messmodell	2,04	0,05	0,95	0,92	0,99	0,98
Informationen zu den **Teildimensionen der Güte der Kooperation von Controllerbereich und Strategieabteilung**						
Bezeichnung der Beziehung		Ursprünglicher Schätzwert	Mittelwert der erzeugten Fälle	Standardabweichung	t-Wert	Effektgröße f^2
Güte des formellen Informationsaustauschs		0,24	0,24	0,04	5,91	0,09
Güte des informellen Informationsaustauschs		0,09	0,10	0,04	2,56	0,02
Güte der Collaboration		0,62	0,62	0,04	16,48	0,58

Tabelle 11: Informationen zum Messmodell „Güte der Kooperation von Controllerbereich und Strategieabteilung"

Die Messung zeigt, dass das Drei-Faktoren-Modell der Kooperation von Controllerbereich und Strategieabteilung eine hohe Validität besitzt. Alle verwendeten Gütekriterien weisen gute Werte auf und liegen innerhalb der in der Literatur geforderten Grenzen.

Die ebenfalls aus Tabelle 11 hervorgehenden Schätzwerte und Signifikanzen der Pfadkoeffizienten ermöglichen zudem Aussagen zur Bedeutung der einzelnen Dimensionen für die Bildung des Kooperationskonstrukts. Aus den Schätzergebnissen geht zunächst hervor, dass alle drei Dimensionen für die Bildung des gesamthaften Kooperationsindex relevant sind. Darüber hinaus wird deutlich, dass die relationale Dimension mit dem Faktor Collaboration am stärksten zur Bildung des Gesamtkonstrukts beiträgt. Demgegenüber geht vom informellen Informationsaustausch zwischen Controllerbereich und Strategieabteilung der geringste Einfluss für die Abbildung des Gesamtkonstrukts aus.

4.3.3 Beurteilung der Inhaltsvalidität

Im Anschluss an die methodische Validierung wird im Rahmen der Beurteilung der Inhaltsvalidität überprüft, inwieweit die Variablen des Messmodells die Kooperation von Controllerbereich und Strategieabteilung auch tatsächlich inhaltlich abbilden.[851] Hierzu wird ein Strukturmodell entwickelt, das aus dem Kooperationsindex sowie einem in Tabelle 12 aufgeführten Faktor „Direkte Erfassung der Güte der Kooperation von Controllerbereich und

[850] Ähnlich Spillecke (2006), S. 124.
[851] Vgl. zur Inhaltsvalidität Homburg/Giering (1996), S. 7; Bohrnstedt (1970), S. 92.

Strategieabteilung" besteht.[852] Das Bestimmtheitsmaß des Faktors gibt Auskunft über die Inhaltsvalidität der entwickelten Kooperationsskala. Ein hoher Anteil erklärter Varianz lässt sich als Hinweis für eine hohe Inhaltsvalidität interpretieren. Eine geringe Ausprägung deutet darauf hin, dass wesentliche Elemente der Kooperation von Controllerbereich und Strategieabteilung nicht im Index abgebildet sind.

Informationen zu den einzelnen Indikatoren des Faktors **„Direkte Erfassung der Güte der Kooperation von Controllerbereich und Strategieabteilung"**			
Bezeichnung der Indikatoren	Item-to-Total-Korrelation	Indikator-reliabilität	t-Wert der Faktorladung
Controlling und Strategieabteilung arbeiten insgesamt sehr gut zusammen.	0,94		-*
Die Kooperation zwischen Controlling und Strategieabteilung funktioniert insgesamt sehr gut.	0,94		-*
Informationen zum Faktor **„Direkte Erfassung der Güte der Kooperation von Controllerbereich und Strategieabteilung"**			
Cronbach'sches Alpha	0,97	AGFI	-*
Erklärte Varianz	0,94	CFI	-*
χ^2/df	-*	TLI	-*
RMSEA	-*	Faktorreliabilität	-*
GFI	-*	Durchschnittlich erfasste Varianz	-*
* Für die Durchführung einer konfirmatorischen Faktorenanalyse sind mindestens drei Indikatoren notwendig. Eine Berechnung dieser Maße ist deshalb nicht möglich.			

Tabelle 12: Informationen zum Konstrukt „Direkte Erfassung der Güte der Kooperation von Controllerbereich und Strategieabteilung"

Die Schätzung des Strukturmodells zur Überprüfung der Inhaltsvalidität erfolgte in Smart-PLS 2.0. Der Pfadkoeffizient zwischen dem Index der Kooperationsgüte von Controllerbereich und Strategieabteilung und der direkten Erfassung der Kooperationsqualität beider Bereiche beträgt 0,90. Der im Rahmen der Resampling-Prozedur generierte t-Wert von 80,18 weist auf eine hohe Signifikanz hin. Ein R^2-Wert von 80,7 % legt zudem den Schluss nahe, dass der neu entwickelte Kooperationsindex über ein hohes Ausmaß an Inhaltsvalidität verfügt und alle bedeutenden Elemente der Kooperationsgüte von Controllerbereich und Strategieabteilung berücksichtigt.[853]

Die Güte der Kooperation von Controllerbereich und Strategieabteilung kann daher abschließend als die Qualität *des formellen und informellen Austauschs tätigkeitsrelevanter Informationen sowie der Collaboration von Controllerbereich und Strategieabteilung* definiert werden.

852 Vgl. hierzu und im Folgenden ähnlich Spillecke (2006), S. 125.

853 Als Referenzgröße der Inhaltsvalidität lässt sich im Controllingkontext die Arbeit von Spillecke (2006), S. 125, heranziehen, der bei einem R^2 von 40,4 % die Inhaltsvalidität des entwickelten Indexes der internen Kundenorientierung des Controllerbereichs als gegeben ansieht.

4.4 Status quo der Güte der Kooperation von Controllerbereich und Strategieabteilung

4.4.1 Gesamthafte Ergebnisse

Um Aussagen zur Güte der Kooperation von Controllerbereich und Strategieabteilung in deutschen Unternehmen ableiten zu können, wurde mithilfe des entwickelten Kooperationsindexes der Status quo der Kooperation zwischen beiden Bereichen ermittelt. Zur Veranschaulichung wurden die 5er-Ratingskalen in Werte von 0 bis 100 umgewandelt, wobei 0 die minimale und 100 die maximale Ausprägung darstellt.[854]

Abbildung 6 bietet einen Überblick über die Ergebnisse der Indexermittlung. Der Wert des gesamthaften Kooperationsindexes liegt mit 60,3 in der oberen Skalenhälfte. Den höchsten Teilindexwert weist mit 63,2 die Dimension Collaboration auf. Den geringsten Wert besitzt mit 53,3 der informelle Informationsaustausch. Die resultierende Differenz von lediglich 9,9 Punkten zwischen beiden Teilindizes verdeutlicht die insgesamt ähnliche Einschätzung der einzelnen Dimensionen. Demgegenüber weist ein durchschnittlicher Variationskoeffizient von 27,1 % auf beträchtliche Unterschiede in der individuellen Beurteilung hin.[855]

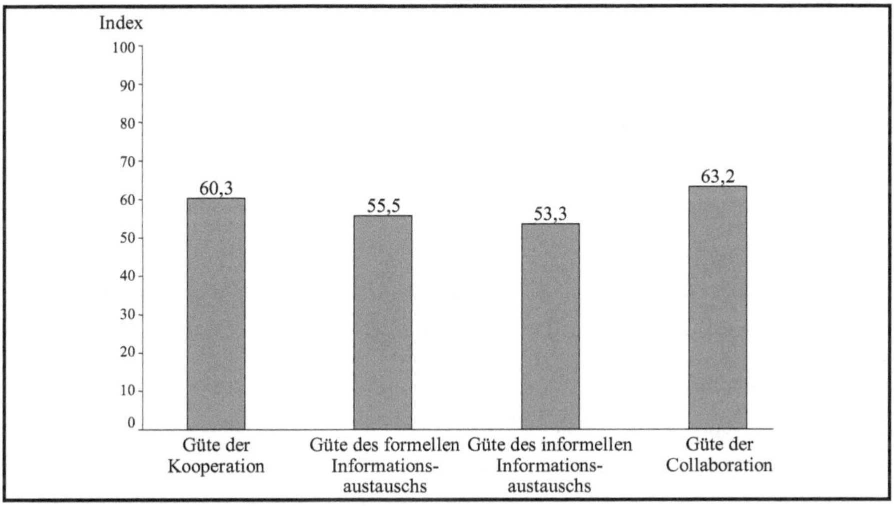

Abbildung 6: Gesamthafte Ausprägung der Güte der Kooperation von Controllerbereich und Strategieabteilung

[854] Ein Indexwert von 100 bezeichnet hierbei im Fragebogen den Wert 5. Vgl. auch Spillecke (2006), S. 127 ff.

[855] Der Variationskoeffizient ist als Quotient aus Standardabweichung und Mittelwert definiert und lässt sich als eine Art „normierte Varianz“ auffassen.

4.4.2 Branchenbezogene Ergebnisse

Neben einer gesamthaften Indexberechnung wurden zudem branchenspezifische Kooperationswerte bestimmt, deren Ergebnisse Abbildung 7 entnommen werden können. Branchenunterschiede wurden mittels einfaktorieller Varianzanalysen und paarweiser t-Tests auf Signifikanz hin überprüft. Signifikante Abweichungen sind besonders gekennzeichnet.

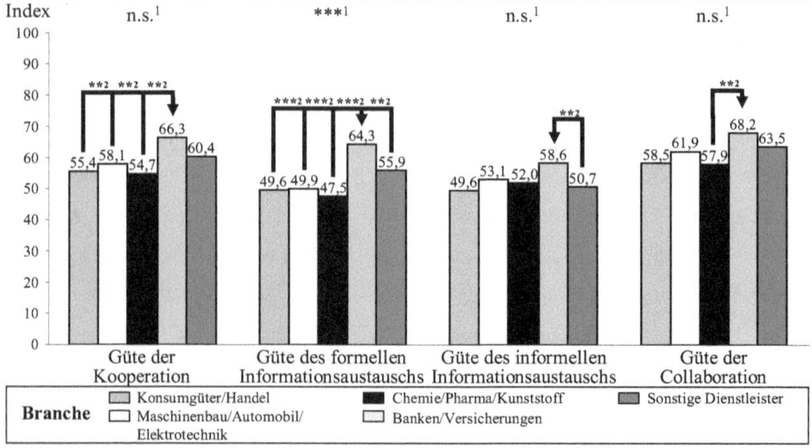

¹ Signifikanz der einfaktoriellen Varianzanalyse: n. s. – nicht signifikant, *** – signifikant auf dem 10-%-Niveau; ² Signifikanz paarweiser t-Tests zwischen den Gruppen: ** – signifikant auf dem 5-%-Niveau, *** – signifikant auf dem 10-%-Niveau

Abbildung 7: Branchenspezifische Ausprägung der Güte der Kooperation von Controllerbereich und Strategieabteilung

Die Ergebnisse der einfaktoriellen Varianzanalyse lassen erkennen, dass lediglich im Rahmen des formellen Informationsaustauschs signifikante Branchenunterschiede bezüglich der Indexausprägung existieren. Mithilfe paarweise zwischen den Branchen durchgeführter t-Tests wird hierbei deutlich, dass die identifizierten Unterschiede insbesondere auf die hohen Kooperationswerte von Banken und Versicherungen zurückzuführen sind.[856]

Dagegen ist die Branchenklasse *Konsumgüter/Handel* im Vergleich zu anderen Gruppen durch einen geringen gesamthaften Indexwert gekennzeichnet. Auch die einzelnen Teildimensionen weisen eine geringe Indexausprägung auf. Allerdings deutet ein durchschnittlicher Variationskoeffizient von 30,3 % auf eine vergleichsweise hohe Streuung im Antwort-

[856] Ein Vergleich mit den Kooperationswerten der übrigen Schnittstellen des Forschungsprojekts verdeutlicht, dass diese Ausprägung spezifisch für die Beziehung von Controllerbereich und Strategieabteilung zu sein scheint. Da diese Sonderstellung der Güte des formellen Informationsaustauschs von Controllerbereich und Strategieabteilung mithilfe bisheriger Erkenntnisse nicht hinreichend zu erklären ist, ergeben sich hieraus Ansatzpunkte für weitere Forschungsvorhaben.

verhalten hin. Die Einschätzung einer geringen Kooperationsgüte scheint somit nicht von allen Unternehmen geteilt zu werden, was Ursachenanalysen und Interpretationen erschwert.

Auch die Branchenklasse *Maschinenbau/Automobil/Elektrotechnik* ist durch eine eher mäßige Ausprägung der Kooperationsgüte von Controllerbereich und Strategieabteilung gekennzeichnet. Im Rahmen der Teildimensionen ist insbesondere die unterschiedliche Ausprägung des formellen und informellen Informationsaustauschs von Interesse. Während der formelle Informationsaustausch im Branchenvergleich eher gering ausgeprägt ist, weist der informelle Informationsaustausch den zweithöchsten Branchenwert auf. Der Indexwert für Collaboration befindet sich im Branchenmittel. Der hohe durchschnittliche Variationskoeffizient von 28,8 % verdeutlicht jedoch, dass auch hier erhebliche Schwankungen im Antwortverhalten vorliegen.

Gleiches gilt mit einem Koeffizientenwert von 25,1 % für die Branchenklasse *Chemie/ Pharma/Kunststoff*, die den insgesamt geringsten Kooperationsindex aufweist. Sowohl der formelle Informationsaustausch als auch die Teildimension Collaboration besitzen die geringsten Ausprägungen unter den betrachteten Branchengruppen. Der Teilindex des informellen Informationsaustauschs lässt zudem auf eine eher mäßige Qualität nichtoffizieller Kommunikationskanäle schließen.

Im Unterschied hierzu besitzt die Gruppe der Dienstleistungsbranchen *Banken/ Versicherungen* von allen Klassen die höchsten Kooperationsgütewerte. Sowohl der Gesamtindex als auch die Teilindizes für den formellen und informellen Informationsaustausch und die Collaboration sind mit Abstand am höchsten ausgeprägt. Der unter allen Branchen geringste Variationskoeffizient deutet zudem auf eine vergleichsweise übereinstimmende Einschätzung der antwortenden Unternehmen hin.

Auch die *Sonstigen Dienstleister* weisen einen hohen gesamthaften Kooperationsindex auf. Die Teildimensionen formeller Informationsaustausch und Collaboration besitzen unter allen Branchen die zweithöchsten Werte. Demgegenüber weist der informelle Informationsaustausch eine schwache Ausprägung auf, die aber den Werten zweier anderen Branchen nahe kommt. Der hohe durchschnittliche Variationskoeffizient, der möglicherweise durch die Heterogenität der Branchengruppe beeinflusst wird, erschwert aber auch hier eine Interpretation der Ergebnisse.

Zusammenfassend lässt sich festhalten, dass trotz gewisser Unterschiede Ähnlichkeiten im Kooperationsverhalten über alle Branchen zu beobachten sind. In allen Branchenklassen ist die Dimension der Collaboration am stärksten ausgeprägt, während der Informationsaustausch deutlich geringere Indexwerte ausweist. Aufgrund dieser Ergebnisse ist davon auszugehen, dass keine signifikanten bracheninduzierten Unterschiede im Kooperationsverhalten von Controllerbereich und Strategieabteilung vorliegen.

4.4.3 Unternehmensgrößenbezogene Ergebnisse

Zusätzlich zur branchenvergleichenden Auswertung wurde untersucht, inwieweit sich die ermittelten Kooperationsindizes in Abhängigkeit von der Unternehmensgröße unterscheiden. Als Indikator der Unternehmensgröße wurde auf die Mitarbeiteranzahl zurückgegriffen. Die größenbezogenen Gemeinsamkeiten und Unterschiede können Abbildung 8 entnommen werden.

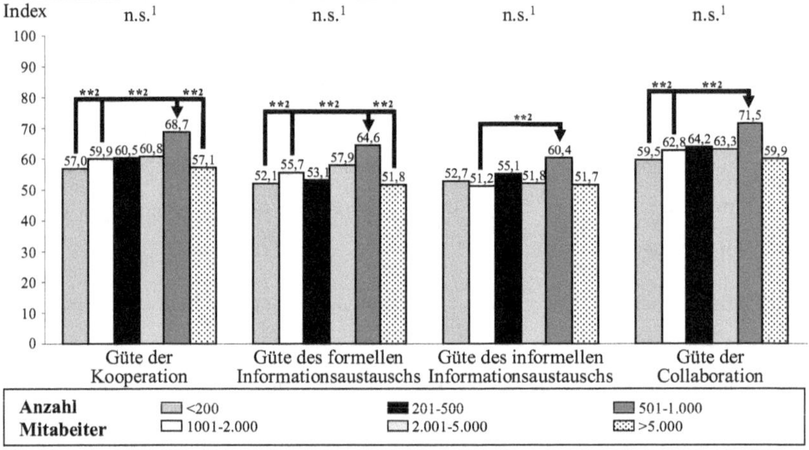

[1] Signifikanz der einfaktoriellen Varianzanalyse: n. s. – nicht signifikant; [2] Signifikanz paarweiser t-Tests zwischen den Gruppen: ** – signifikant auf dem 5-%-Niveau, *** – signifikant auf dem 10-%-Niveau

Abbildung 8: Unternehmensgrößenspezifische Ausprägung der Güte der Kooperation von Controllerbereich und Strategieabteilung

Im Rahmen der einfaktoriellen Varianzanalyse lassen sich für keinen Index signifikante Unterschiede zwischen den betrachteten Größenklassen feststellen.

Die deskriptive Darstellung verdeutlicht jedoch, dass die Werte des gesamthaften Kooperationsindexes mit zunehmender Unternehmensgröße tendenziell zunächst ansteigen, um bei weiterer Größenzunahme deutlich abzufallen. Diese Tendenz wird zum Teil durch die Ergebnisse paarweiser t-Tests bestätigt. Die größenabhängigen Unterschiede zwischen den Unternehmen mit weniger als 200 bzw. 201 bis 500 Mitarbeitern und der Klasse mit 2.001 bis 5.000 Beschäftigten sind auf dem 1-%- bzw. 5-%-Niveau signifikant. Auch der nachfolgende Abfall des Kooperationsindexes weist ein Signifikanzniveau von 5 % auf.

Eine ähnliche Entwicklung lässt sich abgeschwächt für die einzelnen Teildimensionen des formellen und informellen Informationsaustauschs sowie der Collaboration feststellen. Auch hier steigen die Indexwerte zunächst an, um ab einer Unternehmensgröße von 5.000 Mitarbeitern stark abzufallen. Die identifizierten Unterschiede sind jedoch nur teilweise auf dem 5-%-Niveau signifikant.

Aufgrund der dargestellten Ergebnisse lässt sich daher zusammenfassend vermuten, dass von der Unternehmensgröße kein signifikanter Einfluss auf das Kooperationsverhalten von Controllerbereich und Strategieabteilung ausgeht. Die durchschnittlichen Variationskoeffizienten von 20,8 % (2.001-5.000 Mitarbeiter) bis 30,7 % (201-500 Mitarbeiter) verdeutlichen aber auch hier, dass innerhalb der betrachteten Größenklassen Streuungen im Antwortverhalten auftreten können.

4.5 Zusammenfassung

Das Ziel des vierten Kapitels bestand darin, ein Messinstrument für die Kooperation von Controllerbereich und Strategieabteilung auf Basis der integrativen Perspektive der Schnittstellenforschung zu entwickeln. Hierzu wurde ein Messmodell mit den drei Dimensionen formeller Informationsaustausch, informeller Informationsaustausch und Collaboration konzeptualisiert und operationalisiert.

Die Beurteilung der Validität und Reliabilität des gesamten Messmodells wies gute Werte auf. Die angenommene Faktorenstruktur ließ sich im Rahmen der empirischen Validierung bestätigen. Hierbei wurde deutlich, dass der Teildimension Collaboration bei der Indexbildung das höchste Gewicht zukommt, so dass diese Größe die stärkste Bedeutung für die Abbildung des Kooperationsverhaltens von Controllerbereich und Strategieabteilung besitzt. Die abschließende Analyse zum Stand der Kooperationsgüte beider Bereiche in deutschen Unternehmen zeigte zum einen auf, dass die Dimension Collaboration in den meisten Unternehmen wesentlich besser ausgeprägt ist als der formelle und informelle Informationsaustausch. Zum anderen ging aus den Auswertungen hervor, dass nur geringe branchen- und größenbezogene Unterschiede des Kooperationsverhaltens existieren.

5 Wirkungen der Kooperation von Controllerbereich und Strategieabteilung

Nach der Messung der Güte der Kooperation von Controllerbereich und Strategieabteilung im vorangegangenen Kapitel sollen nachfolgend die Wirkungen kooperativen Verhaltens untersucht werden. Hierzu werden im ersten Schritt die betrachteten Wirkungsgrößen abgeleitet. Im Anschluss werden die zugehörigen Konstrukte konzeptualisiert, operationalisiert und empirisch validiert. Abschließend werden Hypothesen zur Wirkung der Kooperation von Controllerbereich und Strategieabteilung aufgestellt und empirisch überprüft.

5.1 Grundlagen

Eine Analyse bestehender Untersuchungen der Schnittstellenliteratur zeigt, dass in empirischen Arbeiten in der Regel der Einfluss von Kooperation auf die Qualität der durch die Funktionsbereiche erbrachten Leistungen untersucht wird. Beispielsweise betrachten Arbeiten aus dem Bereich des Innovationsmanagements die Wirkung kooperativen Verhaltens auf die Qualität der Neuproduktentwicklung bzw. den Neuprodukterfolg.[857] Studien der Kunden- bzw. Marktorientierung beschäftigen sich demgegenüber mit dem Einfluss funktionsbereichsübergreifender Kooperation auf die Qualität der Kunden- bzw. Marktorientierung von Unternehmen.[858]

Auch aus Controllersicht ist eine Betrachtung der Wirkung kooperativen Verhaltens auf die Qualität der Leistungserstellung von Bedeutung. Eine hohe Leistungsqualität stellt eine wesentliche Voraussetzung für Zufriedenheit mit dem Controllerbereich, Controllereinfluss und eine verstärkte Inanspruchnahme von Controllerleistungen dar.[859] Gleichzeitig verdeutlichen Bezeichnungen von Controllern als „Erbsenzähler, Zahlenknechte oder Bremser"[860] die Unzufriedenheit des Managements mit den erbrachten Leistungen.[861] So wird in vielen Unternehmen der Nutzen des Controllerbereichs hinterfragt und eine Übernahme der Aufgaben durch das Management selbst oder durch andere Funktionsbereiche diskutiert.[862] Analog zu den Studien des Schnittstellenmanagements soll deshalb in dieser Arbeit untersucht werden,

857 Vgl. z. B. Moenaert et al. (2000), Griffin/Hauser (1992), Gupta/Raj/Wilemon (1985b).
858 Vgl. z. B. Maltz/Kohli (1996), Kohli/Jaworski (1990), Narver/Slater (1990).
859 Vgl. Spillecke (2006), S. 185 ff.; Bauer (2002), S. 241.
860 Vgl. zu den Rollenbildern des Controllers auch Weber/Schäffer (2000), S. 183 ff.
861 Vgl. auch Weber/David/Prenzler (2001), S. 8; Steinle/Thiem/Rohden (2000), S. 281.
862 Vgl. z. B. Mosiek (2002), S. 1 ff.; Biel (2001), S. 324; Weber (1994a), S. 1785.

ob und inwieweit eine Kooperation von Controllerbereich und Strategieabteilung zu einer Qualitätsverbesserung der Controllerleistungen führt.

Im Rahmen eines strategischen Managements für Controllerbereiche wird kooperatives Verhalten von Controllerbereich und Strategieabteilung zudem als Handlungsstrategie aufgefasst, um die Mitwirkung von Controllern an der Bearbeitung strategischer Fragestellungen zu verbessern.[863] Diese Annahme ist im Controllingkontext insofern von Bedeutung, da sie Controllern die Möglichkeit bietet, sich durch die verstärkte Wahrnehmung strategischer Tätigkeiten im Unternehmen stärker als interne Berater zu positionieren[864] und sich von anderen, eher operativ orientierten Funktionsbereichen wie dem externen Rechnungswesen oder der Innenrevision abzugrenzen.

Allerdings steht ein empirischer Nachweis des im Rahmen eines strategischen Managements von Controllerbereichen postulierten Einflusses von Kooperation auf die Einbeziehung des Controllerbereichs in die Bearbeitung strategischer Fragestellungen bisher noch aus. Zusätzlich zur Analyse der qualitätsfördernden Wirkung kooperativen Verhaltens soll in der vorliegenden Arbeit daher überprüft werden, welche Wirkung die Güte der Kooperation von Controllerbereich und Strategieabteilung auf die *Nutzungsintensität der strategischen Rationalitätssicherungsleistungen des Controllerbereichs* besitzt.

Sollte sich im Rahmen der Untersuchung ein positiver Einfluss der Kooperation von Controllerbereich und Strategieabteilung auf die Qualität der Controllerleistungen oder die Nutzungsintensität der Rationalitätssicherungsfunktion des Controllerbereichs bei strategischen Fragestellungen nachweisen lassen, dürfte kooperatives Auftreten gegenüber der Strategieabteilung eine Möglichkeit darstellen, um die Positionierung des Controllerbereichs im Unternehmen zu verbessern. Die in der Controllingliteratur vertretene Auffassung von kooperativem Verhalten als strategischer Option im Rahmen eines strategischen Managements von Controllerbereichen würde hierdurch bestätigt.[865]

Darüber hinaus lässt sich im Rahmen einer Kooperation von Controllerbereich und Strategieabteilung auch eine Erhöhung des Unternehmenserfolgs vermuten. So weisen zahlreiche empirische Studien der Schnittstellenforschung auf einen positiven Zusammenhang zwischen kooperativem Verhalten von Funktionsbereichen und dem Unternehmens- bzw. dem Markt-

863 Vgl. hierzu und im Folgenden auch David (2005), S. 168 und 180.
864 Vgl. Weber/David/Prenzler (2001), S. 77; Steinle/Thiem/Rohden (2000), S. 286.
865 Vgl. zu dieser Auffassung auch die Ausführungen in Abschnitt 2.4.4 und 4.1.1.

erfolg von Neuprodukten hin.[866] Zudem stellt SPILLECKE (2006) im Controllingkontext fest, dass eine Erhöhung der bereits aufgeführten Leistungsqualität und der Nutzungsintensität über eine Verbesserung der Qualität des Führungszyklus positiv auf den Unternehmenserfolg wirkt.[867] Ein positiver Einfluss kooperativen Verhaltens auf die Qualität und die Nutzung von Controllerleistungen sollte somit auch zu einer Verbesserung der Qualität des Führungszyklus führen und zu einer Erhöhung des Unternehmenserfolgs beitragen.

Allerdings wird der Einfluss der Kooperation auf den Unternehmenserfolg im Folgenden nicht näher untersucht.[868] Stattdessen beschränkt sich die Arbeit auf die Analyse der Beziehungen zwischen kooperativem Verhalten und der Qualität der Controllerleistungen bzw. der Nutzungsintensität der Rationalitätssicherungsleistungen des Controllerbereichs im Rahmen strategischer Fragestellungen. Die Basishypothese lautet hierbei, dass die Kooperation von Controllerbereich und Strategieabteilung sowohl die Qualität der durch Controller erbrachten Leistungen verbessert als auch die Mitwirkung des Controllerbereichs bei strategischen Fragestellungen fördert. Nachfolgend werden die entsprechenden Konstrukte vorgestellt sowie die zugehörigen Hypothesen abgeleitet und empirisch überprüft.

5.2 Konzeptualisierung und Operationalisierung der Konstrukte

5.2.1 Qualität der Leistungen des Controllerbereichs

5.2.1.1 Konzeptualisierung

Controllerleistungen werden in der Controllingliteratur als Dienstleistungen charakterisiert.[869] Eine Erhebung der Qualität von Controllerleistungen hat somit als eine Messung der Dienstleistungsqualität zu erfolgen. Aufgrund der vielseitigen Verwendung sowohl des Dienstleistungs- als auch des Qualitätsbegriffs sollen beide Ausdrücke für die Konzeptualisierung zunächst getrennt erläutert werden. Anschließend werden die beiden Begriffe zusammengeführt und bisherige Konzeptualisierungen der Dienstleistungsqualität vorgestellt. Abschließend werden der Inhalt und die Messmethodik der Konstrukte zur Erhebung der Qualität der Controllerleistungen vorgestellt.

---

866 Vgl. z. B. Tuominen/Rajala/Moller (2000), Xie/Song/Stringfellow (1998), Moenaert et al. (1994).

867 Vgl. Spillecke (2006), S. 185 ff. Auch Bauer (2002), S. 252, stellt eine positive Wirkung der Qualität der Informationsversorgungsleistungen des Controllerbereichs auf den Unternehmenserfolg fest.

868 Für eine Abfrage der Qualität des Führungszyklus sowie des Unternehmenserfolgs wären weitere Items notwendig gewesen, die zu einer unverhältnismäßigen Länge des Fragebogens geführt hätten. Zudem wurde die Beziehung zwischen Qualität bzw. Nutzung von Controllerleistungen und dem Unternehmenserfolg bereits durch Spillecke (2006) empirisch nachgewiesen, so dass von einem Zusammenhang ausgegangen werden kann.

869 Vgl. Bauer (2002), S. 130 f.

Dienstleistungen lassen sich allgemein als „selbstständige, marktfähige Leistungen, die mit der Bereitstellung … und/oder dem Einsatz von Leistungsfähigkeiten ... verbunden sind“[870] auffassen. Aufgrund der dieser Charakterisierung immanenten Heterogenität existieren in der Literatur unterschiedliche Abgrenzungen des Dienstleistungsbegriffs.[871] Nach CORSTEN (1985) lassen sich hierbei insbesondere zwei Arten von Definitionen unterscheiden: eine Beschreibung von Dienstleistungen anhand konstitutiver Merkmale sowie eine Abgrenzung von Dienstleistungen gegenüber anderen Leistungsarten.[872] Im ersten Fall werden Dienstleistungen entlang der drei Leistungsdimensionen Potenzial, Prozess und Ergebnis charakterisiert.[873] Im zweiten Fall werden sie anhand ihrer Merkmalsunterschiede zu Sachgütern beschrieben.

Da eine Darstellung von Dienstleistungen entlang der Dimensionen Potenzial, Prozess und Ergebnis mit Schwächen verbunden ist und keine trennscharfen Kriterien zur eindeutigen Differenzierung von Sach- und Dienstleistungen liefert,[874] wird in der Literatur häufig auf Merkmalsunterschiede wie die Immaterialität, die Verderblichkeit, die Verbundenheit von Produktion und Konsum, den direkten Kontakt von Anbieter und Nachfrager sowie die Individualität der erbrachten Leistungen zurückgegriffen.[875]

Auch Controllertätigkeiten lassen sich anhand dieser Merkmale als Dienstleistungen charakterisieren.[876] Sie sind immateriell, auch wenn sich ihr Ergebnis z. B. in Form von Budgets oder Plänen nachvollziehbar aufzeichnen lässt. Zudem besitzen die erzielten Leistungen wie etwa die Rationalitätssicherung eine kurze Haltbarkeitsdauer, da sie in der Regel weder vorproduziert noch gelagert werden können. Des Weiteren werden beispielsweise Rationalitätssicherungsleistungen erst durch die und während der Interaktion mit einem bestimmten

---

870 Meffert/Bruhn (2006), S. 33. Ähnlich Meffert (1995), Sp. 454. Die Potenzialfaktoren werden nach Meffert/Bruhn (2006), S. 33, zur Leistungserstellung kombiniert (Prozessorientierung) und dienen dem Ziel, einen Nutzen zu erzielen (Ergebnisorientierung). Zu alternativen Definitionen vgl. Corsten (1990), S. 17 f.

871 Vgl. Bruhn (2000), S. 23; Deppisch (1997), S. 11.

872 Vgl. Corsten (1985), S. 173. Daneben führt Corsten (1985) als dritte Gruppe auch Definitionen auf, in denen der Dienstleistungsbegriff anhand von Beispielen erfasst wird. Da eine Verallgemeinerung beispielhaft getätigter Aufgaben mit Problemen verbunden ist, wird hiervon in dieser Arbeit Abstand genommen.

873 Vgl. hierzu und im Folgenden z. B. Engelhard/Kleinaltenkamp/Reckenfelderbäumer (1992), S. 8 ff.; Corsten (1988), S. 17. Ähnlich Meffert/Bruhn (2006), S. 29 ff., die zusätzlich eine tätigkeitsorientierte Dimension unterscheiden.

874 Vgl. hierzu ausführlich Körfgen (1999), S. 56 ff.

875 Für eine Übersicht über mögliche Abgrenzungskriterien von Dienstleistungen und Sachgütern vgl. z. B. Zeithaml/Parasuraman/Berry (1985), S. 33 f. Hierbei ist zu berücksichtigen, dass bei Dienstleistungen nicht zwingend alle Merkmale perfekt erfüllt sein müssen, sondern lediglich tendenziell eine stärkere Ausprägung vorliegen muss als bei Sachgütern. Vgl. hierzu auch Hilke (1989), S. 8.

876 Vgl. hierzu und im Folgenden auch Spillecke (2006), S. 141; Bauer (2002), S. 131.

Manager ermöglicht. Die Tätigkeiten des Controllers sind dabei auf die Rationalitätsdefizite des jeweiligen Managers zugeschnitten und somit individuell.

Der *Qualitätsbegriff* als zweiter wesentlicher Bestandteil der Dienstleistungsqualität wird in der betriebswirtschaftlichen Literatur ebenfalls kontrovers diskutiert.[877] Beispielsweise werden absolute sowie produkt-, kunden-, herstellungs- und wertorientierte Qualitätsbegriffe unterschieden.[878] Aufgrund des dargestellten Dienstleistungscharakters der vom Controlling erbrachten Leistungen[879] und einer zunehmenden Bedeutung einer Kundenorientierung des Controllerbereichs wird in der Controllingliteratur vor allem ein kundenbezogener Qualitätsbegriff verwendet.[880] Dieser soll auch der vorliegenden Arbeit zugrundeliegen. Demnach wird unter Qualität „the consumer's judgement about an entity's overall excellence or superiority"[881] verstanden.

Aufgrund der dargestellten Dienstleistungseigenschaften gilt eine Messung der Dienstleistungsqualität grundsätzlich als problematisch: „Unlike goods quality, which can be measured objectively ..., service quality is an abstract and elusive construct."[882] Deshalb kommt der Konzeptualisierung und Operationalisierung der Dienstleistungsqualität in der Literatur bereits seit Mitte der 80er Jahre besondere Bedeutung zu.[883] Dabei haben sich mit merkmals- und ereignisorientierten Ansätzen zwei unterschiedliche Erhebungsverfahren etabliert.[884]

Im Rahmen *merkmalsorientierter Ansätze* werden zur Ermittlung der Dienstleistungsqualität die Ausprägungen mehrerer die Dienstleistung kennzeichnender Einzelmerkmale bewertet. Diese werden anschließend zu einem gesamthaften Qualitätsurteil zusammengefasst. Ein verbreitetes Beispiel dieser Messmethode stellt die aus fünf Qualitätsdimensionen bestehende SERVQUAL-Skala dar.[885]

Demgegenüber werden im Rahmen *ereignisorientierter Ansätze* laufende oder besonders kritische Kundenerlebnisse zur Qualitätsbeurteilung herangezogen. Als Beispiele dieser

---

[877] Vgl. Haller (1993), S. 20.

[878] Vgl. Garvin (1988), S. 39 f.; Garvin (1984), S. 25 ff. Ähnlich differenzieren Weber et al. (2000) den Qualitätsbegriff in eine produkt- und eine kundenbezogene Dimension. Vgl. Weber et al. (2000), S. 12.

[879] So ist nach Haller (1993) zur Erfassung von Dienstleistungsqualität ein kundenbezogener Qualitätsbegriff zu verwenden. Vgl. Haller (1993), S. 21.

[880] Vgl. z. B. Spillecke (2006), S. 140; Bauer (2002), S. 131; Aust (1999), S. 88.

[881] Parasuraman/Zeithaml/Berry (1988), S. 15. Ähnlich Bruhn (2006), S. 38; Deppisch (1997), S. 31.

[882] Parasuraman/Zeithaml/Berry (1988), S. 13.

[883] Vgl. Kebbel (2000), S. 2, und die dort angegebene Literatur.

[884] Vgl. Bruhn (1995), S. 613 ff.; Stauss/Hentschel (1990), S. 3 ff.; Brummund (1983), S. 316 ff.

[885] Vgl. zur SERVQUAL-Skala Parasuraman/Zeithaml/Berry (1988), S. 24 ff.

Messmethodik lassen sich die sequentielle Ereignismethode oder die Critical-Incident-Technik aufführen.[886]

Die Verwendung beider Verfahren ist von den jeweiligen situativen Gegebenheiten abhängig. Für eine Messung der Qualität von Controllerleistungen scheint ein Einsatz ereignisorientierter Ansätze nur wenig geeignet, da die der Leistungserbringung zugrundeliegende Interaktion zwischen Controllern und Managern in den meisten Fällen keinem vorgegebenen Prozessablauf folgt.[887] Analog zum Vorgehen in früheren Untersuchungen der Controllingforschung[888] soll deshalb auf den merkmalsorientierten Ansatz zurückgegriffen werden.

Zur Messung einer merkmalsorientierten Dienstleistungsqualität wird häufig der Ansatz von DONABEDIAN (1980) verwendet. In Anlehnung an die oben aufgeführten konstitutiven Eigenschaften des Dienstleistungsbegriffs gliedert DONABEDIAN (1980) Dienstleistungsqualität in die drei Dimensionen Potenzial-, Prozess- und Ergebnisqualität.[889]

- Die *Potenzialqualität (structure)* bezeichnet dabei alle „sachlichen, organisatorischen und persönlichen Leistungsvoraussetzungen des Dienstleistungsanbieters“[890].
- Die *Prozessqualität (process)* zielt auf die Qualität aller Aktivitäten, die zwischen Kunde und Dienstleister während des Prozesses der Leistungserstellung ablaufen.[891]
- Die *Ergebnisqualität (outcome)* gibt Auskunft über die Qualität der am Ende des Leistungserstellungsprozesses vorliegenden Produkte.

Die drei Dimensionen stehen in einem engen Zusammenhang zueinander. Demnach stellt Potenzialqualität eine Voraussetzung für Prozessqualität dar. Diese bedingt wiederum die Qualität des Ergebnisses.

Aufgrund dieser engen inhaltlichen Verbundenheit ist eine Konzeptualisierung und Operationalisierung anhand der von DONABEDIAN (1980) aufgeführten Dimensionen mit Problemen verbunden. So stellt BAUER (2002) in seiner Untersuchung eine mangelhafte Diskriminanzvalidität zwischen Potenzial-, Prozess- und Ergebnisqualität fest.[892] Die Erfassung der wahrgenommenen Qualität der Controllerleistungen beschränkt sich deshalb in dieser Arbeit

886 Vgl. Bauer (2002), S. 132.
887 Vgl. Spillecke (2006), S. 141; Bauer (2002), S. 132.
888 Vgl. z. B. Spillecke (2006) 141; Bauer (2002), S. 132; Aust (1999), S. 90.
889 Vgl. Donabedian (1980), S. 79 ff. Für Anwendungen im Controllingkontext vgl. z. B. Hunold (2003), S. 170 ff.; Bauer (2002), S. 133; Aust (1999), S. 90.
890 Stauss/Hentschel (1990), S. 4. Ähnlich Bruhn (2000), S. 26; Kebbel (2000), S. 10.
891 Vgl. hierzu und im Folgenden Kebbel (2000), S. 10; Aust (1999), S. 91.
892 Vgl. Bauer (2002), S. 218 f.

auf die Dimension der Ergebnisqualität.[893] Im Unterschied zu bisherigen Arbeiten soll diese jedoch nicht nur einzelne Controllerleistungen wie beispielsweise die Informationsversorgung umfassen, sondern eine Qualitätsbeurteilung der Gesamtheit der von Controllern wahrgenommenen Aufgaben ermöglichen.[894]

Hierfür stehen mit einer gesamthaften Qualitätsabfrage und einer Detailerhebung einzelner Leistungen prinzipiell zwei Möglichkeiten der Konzeptualisierung und Operationalisierung zur Verfügung. Im Rahmen einer gesamthaften Qualitätsabfrage werden die Respondenten gebeten, eine sich über alle Aufgaben erstreckende Beurteilung der Controllerleistungen vorzunehmen.[895] Für eine Detailerhebung der Leistungsqualität werden einzelne Tätigkeiten hinsichtlich ihrer Qualität beurteilt.[896] In Anlehnung an den merkmalsorientierten Ansatz der Qualitätsmessung zielt die vorliegende Arbeit auf die individuelle Qualität einzelner Controllertätigkeiten ab. Durch dieses Vorgehen lassen sich differenzierte Aussagen hinsichtlich der Qualitätswirkung der Kooperation von Controllerbereich und Strategieabteilung treffen.

Für die Darstellung der Controllerleistungen wird auf den von SPILLECKE (2006) entwickelten Aufgabenkatalog zurückgegriffen.[897] Wie in Abschnitt 2.1.2 aufgeführt, lassen sich Controllerleistungen demnach grundsätzlich in Führungsunterstützungs- und Rationalitätssicherungsleistungen untergliedern. Führungsunterstützungsaufgaben stellen Aktivitäten dar, „die die Manager in ihrer Führungsfunktion unterstützen."[898] Sie beinhalten Tätigkeiten der Informationsversorgung, Planung und Kontrolle. Unter Rationalitätssicherung werden insbesondere die Aufgaben des Controllers als interner Berater und „Kritischer Counterpart" des Managers gefasst.

Wegen des der Konzeptualisierung zugrundeliegenden kundenorientierten Qualitätsbegriffs wurden die in der Studie befragten Controllerbereichsleiter gebeten, die Qualität der einzelnen Aufgaben aus der Sicht der die Leistungen in Anspruch nehmenden Manager zu beurteilen.

---

893 Vgl. zu diesem Vorgehen auch Spillecke (2006), S. 142. Da für eine hohe Ergebnisqualität eine hohe Prozess- und Potenzialqualität notwendig sind, lassen sich diese beiden Dimensionen durch die Ergebnisqualität indirekt darstellen.

894 Beispielsweise betrachten Bauer (2002), Karlshaus (2000) und Aust (1999) lediglich die Qualität der Informationsversorgung. Vgl. Bauer (2002), S. 131 f.; Karlshaus (2000), S. 130 ff.; Aust (1999), S. 91 ff.

895 Für ein solches Vorgehen vgl. z. B. Spillecke (2006), S. 143.

896 Auch Homburg (2000), S. 99, erhebt in seiner Untersuchung die Qualität einzelner Leistungen, die im Anschluss aggregiert werden.

897 Vgl. hierzu und im Folgenden Spillecke (2006), S. 154 ff. Während die Aufgaben bei Spillecke (2006) zur Operationalisierung der Nutzungsintensität der Controllerleistungen herangezogen werden, wird mit dem Aufgabenkatalog in dieser Arbeit die Ergebnisqualität der Controllerleistungen gemessen.

898 Vgl. Weber (2004), S. 43.

Letztere lassen sich als interne Kunden bzw. Abnehmer des Controllerbereichs interpretieren.[899] Mithilfe einer 5er-Likert-Skala wurde deshalb abgefragt, inwieweit die vom Controllerbereich erbrachten Leistungen aus Controllersicht die Qualitätsanforderungen des Managements erfüllen.[900] Im Folgenden werden die einzelnen Aufgaben näher erläutert und in Messmodelle überführt.

5.2.1.2 Operationalisierung und empirische Validierung

5.2.1.2.1 Qualität der Führungsunterstützungsleistungen

Die Führungsunterstützungsleistungen des Controllerbereichs bestehen, wie oben dargestellt, aus den Informationsversorgungs-, Planungs- und Kontrolltätigkeiten des Controllerbereichs.

Nach AMSHOFF (1993) lassen sich die *Informationsversorgungsleistungen* des Controllerbereichs grundsätzlich in systemorientierte und prozessorientierte Tätigkeiten untergliedern.[901] Systemorientierte Tätigkeiten zielen auf die Entwicklung und den Betrieb des Informationsversorgungs- bzw. Berichtssystems ab. Prozessbezogene Teilaufgaben umfassen den Informationsversorgungsprozess von der Analyse des Informationsbedarfs über die Suche und Aufbereitung bis hin zur Speicherung und Übermittlung von Informationen.

In Anlehnung an SPILLECKE (2006) wurde für die Operationalisierung der Qualität der Informationsversorgungsleistungen lediglich auf die prozessualen Tätigkeiten des Controllerbereichs zurückgegriffen.[902] Systembildende Aufgaben wurden vernachlässigt, da diese in der Regel seitens der Controllerkunden nicht wahrgenommen werden und daher für eine kundenorientierte Qualitätsbeurteilung von geringer Bedeutung sind. Zudem stellen die für Manager wahrnehmbaren Veränderungen des Informationssystems häufig die Folge größerer Change-Projekte wie etwa einer SAP-Einführung dar, die sich eher durch einen ereignisorientierten Qualitätsansatz als durch das in dieser Arbeit verwendete merkmalsorientierte Qualitätsverständnis abbilden lassen. Darüber hinaus ergeben sich aus der Qualität der prozessualen Informationsversorgungsaufgaben auch Rückschlüsse auf die Qualität der systembezogenen

---

899 Vgl. auch Spillecke (2006), S. 109 f.

900 Der 5er-Likert-Skala wurde ein weiteres Feld mit der Bezeichnung „Keine Controllingaufgabe" hinzugefügt. Hierdurch war es den Respondenten möglich, lediglich die Qualität der tatsächlich vom Controllerbereich wahrgenommenen Aufgaben zu beurteilen. Die im zusätzlichen Feld getätigten Antworten wurden als „Missing Values" behandelt. Ähnlich Homburg (2000), S. 99.

901 Vgl. hierzu und im Folgenden Amshoff (1993), S. 267. Ähnlich Horváth (2003), S. 347; Küpper (2001), S. 110.

902 Vgl. hierzu und im Folgenden auch Spillecke (2006), S. 155 f., der ein ähnliches Vorgehen im Rahmen der Nutzungsintensität der Informationsversorgungsaufgaben des Controllerbereichs verwendet.

Leistungen, da in der Regel ein funktionierendes Informationsversorgungssystem einer qualitativ hochwertigen inhaltlichen Informationsversorgung zugrundeliegen dürfte.

Wie aus Tabelle 13 ersichtlich, wurde die Qualität der Informationsversorgungsleistungen des Controllerbereichs anhand der Bereitstellung monetärer sowie nichtmonetärer Informationen operationalisiert. Die Aufbereitung und Bereitstellung monetärer Daten stellt in den meisten Unternehmen traditionell eine Kernkompetenz des Controllerbereichs dar.[903] Demgegenüber gewinnt die Bereitstellung von nichtmonetären Informationen erst seit einigen Jahren durch die Forderung einer zunehmend strategischen Ausrichtung des Controllerbereichs und des Einsatzes auch qualitativer Steuerungsinstrumente wie etwa der Balanced Scorecard an Bedeutung.[904] Die Messung der Qualität der Informationsversorgungsleistungen erfolgte formativ durch zwei Indikatoren. Die Indikatoren und Gütekriterien des Konstrukts sind in Tabelle 13 aufgeführt. Gewichte und t-Werte der Indikatoren verdeutlichen, dass beide Items zur Qualitätswahrnehmung der Informationsversorgung beitragen, wobei der Bereitstellung monetärer Informationen eine deutlich höhere Bedeutung zukommt. Die Werte des Variance Inflation Factor und des Konditionsindexes weisen zudem darauf hin, dass keine Multikollinearität zwischen den Indikatoren vorliegt.

Informationen zu den einzelnen Indikatoren des Faktors **„Qualität der Informationsversorgungsleistungen des Controllerbereichs“**					
Bezeichnung der Indikatoren	Ursprünglicher Schätzwert	Mittelwert der erzeugten Fälle	Standardabweichung	t-Wert	Variance Inflation Factor
Bereitstellung von monetären Informationen	0,77	0,78	0,07	10,62	1,07
Bereitstellung von nichtmonetären Informationen	0,46	0,45	0,10	4,82	1,07
Konditionsindex: 16,45					

Tabelle 13: Informationen zum Konstrukt „Qualität der Informationsversorgungsleistungen des Controllerbereichs“

Ähnlich wie die Informationsversorgung lassen sich auch die *Planungsaufgaben* des Controllerbereichs in Tätigkeiten der inhaltlichen Planungsunterstützung und des Managements des Planungssystems unterteilen.[905] Planungsunterstützung bezeichnet die inhaltliche Übernahme von Planungsaufgaben. Demgegenüber beinhaltet das Planungsmanagement die Koordination und Gestaltung des Planungssystems. Die inhaltliche Planungsunterstützung lässt sich weiter

903 Vgl. Herzog (1999), S. 79.
904 Vgl. Spillecke (2006), S. 156. Vgl. auch die empirischen Ergebnisse von Sandt (2004), S. 112 ff.
905 Vgl. hierzu und im Folgenden Weber/Schäffer/Prenzler (2001b), S. 6 f. Ähnlich Horváth (2003), S. 199 ff.; Küpper (2001), S. 69; Amshoff (1993), S. 249; Szyperski/Müller-Böling (1984), S. 125 ff.

in operative, taktische und strategische Planungsaufgaben untergliedern. Controller nehmen traditionell vor allem Aufgaben der operativen Planung wahr.[906] Durch eine zunehmende Orientierung an strategischen Aufgaben gewinnen aber auch strategische Planungstätigkeiten für den Controllerbereich an Bedeutung.

Analog zur Informationsversorgung werden zur Ermittlung der Qualität der Planungsunterstützungsleistungen ausschließlich inhaltliche Tätigkeiten herangezogen. Hierzu wird auf die beiden Dimensionen der operativen Planung und Mittelfristplanung zurückgegriffen, welche vom Manager zur eigenen Entlastung an den Controllerbereich delegiert werden können. Strategische Planungstätigkeiten werden aufgrund ihrer Bedeutung für das gesamte Unternehmen und ihrer Komplexität nicht als delegierbare Führungsunterstützungsaufgabe betrachtet, sondern unter die im nächsten Abschnitt aufgeführten Rationalitätssicherungsleistungen subsumiert.[907] Anhand der t-Werte der Indikatoren wird deutlich, dass operative Planung und Mittelfristplanung signifikant zur Bildung des Konstrukts Qualität der Planungsunterstützungsleistungen des Controllerbereichs beitragen. Ein Vergleich der Indikatorgewichte zeigt zudem, dass die Qualitätswahrnehmung der Planungsunterstützungsleistungen insbesondere von der Qualität der operativen Planungstätigkeit abhängt. Aufgrund der geringen Werte des Variance Inflation Factor und des Konditionsindexes ist davon auszugehen, dass keine Multikollinearität vorliegt.

---

906 Amshoff (1993) stellt beispielsweise in seiner Arbeit eine hohe Bedeutung der operativen im Vergleich zur strategischen Planung für den Controllerbereich fest. Vgl. hierzu und im Folgenden Amshoff (1993), S. 308 ff. Ähnlich Stoffel (1995), S. 155; Reichmann/Kleinschnittger/Kemper (1988), S. 38 ff.

907 Für ein anderes Verständnis vgl. Spillecke (2006), S. 156 f., der die Mitwirkung an der Erarbeitung von Geschäftsfeldstrategien als Führungsunterstützungsaufgabe auffasst. Demgegenüber verdeutlichen die Ausführungen zur Mitwirkung des Controllerbereichs an der strategischen Planung, dass letztere in der Regel nicht vom Manager an den Controller delegiert wird. Vielmehr bringen Controller eine zusätzliche inhaltliche Perspektive in die Strategieentwicklung ein.

Informationen zu den einzelnen Indikatoren des Faktors **„Qualität der Planungsunterstützungsleistungen des Controllerbereichs"**					
Bezeichnung der Indikatoren	Ursprünglicher Schätzwert	Mittelwert der erzeugten Fälle	Standardabweichung	t-Wert	Variance Inflation Factor
Durchführung der operativen Planung	0,88	0,88	0,09	10,33	1,45
Durchführung der Mittelfristplanung	0,19	0,18	0,12	1,74	1,45
Konditionsindex: 16,93					

Tabelle 14: Informationen zum Konstrukt „Qualität der Planungsunterstützungsleistungen des Controllerbereichs"

Die *Kontrolle* als dritter Bereich der Führungsunterstützungsaufgaben lässt sich je nach vertretener Kontrollauffassung in die drei inhaltlichen Tätigkeiten der Soll-Ist-Abweichungsanalyse, der Analyse von Abweichungsursachen sowie der Unterbreitung von Anpassungsvorschlägen untergliedern.[908] In Anlehnung an SPILLECKE (2006) wird in dieser Arbeit ein mittleres Kontrollverständnis verwendet, so dass lediglich die Durchführung von Soll-Ist-Vergleichen sowie die Identifikation und Analyse von Abweichungsursachen als Kontrolltätigkeiten berücksichtigt werden.[909] Wie aus Tabelle 15 hervorgeht, bilden beide Indikatoren wiederum formativ das Messmodell zur Qualität der Kontrollleistungen des Controllerbereichs. Der Durchführung von Soll-Ist-Vergleichen kommt hierbei relativ zur Abweichungsanalyse eine höhere Bedeutung zu. Variance Inflation Factor und Konditionsindex liegen innerhalb der in der Literatur vorgegebenen Grenzen.

Informationen zu den einzelnen Indikatoren des Faktors **„Qualität der Kontrollleistungen des Controllerbereichs"**					
Bezeichnung der Indikatoren	Ursprünglicher Schätzwert	Mittelwert der erzeugten Fälle	Standardabweichung	t-Wert	Variance Inflation Factor
Durchführung von Soll-Ist-Vergleichen	0,74	0,73	0,08	9,09	1,42
Ermittlung und Analyse der Abweichungsursachen	0,38	0,38	0,10	3,95	1,42
Konditionsindex: 20,32					

Tabelle 15: Informationen zum Konstrukt „Qualität der Kontrollleistungen des Controllerbereichs"

Abschließend werden die drei Teilkonstrukte der Informationsversorgung, Planungsunterstützung und Kontrolle formativ zum Konstrukt Qualität der Führungsunterstützungsleistungen des Controllerbereichs aggregiert. In Anlehnung an LOHMÖLLER (1989) wird

908 Vgl. Weber (2004), S. 352 ff.
909 Vgl. Spillecke (2006), S. 157, der auf Weber (2004), S. 352 ff., und Amshoff (1993), S. 259 ff., verweist.

hierzu auf die Methode der wiederholten Indikatoren zurückgegriffen.[910] Nach diesem Verfahren lässt sich ein Konstrukt höherer Ordnung, das auf den untergeordneten Ebenen jeweils formativ gebildet wurde, auch auf dem höheren Darstellungsniveau formativ durch die Indikatoren der unteren Ebene modellieren. Die Ergebnisse der Aggregation sind Tabelle 16 zu entnehmen. Die ermittelten t-Werte weisen darauf hin, dass für die Bewertung der Qualität der Führungsunterstützungsleistungen des Controllerbereichs alle verwendeten Indikatoren von Bedeutung sind. Der stärkste Beitrag zur Qualitätswahrnehmung geht von der Güte der Bereitstellung monetärer Informationen, den operativen Planungsunterstützungsleistungen und der Durchführung von Soll-Ist-Vergleichen aus. Demgegenüber scheint die Durchführung der Mittelfristplanung für die gesamthafte Qualitätswahrnehmng von untergeordneter Bedeutung.[911]

Informationen zu den einzelnen Indikatoren des Faktors **„Qualität der Führungsunterstützungsleistungen des Controllerbereichs"**					
Bezeichnung der Indikatoren	Ursprünglicher Schätzwert	Mittelwert der erzeugten Fälle	Standardabweichung	t-Wert	Variance Inflation Factor
Bereitstellung von monetären Informationen	0,33	0,33	0,03	10,90	1,25
Bereitstellung von nichtmonetären Informationen	0,20	0,19	0,04	4,69	1,17
Durchführung der operativen Planung	0,38	0,37	0,04	10,43	1,73
Durchführung der Mittelfristplanung	0,08	0,08	0,05	1,70	1,49
Durchführung von Soll-Ist-Vergleichen	0,32	0,31	0,03	9,27	1,67
Ermittlung und Analyse der Abweichungsursachen	0,16	0,16	0,04	3,88	1,53
Konditionsindex: 32,43					

Tabelle 16: Informationen zum Konstrukt „Qualität der Führungsunterstützungsleistungen des Controllerbereichs"

Der Konditionsindex liegt mit einem Wert von 32,43 leicht oberhalb des geforderten Grenzwertes und weist auf mögliche Beziehungen zwischen den Qualitätseinschätzungen der einzelnen Indikatoren hin.[912] Da gleichzeitig aber alle indikatorbezogenen VIFs die vorgegebene Maximalgröße deutlich unterschreiten, liegt keine Multikollinearität vor.

[910] Vgl. Lohmöller (1989), S. 130 ff.
[911] Ähnlich die Ausführungen bei Weber/Hufschlag/Pieroth (2003), S. 7 ff.
[912] Da eine umfangreiche Informationsversorgung die Grundlage für Planungs- und Kontrolltätigkeiten bildet, ist es beispielsweise denkbar, dass die Qualität der Informationsversorgungsleistungen die Güte der erbrachten Planungsunterstützungs- und Kontrollleistungen beeinflusst.

5.2.1.2.2 Qualität der Rationalitätssicherungsleistungen

Als Rationalitätssicherungsleistungen des Controllerbereichs werden in dieser Arbeit Beratungstätigkeiten sowie die Wahrnehmung der Funktion eines „Kritischen Counterparts“ für das Management aufgefasst.[913]

In der Rolle eines *Beraters des Managements* übernehmen Controller vor allem Tätigkeiten, die denen von Unternehmensberatern entsprechen. Die Aufgabe der Unternehmensberatung besteht in Anlehnung an BARTLING (1985) darin, „dem Management von Organisationen durch die Anwendung von Spezialwissen und -methoden bei der Identifizierung und Analyse von Problemen zu helfen, notwendige Aktionen zu empfehlen und bei ihrer Implementierung unterstützend mitzuwirken.“[914] Controller übernehmen nach diesem Verständnis eine aktive Rolle bei der Erarbeitung von Lösungs- und Verfahrenskonzepten und deren Umsetzung innerhalb des Unternehmens.[915]

Die Qualität der Tätigkeiten als interner Berater lässt sich somit in Anlehnung an SPILLECKE (2006) durch die Güte der Controllerleistungen bei der Erarbeitung von Problemlösungen und deren Implementierung operationalisieren.[916] Diese Tätigkeiten können jeweils auf der operativen und der strategischen Ebene erfolgen, so dass sich insgesamt vier Indikatoren für die Darstellung des Konstrukts ergeben. Die Indikatoren und Gütekriterien sind Tabelle 17 zu entnehmen.

Die ausgewiesenen Indikatorgewichte und t-Werte verdeutlichen, dass die Implementierung operativer Verbesserungsmaßnahmen für die gesamthafte Qualitätsbeurteilung der Beratungsleistungen ohne Bedeutung ist. Eine mögliche Begründung dieses Ergebnisses könnte darin bestehen, dass die Umsetzung operativer Maßnahmen aus Controllersicht als Aufgabe des Linienmanagers angesehen wird. Für Controller ergeben sich in diesem Fall nur wenige Gelegenheiten, sich qualitativ auszuzeichnen. Demgegenüber kommt der Güte der Tätigkeiten im Rahmen der Strategieumsetzung die höchste Bedeutung für die Qualität der Beratungsleistungen zu. Diese Einschätzung lässt sich zusammen mit dem ebenfalls hohen Gewicht des Indikators der Strategieformulierung als Hinweis auf die aus Controllersicht hohe Bedeutung der Bearbeitung strategischer Fragestellungen auffassen.

---

[913] Vgl. Spillecke (2006), S. 158; Weber/Schäffer/Prenzler (2001b), S. 7 ff.
[914] Bartling (1985), S. 12. Ähnlich Niedereichholz (2000), S. 14.
[915] Vgl. Spillecke (2006), S. 158; Weber (2004), S. 42; Weber/Schäffer/Prenzler (2001a), S. 32.
[916] Vgl. Spillecke (2006), S. 159 f.

Informationen zu den einzelnen Indikatoren des Faktors **„Qualität der Beratungsleistungen des Controllerbereichs"**					
Bezeichnung der Indikatoren	Ursprünglicher Schätzwert	Mittelwert der erzeugten Fälle	Standardabweichung	t-Wert	Variance Inflation Factor
Erarbeitung von operativen Verbesserungsmaßnahmen	0,40	0,40	0,11	3,79	1,72
Unterstützung der Implementierung von operativen Verbesserungsmaßnahmen	0,00	-0,01	0,12	0,01	1,88
Erarbeitung von (Geschäftsfeld-) Strategien	0,29	0,28	0,09	3,18	1,44
Unterstützung der Implementierung von (Unternehmens- bzw. Geschäftsfeld-) Strategien	0,54	0,54	0,10	5,60	1,87
Konditionsindex: 16,21					

Tabelle 17: Informationen zum Konstrukt „Qualität der Beratungsleistungen des Controllerbereichs"

Die Aufgabe des Controllers als *„Kritischer Counterpart"* besteht im Wesentlichen darin, die Entscheidungen des Managements konstruktiv zu hinterfragen und als Sparringspartner herauszufordern.[917] Controller nehmen somit die Rolle eines „Hüter[s] der ökonomischen Moral"[918] wahr und sollen in dieser Funktion fehlerhafte Annahmen, wie Falschplanungen oder Bewertungsfehler, aufdecken und korrigieren.[919] Die Operationalisierung der Qualität der „Kritischen-Counterpart"-Leistungen des Controllerbereichs erfolgt in Anlehnung an die von SPILLECKE (2006) identifizierten Tätigkeiten, die ihrerseits auf dem von BAUER (2002) verwendeten Konstrukt aufsetzen.[920] Die zugehörigen Indikatoren und Gütekriterien sind in Tabelle 18 ersichtlich.

Die Qualität des Auftretens als kritischer Sparringspartner scheint für die Gütebeurteilung der Counterpartleistungen überraschenderweise ohne Bedeutung. Dagegen besitzt der Indikator „Herausfordern/kritisches Hinterfragen von Entscheidungen des Managements" einen starken Einfluss auf die Gesamtqualität. Eine mögliche Erklärung hierfür könnte darin bestehen, dass dem Item „Sparringspartner" durch die gesonderte Erhebung eines Indikators zum kritischen Herausfordern der Entscheidungen des Managements seitens der Respondenten keine klare Bedeutung mehr zugeordnet werden konnte. Da aber, wie in Abschnitt 3.3.4 aufgeführt, mit der nachträglichen Entfernung eines formativen Indikators die Gefahr einer unbeabsichtigten

[917] Vgl. Bauer (2002), S. 188.
[918] Weber (2004), S. 42.
[919] Vgl. Weber/Schäffer/Prenzler (2001a), S. 31.
[920] Vgl. Spillecke (2006), S. 160; Bauer (2002), S. 188.

inhaltlichen Änderung des Konstrukts einhergeht, wird der entsprechende Indikator in der Messskala beibehalten.

Informationen zu den einzelnen Indikatoren des Faktors **„Qualität der ‚Kritischen-Counterpart'-Leistungen des Controllerbereichs"**					
Bezeichnung der Indikatoren	Ursprünglicher Schätzwert	Mittelwert der erzeugten Fälle	Standardabweichung	t-Wert	Variance Inflation Factor
Herausfordern/kritisches Hinterfragen von Entscheidungen des Managements	0,62	0,61	0,10	6,39	1,78
Konstruktiver Sparringspartner des Managements bei wichtigen Entscheidungen	0,01	0,02	0,12	0,08	2,10
Kritische Prüfung der Aussagen zu Ergebniswirkungen von geplanten Maßnahmen	0,52	0,52	0,10	5,07	1,63
Konditionsindex: 15,20					

Tabelle 18: Informationen zum Konstrukt „Qualität der ‚Kritischen-Counterpart'-Leistungen des Controllerbereichs"

Die Qualität der gesamten Rationalitätssicherungsleistungen wird formativ aus den Teilqualitätsurteilen der Beratungs- und „Kritischen-Counterpart"-Leistungen des Controllerbereichs gebildet. Analog zum Vorgehen im Rahmen der Führungsunterstützung wird hierzu auf die Methode der wiederholten Indikatoren zurückgegriffen. Die Indikatoren und Gütekriterien des gesamthaften Konstrukts können Tabelle 19 entnommen werden.

Indikatorgewichte und t-Werte verdeutlichen, dass die Güte der Erarbeitung operativer Verbesserungsmaßnahmen und der Unterstützung der Strategieimplementierung die höchste Bedeutung für die Qualität der Rationalitätssicherungsleistungen des Controllerbereichs besitzen. Demgegenüber scheinen die Umsetzung operativer Maßnahmen sowie die Tätigkeit als konstruktiver Sparringspartner keine Qualitätsmerkmale der Rationalitätssicherungsleistungen zu sein.

Informationen zu den einzelnen Indikatoren des Faktors **„Qualität der Rationalitätssicherungsleistungen des Controllerbereichs“**					
Bezeichnung der Indikatoren	Ursprünglicher Schätzwert	Mittelwert der erzeugten Fälle	Standardabweichung	t-Wert	Variance Inflation Factor
Erarbeitung von operativen Verbesserungsmaßnahmen	0,21	0,23	0,06	3,78	1,80
Unterstützung der Implementierung von operativen Verbesserungsmaßnahmen	0,00	-0,01	0,07	0,01	1,88
Erarbeitung von (Geschäftsfeld-) Strategien	0,16	0,16	0,05	3,17	1,50
Unterstützung der Implementierung von (Unternehmens- bzw. Geschäftsfeld-) Strategien	0,30	0,30	0,05	5,58	2,02
Herausfordern/kritisches Hinterfragen von Entscheidungen des Managements	0,35	0,34	0,06	6,38	1,98
Konstruktiver Sparringspartner des Managements bei wichtigen Entscheidungen	0,01	0,01	0,07	0,08	2,14
Kritische Prüfung der Aussagen zu Ergebniswirkungen von geplanten Maßnahmen	0,29	0,29	0,06	5,07	1,77
Konditionsindex: 22,49					

Tabelle 19: Informationen zum Konstrukt „Qualität der Rationalitätssicherungsleistungen des Controllerbereichs“

5.2.2 Nutzungsintensität der Rationalitätssicherungsleistungen des Controllerbereichs bei strategischen Fragestellungen

Die Einbeziehung von Controllern in den Strategieprozess und die Nutzung von strategischen Controllerleistungen durch das Management werden in der Literatur seit den grundlegenden Arbeiten zum strategischen Controlling von MANN (1979, 1976) intensiv diskutiert.[921] Seit einigen Jahren wird in Teilen der Controlling- und Strategieliteratur eine Erweiterung der Controlleraufgaben über operative Themen hinaus um strategische Tätigkeiten gefordert.[922] Controller besitzen nach diesem Verständnis die Fähigkeit, durch ihre unternehmensspezifischen Kenntnisse und ihre Erfahrungen in der kritischen Beurteilung von Ideen und Projekten einen erheblichen Beitrag zur Lösung strategischer Probleme zu leisten.[923] Zudem

921 Vgl. z. B. Langguth (1994), S. 177 ff.; Hahn (1991), S. 128 ff.; Pfohl/Zettelmeyer (1987), S. 166 ff.; Siller (1985), S. 31 ff.

922 Vgl. z. B. Weber (2005), S. 35 ff.; Horváth (2003), S. 252 ff.; Funk (2000), S. 526 ff.; Hahn (1991), S. 126 ff.

923 Vgl. Weber (2005), S. 54.; Weber (2004), S. 532. Ähnlich Steinle (2003b), S. 372; Liessmann (1990), S. 320 f.

erleichtert eine Beteiligung von Controllern an der strategischen Planung die Integration von strategischer und operativer Planungsebene.[924] Aufgrund dessen stellt beispielsweise auch HAHN (1991) fest, dass „in jedem Falle vom Controller … und vom Controlling als Ressort spezifische Aufgaben im Rahmen der strategischen Führung zu übernehmen [sind].“[925]

Um ein Messmodell zur Nutzungsintensität strategischer Contollerleistungen zu entwickeln, ist zunächst zu klären, welche Tätigkeiten Controller bei der Bearbeitung strategischer Problemstellungen grundsätzlich wahrnehmen können. Wie bereits dargestellt, lassen sich Controlleraufgaben grundsätzlich in die beiden Kategorien Führungsunterstützung sowie Rationalitätssicherung untergliedern. Führungsunterstützungsaufgaben beinhalten vor allem Entlastungstätigkeiten und umfassen „all jene Aufgaben von Controllern, die von Managern an sie delegiert werden, um sie besser, schneller oder weniger aufwendig zu erfüllen.“[926] Manager können diese Aufgaben in der Regel vollständig beurteilen. Rationalitätssicherungsaufgaben bestehen demgegenüber aus Tätigkeiten, durch die der Manager ergänzt bzw. begrenzt wird.[927] Hierunter lassen sich in Anlehnung an SPILLECKE (2006) vor allem die Beratungsaufgaben des Controllerbereichs und seine Funktion als „Kritischer Counterpart“ des Managements fassen.

Die Rolle, die Controller im Strategieprozess wahrnehmen, hängt insbesondere von den Charakteristika strategischer Fragestellungen ab. Strategische Aufgaben sind vor allem durch ihre Komplexität, ein hohes Ausmaß an Unsicherheit und ihre Bedeutung für das Unternehmen gekennzeichnet.[928] Sie lassen sich daher vom Manager in der Regel nicht vollständig beurteilen. Aufgrund der Bedeutung strategischer Entscheidungen für das Unternehmen sind diese Aufgaben nach herrschender Literaturmeinung zudem durch das Linienmanagement bzw. die Unternehmensleitung selbst vorzunehmen.[929] Eine Aufgabendelegation an den Controllerbereich im Sinne einer Entlastung bzw. Führungsunterstützung scheint nicht möglich.

Stattdessen lassen sich die vom Controllerbereich bei strategischen Fragestellungen wahrgenommenen inhaltlichen Tätigkeiten als rationalitätssichernde Leistungen interpretieren.[930] Beispielsweise können Controller das Management bei strategischen Fragestellungen beraten

924 Vgl. Weber (1994b), S. 335; Mayer (1991), S. 43.
925 Hahn (1991), S. 126.
926 Weber (2004), S. 41. Ähnlich Weber/Schäffer/Prenzler (2001a), S. 28 ff.
927 Vgl. hierzu und im Folgenden auch Abschnitt 2.1.2.
928 Vgl. auch Abschnitt 2.2.1.
929 Vgl. z. B. Hungenberg (2000), S. 5; Kaplan/Norton (1996), S. 290; Hahn (1991), S. 125 f.
930 Vgl. auch Weber (2005), S. 40.

und ihre monetäre Expertise oder ihr operatives Wissen in den Strategieprozess einbringen.[931] Ähnlich besitzen Controller die Fähigkeit, die Rolle eines „Kritischen Counterparts" hinsichtlich strategischer Prämissen und Maßnahmen zu übernehmen.[932]

Die Konzeptualisierung und Operationalisierung der Nutzungsintensität dieser Rationalitätssicherungsleistungen erfolgt im Wesentlichen analog zur Darstellung der Qualität der Rationalitätssicherungsleistungen. Die Rationalitätssicherungsfunktion besteht demnach wiederum aus den beiden Dimensionen Beratung und „Kritischer Counterpart".

Die *(strategische) Beratungstätigkeit* des Controllerbereichs umfasst wie im vorigen Abschnitt grundsätzlich die Erarbeitung von (strategischen) Lösungskonzepten und die Unterstützung im Rahmen der Implementierung. Darüber hinaus wird die inhaltliche Erarbeitung von Lösungsvorschlägen dahingehend differenziert, ob sie im Rahmen der Erarbeitung einer (geplanten) Strategie oder bei unregelmäßig stattfindenden strategischen Projekten wie etwa einer strategischen Akquisition oder einer Sachinvestition erfolgt.[933] Die resultierenden drei Indikatoren und ihre Gütekriterien ergeben sich aus Tabelle 20.

Indikatorgewichte und t-Werte verdeutlichen, dass alle drei aufgeführten Tätigkeiten zur Bildung des Konstrukts beitragen. Das höchste Indikatorgewicht besitzt die Beratungstätigkeit bei strategischen Problemen, was auf eine hohe Bedeutung dieser Aufgabe schließen lässt. Demgegenüber weist die Mitwirkung an der rational geplanten Strategieentwicklung den im Indikatorvergleich schwächsten Schätzwert aus.

---

[931] Vgl. Weber (2005), S. 40; Hahn (1991), S. 126; Siller (1985), S. 93; Horváth (1981), S. 406.

[932] Vgl. Weber (2005), S. 40.

[933] Durch diese Unterteilung werden sowohl ein klassisch rationales Strategieverständnis, in dem Strategien bewusst geplant werden, als auch ein evolutorisches Verständnis, in dem sich die Strategie aus einer Reihe strategischer Einzelentscheidungen zusammensetzt, berücksichtigt. Vgl. auch Abschnitt 2.2.1.

Informationen zu den einzelnen Indikatoren des Faktors **„Nutzungsintensität der Beratungsleistungen des Controllerbereichs bei strategischen Fragestellungen"**					
Bezeichnung der Indikatoren	Ursprünglicher Schätzwert	Mittelwert der erzeugten Fälle	Standardabweichung	t-Wert	Variance Inflation Factor
Mitwirkung an der Erarbeitung von Strategien bzw. strategischen Maßnahmen	0,28	0,28	0,07	4,07	1,87
Betriebswirtschaftliche Beratung bei strategischen Problemstellungen	0,53	0,53	0,06	8,95	1,68
Unterstützung der Implementierung von (Geschäftsfeld-) Strategien bzw. strategischen Maßnahmen	0,37	0,37	0,06	6,43	1,65
Konditionsindex: 11,70					

Tabelle 20: Informationen zum Konstrukt „Nutzungsintensität der Beratungsleistungen des Controllerbereichs bei strategischen Fragestellungen"

Die Operationalisierung der Nutzungsintensität der strategischen Counterpartfunktion erfolgt analog zur Darstellung der „Kritischen-Counterpart"-Funktion im Rahmen der Leistungsqualität. Die verwendeten Indikatoren wurden leicht modifiziert, um den gesonderten Anforderungen des strategischen Kontextes gerecht zu werden. Beispielsweise wird etwa die Rolle des „Kritischen Counterparts" nicht mehr nur hinsichtlich der Entscheidungen des Managements vorgenommen, sondern erstreckt sich auch auf die im Rahmen der Strategieentwicklung verwendeten Prämissen.

Die in Tabelle 21 aufgeführten Gütekriterien weisen darauf hin, dass alle verwendeten Indikatoren relativ gleichmäßig zur Bildung des Konstrukts beitragen.

Informationen zu den einzelnen Indikatoren des Faktors **„Nutzungsintensität der ‚Kritischen-Counterpart'-Leistungen des Controllerbereichs bei strategischen Fragestellungen"**					
Bezeichnung der Indikatoren	Ursprünglicher Schätzwert	Mittelwert der erzeugten Fälle	Standardabweichung	t-Wert	Variance Inflation Factor
Herausfordern/kritisches Hinterfragen von Prämissen, Strategien und Maßnahmen der strategischen Planung	0,34	0,34	0,06	5,23	2,41
Konstruktiver Sparringspartner bei strategischen Fragestellungen	0,44	0,43	0,07	6,22	2,33
Kritische Überprüfung finanzieller Konsequenzen der erarbeiteten Strategien und Maßnahmen	0,37	0,37	0,06	5,94	1,71
Konditionsindex: 12,73					

Tabelle 21: Informationen zum Konstrukt „Nutzungsintensität der ‚Kritischen-Counterpart'-Leistungen des Controllerbereichs bei strategischen Fragestellungen"

Die Nutzungsintensität der gesamten Rationalitätssicherungsleistungen des Controllerbereichs wird formativ aus den Teilaufgaben der Beratungs- und „Kritischen-Counterpart"-Tätigkeiten gebildet. Hierzu wird wiederum die Methode der wiederholten Indikatoren verwendet. Die Indikatoren und Gütekriterien des gesamthaften Modells können aus Tabelle 22 entnommen werden.

Die t-Werte der Indikatoren lassen den Schluss zu, dass jedes Item signifikant zur Bildung des Konstrukts beiträgt. Die nah beieinanderliegenden Werte der Indikatorgewichte weisen zudem auf eine ähnliche Bedeutung der einzelnen strategischen Controllertätigkeiten hin. Am wichtigsten scheint mit einem Schätzwert von 0,28 die Beratung durch Controller bei auftretenden strategischen Problemen zu sein. Demgegenüber ist die Beteiligung von Controllern an der Erarbeitung geplanter Strategien mit einem Wert von 0,15 am schwächsten ausgeprägt.

Informationen zu den einzelnen Indikatoren des Faktors **„Nutzungsintensität der Rationalitätssicherungsleistungen des Controllerbereichs bei strategischen Fragestellungen"**					
Bezeichnung der Indikatoren	Ursprünglicher Schätzwert	Mittelwert der erzeugten Fälle	Standardabweichung	t-Wert	Variance Inflation Factor
Mitwirkung an der Erarbeitung von Strategien bzw. strategischen Maßnahmen	0,15	0,15	0,04	4,06	2,06
Betriebswirtschaftliche Beratung bei strategischen Problemstellungen	0,28	0,28	0,03	8,93	2,18
Unterstützung der Implementierung von (Geschäftsfeld-) Strategien bzw. strategischen Maßnahmen	0,20	0,19	0,03	6,44	1,87
Herausfordern/kritisches Hinterfragen von Prämissen, Strategien und Maßnahmen der strategischen Planung	0,18	0,18	0,03	5,23	2,61
Konstruktiver Sparringspartner bei strategischen Fragestellungen	0,23	0,23	0,04	6,20	2,66
Kritische Überprüfung finanzieller Konsequenzen der erarbeiteten Strategien und Maßnahmen	0,20	0,19	0,03	5,95	2,00
Konditionsindex: 17,60					

Tabelle 22: Informationen zum Konstrukt „Nutzungsintensität der Rationalitätssicherungsleistungen des Controllerbereichs bei strategischen Fragestellungen"

5.3 Hypothesenformulierung

5.3.1 Hypothesen zur direkten Wirkung der Kooperation von Controllerbereich und Strategieabteilung

In diesem Abschnitt werden Hypothesen zur direkten Wirkung der Güte der Kooperation von Controllerbereich und Strategieabteilung formuliert.[934] Zunächst werden Wirkungsannahmen zum Einfluss kooperativen Verhaltens auf die einzelnen Teildimensionen der Ergebnisqualität und Nutzungsintensität abgeleitet. Darauf aufbauend werden die Hypothesen zur Wirkung auf die gesamthaften Qualitäts- und Nutzungskonstrukte formuliert.

934 Hierbei ist zu beachten, dass das verwendete Kooperationskonstrukt aus insgesamt drei Faktoren besteht. Für eine gesonderte Konzeptualisierung des Einflusses jedes einzelnen Faktors wäre die Betrachtung zahlreicher und zudem ähnlicher Beziehungen erforderlich. Um die Übersichtlichkeit zu wahren, werden daher im Folgenden lediglich Hypothesen formuliert, die auf die Wirkung des gesamthaften Kooperationskonstrukts abzielen. Im Rahmen der Hypothesenüberprüfung soll dann auch untersucht werden, inwieweit sich die abgeleiteten gesamthaften Wirkungszusammenhänge auf der Faktorebene bestätigen lassen.

Kooperatives Verhalten von Controllerbereich und Strategieabteilung sollte ausgehend von der Ressourcenabhängigkeitsperspektive zunächst die Qualität der durch Controller erbrachten Leistungen verbessern. Nach diesem Verständnis kooperiert der Controllerbereich vor allem deshalb mit der Strategieabteilung, um die dort vorhandenen Ressourcen für die eigene Leistungserstellung nutzen zu können.[935]

Eine Verbesserung der Leistungsqualität als Folge kooperativen Verhaltens lässt sich vor allem im Rahmen der *Informationsversorgung* vermuten. Viele Controller sind nur unzureichend über die Markt- und Wettbewerbssituation des Unternehmens informiert und weisen zudem Defizite bei der Aufbereitung und Interpretation dieser vornehmlich qualitativ geprägten Informationen auf.[936] Durch eine Kooperation mit der Strategieabteilung können Mitarbeiter des Controllerbereichs einen vereinfachten Zugang zu den dort vorhandenen Markt- und Wettbewerbsinformationen erwerben. Auch die methodischen Fähigkeiten, qualitative Informationen entsprechend aufzubereiten und zu interpretieren, dürften sich durch eine regelmäßige Zusammenarbeit verbessern. Ebenso ist ein positiver Effekt auf die Qualität der monetären Informationsversorgung zu erwarten. Auch hier besteht für Controller die Möglichkeit, auf das Wissen der Strategieabteilung, bspw. zu den monetären Konsequenzen strategischer Projekte, zurückzugreifen. Die Hypothese zur Wirkung kooperativen Verhaltens auf die Qualität der Informationsversorgungsaufgabe des Controllerbereichs lautet daher:

H1: Die Güte der Kooperation von Controllerbereich und Strategieabteilung wirkt positiv auf die Qualität der Informationsversorgungsleistungen des Controllerbereichs.

Ebenso sollte eine Kooperation von Controllerbereich und Strategieabteilung mit einer Verbesserung der durch Controller erbrachten *Planungsunterstützungsleistungen* einhergehen. Planungsaufgaben im Sinne einer Führungsunterstützung beinhalten in dieser Arbeit Tätigkeiten im Rahmen der Mittelfrist- und Kurzfristplanung.[937] Diese basieren auf strategischen Vorgaben.[938] Um die entwickelten Strategien im Rahmen mittel- und kurzfristiger Pläne umsetzen zu können, ist für Controller somit eine genaue Kenntnis der zugrundeliegenden strategischen Zielvorgaben notwendig. Der Austausch mit Mitarbeitern der Strategieabteilung sollte Controllern daher die Gelegenheit bieten, für die operative Umsetzung benötigte Anga-

[935] Vgl. hierzu auch die Abschnitte 2.5.2 und 4.1.1.
[936] Vgl. z. B. Weber (2005), S. 16 und 53; Herzog (1999), S. 81; Lanter (1996), S. 62; Weber (1994b), S. 334 f.; Serfling (1992), S. 335.
[937] Vgl. hierzu auch Abschnitt 5.2.1.2.
[938] Vgl. Günther (2002), S. 1903; Bachmann (1995), S. 60; Töpfer/Afheldt (1987), S. 41.

ben zur Strategie in Erfahrung zu bringen.[939] Gleichzeitig dürfte im Rahmen einer Kooperation die Gelegenheit bestehen, mittel- und kurzfristige Pläne durch Mitarbeiter der Strategieabteilung hinsichtlich ihrer Strategiekonformität überprüfen zu lassen. Auch die als Folge einer Kooperation erweiterte Informationsbasis sollte zu einer Verbesserung der führungsunterstützenden Planungsleistungen des Controllerbereichs führen. Die nachfolgende Hypothese lautet somit:

H2: Die Güte der Kooperation von Controllerbereich und Strategieabteilung wirkt positiv auf die Qualität der Planungsleistungen des Controllerbereichs.

Aufgrund der engen Kopplung von Planung und Kontrolle lässt sich bei einer kooperationsinduzierten Verbesserung der Planungsqualität auch ein positiver Einfluss auf die Qualität der durch Controller erbrachten *Kontrollleistungen* vermuten.[940] Da durch eine Kooperation mit der Strategieabteilung die dem Controllerbereich zur Verfügung stehende Datengrundlage erweitert wird, sollten sowohl die Güte der durchgeführten Soll-Ist-Vergleiche als auch die Qualität der Analyse von Abweichungsursachen steigen. Insbesondere markt- und wettbewerbsinduzierte Abweichungen dürften sich durch ein enges Zusammenwirken mit der Strategieabteilung einfacher identifizieren und erklären lassen. Die dieser Annahme entsprechende Hypothese lautet daher:

H3: Die Güte der Kooperation von Controllerbereich und Strategieabteilung wirkt positiv auf die Qualität der Kontrollleistungen des Controllerbereichs.

Auch im Rahmen der rationalitätssichernden Beratungs- und Counterparttätigkeiten des Controllerbereichs sollte sich kooperatives Verhalten von Controllerbereich und Strategieabteilung förderlich auf die Qualität der erbrachten Leistungen auswirken.

Zum einen ist eine Verbesserung der durch Controller erbrachten *Beratungsleistungen* zu erwarten. Diese dürfte sich bereits aus einer Erweiterung der für Beratungstätigkeiten zur Verfügung stehenden Informationsbasis ergeben. Darüber hinaus ist insbesondere bei komplexen und für das Unternehmen bedeutsamen strategischen Beratungsaufgaben durch die Einbeziehung des Know-hows der Strategieabteilung eine Verbesserung der Controllerleistungen zu erwarten.[941] Auch bei der Entwicklung und Umsetzung operativer Maßnahmen

[939] Vgl. auch Abschnitt 2.3.2.1.
[940] Zur engen Beziehung zwischen Planung und Kontrolle sei stellvertretend für die Vielzahl an Beiträgen auf die Anmerkung von Wild (1980), S. 44, verwiesen, der feststellt: „Planung ohne Kontrolle ist .. sinnlos. Kontrolle ohne Planung unmöglich."
[941] Vgl. auch David (2005), S. 180.

ist eine Erhöhung der Qualität zu erwarten, da es Controllern durch eine kooperative Bindung zur Strategieabteilung vergleichsweise leicht fallen dürfte, konstruktive Ratschläge, wie etwa zur strategischen Wirkung operativer Maßnahmen, einzuholen.[942] Daher lautet die Hypothese zur Wirkung der Kooperation von Controllerbereich und Strategieabteilung auf die Qualität der durch Controller erbrachten Beratungsleistungen wie folgt:

H4: Die Güte der Kooperation von Controllerbereich und Strategieabteilung wirkt positiv auf die Qualität der Beratungsleistungen des Controllerbereichs.

Durch eine Kooperation mit der Strategieabteilung sollte sich zudem die Ausführung der *„Kritischen-Counterpart"-Funktion* des Controllerbereichs verbessern.[943] Auch hier besteht für Controller zunächst die Möglichkeit, auf eine erweiterte Datenbasis zuzugreifen. Analog zum Controllerbereich werden darüber hinaus auch der Strategieabteilung besondere Fähigkeiten zur kritischen Beurteilung wichtiger Entscheidungen zugeschrieben.[944] Dieses Know-how lässt sich im Rahmen einer Kooperation auch durch den Controllerbereich nutzen. Die entsprechende Hypothese lautet deshalb:

H5: Die Güte der Kooperation von Controllerbereich und Strategieabteilung wirkt positiv auf die Qualität der „Kritischen-Counterpart"-Leistungen des Controllerbereichs.

Neben der positiven Beeinflussung der eigenen Leistungsqualität kann eine Kooperation mit der Strategieabteilung für den Controllerbereich auch mit einer verstärkten Nutzung seiner Rationalitätssicherungsfunktion im Rahmen strategischer Fragestellungen einhergehen.

Die *Mitwirkung an strategischen Fragestellungen* stellt in vielen Unternehmen keine originäre Controlleraufgabe dar. Aufgrund dessen verfügen Controller häufig nicht über die erforderlichen Kenntnisse, um strategische Beratungsleistungen überhaupt erbringen oder die Rolle des ihnen in der Literatur zugedachten „Kritischen Counterparts" im Rahmen strategischer Projekte ausfüllen zu können.[945] Zudem werden Controller von strategieverant-

---

942 Auch empirische Ergebnisse deuten auf die positive Wirkung einer fachkundigen dritten Meinung bei komplexen Aufgaben wie etwa Beratungstätigkeiten hin. Vgl. z. B. Spieker (2004), S. 274.

943 Auch empirisch lässt sich ein qualitätsfördernder Effekt durch die argumentative Stellungnahme einer fachkundigen dritten Partei nachweisen. Vgl. Spieker (2004), S. 274.

944 Vgl. z. B. Burnett/Yeskey/Richardson (1984), S. 67. Ähnlich stellt Javidan (1987), S. 309, zur Rolle der Strategieabteilung fest: „They should act as a coach and a devil's advocate to help top management apply the above techniques in identification and evaluation of alternative goals and strategies."

945 Vgl. auch Pfohl/Stölzle (1997), S. 197; Langguth (1994), S. 188 f.; Pfohl/Zettelmeyer (1987), S. 158.

wortlichen Personen häufig nicht als adäquate Gesprächspartner für strategische Fragestellungen akzeptiert.[946]

Nach der Ressourcenabhängigkeitsperspektive sollte eine direkte Zusammenarbeit mit der Strategieabteilung dem Controllerbereich die Möglichkeit bieten, sich die erforderlichen strategischen Kompetenzen anzueignen.[947] Durch das gemeinsame Erbringen von Leistungen dürfte für Controller die Gelegenheit bestehen, die von der Strategieabteilung verwendeten Methoden und Vorgehensweisen zur Lösung strategischer Fragestellungen nach und nach zu erlernen.

Zudem sollte eine Kooperation mit der Strategieabteilung dazu beitragen, die Wahrnehmung des Controllerbereichs durch die traditionell mit strategischen Fragestellungen betrauten Akteure zu verbessern. Zum einen dürfte es strategisch geschulten Controllern möglich sein, die Mitarbeiter der Strategieabteilung in gemeinsamen Projekten vom Nutzen der angebotenen strategischen Beratungs- und Counterpartleistungen zu überzeugen. Zum anderen sollte ein enges Zusammenwirken mit der Strategieabteilung positiv auf die Reputation des Controllerbereichs wirken und zu einer Erhöhung der Akzeptanz auch seitens der strategieverantwortlichen Manager führen. Die diese Überlegungen zusammenfassenden Hypothesen lauten daher:

H6: Die Güte der Kooperation von Controllerbereich und Strategieabteilung wirkt positiv auf die Nutzung der Beratungsleistungen des Controllerbereichs bei strategischen Fragestellungen.

H7: Die Güte der Kooperation von Controllerbereich und Strategieabteilung wirkt positiv auf die Nutzung der „Kritischen-Counterpart"-Leistungen des Controllerbereichs bei strategischen Fragestellungen.

Wie in Abschnitt 5.2.1.2 dargestellt, lassen sich die Konstrukte zur Qualität der Informationsversorgungs-, Planungsunterstützungs- und Kontrollleistungen des Controllerbereichs formativ zu dem Konstrukt der Qualität der *Führungsunterstützungsleistungen* zusammenführen. Da für jede Einzeldimension eine positive Beeinflussung durch die Güte der Kooperation von Controllerbereich und Strategieabteilung angenommen wurde, dürfte sich die Qualität der gesamthaften Führungsunterstützungsleistungen ebenfalls erhöhen. Die entsprechende Hypothese lautet somit:

---

946 Vgl. Weber (1994b), S. 334.
947 Vgl. auch David (2005), S. 168 und 180.

H8: Die Güte der Kooperation von Controllerbereich und Strategieabteilung wirkt positiv auf die Qualität der gesamthaften Führungsunterstützungsleistungen des Controllerbereichs.

Eine vergleichbare Argumentation lässt sich auch für die Ableitung der Hypothese zur Qualität der gesamthaften *Rationalitätssicherungsleistungen* des Controllerbereichs verwenden. Wie in Abschnitt 5.2.1.2.2 erläutert, bilden Beratungsleistungen und „Kritischer-Counterpart"-Leistungen formativ die Rationalitätssicherung durch den Controllerbereich ab. Da für beide Dimensionen ein positiver Einfluss kooperativen Verhaltens auf die Qualität der Controllerleistungen vermutet wird, dürfte sich auch die gesamthafte Qualität der durch Controller erbrachten Rationalitätssicherungsleistungen verbessern. Die dazugehörige Hypothese lässt sich somit wie folgt formulieren:

H9: Die Güte der Kooperation von Controllerbereich und Strategieabteilung wirkt positiv auf die Qualität der gesamthaften Rationalitätssicherungsleistungen des Controllerbereichs.

Zudem lassen sich aufgrund der Charakteristika von Führungsunterstützungs- und Rationalitätssicherungsaufgaben sowie des jeweiligen Anforderungsprofils zur Erfüllung dieser Aufgaben Annahmen zur Stärke der Qualitätswirkung ableiten.[948]

So beinhalten Führungsunterstützungsaufgaben im engeren Sinne vor allem Tätigkeiten, die der Manager prinzipiell selbst erbringen könnte, die er aber an den Controller delegiert.[949] Die entsprechenden Aufgaben sind in der Regel beurteilbar und hinsichtlich ihrer Komplexität begrenzt.[950] Controller dürften zur Durchführung dieser Tätigkeiten vergleichsweise wenig Unterstützung benötigen. Die Qualität der angebotenen Leistungen sollte somit auch ohne Rückgriff auf das Know-how der Strategieabteilung vergleichsweise hoch sein.

Demgegenüber sind die im Rahmen der Rationalitätssicherungsfunktion abgebildeten Beratungs- und Counterpartaufgaben nicht mehr vollkommen überschaubar und durch höhere Leistungsanforderungen gekennzeichnet.[951] Controller benötigen zur Erfüllung dieser Aufgaben deutlich mehr Informationen und Kompetenzen als bei Führungsunterstützungs-

948 Vgl. hierzu auch Spillecke (2006), S. 227.

949 Vgl. Weber (2004), S. 43. Vgl. auch Abschnitt 2.1.2.

950 Auch Spillecke (2006), S. 178, charakterisiert die Führungsunterstützungsleistungen als Suchgüter im Sinne der Informationsökonomik.

951 Aufgrund der damit einhergehenden Nichtbeurteilbarkeit werden diese Tätigkeiten unter Rückgriff auf die Informationsökonomik auch als Vertrauensgüter charakterisiert. Vgl. hierzu auch Spillecke (2006), S. 178; Weber/Paefgen/Spillecke (2005), S. 13; Weber (2004), S. 41 und 132 f.

leistungen. Die Unterstützung durch die Strategieabteilung dürfte demnach eine im Vergleich zur Führungsunterstützung stärkere Qualitätsverbesserung zur Folge haben. Die entsprechende Hypothese lautet daher:

H10: Der Einfluss der Güte der Kooperation von Controllerbereich und Strategieabteilung auf die Qualität der Rationalitätssicherungsleistungen des Controllerbereichs ist stärker als der Einfluss auf die Qualität der Führungsunterstützungsleistungen.

Abschließend lassen sich auch die Teilkonstrukte zur Nutzung strategischer Beratungsleistungen sowie zur Inanspruchnahme der Funktion des „Kritischen (strategischen) Counterparts" zum Gesamtkonstrukt der *Nutzungsintensität der strategischen Rationalitätssicherungsleistungen* des Controllerbereichs zusammenfassen.[952] Da sich kooperatives Verhalten auf beide Teildimensionen positiv auswirken sollte, dürfte auch ein positiver Einfluss auf das Gesamtkonstrukt zu vermuten sein. Die entsprechende Hypothese lautet daher:

H11: Die Güte der Kooperation von Controllerbereich und Strategieabteilung wirkt positiv auf die Nutzung der gesamthaften Rationalitätssicherungsleistungen des Controllerbereichs bei strategischen Fragestellungen.

5.3.2 Hypothesen zur mediierenden Wirkung der Leistungsqualität

Wie in Abschnitt 3.4.4 ausgeführt, ist für die Existenz eines vermittelnden Effekts sowohl ein signifikanter Einfluss der exogenen Variable auf die mediierende Größe als auch eine Wirkung der mediierenden Größe auf die endogene Variable notwendig. Die Zusammenhänge zwischen kooperativem Verhalten von Controllerbereich und Strategieabteilung als exogener Variable und der Leistungsqualität als mediierender Größe wurden bereits im vorhergehenden Abschnitt abgeleitet. Nachfolgend werden daher die Wirkungsbeziehungen zwischen den Dimensionen der Leistungsqualität sowie der Nutzungsintensität strategischer Controllerleistungen dargestellt. Abschließend werden die mediierenden Hypothesen formuliert.

Die Beziehung zwischen Leistungsqualität und Nutzungsintensität lässt sich konzeptionell anhand der sozialen Austauschtheorie erklären. Demnach sollte eine Verbesserung der Qualität von Controllerleistungen zu einer höheren Zufriedenheit seitens der Leistungsempfänger führen und das Vertrauen in den Controllerbereich stärken.[953] Zufriedenheit und Vertrauen in die Leistungsfähigkeit des Controllerbereichs sollten ihrerseits zu einer erhöhten

---

[952] Vgl auch Abschnitt 5.2.2.
[953] Vgl. hierzu und im Folgenden ausführlich Spillecke (2006), S. 184 ff.

Nachfrage nach Controllerleistungen führen. Die Einbeziehung des Controllerbereichs zur Lösung strategischer Fragestellungen dürfte sich somit verstärken.

Die dargestellte Wirkungskette wird auch durch empirische Arbeiten gestützt.[954] Beispielsweise stellt SPILLECKE (2006) in seiner Untersuchung zur internen Kundenorientierung des Controllerbereichs einen positiven Einfluss der Qualität von Controllerleistungen auf die Zufriedenheit der Leistungsempfänger mit den erbrachten Leistungen fest. Letztere wirkt im Anschluss positiv auf das Vertrauen in den Controllerbereich und die Nutzung von Controllerleistungen.

Auf Basis der in Abschnitt 5.3.1 dargestellten Beziehung zwischen kooperativem Verhalten und der Qualität der Controllerleistungen sowie dem erläuterten Zusammenhang zwischen Leistungsqualität und Nutzungsintensität lassen sich daher folgende beiden mediierenden Hypothesen formulieren:

H12: Die Wirkung der Güte der Kooperation von Controllerbereich und Strategieabteilung auf die Nutzungsintensität der strategischen Rationalitätssicherungsleistungen des Controllerbereichs wird durch die Qualität der von Controllern erbrachten Führungsunterstützungsleistungen vermittelt.

H13: Die Wirkung der Güte der Kooperation von Controllerbereich und Strategieabteilung auf die Nutzungsintensität der strategischen Rationalitätssicherungsleistungen des Controllerbereichs wird durch die Qualität der von Controllern erbrachten Rationalitätssicherungsleistungen vermittelt.

5.4 Ergebnisse der Hypothesenprüfung

5.4.1 Hypothesen zur direkten Wirkung der Kooperation von Controllerbereich und Strategieabteilung

In Abschnitt 5.3.1 wurden sowohl Hypothesen zur direkten Wirkung der Güte der Kooperation auf Teildimensionen der Qualität und Nutzungsintensität von Controllerleistungen formuliert als auch Annahmen zum Einfluss kooperativen Verhaltens auf die Gesamtkonstrukte getätigt. Zur Validierung der abgeleiteteten Hypothesen wird daher zunächst ein Strukturmodell zum Einfluss kooperativen Verhaltens auf die einzelnen Teilkonstrukte der Leistungsqualität und Nutzungsintensität vorgestellt. In einem zweiten Schritt werden die

954 Vgl. Spillecke (2006), S. 185 ff. Teile der dargestellten Wirkungskette finden sich im Controllingkontext zudem bei Bauer (2002), S. 249, und Karlshaus (2000), S. 161.

jeweiligen Teildimensionen zusammengefasst und die Wirkung kooperativen Verhaltens auf die gesamthafte Qualität der Führungsunterstützungs- und Rationalitätssicherungsleistungen sowie die Nutzungsintensität der strategischen Rationalitätssicherungsleistungen untersucht.

Abbildung 9 bietet eine Übersicht über das in PLS analysierte Strukturmodell zur Wirkung kooperativen Verhaltens von Controllerbereich und Strategieabteilung auf die Teildimensionen der Leistungsqualität und Nutzungsintensität strategischer Rationalitätssicherungsleistungen des Controllerbereichs. Die Gütekriterien des Strukturmodells sowie die nicht in der Abbildung dargestellten Wirkungen der einzelnen Bestandteile kooperativen Verhaltens können Tabelle 23 entnommen werden.

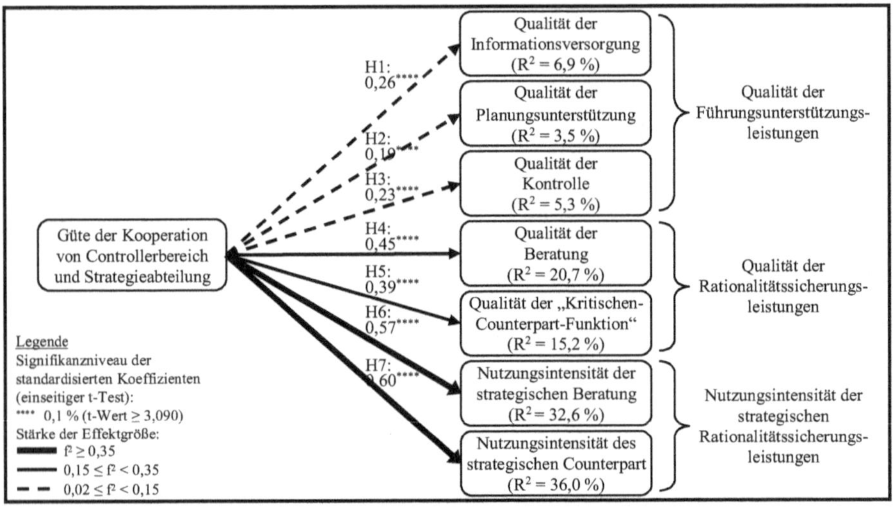

Abbildung 9: Strukturmodell zur direkten Wirkung der Güte der Kooperation von Controllerbereich und Strategieabteilung (Detaildarstellung)

Informationen zum Strukturmodell **„Wirkung der Güte der Kooperation von Controllerbereich und Strategieabteilung (Detaildarstellung)“**					
Wirkungsbeziehung	Ursprünglicher Schätzwert	Mittelwert der erzeugten Fälle	Standardabweichung	t-Wert	Effektgröße f^2
Güte Kooperation → Qualität Informationsversorgung	**0,26**	**0,26**	**0,05**	**5,51**	**0,07**
Güte formeller Informationsaustausch → Qualität Informationsversorgung	0,26	0,26	0,05	5,35	0,07
Güte informeller Informationsaustausch → Qualität Informationsversorgung	0,16	0,17	0,05	3,14	0,03
Güte Collaboration → Qualität Informationsversorgung	0,26	0,26	0,05	5,46	0,07

Güte Kooperation → Qualität Planungsunterstützung	**0,19**	**0,19**	**0,04**	**4,55**	**0,04**
Güte formeller Informationsaustausch → Qualität Planungsunterstützung	0,19	0,19	0,04	4,59	0,04
Güte informeller Informationsaustausch → Qualität Planungsunterstützung	0,12	0,13	0,05	2,70	0,02
Güte Collaboration → Qualität Planungsunterstützung	0,18	0,19	0,05	3,76	0,03
Güte Kooperation → Qualität Kontrolle	**0,23**	**0,23**	**0,04**	**5,72**	**0,06**
Güte formeller Informationsaustausch → Qualität Kontrolle	0,23	0,24	0,04	4,66	0,06
Güte informeller Informationsaustausch → Qualität Kontrolle	0,19	0,19	0,04	4,27	0,04
Güte Collaboration → Qualität Kontrolle	0,22	0,22	0,04	4,99	0,05
Güte Kooperation → Qualität Beratung	**0,45**	**0,46**	**0,04**	**12,41**	**0,26**
Güte formeller Informationsaustausch → Qualität Beratung	0,42	0,43	0,04	9,66	0,22
Güte informeller Informationsaustausch → Qualität Beratung	0,32	0,33	0,04	8,51	0,11
Güte Collaboration → Qualität Beratung	0,45	0,46	0,04	12,71	0,26
Güte Kooperation → Qualität „Kritischer Counterpart"	**0,39**	**0,40**	**0,04**	**8,67**	**0,18**
Güte formeller Informationsaustausch → Qualität „Kritischer Counterpart"	0,36	0,36	0,04	7,90	0,14
Güte informeller Informationsaustausch → Qualität „Kritischer Counterpart"	0,36	0,36	0,04	8,31	0,14
Güte Collaboration → Qualität „Kritischer Counterpart"	0,38	0,39	0,04	8,58	0,17
Güte Kooperation → Nutzungsintensität strategische Beratung	**0,57**	**0,57**	**0,04**	**13,91**	**0,48**
Güte formeller Informationsaustausch → Nutzungsintensität strategische Beratung	0,53	0,54	0,04	14,13	0,40
Güte informeller Informationsaustausch → Nutzungsintensität strategische Beratung	0,47	0,47	0,04	10,95	0,28

Güte Collaboration → Nutzungsintensität strategische Beratung	0,55	0,56	0,04	13,23	0,44
Güte Kooperation → Nutzungsintensität „Kritischer strategischer Counterpart“	**0,60**	**0,59**	**0,04**	**16,94**	**0,56**
Güte formeller Informationsaustausch → Nutzungsintensität „Kritischer strategischer Counterpart“	0,56	0,56	0,04	15,51	0,46
Güte informeller Informationsaustausch → Nutzungsintensität „Kritischer strategischer Counterpart“	0,51	0,51	0,04	12,82	0,36
Güte Collaboration → Nutzungsintensität „Kritischer strategischer Counterpart“	0,58	0,58	0,04	14,04	0,50

Tabelle 23: Informationen zur direkten Wirkung der Güte der Kooperation von Controllerbereich und Strategieabteilung (Detaillierte Darstellung)

Die in Abschnitt 5.3.1 aufgestellten Hypothesen H1, H2 und H3 deuten auf einen positiven Einfluss der Güte der Kooperation von Controllerbereich und Strategieabteilung auf die Qualität der durch Controller erbrachten Führungsunterstützungsleistungen im Rahmen der Informationsversorgung, Planungsunterstützung und Kontrolle hin. Die Pfadkoeffizienten zwischen kooperativem Verhalten und den einzelnen Leistungsdimensionen von 0,26 (Informationsversorgung), 0,19 (Planungsunterstützung) bzw. 0,23 (Kontrolle), die jeweils auf dem 0,1-%-Niveau signifikant sind, bestätigen diese Überlegung. Die in Tabelle 23 ausgewiesenen Effektgrößen von 0,07 (Informationsversorgung), 0,04 (Planungsunterstützung) und 0,06 (Kontrollaufgaben) sowie der Anteil der erklärten Varianzen weisen auf moderate Zusammenhänge hin. Zudem liefern die aufgeführten Schätzergebnisse Hinweise dafür, dass der informelle Informationsaustausch einen im Vergleich zum formellen Informationsaustausch und zur Collaboration deutlich schwächeren Einfluss auf die Qualität der Informationsversorgungs-, Planungsunterstützungs- und Kontrollleistungen des Controllerbereichs besitzt.

Ähnlich den vorangegangenen Überlegungen unterstellen die Hypothesen H4 und H5, dass kooperatives Verhalten von Controllerbereich und Strategieabteilung die Qualität der durch Controller wahrgenommenen Beratungs- und „Kritischer-Counterpart“-Leistungen erhöht. Die hochsignifikanten Pfadkoeffizienten zwischen der Kooperationsgüte und der Beratungsqualität (0,45) bzw. der Qualität des „Kritischen Counterparts“ (0,39) bestätigen diese Hypothesen. Effektgrößen von 0,26 (Beratung) bzw. 0,18 („Kritischer Counterpart“) deuten zudem auf starke Zusammenhänge zwischen der Kooperationsgüte und den betrachteten Qualitätsgrößen hin. Hierbei fällt auf, dass kooperatives Verhalten von Controllerbereich und Strategieabteilung die Qualität der durch Controller erbrachten Beratungsleistungen offenbar stärker beeinflusst als die Güte der Counterpartleistungen. Ähnlich den Ergebnissen der Führungsunterstützung deuten die Schätzwerte der Teildimensionen zudem darauf hin, dass der informelle Informationsaustausch die im Vergleich schwächste Qualitätswirkung aufweist. Demgegenüber geht von Collaboration sowohl im Rahmen der Beratungs- als auch der Counterparttätigkeiten der stärkste Einfluss auf die Leistungsqualität aus.

Auch die Annahme einer direkten Wirkung der Güte der Kooperation von Controllerbereich und Strategieabteilung auf die Nutzungsintensität der strategischen Beratungs- (H6) und Counterpartleistungen des Controllerbereichs (H7) konnte bestätigt werden. Die Pfadkoeffizienten beider Beziehungen sind auf dem 0,1-%-Niveau signifikant. Effektgrößen von 0,48 (strategische Beratung) bzw. 0,56 („Kritischer strategischer Counterpart") weisen auf sehr starke Zusammenhänge hin. Ein Vergleich der Schätzwerte zeigt hierbei, dass die Nutzung der Counterpartleistungen des Controllerbereichs durch kooperatives Verhalten stärker gefördert wird als die Nutzung der Beratungsleistungen. Darüber hinaus weisen die in Tabelle 23 ausgewiesenen Teilschätzwerte wiederum auf die untergeordnete Bedeutung des informellen Informationsaustauschs im Vergleich zu den übrigen Teildimensionen der Kooperation hin.

Während im Rahmen der Hypothesen H1 bis H7 der direkte Einfluss der Kooperation von Controllerbereich und Strategieabteilung auf die Qualität und Nutzung einzelner Controllerleistungen überprüft wurde, befassen sich die Hypothesen H8 bis H11 mit der Wirkung kooperativen Verhaltens auf die Qualität der Führungsunterstützung und Rationalitätssicherung sowie die Nutzung der strategischen Rationalitätssicherung insgesamt. Abbildung 10 bietet eine Übersicht über das hierfür in PLS analysierte Strukturmodell. Die Gütekriterien des Modells sind Tabelle 24 zu entnehmen.

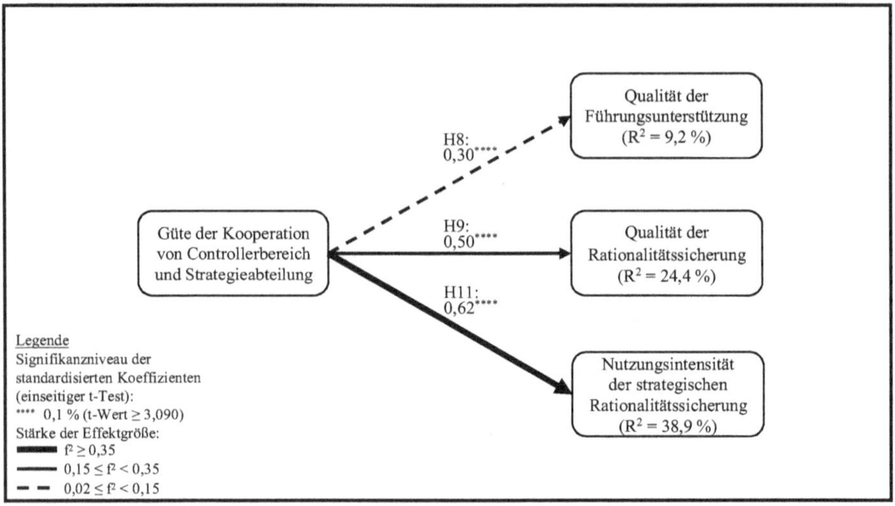

Abbildung 10: Strukturmodell zur direkten Wirkung der Güte der Kooperation von Controllerbereich und Strategieabteilung (Gesamthafte Darstellung)

Informationen zum Strukturmodell **„Wirkung der Güte der Kooperation von Controllerbereich und Strategieabteilung (Gesamthafte Darstellung)"**					
Wirkungsbeziehung	Ursprünglicher Schätzwert	Mittelwert der erzeugten Fälle	Standardabweichung	t-Wert	Effektgröße f^2
Güte Kooperation → Qualität Führungsunterstützung	**0,30**	**0,33**	**0,04**	**7,56**	**0,10**
Güte formeller Informationsaustausch → Qualität Führungsunterstützung	0,30	0,31	0,04	7,14	0,10
Güte informeller Informationsaustausch → Qualität Führungsunterstützung	0,22	0,24	0,04	4,99	0,05
Güte Collaboration → Qualität Führungsunterstützung	0,30	0,32	0,04	6,66	0,10
Güte Kooperation → Qualität Rationalitätssicherung	**0,50**	**0,51**	**0,04**	**14,09**	**0,34**
Güte formeller Informationsaustausch → Qualität Rationalitätssicherung	0,46	0,47	0,04	12,35	0,26
Güte informeller Informationsaustausch → Qualität Rationalitätssicherung	0,40	0,41	0,04	9,62	0,19
Güte Collaboration → Qualität Rationalitätssicherung	0,50	0,51	0,04	13,29	0,33
Güte Kooperation → Nutzungsintensität strategische Rationalitätssicherung	**0,62**	**0,63**	**0,03**	**18,89**	**0,64**

Güte formeller Informationsaustausch → Nutzungsintensität strategische Rationalitätssicherung	0,59	0,60	0,03	17,45	0,53
Güte informeller Informationsaustausch → Nutzungsintensität strategische Rationalitätssicherung	0,53	0,54	0,04	14,24	0,38
Güte Collaboration → Nutzungsintensität strategische Rationalitätssicherung	0,60	0,61	0,04	16,92	0,57

Tabelle 24: Informationen zur direkten Wirkung der Güte der Kooperation von Controllerbereich und Strategieabteilung (Gesamthafte Darstellung)

Aufbauend auf den Ausführungen zur Qualität einzelner Controllerleistungen unterstellen die Hypothesen H8 und H9 einen positiven Einfluss der Güte der Kooperation von Controllerbereich und Strategieabteilung auf die Qualität der gesamthaften Führungsunterstützungs- und Rationalitätssicherungsleistungen. Die auf dem 0,1-%-Niveau signifikanten Pfadkoeffizienten bestätigen diese Annahme. Ein t-Test zwischen den Pfadkoeffzienten und der Vergleich der Effektgrößen verdeutlichen zudem, dass die Qualität der durch den Controllerbereich erbrachten Rationalitätssicherungsleistungen signifikant stärker beeinflusst wird als die Güte der Führungsunterstützungsleistungen.[955] So weist eine Effektgröße von 0,1 auf einen nur mäßigen Zusammenhang zwischen der Güte kooperativen Verhaltens von Controllerbereich und Strategieabteilung und der Qualität der Führungsunterstützungstätigkeiten hin. Demgegenüber lässt sich aufgrund einer Effektgröße von 0,34 ein starker Einfluss auf die Qualität der Rationalitätssicherung vermuten. Die Hypothese H10, in der eine stärkere Wirkung kooperativen Verhaltens auf die Qualität der Rationalitätssicherung im Vergleich zur Güte der Führungsunterstützung unterstellt wurde, lässt sich somit ebenfalls bestätigen.

Abschließend kann auch die Hypothese H11 bezüglich der direkten Wirkung der Güte der Kooperation auf die Nutzungsintensität strategischer Rationalitätssicherungsleistungen des Controllerbereichs gestützt werden. Ähnlich zur Betrachtung der Einzeldimensionen weist der Pfadkoeffizient mit 0,62 einen sehr hohen Wert auf. Auch die Effektgröße von 0,64 lässt auf einen sehr starken Zusammenhang zwischen beiden Konstrukten schließen. Die formulierte Hypothese lässt sich somit ebenfalls bestätigen.

[955] Der ermittelte t-Wert beträgt 3,54. Vgl. zu diesem Vorgehen auch grundlegend Chin (2000).

5.4.2 Hypothesen zur mediierenden Wirkung der Leistungsqualität

Die Pfadkoeffizienten zwischen der Kooperation von Controllerbereich und Strategieabteilung und der Nutzungsintensität der strategischen Rationalitätssicherungsleistungen des Controllerbereichs weisen auf eine sehr starke Beziehung der Konstrukte hin. Die Hypothesen H12 und H13 befassen sich daher mit der Frage, ob dieser Zusammenhang ausschließlich auf die direkte Wirkung kooperativen Verhaltens zurückzuführen ist oder ob der starke Einfluss der Kooperation auch durch einen mediierenden Effekt seitens der Qualität der Controllerleistungen hervorgerufen wird.

Das zur Untersuchung dieser Fragestellung verwendete Strukturmodell geht aus Abbildung 11 bzw. Tabelle 25 hervor. Bereits ein im Vergleich zum Basismodell um 14,4 % erhöhter Wert der erklärten Varianz der Nutzung strategischer Rationalitätssicherungsleistungen deutet auf die Möglichkeit mediierender Effekte hin. Diese werden nachfolgend durch die Überprüfung der Hypothesen H12 und H13 untersucht.

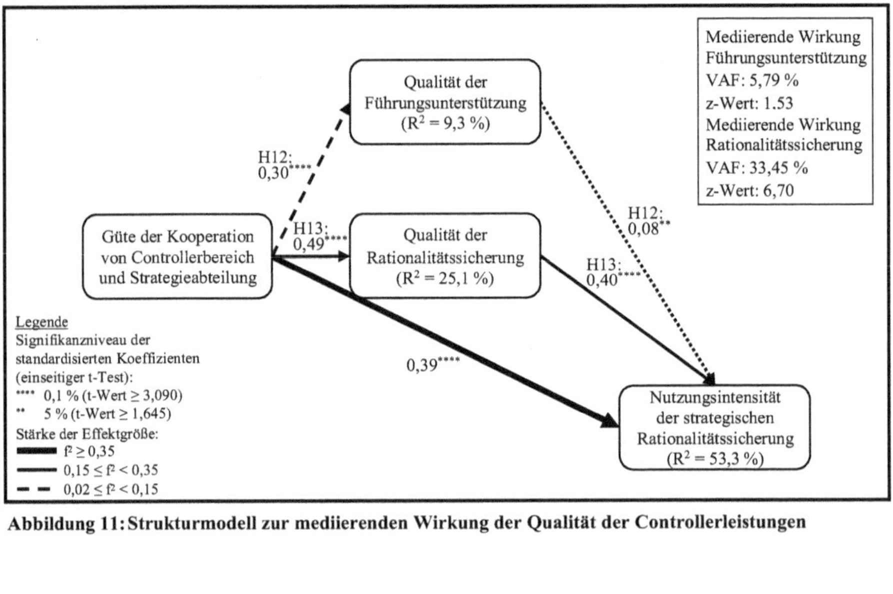

Abbildung 11: Strukturmodell zur mediierenden Wirkung der Qualität der Controllerleistungen

Informationen zum Strukturmodell **„Mediierende Wirkung der Qualität der Controllerleistungen"**					
Wirkungsbeziehung	Ursprünglicher Schätzwert	Mittelwert der erzeugten Fälle	Standardabweichung	t-Wert	Effektgröße f^2
Güte Kooperation → Nutzungsintensität strategische Rationalitätssicherung	0,39	0,38	0,05	8,54	0,22
Güte Kooperation → Qualität Führungsunterstützung	0,30	0,32	0,04	6,89	0,10
Güte Kooperation → Qualität Rationalitätssicherung	0,49	0,51	0,04	12,28	0,32
Qualität Führungsunterstützung → Nutzungsintensität strategische Rationalitätssicherung	0,08	0,09	0,04	2,07	0,00
Qualität Rationalitätssicherung → Nutzungsintensität strategische Rationalitätssicherung	0,40	0,41	0,05	8,20	0,21

Tabelle 25: Informationen zur mediierenden Wirkung der Qualität der Controllerleistungen

In Hypothese H12 wurde unterstellt, dass von der Qualität der Führungsunterstützungsleistungen des Controllerbereichs eine mediierende Wirkung auf den Zusammenhang zwischen der Güte der Kooperation von Controllerbereich und Strategieabteilung und der Nutzungsintensität der durch Controller erbrachten strategischen Rationalitätssicherungsleistungen ausgeht. Die in Tabelle 25 aufgeführten Pfadkoeffizienten verdeutlichen, dass die Voraussetzungen für das Auftreten eines solchen mediierenden Effekts erfüllt sind.[956] Die jeweiligen Pfadkoeffizienten zwischen der Kooperationsgüte von Controllerbereich und Strategieabteilung, der Qualität der Controllerleistungen und der Nutzungsintensität der strategischen Rationalitätssicherung des Controllerbereichs sind signifikant. Zudem ist der Pfadkoeffizient zwischen dem Kooperationskonstrukt und der Nutzungsintensität im Vergleich zum in Abbildung 10 dargestellten Basismodell wesentlich geringer.

Der aus Abbildung 11 ersichtliche Wert der Variance Accounted For (VAF) von 5,79 % verdeutlicht allerdings, dass sich nur ein vergleichsweise geringer Anteil der Wirkung kooperativen Verhaltens auf die Nutzungsintensität der strategischen Rationalitätssicherungsleistungen durch die Güte der Führungsunterstützungsleistungen als Mediatorvariable erklären lässt. Auch die geringe Effektgröße zwischen der Führungsunterstützungsqualität und der Nutzung der durch Controller erbrachten strategischen Rationalitätssicherung sowie

[956] Zu den Voraussetzungen für das Vorliegen eines mediierenden Effekts vgl. auch Abschnitt 3.4.4.

der geringe z-Wert stehen der Gültigkeit der Hypothese 12 entgegen. Diese ist daher zu verwerfen.

Demgegenüber lässt sich die Hypothese H13, die einen mediierenden Effekt der Güte der Rationalitätssicherungsleistungen unterstellt, stützen. Wie aus Tabelle 25 hervorgeht, weisen die relevanten Pfadkoeffizienten zwischen den Konstrukten signifikante Wirkungen auf. Der Pfadkoeffizient zwischen der Kooperationsgüte und der Nutzungsintensität der strategischen Controllerleistungen ist geringer als im Basismodell. Auch der hochsignifikante z-Wert von 6,70 weist auf einen mediierenden Effekt hin. Ein VAF-Wert von 33,45 % verdeutlicht hierbei, dass ca. ein Drittel des im Basismodell ausgewiesenen direkten Einflusses kooperativen Verhaltens auf die Nutzung der strategischen Rationalitätssicherung auf die Existenz der mediierenden Variablen zurückgeht. Hypothese H13 lässt sich somit bestätigen.

5.5 Zusammenfassung

Die Ausgangshypothese zur Wirkung der Güte der Kooperation von Controllerbereich und Strategieabteilung bestand darin, dass diese einen positiven Einfluss sowohl auf die Qualität als auch die Nutzung von Controllerleistungen besitzt. Diese grundlegende Annahme wurde im Rahmen der anschließenden Hypothesenformulierung konkretisiert.

Die Überprüfung der abgeleiteten Hypothesen verdeutlichte, dass kooperatives Verhalten eine positive Qualitätswirkung auf alle betrachteten Leistungen des Controllerbereichs besitzt. Die Ausprägungen der Pfadkoeffizienten und Effektgrößen, die Werte von 0,30 (Pfadkoeffizient) und 0,10 (Effektgröße) für die gesamthaften Führungsunterstützungsleistungen bzw. 0,50 und 0,34 für die Rationalitätssicherungsleistungen ausweisen, lassen aber darauf schließen, dass deutliche Unterschiede bezüglich der Wirkungsstärke existieren. Die Qualität der Rationalitätssicherungsleistungen des Controllerbereichs scheint hierbei deutlich stärker verbessert zu werden als die Güte der Führungsunterstützungsaufgaben.

Zudem ließ sich im Rahmen der Hypothesenüberprüfung feststellen, dass kooperatives Verhalten von Controllerbereich und Strategieabteilung einen positiven Einfluss auf die Inanspruchnahme der Rationalitätssicherungsleistungen des Controllerbereichs bei strategischen Fragestellungen besitzt. Ein hochsignifikanter Pfadkoeffizient mit einem Wert von 0,62 und eine Effektgröße von 0,64 weisen auf einen sehr starken Zusammenhang hin.

Allerdings verdeutlicht die Analyse des vermittelnden Effekts der Leistungsqualität, dass der festgestellte hohe Einfluss nicht ausschließlich der direkten Wirkung einer Kooperation von

Controllerbereich und Strategieabteilung zuzuschreiben ist. Vielmehr ergeben sich ca. 40 % der identifizierten Wirkung dadurch, dass kooperatives Verhalten beider Abteilungen zunächst die Qualität der Leistungen des Controllerbereichs verbessert und diese aufgrund der Erhöhung der Leistungsqualität stärker nachgefragt werden. Hierbei ist insbesondere die Qualität der von Controllern erbrachten Rationalitätssicherungsleistungen von Bedeutung. Die Güte der eher operativ geprägten Führungsunterstützungsaufgaben spielt demgegenüber für die Nachfrage nach strategischen Controllerleistungen eine untergeordnete Rolle.

Die Ergebnisse der Hypothesenprüfung zu den Auswirkungen der Kooperation von Controllerbereich und Strategieabteilung sind abschließend in Tabelle 26 zusammengefasst.

Ergebnisse der Hypothesenprüfung		**Bestätigt**	**Abgelehnt**
H1:	Güte Kooperation (+) → Qualität Informationsversorgung (+)	X	
H2:	Güte Kooperation (+) → Qualität Planungsunterstützung (+)	X	
H3:	Güte Kooperation (+) → Qualität Kontrolle (+)	X	
H4:	Güte Kooperation (+) → Qualität Beratung (+)	X	
H5:	Güte Kooperation (+) → Qualität „Kritischer Counterpart" (+)	X	
H6:	Güte Kooperation (+) → Nutzungsintensität Beratung bei strategischen Fragen (+)	X	
H7:	Güte Kooperation (+) → Nutzungsintensität „Kritischer Counterpart" bei strategischen Fragen (+)	X	
H8:	Güte Kooperation (+) → Qualität gesamthafte Führungsunterstützung (+)	X	
H9:	Güte Kooperation (+) → Qualität gesamthafte Rationalitätssicherung (+)	X	
H10:	Wirkung der Güte der Kooperation auf die Qualität der Rationalitätssicherung > Wirkung der Güte der Kooperation auf die Qualität der Führungsunterstützung	X	
H11:	Güte Kooperation (+) → Nutzungsintensität gesamthafte strategische Rationalitätssicherung (+)	X	
H12:	Güte Kooperation (+) → Qualität Führungsunterstützung (+) → Nutzungsintensität gesamthafte strategische Rationalitätssicherung (+)		X
H13:	Güte Kooperation (+) → Qualität Rationalitätssicherung (+) → Nutzungsintensität gesamthafte strategische Rationalitätssicherung (+)	X	

Tabelle 26: Ergebnisse der Hypothesenprüfung zu den Wirkungen der Güte der Kooperation von Controllerbereich und Strategieabteilung

6 Determinanten der Kooperation von Controllerbereich und Strategieabteilung

Im Anschluss an die Analyse der Wirkungen kooperativen Verhaltens soll in diesem Kapitel untersucht werden, welche Faktoren die Güte der Kooperation von Controllerbereich und Strategieabteilung beeinflussen. Zunächst werden hierzu die für die Untersuchung relevanten Determinanten ausgewählt und systematisiert (Abschnitt 6.1). Innerhalb der identifizierten Gruppen der strukturellen (Abschnitt 6.2) und relationalen Einflussfaktoren (Abschnitt 6.3) sowie für die Determinanten Role Making des Controllerbereichs (Abschnitt 6.4) und Unsicherheit der Unternehmensumwelt (Abschnitt 6.5) werden die betrachteten Bestimmungsfaktoren der Kooperation anschließend konzeptualisiert und operationalisiert. Zudem werden Wirkungsbeziehungen theoretisch abgeleitet und empirisch überprüft.

6.1 Grundlagen

In der Schnittstellenforschung wird eine Vielzahl möglicher Einflussfaktoren der Kooperation von Organisationseinheiten diskutiert.[957] BROCKHOFF (1994) stellt diesbezüglich fest, dass die „hohe Komplexität der Schnittstellen-Probleme zu einer … nahezu unüberschaubaren Vielzahl definitionsgemäß zulässiger Instrumente geführt [hat], deren Einsatz zur Reduktion empfohlen wird."[958] Aufbauend auf den Befunden der Schnittstellenliteratur und entsprechend den Annahmen des situativen Ansatzes lautet die grundlegende Hypothese dieses Abschnitts daher, dass kooperatives Verhalten von Controllerbereich und Strategieabteilung ebenfalls durch zahlreiche und unterschiedliche Einflussfaktoren bestimmt wird.[959]

Die in der Schnittstellenforschung betrachteten Einflussfaktoren lassen sich grundlegend in unternehmensinterne und -externe Größen unterteilen. Die unternehmensbezogenen Determinanten können weiter in strukturelle sowie relationale Faktoren differenziert werden.[960] Dieses aus der Schnittstellenliteratur bekannte Gliederungsraster soll auch der vorliegenden Untersuchung zugrundeliegen. Darüber hinaus wird bei der Betrachtung der unternehmensbezogenen Einflussfaktoren die Wirkung der in der Schnittstellenforschung bisher nicht

957 Für einen umfassenden Überblick zu möglichen Determinanten vgl. auch Weinkauf et al. (2005), S. 98.

958 Brockhoff (1994), S. 33.

959 Den situativen Charakter kooperativen Verhaltens betonen auch Griffin/Hauser (1996), S. 202: „How each action affects integration and which actions are required depend upon the needs of the firm and its history."

960 Vgl. zu dieser Unterteilung auch Chimhanzi (2004), S. 717 ff.; Smith/Carroll/Ashford (1995), S. 15; Moenaert/Souder (1990), S. 96. Auch Bauer (2002), S. 93, unterscheidet im Rahmen seiner Untersuchung zum Zusammenwirken von Controller und Manager die internen Kontextfaktoren in formelle und informelle Determinanten.

bekannten Größe Role Making des Controllerbereichs untersucht, die sich weder den klassischen strukturellen noch den relationalen Einflussfaktoren zuordnen lässt. Nachfolgend werden die in der Untersuchung verwendeten Gruppen von Einflussfaktoren kurz vorgestellt.

Demnach werden *strukturelle Einflussfaktoren* in dieser Arbeit als „range of administrative tools employed to achieve interdepartmental integration between interdependent departments within an organization“[961] aufgefasst. Es handelt sich somit um die organisatorischen Maßnahmen, die im Unternehmen eingesetzt werden können, um die Kooperation von Controllerbereich und Strategieabteilung unmittelbar zu verbessern.

In der Schnittstellenliteratur werden zahlreiche administrative Instrumente zur Verbesserung des Zusammenwirkens von Abteilungen vorgeschlagen.[962] Aufgrund des begrenzten Fragebogenumfangs wurden fünf Bestimmungsfaktoren für eine nähere Betrachtung im Rahmen der vorliegenden Untersuchung ausgewählt. Die betrachteten Determinanten wurden in einem dreistufigen Prozess identifiziert. Im Rahmen einer Literaturanalyse wurden in der Schnittstellenforschung diskutierte Instrumente zur Verbesserung kooperativen Verhaltens ermittelt. Anschließend wurden die theoretisch angenommenen und empirisch nachgewiesenen Wirkungen der identifizierten strukturellen Determinanten überprüft. Instrumente, deren kooperationsfördernder Einfluss sich weder plausibel erklären noch empirisch nachweisen ließ, wurden hierbei eliminiert. Abschließend wurden die ermittelten Einflussfaktoren hinsichtlich ihrer Übertragbarkeit und Bedeutung für den Controllingkontext überprüft.

Als Resultat des beschriebenen Prozesses wurden der Formalisierungsgrad der Interaktion, interfunktionale Teams, interfunktionale Mitarbeiterfortbildungen und interfunktionaler Mitarbeiteraustausch ermittelt. Häufig in empirischen Arbeiten der Controllingforschung untersuchte organisatorische Bestimmungsfaktoren wie der Spezialisierungsgrad oder das Ausmaß an Entscheidungsdelegation wurden aufgrund nicht eindeutig bestimmbarer Kooperationswirkungen nicht betrachtet.[963] Auch die in der Schnittstellenforschung diskutierte

---

961 Chimhanzi (2004), S. 717. Ähnlich Klimecki (1985), S. 140.

962 Vgl. Brockhoff (1994), S. 33; Brockhoff/Hauschildt (1993), S. 402. Für eine Übersicht vgl. auch Klimecki (1985), S. 140 ff.

963 Für den Spezialisierungsgrad wird in der Schnittstellenliteratur eine negative Wirkung auf die Güte der Beziehung von Funktionsbereichen unterstellt. Vgl. z. B. Menon/Jaworski/Kohli (1997), S. 191; Barclay (1991), S. 146. Demgegenüber deuten die aus einer Spezialisierung resultierende Abgrenzung von Aufgabenfeldern und eine stärkere Abhängigkeit von anderen Abteilungen gemäß Abschnitt 2.5 auf einen positiven Einfluss hin. Zudem lässt sich in empirischen Arbeiten keine bzw. eine eingeschränkte Wirkung von Spezialisierung nachweisen. Vgl. z. B. Menon/Jaworski/Kohli (1997), S. 194; Barclay (1991), S. 153. Ähnlich stellt Barclay (1991), S. 148, bezüglich der Wirkung von Zentralisation bzw. Delegation fest: „it is difficult to predict the total effect of centralization.“ Vgl. hierzu empirisch auch Menon/Bharadwaj/Howell (1996), S. 307; Parry/Song (1993), S. 16.

Gestaltung von Verrechnungspreisen[964] und Anreizsystemen[965] wurde nicht in die Untersuchung einbezogen.[966]

Im Gegensatz zu den strukturellen Determinanten bezeichnen *relationale Einflussfaktoren* all die – vornehmlich informellen – unternehmensinternen Größen, die das Verhältnis von Funktionsbereichen ebenfalls bestimmen, die aber im Unterschied zu den strukturellen Determinanten durch organisatorische Maßnahmen nicht unmittelbar direkt beeinflussbar sind.[967] Die für die Untersuchung bedeutenden Bestimmungsfaktoren wurden ähnlich wie die strukturellen Determinanten im Rahmen eines mehrstufigen Vorgehens ermittelt. Neben der Bedeutung und der Übertragbarkeit auf den Controllingkontext stand hierbei die inhaltliche Nähe zum Kooperationskonstrukt im Vordergrund. Einflussfaktoren wie gemeinsame Ziele[968], das interfunktionale Klima[969] oder die soziale Orientierung[970] zwischen Abteilungen konnten aufgrund hoher inhaltlicher Ähnlichkeit zum Konstrukt Collaboration und der damit verbundenen Gefahr mangelnder Diskriminanzvalidität nicht in die Untersuchung einbezogen werden.

Stattdessen wird in der vorliegenden Untersuchung die Wirkung der Einflussfaktoren Vertrauen, Abhängigkeit und Rivalität von Controllerbereich und Strategieabteilung betrachtet. Vertrauen gilt in der Schnittstellenliteratur als zentraler Treiber kooperativen Verhaltens,[971] dem auch im Controllingkontext eine hohe Bedeutung zukommt.[972] Die in der Schnittstellenforschung häufig diskutierten Einflussfaktoren Rivalität und Abhängigkeit dürften gemäß den

[964] Vgl. Brockhoff/Hauschildt (1993), S. 403.

[965] Vgl. z. B. Maltz/Kohli (2000), S. 481 f.; Parry/Song (1993), S. 8; Crittenden (1992), S. 50.

[966] Für die Einrichtung erfolgsabhängiger Anreizsysteme und Verrechnungspreise für den Controllerbereich ist eine Messung der Controllerleistungen notwendig. Diese sind häufig nur schwer beurteilbar. Vgl. hierzu Mosiek (2002), S. 56 und 82 ff. Die im Vorfeld der Studie durchgeführten Experteninterviews ergaben zudem, dass leistungsorientierte Anreizsysteme und Verrechnungspreise in der Controllingpraxis vergleichsweise selten anzutreffen. Auf eine empirische Erhebung dieser Einflussfaktoren wurde daher verzichtet.

[967] Zur Bedeutung relationaler Einflussfaktoren vgl. auch Chimhanzi (2004), S. 717 ff. Ähnlich David (2005), S. 79, der feststellt: „Unabhängig von den formellen Rahmenbedingungen nimmt somit die Unternehmenskultur als informeller Koordinationsmechanismus einen wichtigen Einfluss auf die Interaktion der Akteure in einem Unternehmen, da sie Werte, Normen und Verhaltensweisen der Akteure wesentlich beeinflusst."

[968] Vgl. z. B. Fisher/Maltz/Jaworski (1997), S. 56 f.; Pinto/Pinto/Prescott (1993), S. 1284.

[969] Vgl. z. B. Moenaert et al. (1994), S. 32 f.; Barclay (1991), S. 148.

[970] Vgl. Maltz/Kohli (2000), S. 482. Ähnlich Barclay (1991), S. 149, der hierfür den Begriff „Esprit de Corps" verwendet.

[971] Vgl. z. B. Schuster (1998), S. 246; Smith/Carroll/Ashford (1995), S. 15.

[972] So weist auch Spillecke (2006), S. 185, in seiner Untersuchung auf eine hohe Bedeutung von Vertrauen für den Controllerbereich hin.

Ausführungen in Abschnitt 2.3 ebenfalls eine hohe Relevanz für die Gestaltung der Beziehung von Controllerbereich und Strategieabteilung besitzen.[973]

Die weder der strukturellen noch der relationalen Dimension zuzuordnende Größe *Role Making des Controllerbereichs* soll Auskünfte über die Kooperationswirkung der dem Controllerbereich zugestandenen Freiräume bei der Gestaltung seines Tätigkeitsfeldes ermöglichen. Insbesondere wurde explorativ der Frage nachgegangen, ob die Möglichkeit des Controllerbereichs zu autonomem Handeln, die in Abschnitt 4.1.1 als Grundvoraussetzung kooperativen Verhaltens angenommen wurde, tatsächlich eine kooperative Beziehung von Controllerbereich und Strategieabteilung fördert oder zu Wettbewerb führt.

Als unternehmensexterne Determinante wird abschließend der Einfluss der *externen Großzügigkeit* dargestellt. Hierbei wurde zum einen der Frage nachgegangen, welche Wirkung vom Ausmaß marktbezogener Unsicherheit auf die Güte der Kooperation von Controllerbereich und Strategieabteilung ausgeht. Zum anderen wurde untersucht, inwieweit die Unsicherheit der Unternehmensumwelt die Wirkung kooperativen Verhaltens auf die Qualität der Controllerleistungen moderiert.

Entlang der aufgeführten Gruppen von Einflussfaktoren werden nachfolgend die entsprechenden Konstrukte vorgestellt. Aufbauend auf den vorgestellten theoretischen Erkenntnisbeiträgen und bisherigen empirischen Befunden der Schnittstellenforschung[974] werden anschließend jeweils die zugehörigen Hypothesen abgeleitet und abschließend empirisch überprüft.

6.2 Strukturelle Einflussfaktoren

6.2.1 Konzeptualisierung und Operationalisierung

6.2.1.1 Formalisierungsgrad der Interaktion

Der Formalisierungsgrad der Interaktion wird in der Schnittstellenliteratur als ein zentraler Einflussfaktor des Kooperationsverhaltens von Abteilungen erachtet: „Rules and procedures are central to any discussion of cross-functional cooperation.“[975] Untersuchungen der Wirkung

[973] Wie in Abschnitt 2.3 dargestellt, können zwischen Controllerbereich und Strategieabteilung sowohl Kunden-Lieferanten- als auch rivalitätsbehaftete Wettbewerbsbeziehungen existieren.

[974] Hierbei werden vor allem ausgewählte empirische Arbeiten der Schnittstellenliteratur aufgeführt, in denen der in der Hypothese postulierte Wirkungszusammenhang bestätigt werden konnte. Sofern vorhanden, werden aber auch von der Hypothesenformulierung abweichende empirische Ergebnisse ausgewiesen.

[975] Pinto/Pinto/Prescott (1993), S. 1284.

von Formalisierung auf die Kooperation zwischen Funktionsbereichen finden sich dementsprechend in zahlreichen Arbeiten der Schnittstellenforschung.[976]

Der Formalisierungsgrad der Interaktion bezeichnet in dieser Arbeit in Anlehnung an VAN DE VEN/FERRY (1980) „the degree to which the role behaviour and activities of each agency are clearly prescribed and codified."[977] Die Formalisierung der Interaktion von Controllerbereich und Strategieabteilung gibt demnach Auskunft über das Ausmaß der Fixierung von Arbeits- und Austauschbeziehungen zwischen beiden Abteilungen. Formalisierung lässt sich hierbei in Anlehnung an PUGH ET AL. (1968) in die drei Teildimensionen Formalization of Role Definition, Information Processing sowie Recording of Role Performance untergliedern.[978]

Die erste Teildimension, die *Strukturformalisierung* (formalization of role definition), bezieht sich auf den Umfang, in dem organisatorische Regeln schriftlich fixiert sind.[979] Die Strukturformalisierung gibt also Auskunft über den Grad der Verwendung schriftlich festgehaltener Organigramme, Stellenbeschreibungen, Richtlinien und Arbeits- bzw. Verfahrensanweisungen, die in Handbüchern zusammengefasst werden können.

Die *Formalisierung des Informationsflusses* (formalization of information processing) manifestiert sich in auf den Einzelfall der Kommunikation bezogenen schriftlichen Weisungen.[980] Diese sehen vor, dass bestimmte Kommunikationsvorgänge schriftlich erfolgen müssen und die daraus resultierenden Schriftstücke für einen bestimmten längeren Zeitraum archiviert werden.[981] Hierbei können beispielsweise Formulare, Dienstanweisungen und Protokolle, aber auch elektronische Hilfsmittel zum Einsatz kommen.[982] Die schriftliche Fixierung des Informationsflusses dient insbesondere Kontrollzwecken.[983] So lässt sich beispielsweise feststellen, inwieweit formale Vorgaben von den Mitarbeitern des Unternehmens eingehalten werden.

---

976 Vgl. z. B. Maltz/Kohli (2000), S. 482; Moenaert et al. (1994), S. 32 f.; Barclay (1991), S. 146; Ruekert/Walker (1987), S. 6. Auch Schuster (1998), S. 114 ff., stellt fest, dass zur Förderung der Kooperation an unternehmensinternen Kunden-Lieferanten-Schnittstellen spezielle Spielregeln wie Informations- und Konsultationsrechte bzw. -pflichten sowie Prozessregelungen eingesetzt werden können.

977 Van de Ven/Ferry (1980), S. 326. Ähnlich Kieser/Walgenbach (2003), S. 169; Kieser/Kubicek (1992), S. 159; Pugh et al. (1968), S. 75.

978 Vgl. Pugh et al. (1968), S. 76. Vgl. auch Kieser/Walgenbach (2003), S. 169 ff.; Kieser/Kubicek (1992), S. 160 ff.

979 Vgl. Kieser/Walgenbach (2003), S. 169.

980 Vgl. Kieser/Walgenbach (2003), S. 175; Pugh et al. (1968), S. 76.

981 Vgl. Amshoff (1993), S. 302 f.

982 Vgl. Al-Laham (1997), S. 298.

983 Vgl. Amshoff (1993), S. 303; Kieser/Kubicek (1992), S. 166.

Die *Leistungsdokumentation* (formalization of recording of role performance) als dritte Teildimension der Formalisierung beinhaltet die schriftliche Dokumentation der Leistungserfassung und -beurteilung.[984] Da der Leistungsdokumentation ein spezifischer Bezug zur Kooperation nicht zugesprochen werden kann, soll von einer Erhebung dieser Form der Formalisierung abgesehen werden.[985]

Die Operationalisierung des Formalisierungsgrades der Interaktion erfolgt in Anlehnung an RUEKERT/WALKER (1987) durch ein reflektives Konstrukt und beinhaltet insbesondere Fragen zur Strukturformalisierung sowie ein Item zur Formalisierung des Informationsflusses.[986] Die Formulierung der verwendeten Indikatoren und die zugehörigen Gütekriterien können Tabelle 27 entnommen werden.

Informationen zu den einzelnen Indikatoren des Faktors **„Formalisierungsgrad der Interaktion"**			
Bezeichnung der Indikatoren	Item-to-Total-Korrelation	Indikator-reliabilität	t-Wert der Faktorladung
Zur Koordination der Aufgaben zwischen beiden Bereichen existieren Regelungen, Formulare, Richtlinien etc.	0,79	0,90	12,06
Zur Koordination der Aufgaben zwischen beiden Bereichen werden vorgegebene Kommunikationswege stets eingehalten.	Eliminiert		
Zur Koordination der Aufgaben zwischen beiden Bereichen existieren keine formalen Vorgaben. (RC)	0,70	0,61	12,70
Die Arbeitsbeziehungen zwischen beiden Bereichen sind explizit formuliert und/oder besprochen worden.	0,58	0,41	-
Die Arbeitsbeziehungen zwischen beiden Bereichen sind im Detail festgelegt.	Eliminiert		
Informationen zum Faktor **„Formalisierungsgrad der Interaktion"**			
Cronbach'sches Alpha	0,82	AGFI	-*
Erklärte Varianz	0,64	CFI	-*
χ^2/df	-*	TLI	-*
RMSEA	-*	Faktorreliabilität	0,84
GFI	-*	Durchschnittlich erfasste Varianz	0,64
* Für die Berechnung dieser Maße sind Freiheitsgrade notwendig. Bei drei Indikatoren hat ein konfirmatorisches Modell keine Freiheitsgrade. Eine Berechnung dieser Kriterien ist somit nicht sinnvoll.			

Tabelle 27: Informationen zum Konstrukt „Formalisierungsgrad der Interaktion"

Der Indikator zur Formalisierung des Informationsflusses musste aufgrund einer mangelnden Indikatorreliabilität eliminiert werden. Auch das resultierende, vier Indikatoren umfassende Messmodell wies außerhalb der zulässigen Grenzen liegende Werte für den χ^2/df und den RMSEA auf, die auf Korrelationen der Messfehlervariablen des Indikators fünf mit anderen

984 Vgl. Kieser/Walgenbach (2003), S. 176; Pugh et al. (1968), S. 76.
985 Vgl. auch Spillecke (2006), S. 202.
986 Vgl. Ruekert/Walker (1987), S. 16. Der Skala wurde zudem ein revers kodiertes Item hinzugefügt.

Items zurückzuführen sind. Der entsprechende Indikator wurde daher ebenfalls entfernt. Die bestimmbaren Gütekriterien des resultierenden Messmodells weisen gute Werte auf. Allerdings ist aus inhaltlicher Sicht anzumerken, dass die verbleibenden Indikatoren lediglich Fragen zur Strukturformalisierung abbilden.

6.2.1.2 Interfunktionale Teams

Auch bereichsübergreifende Teams stellen nach BROCKHOFF/HAUSCHILDT (1993) ein gebräuchliches und direktes Instrument des Schnittstellenmanagements dar.[987] Die Aufgabe von Teams besteht darin, eine effektive horizontale Organisation zu gewährleisten.[988] Dies erfolgt zum einen durch die Zusammenführung und Nutzung der unterschiedlichen Spezialkenntnisse der in einem Team vereinten Individuen.[989] Zum anderen werden solchen Teams auch verhaltensfördernde Einflüsse zugeschrieben.[990]

Im Controllingkontext kommt dem Einsatz von Teams ebenfalls eine hohe Bedeutung zu.[991] So können Controller bei unterschiedlichen Aufgaben wie auch der strategischen Planung in bereichsübergreifenden Teams mitwirken.[992] Zudem stellen Teams bzw. teamähnliche Einheiten insbesondere im Strategieprozess eine strukturelle Möglichkeit zur Koordination strategischer Aktivitäten dar.[993]

Teams bzw. Arbeitsgruppen[994] lassen sich in Anlehnung an PLOVNICK/FRY/RUBIN (1975) allgemein als „combination of people whose coordinated inputs are necessary to accomplish a given task or set of tasks“[995] auffassen. Teams zeichnen sich hierbei insbesondere durch folgende Eigenschaften aus:[996]

---

987 Brockhoff/Hauschildt (1993), S. 403. Ähnlich Denison/Hart/Kahn (1996), S. 1005; Brown/Eisenhardt (1995), S. 369; Souder (1978), S. 306.

988 Vgl. Schreyögg (1996), S. 258.

989 Vgl. Domsch/Gerpott (1995), Sp. 375. Ähnlich stellen Miller/Droge/Toulouse (1988), S. 548, fest: „Devices such as task forces and committees … provide forum of discussions …, allow the generation of novel ideas through the participation of executives with different backgrounds, and thereby promote thorough and multifaceted assessments of problems, proposals and projects.“

990 Vgl. auch Welge (1988), S. 428; Zünd (1973), S. 182.

991 Vgl. Matschke/Kolf (1980), S. 606; Zünd (1973), S. 182.

992 Vgl. Biel (1998), S. 198. Vgl. auch Hans/Warschburger (1996), S. 53.

993 Vgl. Hahn/Hungenberg (2002), S. 1462; Al-Laham (1997), S. 336 f.

994 In der Literatur werden die Begriffe „Team“ und „Arbeitsgruppe“ bisweilen verschieden verwendet. Vgl. z. B. Katzenbach/Smith (2005), S. 164; Tannenbaum/Beard/Salas (1992), S. 118; Guzzo (1986), S. 35 f. Allerdings lassen sich Arbeitsgruppen und Teams häufig nicht genau abgrenzen. Vgl. Salas et al. (1992), S. 4. Aufgrund dessen sollen in der vorliegenden Arbeit beide Begriffe synonym verwendet werden.

995 Plovnick/Fry/Rubin (1975), S. 20. Ähnlich Kuipers/De Witte (2005), S. 188; Hoegl/Gemuenden (2001), S. 436; Shaw (1971), S. 10.

996 Vgl. hierzu und im Folgenden Spieker (2004), S. 7 ff. Ähnlich Hoegl (1998), S. 10; Guzzo/Dickson (1996), S. 307; Sundstrom/De Meuse/Futrell (1990), S. 120. Spieker (2004), S. 7, merkt zudem an, dass der Teambegriff insbesondere in der Organisationstheorie uneinheitlich gefasst ist.

- Sie bestehen aus mindestens zwei oder mehr Personen.[997] Die Obergrenze der Teamgröße ist dann erreicht, wenn die direkte Interaktion zwischen den einzelnen Teilnehmern gefährdet wird und verstärkte Subgruppenbildung einsetzt.
- Die einzelnen Teilnehmer des Teams stehen miteinander in direkter wechselseitiger Interaktion.
- Die Mitglieder des Teams sind von außen als solche zu erkennen und nehmen sich selbst als Mitglieder der Gruppe wahr. Sie besitzen also eine gemeinsame Identität.
- Die Teammitglieder verfolgen gemeinsame Aufgaben.

Bereichsübergreifende Teams unterscheiden sich von normalen Teams insbesondere durch ihre komplexeren Strukturen: „The context of cross-functional teams is complex and differs from that of more conventional teams in that it includes hierarchical, lateral, and interteam dependencies that require continuous negotiation.“[998] Die Nutzung interfunktionaler Teams lässt sich nach MALTZ/SOUDER/KUMAR (2001) als „the extent to which teams composed of members from multiple functions are used to address organizational threats and opportunities“[999] definieren. Der Nutzungsgrad interfunktionaler Teams von Controllerbereich und Strategieabteilung wird also vor allem dadurch bestimmt, wie häufig gemeinsame Arbeitsgruppen, bestehend aus Mitarbeitern beider Bereiche, zur Bearbeitung von Aufgaben eingesetzt werden.

Dieses Verständnis ist umfassend und lässt Raum für den Einsatz unterschiedlicher Typen von Teams. In der Organisationstheorie wird daher eine differenzierte Betrachtung verschiedener Arten von Arbeitsgruppen als unerlässlich erachtet.[1000] Die organisationswissenschaftliche Literatur bietet hierbei zahlreiche Kategorisierungen.[1001] Beispielsweise lassen sich Teams dadurch unterscheiden, ob sie permanente Gruppen oder temporäre Zusammenschlüsse darstellen.[1002] Ebenso können Teams hinsichtlich ihres Bildungsmusters, z. B. rund um Kunden oder unter geographischen Aspekten, kategorisiert werden.[1003] Schließlich lassen

---

997 Entgegen diesem Verständnis schließen einige Autoren Dyaden bewusst aus ihrem Teamverständnis aus. Dies wird dadurch begründet, dass bestimmte soziale Prozesse nur in größeren Gruppen auftreten können. Vgl. z. B. Hoegl/Gemuenden (2001), S. 436; Hoegl (1998), S. 10. Da kooperatives Verhalten bereits zwischen zwei Akteuren möglich ist, soll dieser Ansicht in der vorliegenden Arbeit nicht gefolgt werden.

998 Denison/Hart/Kahn (1996), S. 1011.

999 Maltz/Souder/Kumar (2001), S. 72. Ähnlich Maltz/Kohli (2000), S. 481; Griffin/Hauser (1996), S. 207.

1000 Vgl. Guzzo/Dickson (1996), S. 8; Cannon-Bowers/Oser/Flanagan (1992), S. 356.

1001 Die verwendeten Dimensionen sind jedoch häufig nicht überschneidungsfrei. Vgl. Spieker (2004), S. 13. Beispiele für Teamkategorisierungen finden sich etwa bei Hoegl (1998), S. 17 f.; Mankin/Cohen/Bikson (1996), S. 24 ff.; Sundstrom/De Meuse/Futrell (1990), S. 125.

1002 Vgl. Gemünden/Högl (2000), S. 10.

1003 Vgl. Galbraith (1973), S. 53.

sich Teams auch dahingehend differenzieren, ob sie durch äußeren Zwang oder spontan gebildet werden.

Im Controllingkontext nimmt beispielsweise ZÜND (1973) eine Untergliederung von Teams nach Bestandsdauer und Entstehungsform vor: „Teams können dauernden oder vorübergehenden Charakter haben; sie können institutionalisiert oder ad-hoc gebildet sein oder nur informalen Charakter haben.“[1004]

In der Schnittstellenforschung wird die Nutzung interfunktionaler Teams oftmals durch die Häufigkeit, mit der zuvor definierte Aufgaben wie beispielsweise die Produktentwicklung von bereichsübergreifenden Arbeitsgruppen wahrgenommen werden, operationalisiert.[1005] Da bereits die Aufgaben, die Controllerbereiche alleine übernehmen, von Unternehmen zu Unternehmen erheblich variieren können, erscheint diese Form der Operationalisierung für die vorliegende Untersuchung ungeeignet.[1006]

Stattdessen wurde in Anlehnung an die Ausführungen von ZÜND (1973) eine neue Skala entwickelt. Diese gibt Auskunft über die Häufigkeit, mit der im Unternehmen unterschiedliche Arten bereichsübergreifender Teams von Controllerbereich und Strategieabteilung zum Einsatz kommen, und wird reflektiv gemessen. Ein geringer Nutzungsgrad gemeinsamer Teams wird dadurch deutlich, dass weder ständige Arbeitsgruppen noch bedarfsbezogene bzw. informelle Teams existieren. Die verwendeten vier Items sind Tabelle 28 zu entnehmen.

[1004] Zünd (1973), S. 182. Vgl. auch Welge (1988), S. 428.
[1005] Vgl. z. B. Maltz/Kohli (2000), S. 489.
[1006] Zudem ist kritisch anzumerken, dass in den verwendeten Skalen der Schnittstellenforschung keine Kategorisierung der betrachteten Teams erfolgt.

Informationen zu den einzelnen Indikatoren des Faktors **„Nutzungsintensität der interfunktionalen Teams"**			
Bezeichnung der Indikatoren	Item-to-Total-Korrelation	Indikator-reliabilität	t-Wert der Faktorladung
Es existieren kontinuierlich eine oder mehrere gemeinsame Arbeitsgruppen.	0,57	0,41	-
Häufig werden bei Bedarf gemeinsame Arbeitsgruppen durch die Leiter der beiden Bereiche oder die Unternehmensführung eingesetzt.	0,66	0,56	12,37
Mitarbeiter beider Bereiche bilden oft spontan gemeinsame Arbeitsgruppen.	0,60	0,47	13,18
Teamarbeit zwischen beiden Bereichen findet in unserem Unternehmen nur selten statt. (RC)	0,69	0,65	11,54

Informationen zum Faktor **„Nutzungsintensität der interfunktionalen Teams"**			
Cronbach'sches Alpha	0,81	AGFI	0,96
Erklärte Varianz	0,52	CFI	0,99
χ^2/df	2,82	TLI	0,98
RMSEA	0,07	Faktorreliabilität	0,81
GFI	0,99	Durchschnittlich erfasste Varianz	0,52

Tabelle 28: Informationen zum Konstrukt „Nutzungsintensität der interfunktionalen Teams"

Die Gütemaße des Konstrukts weisen gute Werte auf. Alle Kriterien befinden sich innerhalb der in der Literatur vorgegebenen Grenzen. Das neu entwickelte Messmodell lässt sich somit auch in weiteren Arbeiten der Controlling- und Schnittstellenforschung verwenden.

6.2.1.3 Interfunktionale Mitarbeiterfortbildung

Kooperatives Verhalten von Funktionsbereichen kann auch zum Gegenstand von Fortbildungen gemacht werden.[1007] Bereichsübergreifende Weiterbildungsmaßnahmen dienen dem Abbau von Wahrnehmungs- und Wissensdefiziten zwischen Abteilungen eines Unternehmens.[1008] Das Ausmaß funktionsbereichsübergreifender Fortbildungen lässt sich nach MALTZ/KOHLI (2000) als „the extent to which managers in a functional area are provided with opportunities and encouraged to learn about other functional areas"[1009] definieren. Hierbei werden gemeinsame Seminare der Mitarbeiter unterschiedlicher Funktionsbereiche sowie Fortbildungen eines Bereichs über eine andere Abteilung unterschieden.[1010]

Gemeinsame Seminare dienen der Verbesserung sozialer Verhaltensmuster und der Erhöhung der Kompetenzen der beteiligten Personen.[1011] So lassen sich im Rahmen bereichsübergreifender Schulungen die Kommunikationsstrukturen zwischen den Mitarbeitern der betei-

[1007] Vgl. Kieser (1991), S. 169.
[1008] Vgl. Brockhoff/Hauschildt (1993), S. 400.
[1009] Maltz/Kohli (2000), S. 481.
[1010] Vgl. Maltz/Kohli (2000), S. 481. Als weitere Trainingsmaßnahme stellen Maltz/Kohli (2000) zudem das Instrument der Job Rotation vor. Da der Austausch von Mitarbeitern eine eigenständige Determinante darstellt, wird dieser Aspekt hier nicht berücksichtigt. Zudem lassen sich Trainingsmaßnahmen in formelle und informelle Aktivitäten unterteilen. Vgl. Crespendes (1993), S. 49.
[1011] Vgl. hierzu und im Folgenden Gerpott (1991), S. 217. Ähnlich im Kontext bereichsübergreifender Teams Deeter-Schmelz/Ramsey (1995), S. 58.

ligten Abteilungen entwickeln und das Verständnis für die Tätigkeiten des anderen Bereichs verbessern.

Funktionsspezifische Fortbildungen, wie der Besuch von Vorträgen über die Aufgaben der anderen Abteilung, fördern ebenfalls das Verständnis für die Belange des anderen Bereichs.[1012]

In der vorliegenden Untersuchung wurde die Nutzung interfunktionaler Mitarbeiterfortbildungen von Controllerbereich und Strategieabteilung durch die Regelmäßigkeit gemeinsamer Fortbildungsmaßnahmen beider Bereiche sowie bereichsspezifischer Fortbildungen über die jeweils andere Abteilung operationalisiert. Beide Indikatoren bilden formativ das Messmodell zur Nutzung interfunktionaler Mitarbeiterfortbildungen und sind mit ihren Gütekriterien in Tabelle 29 aufgeführt.

Informationen zu den einzelnen Indikatoren des Faktors **„Nutzungsintensität der interfunktionalen Mitarbeiterfortbildung"**					
Bezeichnung der Indikatoren	Ursprünglicher Schätzwert	Mittelwert der erzeugten Fälle	Standardabweichung	t-Wert	Variance Inflation Factor
Mitarbeiter beider Bereiche werden regelmäßig über den jeweils anderen Bereich unterrichtet, z. B. über Aufgaben, Funktionen und Methoden.	0,94	0,94	0,05	20,35	1,45
Die Mitarbeiter beider Bereiche nehmen regelmäßig an gemeinsamen Fortbildungsmaßnahmen oder Seminaren teil.	0,09	0,10	0,07	1,28	1,45
Konditionsindex: 5,98					

Tabelle 29: Informationen zum Konstrukt „Nutzungsintensität der interfunktionalen Mitarbeiterfortbildung"

Die Gütemaße der Items verdeutlichen, dass die empirische Messung des Konstrukts insbesondere die Durchführung von Informationsveranstaltungen über den jeweils anderen Bereich abbildet. Demgegenüber tragen gemeinsame Fortbildungen und Seminare nicht signifikant zur Konstruktbildung bei. Die geringen Werte des Variance Inflation Factor und des Konditionsindexes weisen darauf hin, dass keine Multikollinearität zwischen den Indikatoren auftritt.

[1012] Vgl. Gerpott (1991), S. 212 f.

6.2.1.4 *Interfunktionaler Mitarbeiteraustausch*

Abteilungswechsel von Mitarbeitern stellen heute ein in vielen Unternehmen verbreitetes Instrument der Arbeitsgestaltung dar.[1013] In der Literatur lassen sich mit zeitlich befristeten und zeitlich unbefristeten Bereichswechseln zwei unterschiedliche Ausprägungen des Mitabeiteraustauschs zwischen Abteilungen unterscheiden.

Ein Abteilungswechsel kann zunächst nur für einen befristeten Zeitraum erfolgen.[1014] Diese Form des Austauschs stellt in vielen Unternehmen die gängige Form der *Job Rotation* dar: „Rotated employees usually do not remain on jobs permanently."[1015] Job Rotation dient vor allem zwei Zielen: Zum einen bietet die Beschäftigung mit unterschiedlichen Tätigkeiten Mitarbeitern die Möglichkeit, andere Aufgaben kennen zu lernen und ihre Fähigkeiten zu erweitern.[1016] Zum anderen sollen die Monotonie sich wiederholender Aufgaben reduziert und die Arbeitsmotivation gesteigert werden.[1017]

Demgegenüber kann ein Abteilungswechsel aber auch für einen *unbefristeten Zeitraum* in Form eines Karrierewechsels erfolgen.[1018] Im Gegensatz zur Job Rotation kehren Mitarbeiter nach Ablauf eines gewissen Zeitraums nicht zwangsweise in ihre ursprünglichen Bereiche zurück, sondern setzen ihren beruflichen Werdegang innerhalb ihrer neuen Abteilung fort.[1019]

Das Konstrukt der Häufigkeit des Mitarbeiteraustauschs wurde bereits von unterschiedlichen Autoren konzeptualisiert und operationalisiert.[1020] Bestehende Skalen weisen jedoch entweder Probleme der Internen-Konsistenz-Reliabilität auf[1021] oder erscheinen mit Bezug auf ihre Inhaltsvalidität problematisch.[1022] Aufgrund dessen wurde ein neues, aus zwei Items bestehendes Messmodell entwickelt. Dies deckt, im Gegensatz zu den bisher existierenden Skalen, den Mitarbeiteraustausch zwischen Abteilungen sowohl für einen befristeten als auch

1013 Vgl. Ortega (2001), S. 1361.
1014 Vgl. Brockhoff/Hauschildt (1993), S. 400; Gerpott (1991), S. 213.
1015 Campion/Cheraskin/Stevens (1994), S. 1519.
1016 Vgl. Bea/Göbel (2002), S. 367; Ortega (2001), S. 1361; Xie/Song/Stringfellow (1998), S. 237.
1017 Vgl. Tharmmaphornphilas/Norman (2004), S. 251; Ortega (2001), S. 1361.
1018 Vgl. Gerpott (1991), S. 2133 f.
1019 Vgl. Xie/Song/Stringfellow (1998), S. 237.
1020 Vgl. z. B. Hsieh/Chao (2004), S. 1114; Xie/Song/Stringfellow (1998), S. 250; Van de Ven/Ferry (1980), S. 164 f.
1021 So liegen die Werte des Cronbach'schen Alphas sowohl bei Xie/Song/Stringfellow (1998), S. 241, als auch bei Hsieh/Chao (2004), S. 1114, mit 0,66 bzw. 0,53 z. T. deutlich unter dem in der Literatur geforderten Mindestwert von 0,7.
1022 Beispielsweise misst die von Van de Ven/Ferry (1980), S. 164 f., entwickelte Skala weniger das tatsächliche Ausmaß an Job Rotation in einem Unternehmen, sondern die Fähigkeit einzelner Mitarbeiter, auch Aufgaben in einem anderen Funktionsbereich wahrzunehmen. Die Skala stellt somit eine mögliche Folge von Job Rotation dar, die jedoch auch in anderen Faktoren wie z. B. den Fähigkeiten bzw. Eigenschaften der einzelnen Mitarbeiter begründet liegen kann. Insofern erscheint die Skala für die vorliegende Untersuchung unpassend.

für einen unbefristeten Zeitraum ab. Eine hohe Nutzung interfunktionalen Mitarbeiteraustauschs liegt demnach vor, wenn Mitarbeiter von Controllerbereich und Strategieabteilung häufig für einen befristeten oder unbefristeten Zeitraum in die jeweils andere Abteilung wechseln. Die beiden verwendeten Indikatoren sind Tabelle 30 zu entnehmen und bilden formativ das Messmodell des interfunktionalen Mitarbeiteraustauschs von Controllerbereich und Strategieabteilung.

Informationen zu den einzelnen Indikatoren des Faktors **„Nutzungsintensität des interfunktionalen Mitarbeiteraustauschs"**					
Bezeichnung der Indikatoren	Ursprünglicher Schätzwert	Mittelwert der erzeugten Fälle	Standardabweichung	t-Wert	Variance Inflation Factor
Controlling und Strategieabteilung tauschen häufig für einen *befristeten* Zeitraum Mitarbeiter untereinander aus.	0,84	0,82	0,18	4,65	1,60
Mitarbeiter aus dem Controlling und der Strategieabteilung wechseln häufig *dauerhaft* in den jeweils anderen Bereich.	0,24	0,23	0,23	1,02	1,60
Konditionsindex: 5,52					

Tabelle 30: Informationen zum Konstrukt „Nutzungsintensität des interfunktionalen Mitarbeiteraustauschs"

Die Schätzgrößen und t-Werte verdeutlichen, dass lediglich der befristete Austausch von Mitarbeitern für die Bildung des Konstrukts von Bedeutung ist. Der Beitrag dauerhafter Abteilungswechsel ist hingegen nicht signifikant. Dieses Ergebnis entspricht auch der Empfehlung von GRIFFIN/HAUSER (1996), die bezüglich des Austauschs von Mitarbeitern feststellen: „Such transfers should be temporary to ensure that technical skills are not eroded."[1023] Variance Inflation Factor und Konditionsindex weisen darauf hin, dass zwischen den verwendeten Indikatoren keine Multikollinearität vorliegt.

6.2.1.5 Räumliche Nähe

Organisationen lassen sich als materielle Gebilde, die aus Gebäuden und Büroräumen bestehen, auffassen.[1024] Einzelne Abteilungen eines Unternehmens sind innerhalb dieser materiellen Strukturen angesiedelt. In Abhängigkeit von der jeweiligen Unternehmensgestaltung können Funktionsbereiche eines Unternehmens räumlich nah beieinander, wie

[1023] Griffin/Hauser (1996), S. 205.
[1024] Vgl. Pinto/Pinto/Prescott (1993), S. 1285.

etwa im selben Gebäude, oder weit voneinander entfernt, z. B. in unterschiedlichen Ländern, angesiedelt sein.[1025]

Der Einfluss der geographischen Entfernung auf das Interaktionsverhalten von Individuen und Gruppen wird in den Sozialwissenschaften bereits seit langer Zeit untersucht.[1026] Auch in der Schnittstellenforschung wird die Bedeutung räumlicher Nähe für die Beziehung zwischen Organisationsbereichen in zahlreichen Arbeiten thematisiert.[1027] Der Grad räumlicher Nähe gibt hierbei Auskunft darüber, welchen Aufwand Mitarbeiter zweier Bereiche betreiben müssen, um für gemeinsame Treffen zusammenzukommen.[1028] Zudem beeinflusst die geographische Distanz die Kosten und die Art der Interaktion zwischen den Mitarbeitern von Funktionsbereichen.[1029] Aufgrund der Bedeutung der räumlichen Nähe im Rahmen der Schnittstellenforschung soll der Einfluss der geographischen Anordnung von Controllerbereich und Strategieabteilung auf die Beziehung beider Bereiche auch in der vorliegenden Arbeit untersucht werden.

Zur Operationalisierung des Konstrukts lassen sich in der Literatur mit der Erhebung der realen Distanz, objektiv messbaren Entfernungsstufen sowie der subjektiv wahrgenommenen Entfernung zwischen Abteilungen drei unterschiedliche Varianten identifizieren.

Die räumliche Nähe von Personen bzw. Funktionsbereichen kann zunächst objektiv anhand der *realen Entfernung* zwischen Akteuren erhoben werden.[1030] Als grundlegende Arbeit dieser Messmethode kann die häufig zitierte Untersuchung von ALLEN (1971) aufgefasst werden, der die räumliche Distanz zwischen Labormitarbeitern in Metern bzw. Fuß misst.[1031]

Zudem lässt sich räumliche Nähe auch objektiv durch Abfrage unterschiedlicher *Entfernungsstufen* zwischen Abteilungen erheben.[1032] Mögliche Ausprägungen der Distanz zweier Abteilungen liegen beispielsweise in einer Ansiedlung auf dem gleichen Flur, demselben Gebäude, der gleichen Stadt etc. Jede Ausprägung wird als binäre Variable codiert, die bei Zutreffen der jeweiligen Ausprägung den Wert eins annimmt. Der Indikator der räumlichen Distanz ergibt sich dann über die Summe der Binärvariablen.

[1025] Vgl. Maltz/Kohli (2000), S. 482.
[1026] Vgl. Sorenson/Stuart (2001), S. 1546.
[1027] Vgl. z. B. Chimhanzi (2004), S. 723; Ottum/Moore (1997), S. 264 f.
[1028] Vgl. Kahn/McDonough (1997), S. 162.
[1029] Vgl. De Ruyter/Wetzels (2000a), S. 262; Maltz/Kohli (1996), S. 52; Brockhoff/Hauschildt (1993), S. 401 f.
[1030] Vgl. z. B. Hansen/Lovas (2004), S. 808 f.; Sorenson/Stuart (2001), S. 1563 f.; Keller (1986), S. 718.
[1031] Vgl. grundlegend Allen (1971). Vgl. zudem die Ausführungen bei Hoegl/Proserpio (2004), S. 1155.
[1032] Vgl. z. B. Maltz/Kohli (2000), S. 489; Maltz/Kohli (1996), S. 60.

Abschließend kann zur Ermittlung der Distanz zweier Funktionsbereiche auch auf eine *subjektive Messung* zurückgegriffen werden. Diese erfasst die persönliche Einschätzung der räumlichen Entfernung zweier Abteilungen seitens der befragten Personen.[1033] Hierbei wird ermittelt, inwieweit zwei Bereiche eines Unternehmens als hinreichend gut erreichbar eingestuft werden.

Aufgrund von Schwierigkeiten bereits durchgeführter Studien mit objektiven Entfernungsmaßstäben soll die Messung der räumlichen Nähe im Rahmen dieser Untersuchung subjektiv erfolgen.[1034] Hierzu wird auf die Operationalisierung von HOEGL/PROSERPIO (2004) zurückgegriffen, die sich ihrerseits an der Untersuchung von PINTO/PINTO/PRESCOTT (1993) anlehnt.[1035] Räumliche Nähe liegt demnach dann vor, wenn die Mitglieder beider Abteilungen in unmittelbarer Nähe zueinander arbeiten und zu Fuß erreichbar sind. Der Faktor wird durch vier reflektiv gemessene Indikatoren gebildet, die Tabelle 31 entnommen werden können.

Informationen zu den einzelnen Indikatoren des Faktors **„Räumliche Nähe“**			
Bezeichnung der Indikatoren	Item-to-Total-Korrelation	Indikator-reliabilität	t-Wert der Faktorladung
Die meisten Mitarbeiter der beiden Bereiche arbeiten in unmittelbarer Nähe beieinander.	0,76	0,71	15,88
Die Mitarbeiter beider Bereiche arbeiten zu weit voneinander entfernt, um sich schnell persönlich treffen zu können. (RC)	0,84	0,87	17,00
Nur wenige Mitarbeiter des jeweils anderen Bereiches sind leicht zu Fuß erreichbar. (RC)	0,69	0,54	13,84
Von Zeit zu Zeit ist es schwierig, Mitarbeiter beider Bereiche spontan an einem Ort zu versammeln. (RC)	0,69	0,52	-
Informationen zum Faktor **„Räumliche Nähe“**			
Cronbach'sches Alpha	0,88	AGFI	0,95
Erklärte Varianz	0,66	CFI	0,99
χ^2/df	3,71	TLI	0,98
RMSEA	0,08	Faktorreliabilität	0,88
GFI	0,99	Durchschnittlich erfasste Varianz	0,66

Tabelle 31: Informationen zum Konstrukt „Räumliche Nähe“

Die ermittelten Gütekriterien weisen größtenteils gute Werte auf. Lediglich der χ^2/df-Wert liegt aufgrund einer Korrelation zwischen den Messfehlervariablen der Indikatoren drei und

[1033] Vgl. z. B. Hoegl/Proserpio (2004), S. 1162; Xie/Song/Stringfellow (2003), S. 250; Pinto/Pinto/Prescott (1993), S. 1290.
[1034] Im Gegensatz zu anderen Untersuchungen können beispielsweise Maltz/Souder/Kumar (2001), S. 78, keine Wirkung einer objektiv ermittelten räumlichen Nähe feststellen. Ähnlich Keller (1986), S. 722.
[1035] Vgl. Hoegl/Proserpio (2004), S. 1162.

vier leicht oberhalb des gewählten Grenzwertes. Um für das Konstrukt die freiheitsgradabhängigen Gütekriterien der zweiten Generation ausweisen zu können, wurde aber auf die Elimination eines Indikators verzichtet.

6.2.2 Hypothesenformulierung

Die Beziehung zwischen Funktionsbereichen eines Unternehmens wie auch zwischen Controllerbereich und Strategieabteilung ist häufig durch Probleme gekennzeichnet.[1036] Aufgrund dessen wird in der Literatur zum Schnittstellenmanagement eine Reihe struktureller Integrationsmaßnahmen vorgeschlagen, die auch in dieser Arbeit untersucht wurden. Im Folgenden werden die vermuteten Wirkungszusammenhänge zwischen der Kooperation von Controllerbereich und Strategieabteilung und den betrachteten strukturellen Einflussfaktoren abgeleitet. Analog zu den Ausführungen zur Auswirkung der Kooperation erfolgt die Hypothesengenerierung bezogen auf das gesamthafte Messmodell. Im Rahmen der Hypothesenüberprüfung gilt es dann zu untersuchen, inwieweit diese sich auch auf der Ebene der einzelnen Kooperationsfaktoren bestätigen lassen.

Als erste strukturelle Determinante wird in der vorliegenden Arbeit die Wirkung des *Formalisierungsgrades der Interaktion* von Controllerbereich und Strategieabteilung auf das Kooperationsverhalten beider Bereiche untersucht. In der Schnittstellenliteratur existieren zahlreiche Hinweise auf einen positiven Einfluss des Formalisierungsgrades.[1037] Formalisierung in Form von feststehenden und für beide Funktionsbereiche gültigen Interaktionsregeln und Verhaltensnormen wird gemeinhin als Instrument zur Förderung kooperativen Verhaltens angesehen.

Die positive Wirkung von Formalisierung lässt sich dabei sowohl anhand der sozialen Austauschtheorie als auch der Theorie der sozialen Identität erklären.

Nach Auffassung der sozialen Austauschtheorie bestimmt sich das Verhältnis von Akteuren zueinander aus dem sozialen Nutzen und den sozialen Kosten einer Beziehung.[1038] Die sozialen Kosten werden hierbei wesentlich durch das Ausmaß der von Individuen subjektiv empfundenen Unsicherheit bestimmt. Diese resultiert zum Teil daraus, dass das Verhalten eines Interaktionspartners ex ante unbekannt ist. Formale Regeln lassen sich nach der sozialen

[1036] Vgl. zu Schnittstellenproblemen allgemein Röder (2001), S. 1; Spieß/Nerdinger (1998), S. 7; Brockhoff/Hauschildt (1993), S. 396. Zu Problemen an der Schnittstelle von Controllerbereich und Strategieabteilung vgl. z. B. Weber/David/Prenzler (2001), S. 26; Al-Laham (1997), S. 464.

[1037] Vgl. z. B. Maltz/Kohli (2000), S. 482; Moenaert et al. (1994), S. 32 f.; Pinto/Pinto/Prescott (1993), S. 1284 f.; Ruekert/Walker (1987), S. 6.

[1038] Vgl. auch Kapitel 2.5.3.1

Austauschtheorie als Rahmenvorgaben zur Regelung des Zusammenwirkens auffassen. Durch die Einführung von Regeln lassen sich Verantwortlichkeiten und Prozessabläufe zwischen Abteilungen vorgeben.[1039] Sofern die Mitarbeiter von Controllerbereich und Strategieabteilung die vorgegebenen Regeln einhalten, wird das Verhalten beider Bereiche vorhersehbar und das Ausmaß subjektiv empfundener Unsicherheit reduziert.[1040]

Einen anderen Erklärungsansatz bietet die Theorie der sozialen Identität. Demnach entwickeln Mitarbeiter von Funktionsbereichen wie Controllerbereich oder Strategieabteilung ausgehend von ihren jeweiligen Zielsetzungen und Tätigkeiten häufig spezielle Stereotypen bzw. Verhaltensweisen.[1041] Verhaltens- und Wahrnehmungsunterschiede zwischen Abteilungen können nach der Theorie der sozialen Identität zu diskriminierendem bzw. kooperationsfeindlichem Verhalten führen.[1042] Dies lässt sich durch Maßnahmen der Re- bzw. Dekategorisierung reduzieren. Der Einsatz formaler Regeln bzw. Vorgaben lässt sich in diesem Zusammenhang als solch eine Maßnahme interpretieren: „By encouraging managers to adhere to established operating procedures, languages, and jargon, vocabulary differences between functions can be reduced."[1043] Die Gefahr diskriminierenden Verhaltens gegenüber dem jeweils anderen Bereich wird hierdurch vermindert.

Die empirische Schnittstellenliteratur liefert ebenfalls Hinweise auf eine positive Wirkung des Formalisierungsgrades der Interaktion auf die Qualität der Kooperation von Controllerbereich und Strategieabteilung. Beispielsweise stellen RUEKERT/WALKER (1987) und MOENAERT ET AL. (1994) einen positiven Einfluss von Formalisierung auf das Kommunikationsverhalten zwischen Abteilungen fest.[1044] Ähnlich weisen BARCLAY (1991) und MALTZ/KOHLI (2000) eine konfliktveringernde Wirkung des Formalisierungsgrades im Zusammenwirken zwischen Funktionsbereichen nach.[1045] Somit lautet die Hypothese zum Formalisierungsgrad der Interaktion wie folgt:

[1039] Vgl. Ruekert/Walker (1987), S. 6. Ähnlich Barclay (1991), S. 147, und die dort angegebene Literatur.

[1040] Zwar ist die Einführung formaler Vorgaben auch mit Kosten verbunden, die im Rahmen der kooperativen Beziehung jedoch über einen mittel- bis längerfristigen Zeitraum kompensiert werden können und somit nur unwesentlich ins Gewicht fallen. Vgl. Ruekert/Walker (1987), S. 6.

[1041] Vgl. z. B. Gerpott (1991), S. 71, und die dort angegebene Literatur.

[1042] Vgl. auch Kapitel 2.5.3.3.

[1043] Maltz/Kohli (2000), S. 482.

[1044] Vgl. Moenaert et al. (1994), S. 38; Ruekert/Walker (1987), S. 11. Vgl. auch Ayers/Dahlstrom/Skinner (1997), S. 112, sowie die Ausführungen bei Griffin/Hauser (1996), S. 209 f. Demgegenüber lässt sich bei Parry/Song (1993), S. 16, keine signifikante Wirkung des Formalisierungsgrades auf das Kooperationsverhalten von Funktionsbereichen feststellen.

[1045] Vgl. Maltz/Kohli (2000), S. 486; Barclay (1991), S. 153.

H14: Der Formalisierungsgrad der Interaktion von Controllerbereich und Strategieabteilung wirkt positiv auf die Güte der Kooperation beider Bereiche.

Auch der Einsatz *interfunktionaler Teams* stellt nach Auffassung der Schnittstellenliteratur eine strukturelle Maßnahme dar, durch die sich die Kooperation von Funktionsbereichen verbessern lässt.[1046] Erkenntnisse zur positiven Wirkung interfunktionaler Teams auf die Güte der Kooperation von Controllerbereich und Strategieabteilung lassen sich wie beim Formalisierungsgrad aus der sozialen Austauschtheorie sowie der Theorie der sozialen Identität ableiten.

Gemeinsame Arbeitsgruppen stellen für die beteiligten Mitarbeiter des Controllerbereichs und der Strategieabteilung eine Möglichkeit dar, die Interessen, Arbeitsweisen und sonstigen Eigenarten des jeweils anderen Funktionsbereichs besser kennenzulernen. Durch die bessere Kenntnis der anderen Abteilung werden nach der sozialen Austauschtheorie die empfundene Unsicherheit der Interaktion sowie die damit verbundenen sozialen Kosten vermindert und die Stabilität der Kooperationsbeziehung gefördert.[1047]

Demgegenüber lassen sich bereichsübergreifende Projektteams im Rahmen der Theorie der sozialen Identität als Maßnahme zur De- bzw. Rekategorisierung auffassen.[1048] In interfunktionalen Teams arbeiten Mitarbeiter aus dem Controllerbereich und der Strategieabteilung gemeinsam an der Lösung einer Aufgabe. Hierbei entsteht in der Regel ein offeneres und intensiverer Austausch, als dies normalerweise zwischen beiden Abteilungen der Fall wäre.[1049] Die aktive Interaktion kann dazu führen, dass Mitarbeiter beider Bereiche sich nicht länger als gleichförmige und austauschbare Mitglieder bereichsfremder Gruppen, sondern als unverwechselbare und einer gemeinsamen organisatorischen Einheit zugehörige Individuen wahrnehmen. Zuvor existierende Stereotypen und bereichsbezogene Vorurteile werden durch diese Wahrnehmungsänderung reduziert. Gleichzeitig identifizieren Teammitglieder sich aufgrund der gemeinsamen Aufgabe weniger über ihre ursprünglichen Abteilungen, sondern stärker über ihre jeweiligen Arbeits- bzw. Projektgruppen. Die Interaktion der im Team

---

[1046] Vgl. Kieser (1991), S. 168; Klimecki (1985), S. 141 f.; Zünd (1973), S. 182. Vgl. auch die Ausführungen von Gemünden/Högl (2000).

[1047] Durch den Einsatz von Teams können allerdings auch zusätzliche Kosten entstehen, da diese aufgrund von Diskussionen mit einem höheren Zeitaufwand für die Entscheidungsvorbereitung und Entscheidungsfindung einhergehen. Vgl. hierzu Spieß/Nerdinger (1998), S. 175 f.

[1048] Vgl. hierzu Kapitel 2.5.3.3. Auch Brewer/Miller (1984), S. 286 ff., betonen, dass persönlicher Kontakt zwischen Mitgliedern unterschiedlicher Gruppen eine Maßnahme zur Dekategorisierung darstellt.

[1049] Ähnlich Klimecki (1985), S. 141 f.

vereinten Mitarbeiter dürfte sich hierdurch erhöhen und auch außerhalb des Teams bestehen bleiben.

Auch zahlreiche empirische Befunde der Schnittstellenforschung weisen auf die kooperationsfördernde Wirkung eines Einsatzes von Teams hin. So werden in der Untersuchung von SCHUSTER (1998) interfunktionale Projektteams von den befragten Personalmanagern als häufigste Maßnahme zur Verbesserung der Kooperation der Personalabteilung mit anderen Funktionsbereichen genannt.[1050] Ähnlich stellt die Existenz bereichsübergreifender Projektteams in der Studie von SOUDER (1981) ein zentrales Merkmal von miteinander harmonierenden Funktionsbereichen dar.[1051] Aufgrund dessen lautet die folgende Hypothese:

H15: Die Häufigkeit des Einsatzes interfunktionaler Teams von Controllerbereich und Strategieabteilung wirkt positiv auf die Güte der Kooperation beider Bereiche.

Zur Förderung kooperativen Verhaltens werden in der Schnittstellenliteratur zudem *interfunktionale Mitarbeiterfortbildungen* vorgeschlagen. Funktionsbereiche eines Unternehmens sind häufig durch interfunktionale Wissens- und Wahrnehmungsdefizite gekennzeichnet: „One reason for the poor integration between the functions … is a lack of understanding of each other's job."[1052] Bereichsübergreifende Schulungen sowie Fortbildungen über andere Abteilungen sollen dazu beitragen, diese Wissenslücken zu vermindern und kooperatives Verhalten zwischen Funktionsbereichen zu erhöhen.[1053] Zur Erklärung dieser Wirkung kann ebenfalls auf die bereits dargestellten Erkenntnisse der Theorie der sozialen Identität und der sozialen Austauschtheorie zurückgegriffen werden.

Ähnlich wie in gemeinsamen Teams treten Mitarbeiter des Controllerbereichs und der Strategieabteilung im Rahmen gemeinsam durchgeführter Fortbildungen in direkten Kontakt zueinander. Hierdurch lassen sich wiederum Wahrnehmungs- und Wissenskonflikte vermindern,[1054] was nach der Theorie der sozialen Identität zu einer Reduktion diskriminierenden Verhaltens gegenüber dem jeweils anderen Bereich führen kann (Dekategorisierung). Zudem besteht die

---

[1050] Vgl. Schuster (1998), S. 243. Ähnlich Maltz/Souder/Kumar (2001), S. 76, die eine negative Wirkung interfunktionaler Teams auf die Rivalität zwischen Funktionsbereichen feststellen.

[1051] Vgl. Souder (1981), S. 70. Auch Maltz/Kohli (2000), S. 486, stellen fest, dass der häufige Einsatz von Projektteams das Ausmaß an Konflikten zwischen Marketing und anderen Funktionsbereichen reduziert. Vgl. zudem die Übersicht der Arbeiten bei Weinkauf et al. (2005), S. 99.

[1052] Ottum/Moore (1997), S. 261. Ähnlich Maltz/Kohli (2000), S. 481, Brockhoff (1994), S. 24; Brockhoff/Hauschildt (1993), S. 400.

[1053] Vgl. Brockhoff/Hauschildt (1993), S. 400; Kieser (1991), S. 169.

[1054] Vgl. Brockhoff (1994), S. 36.

Möglichkeit der Ausbildung eines gemeinsamen Gruppenbewusstseins der an der Fortbildung beteiligten Mitarbeiter (Rekategorisierung).

Ebenso lassen sich durch gemeinsame bzw. über die andere Abteilung stattfindende Seminare das Wissen über den Controllerbereich und die Strategieabteilung erhöhen und die bezüglich der anderen Abteilung empfundene Unsicherheit vermindern. Die aus der Sicht der sozialen Austauschtheorie für eine Beziehung maßgebliche Unsicherheit und die damit verbundenen sozialen Kosten werden somit vermindert.[1055] Dementsprechend lassen sich die Kooperationsbereitschaft und -fähigkeit der an den Fortbildungsmaßnahmen beteiligten Mitarbeiter verbessern.[1056]

Diese Annahmen werden durch empirische Befunde der Schnittstellenliteratur gestützt. Beispielsweise stellt WUNDERER (1991) in seiner Untersuchung mangelnde Kenntnis der Probleme und Aufgaben des jeweils anderen Funktionsbereichs als bedeutende Ursache für Kooperationskonflikte zwischen Abteilungen fest.[1057] Auch SHAW/SHAW (1998) weisen in ihrer Studie eine positive Wirkung interfunktionaler Mitarbeiterfortbildungen auf die Beziehung zwischen Funktionsbereichen nach.[1058] Für diese Untersuchung lässt sich daher die nachfolgende Hypothese ableiten:

H16: Die Häufigkeit des Einsatzes interfunktionaler Trainingsmaßnahmen von Controllerbereich und Strategieabteilung wirkt positiv auf die Güte der Kooperation beider Bereiche.

Als weitere Möglichkeit zur Förderung kooperativen Verhaltens wird in der Schnittstellenliteratur *interfunktionaler Mitarbeiteraustausch* aufgeführt.[1059]

Durch einen Bereichswechsel erhalten Mitarbeiter die Gelegenheit, das Verhalten und die Funktionsweise einer anderen Abteilung genauer kennenzulernen. Hierdurch werden die Unsicherheit der Interaktionsbeziehung und die damit verbundenen sozialen Kosten reduziert.

[1055] Allerdings ist die Durchführung von Schulungsmaßnahmen auch mit (realen) Kosten verbunden: „Employees may not be productive because of the time and resources spent in cross-functional training and other cross-functional activities." Kahn/Mentzer (1996), S. 8.

[1056] Vgl. hierzu und im Folgenden Gerpott (1991), S. 217. Ähnlich im Kontext bereichsübergreifender Teams Deeter-Schmelz/Ramsey (1995), S. 58.

[1057] Vgl. Wunderer (1991), S. 207.

[1058] Vgl. Shaw/Shaw (1998), S. 283. Ähnlich Souder (1981), S. 70. Ein anderes Ergebnis weisen hingegen Ottum/Moore (1997), S. 268, aus, die keinen signifikant positiven Einfluss interfunktionaler Trainingsmaßnahmen auf die Integration von Marketing, F&E und Produktion feststellen.

[1059] Vgl. Griffin/Hauser (1996), S. 205; Brockhoff (1994), S. 36; Brockhoff/Hauschildt (1993), S. 400.

Nach der sozialen Austauschtheorie lässt sich daher die Bereitschaft zu kooperativem Verhalten steigern.

Darüber hinaus bietet der Aufenthalt in einem anderen Bereich dem Mitarbeiter eine Möglichkeit, persönliche Kontakte zu knüpfen, die auch nach einer Rückkehr in die ursprüngliche Abteilung weiter genutzt werden können.[1060] Zudem kann ein Mitarbeiter nach einem Wechsel in einen neuen Funktionsbereich die Funktion eines primären Ansprechpartners bzw. „Gatekeepers"[1061] für seine bisherige Abteilung wahrnehmen. Hierdurch lassen sich die sozialen Barrieren zwischen Funktionsbereichen reduzieren: „These links reduce the barriers errected by differences in cultural thought worlds and languages across the groups, improve the probability of both information utilization and cross-functional coordination."[1062] Interfunktionale Teams lassen sich somit im Sinne der Theorie der sozialen Identität als Maß-nahme zur Dekategorisierung interpretieren.

Auch in empirischen Studien der Schnittstellenforschung lässt sich eine positive Wirkung wechselseitigen Mitarbeiteraustauschs auf die Qualität der Beziehung zweier Funktionsbereiche bestätigen. So stellt bereits SOUDER (1981) ein harmonisches Verhältnis zwischen den F&E und Marketingabteilungen fest, die viele ehemalige Mitglieder des jeweils anderen Bereichs beschäftigen.[1063] Ähnlich weisen XIE/SONG/STRINGFELLOW (2003) in ihrer Studie eine negative Beziehung zwischen der Häufigkeit von Job Rotation und dem Ausmaß an Zielkonflikten zwischen F&E und Marketing nach.[1064] Daher soll die entsprechende Hypothese zur Wirkung interfunktionalen Mitarbeiteraustauschs wie folgt lauten:

H17: Die Häufigkeit des Einsatzes interfunktionalen Mitarbeiteraustauschs von Controllerbereich und Strategieabteilung wirkt positiv auf die Güte der Kooperation beider Bereiche.

Eine Verringerung der räumlichen Distanz von Controllerbereich und Strategieabteilung sollte ebenfalls eine Verbesserung der Kooperation beider Bereiche mit sich bringen. Die räumliche Trennung von Funktionsbereichen dürfte in der Regel reale bzw. gefühlte Kosten der Interaktion in Form von Reise-, Zeit- und Koordinationsaufwand für persönliche Treffen verursachen, die mit zunehmender Entfernung tendenziell ansteigen.[1065] Da gleichzeitig der aus

1060 Vgl. Brockhoff (1994), S. 36; Kieser (1991), S. 170.
1061 Moenaert/Souder (1990), S. 101. Ähnlich Souder/Moenaert (1992), S. 502.
1062 Griffin/Hauser (1996), S. 205.
1063 Vgl. Souder (1981), S. 70.
1064 Vgl. Xie/Song/Stringfellow (2003), S. 242.
1065 Vgl. hierzu und im Folgenden De Ruyter/Wetzels (2000a), S. 262; Maltz/Kohli (1996), S. 52.

einer kooperativen Beziehung erwartete Nutzen konstant bleibt, wird nach der sozialen Austauschtheorie die Bereitschaft der einzelnen Bereichsmitarbeiter zur Kooperation mit zunehmender Entfernung ab- und mit abnehmender Distanz zunehmen.

Auch die Theorie der sozialen Identität kann zur Erklärung der Wirkung räumlicher Nähe auf das Kooperationsverhalten von Controllerbereich und Strategieabteilung herangezogen werden. Eine räumliche Trennung von Funktionsbereichen stellt eine natürliche Barriere dar, die den direkten Kontakt zwischen Mitarbeitern reduziert.[1066] Durch die räumliche Trennung werden eine isolierte Wahrnehmung sowie unterschiedliche Denk- und Verhaltensweisen gefördert. Diese können nach der Theorie der sozialen Identität zu bereichsegoistischem Verhalten führen, welches sich kooperationshemmend auswirkt. Demgegenüber bietet räumliche Nähe den Mitarbeitern die Möglichkeit eines direkten Kontaktes. Hierdurch lassen sich bestehende Vorurteile zwischen den Abteilungen abbauen und eine gemeinsame Identität bzw. ein gemeinsames Gruppenbewusstsein fördern.[1067] Die Gefahr von bereichsegoistischem Handeln dürfte reduziert und die Kooperationsbereitschaft gestärkt werden.

Auch die empirische Schnittstellenliteratur bietet eine Vielzahl von Hinweisen auf eine positive Wirkung der räumlichen Nähe von Funktionsbereichen auf deren Kooperationsverhalten.[1068] Daher lässt sich für die vorliegende Arbeit folgende Hypothese formulieren:

H18: Das Ausmaß räumlicher Nähe von Controllerbereich und Strategieabteilung wirkt positiv auf die Güte der Kooperation beider Bereiche.

6.2.3 Ergebnisse der Hypothesenprüfung

Im Folgenden werden die im vorangegangenen Kapitel abgeleiteten Hypothesen zur Wirkung der betrachteten strukturellen Einflussfaktoren empirisch geprüft und der Erklärungsgehalt für den Kooperationsindex bestimmt. Analog zur Analyse der Wirkungsbeziehungen wird hierfür auf PLS als Verfahren der Dependenzanalyse zurückgegriffen. Das entsprechende Strukturmodell ist in Abbildung 12 dargestellt. Die Gütekriterien des Strukturmodells sowie die nicht dargestellten Wirkungen auf die einzelnen Bestandteile kooperativen Verhaltens können aus Tabelle 32 entnommen werden.

[1066] Vgl. Xie/Song/Stringfellow (2003), S. 238; Griffin/Hauser (1996), S. 197; Gerpott (1991), S. 227. Ähnlich Hoegl/Proserpio (2004), S. 1156, zur Wirkung von räumlicher Nähe auf das Kooperationsverhalten innerhalb von interfunktionalen Teams.

[1067] Vgl. Scott (1997), S. 104. Ähnlich Pinto/Pinto/Prescott (1993), S. 1286.

[1068] Vgl. z. B. Hoegl/Proserpio (2004), S. 1159; Xie/Song/Stringfellow (2003), S. 242; Ottum/Moore (1997), S. 268; Maltz/Kohli (1996), S. 55; Pinto/Pinto/Prescott (1993), S. 1292. Demgegenüber können Maltz/Kohli (2000), S. 486, keine signifikante Wirkung der räumlichen Nähe auf die Beziehung von Funktionsbereichen nachweisen.

Zunächst werden die einzelnen Hypothesen überprüft. Abschließend wird auf den Erklärungsgehalt der strukturellen Determinanten für den Kooperationsindex eingegangen.

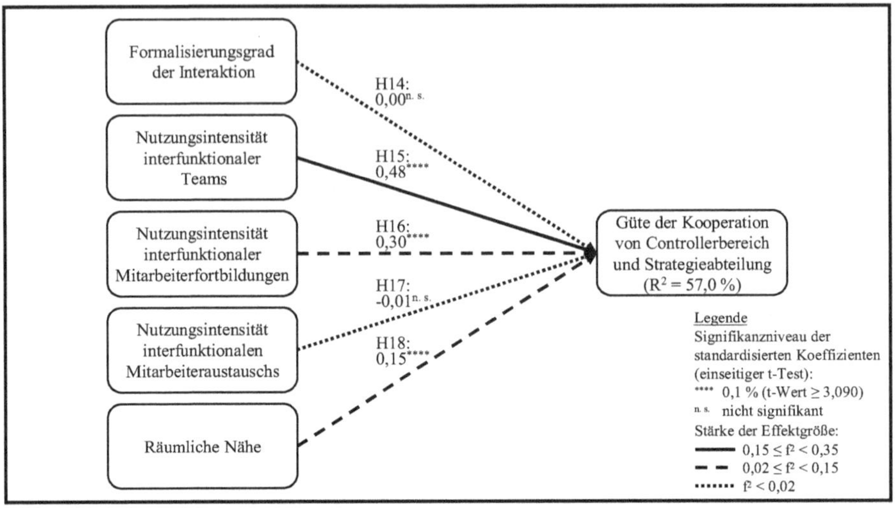

Abbildung 12: Strukturmodell zur Wirkung der organisatorischen Einflussfaktoren auf die Güte der Kooperation von Controllerbereich und Strategieabteilung

Informationen zum Strukturmodell **„Wirkung der strukturellen Einflussfaktoren auf die Güte der Kooperation von Controllerbereich und Strategieabteilung“**					
Wirkungsbeziehung	Ursprünglicher Schätzwert	Mittelwert der erzeugten Fälle	Standardabweichung	t-Wert	Effektgröße f^2
Formalisierungsgrad → Güte Kooperation	**0,00**	**0,00**	**0,03**	**0,04**	**0,00**
Formalisierungsgrad → Güte formeller Informationsaustausch	0,03	0,04	0,04	0,83	0,00
Formalisierungsgrad → Güte informeller Informationsaustausch	-0,02	0,00	0,04	0,4	0,00
Formalisierungsgrad → Güte Collaboration	-0,01	0,00	0,04	0,30	0,00
Interfunktionale Teams → Güte Kooperation	**0,48**	**0,48**	**0,04**	**11,85**	**0,34**
Interfunktionale Teams → Güte formeller Informationsaustausch	0,44	0,44	0,04	10,06	0,26
Interfunktionale Teams → Güte informeller Informationsaustausch	0,44	0,44	0,05	9,03	0,24
Interfunktionale Teams → Güte Collaboration	0,46	0,46	0,05	9,76	0,27

Interfunktionale Mitarbeiterfortbildung → Güte Kooperation	**0,30**	**0,30**	**0,04**	**7,05**	**0,13**
Interfunktionale Mitarbeiterfortbildung → Güte formeller Informationsaustausch	0,31	0,30	0,05	6,33	0,13
Interfunktionale Mitarbeiterfortbildung → Güte informeller Informationsaustausch	0,22	0,22	0,05	4,33	0,06
Interfunktionale Mitarbeiterfortbildung → Güte Collaboration	0,28	0,28	0,05	6,32	0,10
Interfunktionaler Mitarbeiteraustausch → Güte Kooperation	**-0,01**	**-0,01**	**0,03**	**0,37**	**0,00**
Interfunktionaler Mitarbeiteraustausch →Güte formeller Informationsaustausch	0,03	0,04	0,03	1,12	0,00
Interfunktionaler Mitarbeiteraustausch → Güte informeller Informationsaustausch	0,05	0,06	0,03	1,69	0,01
Interfunktionaler Mitarbeiteraustausch → Güte Collaboration	-0,04	-0,03	0,03	1,27	0,00
Räumliche Nähe → Güte Kooperation	**0,15**	**0,14**	**0,04**	**4,02**	**0,04**
Räumliche Nähe → Güte formeller Informationsaustausch	0,12	0,12	0,04	3,36	0,03
Räumliche Nähe → Güte informeller Informationsaustausch	0,19	0,19	0,04	4,46	0,06
Räumliche Nähe → Güte Collaboration	0,14	0,14	0,04	3,14	0,03

Tabelle 32: Informationen zur Wirkung der strukturellen Einflussfaktoren auf die Güte der Kooperation von Controllerbereich und Strategieabteilung

In Hypothese H14 wurde eine positive Wirkung des *Formalisierungsgrades der Interaktion* von Controllerbereich und Strategieabteilung auf die Güte der Kooperation zwischen beiden Bereichen abgeleitet. Demgegenüber verdeutlichen die in Tabelle 32 aufgeführten Pfadkoeffizienten und t-Werte, dass vom Formalisierungsgrad kein signifikanter Einfluss auf das Kooperationsverhalten von Controllerbereich und Strategieabteilung insgesamt sowie die einzelnen Teildimensionen ausgeht. Auch die Effektgrößen von null stehen der Annahme einer positiven Wirkung entgegen. Die Hypothese H14 ist somit zu verwerfen.

Dieses Ergebnis ist insofern überraschend, da dem Ausmaß an Formalisierung nicht nur in der Schnittstellenforschung, sondern auch in unterschiedlichen Kontexten der Controlling- und

Strategieliteratur[1069] eine positive Wirkung zugesprochen wird. Einen möglichen Erklärungsansatz hierfür könnte der inhaltliche Kooperationsschwerpunkt beider Abteilungen bieten. Wie in Abschnitt 2.3 dargestellt, dürften Controllerbereich und Strategieabteilung vor allem im Rahmen der Erarbeitung und Umsetzung strategischer Pläne bzw. bei strategischen Projekten interagieren. Diese weisen in der Regel ein hohes Ausmaß an Unsicherheit auf und eignen sich daher nach PINTO/PINTO/PRESCOTT (1993) nur bedingt für eine Koordination über formelle Regeln.[1070] Da Studien zum ebenfalls mit hoher Unsicherheit behafteten Neuproduktentwicklungsprozess gleichzeitig aber eine positive Kooperationswirkung formeller Regeln ausweisen,[1071] sind weitere Untersuchungen notwendig, um die fehlende Wirkung des Formalisierungsgrades der Interaktion auf die Güte der Kooperation von Controllerbereich und Strategieabteilung erklären zu können.

Entgegen dem Ergebnis zum Formalisierungsgrad der Interaktion lässt sich Hypothese H15 bezüglich eines positiven Einflusses *interfunktionaler Teams* auf die Güte der Kooperation von Controllerbereich und Strategieabteilung bestätigen. Der Pfadkoeffizient weist einen Wert von 0,48 aus und ist auf dem 0,1-%-Niveau signifikant. Die Effektgröße von 0,34 lässt auf einen starken Einfluss schließen. Die über die einzelnen Teildimensionen ähnlichen Schätzergebnisse verdeutlichen zudem, dass der Einsatz bereichsübergreifender Teams einen in etwa gleich starken Einfluss auf die Güte des formellen und informellen Informationsaustauschs sowie der Collaboration besitzt.

Auch die angenommene positive Wirkung des Einsatzes *interfunktionaler Mitarbeiterfortbildungen* auf die Güte der Kooperation von Controllerbereich und Strategieabteilung (H16) kann bestätigt werden. Der Pfadkoeffizient von 0,30 ist auf dem 0,1-%-Niveau signifikant. Die Effektgröße von 0,13 weist auf einen moderaten Einfluss hin. Darüber hinaus lässt ein Vergleich der Schätzwerte über die einzelnen Kooperationsdimensionen den Schluss zu, dass der Einfluss auf die Güte des informellen Informationsaustauschs wesentlich geringer ist als auf den formellen Informationsaustausch und den Faktor Collaboration. Da die Effektgrößen

---

1069 Beispielsweise lässt sich im Controllingkontext eine positive Wirkung des Formalisierungsgrades auf die interne Kundenorientierung des Controllerbereichs nachweisen. Vgl. hierzu Spillecke (2006), S. 208. Ebenso wird im Rahmen der Strategieliteratur ein positiver Einfluss formalisierter Strategieprozesse unterstellt. Vgl. z. B. Papadakis/Lioukas/Chambers (1998), S. 128; Al-Laham (1997), S. 299 f. Für einen ausführlichen Überblick über Arbeiten zum rationalen Strategieprozessverständnis vgl. zudem Hutzschenreuter/Kleindienst (2006), S. 695 ff.

1070 Vgl. hierzu Pinto/Pinto/Prescott (1993), S. 1294, die feststellen: „In an increasingly complex environment … centralized attempts at establishing policies for intergroup coordination may be of marginal utility."

1071 Vgl. z. B. Moenaert et al. (1994), S. 38.

aber auch hier positive Werte aufweisen, lässt sich die Hypothese sowohl für das Gesamtkonstrukt als auch die einzelnen Teildimensionen stützen.

Im Gegensatz hierzu ist Hypothese H17, die eine positive Wirkung von *interfunktionalem Mitarbeiteraustausch* auf die Qualität der Kooperation von Controllerbereich und Strategieabteilung unterstellt, zu verwerfen. Entgegen der ursprünglichen Annahme weist der Pfadkoeffizient mit -0,01 einen negativen Wert auf, der allerdings nicht signifikant ist. Auch die Effektgröße von 0,00 verdeutlicht, dass kein Zusammenhang zwischen den Konstrukten besteht. Allerdings verdeutlicht eine Analyse der Wirkung entlang der Teildimensionen des Konstrukts, dass diese Aussage nicht gleichermaßen für alle Bestandteile der Kooperationsgüte zutrifft. So weist die Beziehung zwischen dem interfunktionalem Mitarbeiteraustausch und der Güte des informellen Informationsaustauschs einen der ursprünglichen Hypothese entsprechenden positiven Pfadkoeffizienten auf, der auf dem 5-%-Niveau signifikant ist. Sowohl Pfadkoeffizient als auch Effektgröße sind aber mit Werten von 0,05 bzw. 0,01 als gering einzustufen und deuten auf einen nur schwachen Einfluss hin.

Eine mögliche Erklärung für die nicht nachweisbare Kooperationswirkung interfunktionalen Mitarbeiteraustauschs könnte die Operationalisierung des Konstrukts bieten. Wie in Abschnitt 6.2.1.4 dargestellt, trägt lediglich der zeitlich befristete Mitarbeiteraustausch signifikant zur Bildung des Konstrukts bei. Es ist somit vorstellbar, dass der vergleichsweise kurze Zeitraum, den ein Mitarbeiter des Controllerbereichs oder der Strategieabteilung im Rahmen von Job-Rotation-Programmen im jeweils anderen Bereich verbringt, nicht ausreicht, um tiefere Einsichten in den anderen Bereich zu erhalten und dauerhafte Beziehungen zu den dortigen Mitarbeitern knüpfen zu können.[1072] Um die Gültigkeit dieses Erklärungsansatzes auch empirisch überprüfen zu können, scheinen aber weitere Forschungsbemühungen notwendig. Beispielsweise könnte die Wirkung der Aufenthaltsdauer eines Mitarbeiters in einem anderen Bereich auf die Güte kooperativen Verhaltens näher betrachtet werden.

Als letzte strukturelle Determinante wurde in Hypothese H18 die Wirkung *räumlicher Nähe* auf das Kooperationsverhalten von Controllerbereich und Strategieabteilung untersucht. Der Pfadkoeffizient besitzt einen Wert von 0,15 und ist auf dem 0,1-%-Niveau signifikant. Die Effektgröße beträgt 0,04, was auf einen moderaten Einfluss der räumlichen Nähe hinweist. Die Hypothese H18 lässt sich somit bestätigen. Darüber hinaus verdeutlicht eine Analyse der

[1072] Diese Annahme scheint auch insofern plausibel, da es sich bei den zur Hypthesenformulierung verwendeten Ansätzen der sozialen Austauschtheorie und der Theorie des realistischen Konflikts um auf einen längeren Zeitraum hin ausgerichtete Ansätze handelt. Vgl. hierzu auch Abschnitt 2.5.1.

Wirkung räumlicher Nähe auf die Bestandteile der Kooperationsgüte, dass Unterschiede zwischen den Teildimensionen bestehen. So wird die Qualität des informellen Informationsaustauschs mit einer Effektgröße von 0,06 deutlich stärker beeinflusst als der formelle Informationsaustausch und der Faktor Collaboration, die beide eine Effektgröße von 0,03 aufweisen.

Zusammenfassend lässt sich somit festhalten, dass die Güte der Kooperation von Controllerbereich und Strategieabteilung vor allem durch interfunktionale Teams (f^2=0,34), interfunktionale Mitarbeiterfortbildungen (f^2=0,13) sowie räumliche Nähe (f^2=0,04) beeinflusst wird. Demgegenüber tragen der Formalisierungsgrad der Interaktion (f^2=0,00) und interfunktionaler Mitarbeiteraustausch (f^2=0,00) nicht zur Erklärung der Varianz des Kooperationsindexes bei. Insgesamt werden durch die betrachteten strukturellen Einflussfaktoren 57,0 % der Varianz des Kooperationsindexes von Controllerbereich und Strategieabteilung erklärt. Im Vergleich zu den Ergebnissen bisheriger Studien der Schnittstellenliteratur spiegelt dieser Wert einen hohen Erklärungsgehalt wider.[1073] Die Auswahl der untersuchten strukturellen Einflussfaktoren kann demnach als zufriedenstellend bezeichnet werden.

6.3 Relationale Einflussfaktoren

6.3.1 Konzeptualisierung und Operationalisierung

6.3.1.1 Organisationsvertrauen

Vertrauen wird in wissenschaftlichen Arbeiten seit über zwei Jahrzehnten untersucht.[1074] Ursprünglich aus der psychologischen und soziologischen Forschung kommend, hat das Phänomen Vertrauen spätestens seit Aufkommen des Relationship-Marketing-Gedankens auch in die wirtschaftswissenschaftliche Literatur Eingang gefunden.[1075] Inzwischen wird Vertrauen als wichtiger Bestimmungsfaktor der Beziehung von Organisationen bzw. Organisationseinheiten angesehen.[1076]

1073 So kommen Pinto/Pinto/Prescott (1993), S. 1292, die in ihrer Studie ebenfalls die Wirkung von fünf strukturellen Einflussfaktoren betrachten, auf einen R^2-Wert von 48 %.

1074 Vgl. Matthes (2005), S. 20. So war das Konstrukt Vertrauen bis Ende der 1980er Jahre noch weitgehend unerforscht. Vgl. Kenning (2002), S. 18; Doney/Cannon (1997), S. 35. Zu den folgenden Ausführungen vgl. grundlegend auch Spillecke (2006), S. 149 ff.

1075 Vgl. Wallenburg (2004), S. 104.

1076 Vgl. Engelbrecht (2004), S. 160; Spekman (1988), S. 79. Ähnlich Dasgupta (1988), S. 49, der Vertrauen als „central to all transactions“ bezeichnet.

Trotz der Bedeutung von Vertrauen mangelt es der wirtschaftswissenschaftlichen Literatur bislang an einer eindeutigen Begriffsdefinition.[1077] In vielen Arbeiten wird Vertrauen als „eine besondere Art der Einstellung verstanden, die in bestimmten situativen Kontexten einen Einfluss auf das Verhalten einer Person haben kann“[1078]. Insbesondere in den letzten Jahren setzt sich in vielen Arbeiten eine Auffassung von Vertrauen durch, die nach DONEY/CANON (1997) als „perceived credibility and benevolence of a target of trust“[1079] zu verstehen ist.[1080] Vertrauen lässt sich nach dieser Ansicht durch die beiden inhaltlichen Dimensionen der Wahrnehmung von Glaubwürdigkeit (Credibility) und Wohlwollen (Benevolence) konzeptualisieren. Glaubwürdigkeit bezeichnet hierbei das Ausmaß, in dem Aussagen innerhalb eines Unternehmens als wahr angenommen werden.[1081] Wohlwollen beschreibt, in welchem Umfang in einem Unternehmen die Interessen einer Abteilung durch einen anderen Bereich berücksichtigt werden.[1082] Diese Konzeptualisierung soll auch in der vorliegenden Arbeit verwendet werden. Damit Vertrauen dieser Art entstehen kann, sind folgende Voraussetzungen zu erfüllen:[1083]

- *Interdependenz von Vertrauensnehmer und Vertrauensgeber:* Vertrauen ist nur dann von Bedeutung, wenn das Ergebnis des eigenen Handelns von dem Handeln eines anderen abhängt.
- *Existenz von Risiko, Unsicherheit und Opportunismus:* Vertrauen dient dem Umgang mit Risiko, Unsicherheit und Opportunismus in Geschäftsbeziehungen. Ohne das Vorliegen dieser Faktoren hat Vertrauen aus wirtschaftlicher Sicht keinen Wert.
- *Verlustgefahr:* Vertrauen ist auch bei Vorliegen von Risiko, Unsicherheit und Opportunismus nur dann von Bedeutung, wenn der Vertrauensnehmer bei Vertrauensbruch negative Konsequenzen erleidet.

[1077] Vgl. hierzu auch Spillecke (2006), S. 149; Wallenburg (2004), S. 105, und die dort angegebene Literatur. Für eine Übersicht zu unterschiedlichen Definitionen des Vertrauens vgl. Matthes (2005), S. 21 ff.

[1078] Kenning (2002), S. 21. Ähnlich Wallenburg (2004), S. 107, der feststellt, dass „Vertrauen auf einer vertrauensvollen Einstellung basiert und sich durch vertrauendes Handeln äußert.“

[1079] Doney/Cannon (1997), S. 36.

[1080] Diese Sichtweise geht insbesondere auf Ganesan (1994), S. 3, zurück. Auch Geyskens/Steenkamp/Kumar (1999), S. 225, weisen in ihrer Meta-Analyse diese beiden Dimensionen empirisch nach. Eine umfangreichere inhaltliche Konzeptualisierung findet sich z. B. bei Butler Jr. (1991), S. 647 ff., der insgesamt zehn Dimensionen von Vertrauen identifiziert.

[1081] Vgl. Lindskold (1978), S. 772 ff.

[1082] Vgl. auch Anderson/Narus (1986), S. 326.

[1083] Vgl. Wallenburg (2004), S. 105 f.; Lane (2000), S. 3. Zur Diskussion der Voraussetzungen und Merkmale von Vertrauen vgl. auch Spillecke (2006), S. 150; Kenning (2002), S. 11 f.; Bruhn (2001), S. 69.

Die wesentlichen Voraussetzungen für die Entstehung von Vertrauen liegen somit in der Interdependenz zweier Akteure sowie einer potenziellen „Verletztheit“[1084] des Vertrauensnehmers.[1085] Beide Bedingungen können für Controllerbereich und Strategieabteilung als grundsätzlich erfüllbar angesehen werden.

In Anlehnung an RIPPERGER (1998) lassen sich mit dem generalisierten, dem affektiven und dem kognitiven Vertrauen drei unterschiedliche Arten von Vertrauen differenzieren.[1086]

Generalisiertes Vertrauen lässt sich als die „grundsätzliche Vertrauensbereitschaft eines Akteurs, die unabhängig von den Spezifika einer bestimmten Situation vorliegt“[1087], auffassen. Generalisiertes Vertrauen stellt somit eine grundlegende und kurzfristig nur schwer zu beeinflussende Eigenschaft dar.[1088]

Affektives Vertrauen bezeichnet das auf einen bestimmten Vertrauensnehmer gerichtete Vertrauen.[1089] Affektives Vertrauen besteht aus den kumulierten emotionalen Erfahrungen eines Menschen gegenüber einer bestimmten Person oder Einrichtung und kann insbesondere durch starke emotionale Schwankungen verändert werden.

Unter den Begriff des *kognitiven Vertrauens* können sowohl Reputations- als auch Erfahrungsvertrauen subsumiert werden.[1090] Reputationsvertrauen entsteht beim Vertrauensgeber durch die Erfahrungen Dritter. Demgegenüber bildet sich Erfahrungsvertrauen durch eigene Erfahrungen. Beide Vertrauensarten können vergleichsweise einfach beeinflusst werden.

Die Schnittstellenforschung beschäftigt sich vorwiegend mit dem affektiven bzw. kognitiven Vertrauen. Häufig wird die Wirkung von Vertrauen zwischen Funktionsbereichen auf das Kooperationsverhalten untersucht.[1091] Da Vertrauen von Teilen der Schnittstellenforschung jedoch nicht als Einflussfaktor, sondern als Bestandteil kooperativen Verhaltens aufgefasst wird,[1092] ist dieses Vorgehen mit der Gefahr einer mangelnden Diskriminanzvalidität des Vertrauenskonstrukts zur Güte der Kooperation verbunden. Aufgrund dessen wird in der

---

1084 Spillecke (2006), S. 150.
1085 Vgl. auch Matthes (2005), S. 22; Bruhn (2001), S. 69.
1086 Vgl. Ripperger (1998), S. 101.
1087 Kenning (2002), S. 13. Ähnlich Ripperger (1998), S. 101.
1088 Vgl. auch Spillecke (2006), S. 152.
1089 Vgl. hierzu und im Folgenden Kenning (2002), S. 14; Grund (1998), S. 109. Ripperger (1998), S. 105, bezeichnet diese Art von Vertrauen als „spezifisches Vertrauen“.
1090 Vgl. hierzu und im Folgenden Spillecke (2006), S. 152.
1091 Vgl. z. B. Maltz/Kohli (1996), S. 49 ff.; Moenaert et al. (1994), S. 33 ff. Vgl. auch Smith/Carroll/Ashford (1995), S. 15.
1092 Vgl. De Ruyter/Wetzels (2000a), S. 259 ff.; De Ruyter/Wetzels (2000b), S. 211 ff.

vorliegenden Arbeit nicht direkt das Vertrauen zwischen Controllerbereich und Strategieabteilung, sondern das im Unternehmen insgesamt vorherrschende Organisationsvertrauen erhoben.[1093]

Das Konstrukt Organisationsvertrauen wurde in Anlehnung an WILLAUER (2005) operationalisiert, die in ihrer Untersuchung auf die Messung der Vertrauenskultur im Unternehmen abzielt.[1094] Als konzeptionelle Grundlage des Vertrauenskonstrukts dienen die von DONEY/ CANNON (1997) aufgeführten Vertrauensausprägungen Glaubwürdigkeit und Wohlwollen. Die Operationalisierung des Faktors erfolgte durch vier reflektive Indikatoren, die Tabelle 33 entnommen werden können.

Informationen zu den einzelnen Indikatoren des Faktors **„Organisationsvertrauen“**			
Bezeichnung der Indikatoren	Item-to-Total-Korrelation	Indikator-reliabilität	t-Wert der Faktorladung
Vertrauen wird bei uns groß geschrieben.	0,71	0,63	16,79
Vorsicht und gegenseitiges Misstrauen sind bei uns weit verbreitet. (RC)	0,65	0,51	14,82
Wichtige Informationen werden bei uns sofort offen kommuniziert.	0,60	0,44	13,58
Die Zusammenarbeit in unserem Unternehmen ist von gegenseitigem Vertrauen geprägt.	0,77	0,77	-

Informationen zum Faktor **„Organisationsvertrauen“**			
Cronbach'sches Alpha	0,84	AGFI	0,96
Erklärte Varianz	0,59	CFI	0,99
χ^2/df	2,96	TLI	0,98
RMSEA	0,07	Faktorreliabilität	0,85
GFI	0,99	Durchschnittlich erfasste Varianz	0,59

Tabelle 33: Informationen zum Konstrukt „Organisationsvertrauen“

Sowohl die globalen als auch die lokalen Gütekriterien des Messmodells können als gut bezeichnet werden. Alle Werte liegen innerhalb der in der Literatur vorgegebenen Grenzen. Kritisch anzumerken ist allerdings, dass die dargestellten Gütekriterien im Vergleich zur Untersuchung von WILLAUER (2005) deutlich schlechtere Werte aufweisen.[1095]

6.3.1.2 Abhängigkeit

Das Kooperationsverhalten einer Organisation bzw. einer Abteilung lässt sich nach der Ressourcenabhängigkeitsperspektive auch aufgrund der Abhängigkeit von anderen Akteuren

[1093] Hierbei ist davon auszugehen, dass der Grad des allgemeinen Organisationsvertrauens der Unternehmung auch einen Hinweis auf das Vertrauen zwischen Abteilungen wie Controllerbereich und Strategieabteilung liefert.

[1094] Vgl. hierzu und im Folgenden Willauer (2005), S. 204 ff.

[1095] Vgl. hierzu Willauer (2005), S. 206.

erklären.[1096] Durch Arbeitsteilung in Unternehmen entstehen Abhängigkeiten zwischen den auf einzelne Teilaktivitäten spezialisierten Organisationsmitgliedern.[1097] Diese sind darin begründet, dass einzelne Bereiche über Fähigkeiten oder Ressourcen verfügen, die für andere Abteilungen von Bedeutung sind. Auch zwischen Controllerbereich und Strategieabteilung können zahlreiche Abhängigkeiten entstehen.[1098] Das Ausmaß dieser Abhängigkeit ergibt sich hierbei aus der Bedeutung der benötigten Ressourcen für die jeweilige Abteilung, dem Einfluss der Funktionsbereiche auf die Allokation und Verteilung der Ressourcen sowie der Existenz und Verfügbarkeit alternativer Beschaffungswege der benötigten Ressourcen.[1099]

Abhängigkeit stellt in der Literatur ein komplexes Phänomen dar.[1100] So lassen sich zunächst je nach Ausmaß der Wechselseitigkeit von Abhängigkeitsbeziehungen einseitige und wechselseitige Abhängigkeit bzw. Dependenz und Interdependenz unterscheiden.[1101] *Dependenz* liegt hierbei immer dann vor, wenn lediglich ein Interaktionspartner für die Erfüllung seiner Aufgaben bzw. das Erreichen seiner Ziele auf einen anderen Akteur angewiesen ist.[1102] *Interdependenz* lässt sich als Summe zweier einseitiger Abhängigkeiten auffassen.[1103] Sie besteht immer dann, wenn die Tätigkeiten zweier Interaktionspartner wechselseitig vom Verhalten des jeweils anderen Akteurs beeinflusst werden.[1104]

Inhaltlich lässt sich die Abhängigkeit von Funktionsbereichen zudem in die beiden Dimensionen Ziel- und Aufgabenabhängigkeit untergliedern.[1105] Die Sachziele von Funktionsbereichen werden in der Regel durch die Zuweisung spezifischer Teilaufgaben bestimmt.[1106] Häufig entstehen hierbei Verflechtungen zwischen den Zielen unterschiedlicher Bereiche. Diese Zusammenhänge werden in der Literatur als *Zielabhängigkeiten* bezeichnet. Die jeweilige Zielbeziehung kann hierbei durch Identität, Komplementarität, Indifferenz oder Konflikt geprägt sein.[1107] *Aufgabenabhängigkeiten* lassen sich als „durch die Aufgabe vorge-

[1096] Vgl. auch Abschnitt 2.5.2.
[1097] Vgl. Kieser/Kubicek (1992), S. 95.
[1098] Vgl. hierzu Abschnitt 2.3.2.
[1099] Vgl. hierzu Abschnitt 2.5.2.
[1100] Vgl. Röder (2001), S. 113.
[1101] Vgl. Athenstaedt/Freudenthaler/Mikula (2002), S. 69. Ähnlich Casciaro/Piskorski (2005), S. 170.
[1102] Vgl. Athenstaedt/Freudenthaler/Mikula (2002), S. 69; Ruekert/Walker (1987), S. 6.
[1103] Vgl. Kumar/Scheer/Steenkamp (1995), S. 349. Ähnlich Fisher/Maltz/Jaworski (1997), S. 62, die Interdependenz als Summe zweier Dependenzbeziehungen operationalisieren. Auch Casciaro/Piskorski (2005), S. 168, definieren Interdependenz zwischen zwei Organisationen als „sum of their dependencies".
[1104] Vgl. Athenstaedt/Freudenthaler/Mikula (2002), S. 69; Walton/Dutton (1969), S. 73. Ähnlich Van de Ven/Ferry (1980), S. 166.
[1105] Ähnlich Röder (2001), S. 113 ff., der diese Unterscheidung für die Interdependenz von Abteilungen vornimmt.
[1106] Vgl. hierzu und im Folgenden Röder (2001), S. 114.
[1107] Vgl. Röder (2001), S. 114; Staehle (1999), S. 443; Bleicher (1991b), S. 42 f.

gebene Arten und Intensität von .. Einfluss bei der Erfüllung von Tätigkeiten"[1108] verstehen. Diese können grundlegend in die Dimensionen der Ressourcen-, Handlungs-, und Leistungsabhängigkeit strukturiert werden.[1109] Ressourcendependenz bezeichnet die Abhängigkeit von knappen und nur bei anderen Akteuren verfügbaren Ressourcen. Handlungsdependenz liegt vor, wenn zur Bewältigung einer Aufgabe eine enge Abstimmung unterschiedlicher Funktionsbereiche notwendig ist. Leistungsdependenz bezieht sich auf den ein- oder wechselseitigen Austausch erstellter Güter oder Dienstleistungen zwischen Abteilungen.

Da eine enge Beziehung der von Abteilungen verfolgten Ziele in der Schnittstellenforschung gemeinhin als Grundbedingung kooperativen Verhaltens erachtet wird, betrachten empirische Arbeiten vor allem die Aufgabendependenz zwischen Funktionsbereichen.[1110] Auch Controllerbereich und Strategieabteilung verfolgen in der Regel dieselben übergeordneten Unternehmensziele,[1111] so dass vielfach ähnliche Zielbeziehungen bestehen dürften. Um Unterschiede in den Abhängigkeitsausprägungen messen und hinsichtlich ihrer Kooperationswirkung beurteilen zu können, soll dieser Arbeit ebenfalls die Dimension der Aufgabendependenz zugrundegelegt werden.

Die Operationalisierung der Aufgabenabhängigkeit des Controllerbereichs von der Strategieabteilung erfolgte anhand des in der Schnittstellenforschung verbreiteten Konstrukts der Work Dependence von VAN DE VEN/FERRY (1980).[1112] Diese erheben die Abhängigkeit einer Abteilung von einem anderen Bereich entlang der Input-, Handlungs- und Outputebene einer Tätigkeit. Ein hoher Grad an Abhängigkeit des Controllerbereichs von der Strategieabteilung zeichnet sich demnach durch einen hohen Bedarf des Controllerbereichs an Ressourcen, Handlungsunterstützung und/oder Arbeitsergebnissen der Strategieabteilung aus. Das Messmodell besteht aus drei Indikatoren, die zusammen mit den ermittelten Gütekriterien Tabelle 34 entnommen werden können. Die Messung erfolgte formativ.

Die Gewichte und t-Werte der Items deuten darauf hin, dass das Konstrukt der Abhängigkeit des Controllerbereichs von der Strategieabteilung insbesondere durch den Indikator zur Prozessunterstützung durch die Strategieabteilung abgebildet wird. Demgegenüber besteht innerhalb des Controllerbereichs offenbar nur wenig Bedarf an den Ressourcen der Strategie-

---

[1108] Röder (2001), S. 121.

[1109] Vgl. Brummund (1983), S. 21, der als weitere Dimension zudem eine allgemeine Entscheidungsabhängigkeit aufführt. Ähnlich Luo (2005), S. 76, der Ressourcen- und Outputabhängigkeit unterscheidet.

[1110] Vgl. auch Röder (2001), S. 115 ff.

[1111] Vgl. auch Abschnitt 2.3.3.

[1112] Vgl. Van de Ven/Ferry (1980), S. 252 f. Diese Skala wird auch in späteren Untersuchungen verwendet. Vgl. z. B. Fisher/Maltz/Jaworski (1997), S. 68. Ruekert/Walker (1987), S. 9.

abteilung.[1113] Variance Inflation Factor und Konditionsindex verdeutlichen, dass zwischen den einzelnen Indikatoren keine Multikollinearität besteht.

Informationen zu den einzelnen Indikatoren des Faktors **„Abhängigkeit des Controllerbereichs von der Strategieabteilung"**					
Bezeichnung der Indikatoren	Ursprünglicher Schätzwert	Mittelwert der erzeugten Fälle	Standardabweichung	t-Wert	Variance Inflation Factor
Zur Erfüllung seiner Aufgaben ist das Controlling angewiesen auf die Ressourcen (z. B. Personal, Informationen) der Strategieabteilung.	-0,12	-0,13	0,19	0,63	1,58
Zur Erfüllung seiner Aufgaben ist das Controlling angewiesen auf die Unterstützung (z. B. methodische oder inhaltliche Ratschläge) der Strategieabteilung.	0,82	0,79	0,17	4,86	1,70
Zur Erfüllung seiner Aufgaben ist das Controlling angewiesen auf die Arbeitsergebnisse (z. B. Analysen, Berichte) der Strategieabteilung.	0,37	0,38	0,20	1,83	1,56
Konditionsindex: 8,45					

Tabelle 34: Informationen zum Konstrukt „Abhängigkeit des Controllerbereichs von der Strategieabteilung"

Analog zu den obigen Ausführungen kann auch seitens der Strategieabteilung eine Abhängigkeit bzgl. Ressourcen, Handlungsunterstützung oder Arbeitsergebnissen vom Controllerbereich bestehen. Zur Operationalisierung des Konstrukts Abhängigkeit der Strategieabteilung vom Controllerbereich wurde ebenfalls auf VAN DE VEN/FERRY (1980) zurückgegriffen. Das Messmodell und seine Gütekriterien sind in Tabelle 35 aufgeführt. Die ausgewiesenen Ergebnisse ähneln stark den Darstellungen zur Dependenz des Controllerbereichs. Der größte Beitrag zur Konstruktbildung geht wiederum von der prozessualen Abhängigkeit aus. Demgegenüber besitzt die Ressourcenabhängigkeit keine signifikante Bedeutung für das Konstrukt. Variance Inflation Factor und Konditionsindex verdeutlichen, dass zwischen den verwendeten Indikatoren keine Multikollinearität vorliegt.

[1113] Dieses Ergebnis korrespondiert auch mit der Wirkung des interfunktionalen Mitabeiteraustauschs auf die Güte der Kooperation von Controllerbereich und Strategieabteilung. Der Bedarf an personellen Ressourcen der anderen Abteilung stellt für beide Bereiche somit anscheinend keinen Grund dar, um zu kooperieren.

Informationen zu den einzelnen Indikatoren des Faktors **„Abhängigkeit der Strategieabteilung vom Controllerbereich“**					
Bezeichnung der Indikatoren	Ursprünglicher Schätzwert	Mittelwert der erzeugten Fälle	Standardabweichung	t-Wert	Variance Inflation Factor
Zur Erfüllung ihrer Aufgaben ist die Strategieabteilung angewiesen auf die Ressourcen (z. B. Personal, Informationen) des Controllings.	0,07	0,07	0,19	0,36	1,45
Zur Erfüllung ihrer Aufgaben ist die Strategieabteilung angewiesen auf die Unterstützung (z. B. methodische oder inhaltliche Ratschläge) des Controllings.	0,65	0,64	0,16	3,98	1,48
Zur Erfüllung ihrer Aufgaben ist die Strategieabteilung angewiesen auf die Arbeitsergebnisse (z. B. Analysen, Berichte) des Controllings.	0,46	0,44	0,18	2,62	1,49
Konditionsindex: 12,60					

Tabelle 35: Informationen zum Konstrukt „Abhängigkeit der Strategieabteilung vom Controllerbereich“

Wie oben aufgeführt, lässt sich die wechselseitige Abhängigkeit von Controllerbereich und Strategieabteilung als Summe der einseitigen Dependenzbeziehungen auffassen. Die einseitigen Abhängigkeiten lassen sich nach diesem Verständnis auf einer höheren Ebene formativ zur Interdependenz beider Abteilungen aggregieren. Die Abhängigkeit des Controllerbereichs von der Strategieabteilung und die Abhängigkeit der Strategieabteilung vom Controllerbereich wurden daher nach der Methode der wiederholten Indikatoren formativ zu einem Messmodell der Interdependenz beider Funktionsbereiche zusammengeführt.[1114] Die einzelnen Indikatoren und Gütekriterien des formativ gebildeten Konstrukts zweiter Ordnung sind Tabelle 36 zu entnehmen. Die ausgewiesenen t-Werte verdeutlichen, dass lediglich die beiden Indikatoren zur inhaltlichen Unterstützung sowie das Item zur Ergebnisabhängigkeit der Strategieabteilung vom Controllerbereich signifikant zur Bildung des Faktors Interdependenz beitragen. Variance Inflation Factor und Konditionsindex weisen darauf hin, dass keine Multikollinearität zwischen den verwendeten Indikatoren vorliegt.

[1114] Vgl. zu diesem Vorgehen auch Abschnitt 5.2.1.2.1.

Informationen zu den einzelnen Indikatoren des Faktors **„Interdependenz von Controllerbereich und Strategieabteilung“**					
Bezeichnung der Indikatoren	Ursprünglicher Schätzwert	Mittelwert der erzeugten Fälle	Standardabweichung	t-Wert	Variance Inflation Factor
Zur Erfüllung seiner Aufgaben ist das Controlling angewiesen auf die Ressourcen (z. B. Personal, Informationen) der Strategieabteilung.	-0,11	-0,12	0,17	0,66	1,88
Zur Erfüllung seiner Aufgaben ist das Controlling angewiesen auf die Unterstützung (z. B. methodische oder inhaltliche Ratschläge) der Strategieabteilung.	0,58	0,57	0,15	3,97	1,76
Zur Erfüllung seiner Aufgaben ist das Controlling angewiesen auf die Arbeitsergebnisse (z. B. Analysen, Berichte) der Strategieabteilung.	0,17	0,15	0,17	0,99	1,70
Zur Erfüllung ihrerAufgaben ist die Strategieabteilung angewiesen auf die Ressourcen (z. B. Personal, Informationen) des Controllings.	0,06	0,06	0,17	0,36	1,73
Zur Erfüllung ihrer Aufgaben ist die Strategieabteilung angewiesen auf die Unterstützung (z. B. methodische oder inhaltliche Ratschläge) des Controllings.	0,36	0,36	0,16	2,28	1,57
Zur Erfüllung ihrer Aufgaben ist die Strategieabteilung angewiesen auf die Arbeitsergebnisse (z. B. Analysen, Berichte) des Controllings.	0,29	0,29	0,15	1,98	1,59
Konditionsindex: 16,94					

Tabelle 36: Informationen zum Konstrukt „Interdependenz von Controllerbereich und Strategieabteilung“

6.3.1.3 Rivalitätsgrad

Wie in Abschnitt 2.3.2.3 aufgeführt, kann zwischen Controllerbereich und Strategieabteilung auch ein Wettbewerbsverhältnis bestehen. Beide Abteilungen können um die Durchführung von Tätigkeiten sowie die Inanspruchnahme von Ressourcen konkurrieren. Die Intensität eines solchen Wettbewerbs zwischen Abteilungen wird in der Schnittstellenforschung durch den Rivalitätsgrad gemessen.[1115] Dieser lässt sich nach MALTZ/KOHLI (1996) als „extent

[1115] Vgl. z. B. De Ruyter/Wetzels (2000a), S. 262; De Ruyter/Wetzels (2000b), S. 212; Maltz/Kohli (1996), S. 52.

to which members of two different functions perceive each other as competitors“[1116] definieren. Mit Hinblick auf die vorliegende Untersuchung beschreibt der Rivalitätsgrad von Controllerbereich und Strategieabteilung somit, inwieweit sich beide Abteilungen gegenseitig als Wettbewerber betrachten.

Der Begriff des Wettbewerbs wird in der wirtschaftswissenschaftlichen Literatur bereits seit dem Aufkommen der klassischen Nationalökonomie diskutiert.[1117] Seit dieser Zeit hat sich eine Vielzahl unterschiedlicher Ansätze mit divergierenden Begriffsverständnissen und Definitionen herausgebildet, über deren Verwendung oftmals Uneinigkeit besteht.[1118] Jedoch lassen sich in der Literatur mit der Existenz von Märkten, dem Vorhandensein mehrerer Anbieter bzw. Nachfrager sowie antagonistischem Verhalten der Marktteilnehmer drei Merkmale von Wettbewerb identifizieren.[1119]

Für das Auftreten von Wettbewerb ist zunächst die *Existenz von Märkten* bzw. von marktähnlichen Strukturen notwendig. Hierbei können unternehmensexterne und -interne Märkte unterschieden werden.[1120] Während auf externen Märkten agierende Akteure weitgehend unabhängig in ihren Entscheidungen sind, unterliegen auf internen Märkten tätige Akteure in der Regel gewissen Einschränkungen. Auch der Controllerbereich agiert wegen der grundlegenden Vorgaben der Unternehmensführung in der Regel nicht auf einem reinen internen Markt. In vielen Unternehmen dürften aber zumindest teilweise marktähnliche Bedingungen vorherrschen, in denen der Controllerbereich selbstständige Überlegungen zur eigenen Positionierung anstellen kann.[1121]

Das *Vorhandensein mehrerer in ihren Entscheidungen weitgehend unabhängiger Anbieter bzw. Nachfrager* stellt eine weitere Voraussetzung von Wettbewerb dar. Je nachdem, ob Konkurrenz auf der Angebots- oder Nachfrageseite existiert, kann hierbei zwischen Leistungs- und Ressourcenwettbewerb unterschieden werden.[1122] Auch zwischen Controller-

[1116] Maltz/Kohli (1996), S. 52.
[1117] Vgl. High (2001), S. xiii; Bartling (1980), S. 9.
[1118] Vgl. Herdzina (1999), S. 8; Schmidt (1999), S. 1. Für einen kurzen Überblick über die einzelnen Ansätze vgl. z. B. High (2001), S. xiv; Schmidt (1999), S. 2 ff.; Bartling (1980), S. 9 ff.
[1119] Vgl. hierzu Schmidt (1999), S. 1 f. Ähnlich Herdzina (1999), S. 10 f., der als Charakteristika von Märkten neben Wettbewerbsvoraussetzungen wie Marktstrukturen und Marktverhalten der Akteure auch Marktergebnisse, beispielsweise in Form von Angebots- und Nachfrageanpassungen, definiert.
[1120] Vgl. zur Unterscheidung von externen und internen Märkten im Detail Frese (1997), S. 134 ff. Auch David (2005), S. 91, unterscheidet einen unternehmensinternen und -externen Wettbewerb.
[1121] Vgl. auch Kapitel 4.1.1. Ähnlich David (2005), S. 94 f.
[1122] Vgl. Tsai (2002), S. 184; Schuster (1998), S. 204; Nalebuff/Brandenburger (1996), S. 30 f.

bereich und Strategieabteilung kann Wettbewerb sowohl leistungs- als auch ressourcenseitig stattfinden.[1123]

Die dritte Eigenschaft von Wettbewerb liegt im *antagonistischen Verhalten* der beteiligten Parteien. Antagonistisches Verhalten bedeutet in diesem Fall, dass sich durch Einsatz eines oder mehrerer Aktionsparameter der Zielerreichungsgrad eines Akteurs zu Lasten eines anderen Akteurs verändert.[1124] Anbieter von Leistungen in einem Markt werden versuchen, die eigene Gewinnsituation auf Kosten der übrigen Konkurrenten zu verbessern.[1125] Auch für den Controllerbereich und die Strategieabteilung ist aufgrund insgesamt beschränkter Ressourcen und begrenzten Leistungsbedarfs des Unternehmens zu vermuten, dass eine verstärkte Ressourcennachfrage oder eine höhere Inanspruchnahme der angebotenen Leistungen eines Bereichs zu Lasten der anderen Abteilung gehen. Hierdurch kann es zu Konflikten und Spannungen kommen.

Für die Operationalisierung des Rivalitätsgrades von Controllerbereich und Strategieabteilung wird in dieser Arbeit auf die letzten beiden Merkmale der aufgeführten Wettbewerbseigenschaften zurückgegriffen.[1126] Kennzeichen der Rivalität zwischen beiden Bereichen sind demnach ein potenzieller Ressourcen- und Leistungswettbewerb sowie antagonistische Einstellungen der Mitarbeiter beider Abteilungen. Die Darstellung des Rivalitätsgrades erfolgte in Anlehnung an MALTZ/KOHLI (1996), die auf dem Messmodell von VAN DE VEN/FERRY (1980) aufsetzen.[1127] Drei der sieben von MALTZ/KOHLI (1996) verwendeten Indikatoren wurden durch eigene Formulierungen angepasst. Die für die reflektive Messung des Konstrukts verwendeten Indikatoren und die Gütekriterien können Tabelle 37 entnommen werden.

[1123] Vgl. Abschnitt 2.3.2.3. Ähnlich David (2005), S. 91 ff., der in seinen Ausführungen zur Wettbewerbssituation des Controllerbereichs sowohl einen Wettbewerb um Leistungen als auch um Ressourcen feststellt.

[1124] Vgl. Schmidt (1999), S. 2.

[1125] Vgl. Cox/Hübener (1981), S. 4.

[1126] Die Existenz marktähnlicher Bedingungen im Unternehmen mit Handlungsfreiräumen für die beteiligten Akteure stellt die Grundbedingung kooperativen Verhaltens der Unternehmensbereiche dar und wurde aufgrund seiner Bedeutung gesondert im Konstrukt Role Making des Controllerbereichs abgebildet. Vgl. hierzu auch die Abschnitte 4.1.1 und 6.4.

[1127] Vgl. Maltz/Kohli (1996), S. 60.

Informationen zu den einzelnen Indikatoren des Faktors **„Rivalitätsgrad von Controllerbereich und Strategieabteilung"**			
Bezeichnung der Indikatoren	Item-to-Total-Korrelation	Indikator-reliabilität	t-Wert der Faktorladung
Das Verhältnis zwischen den Leitern der beiden Bereiche ist häufig angespannt.	Eliminiert		
Beide Bereiche behindern sich häufig gegenseitig bei der Erfüllung ihrer Aufgaben.	0,65	0,57	12,60
Beide Bereiche konkurrieren häufig um dieselben Ressourcen (z. B. Personal, Informationen).	0,61	0,48	11,81
Beide Bereiche haben häufig bereichsbezogene Ziele, die miteinander vereinbar sind. (RC)	Eliminiert		
Beide Bereiche konkurrieren häufig um die Aufmerksamkeit derselben internen Leistungsempfänger (z. B. Manager).	0,63	0,51	12,11
Die Strategieabteilung bietet viele gleichartige Leistungen wie das Controlling an.	Eliminiert		
Wenn sich Aufgabenfelder zwischen den beiden Bereichen verschieben, kommt es oftmals zu Spannungen.	0,64	0,56	-

Informationen zum Faktor **„Rivalitätsgrad von Controllerbereich und Strategieabteilung"**			
Cronbach'sches Alpha	0,81	AGFI	0,96
Erklärte Varianz	0,53	CFI	0,99
χ^2/df	2,84	TLI	0,98
RMSEA	0,07	Faktorreliabilität	0,81
GFI	0,99	Durchschnittlich erfasste Varianz	0,52

Tabelle 37: Informationen zum Konstrukt „Rivalitätsgrad von Controllerbereich und Strategieabteilung"

Aus dem ursprünglich sieben Indikatoren umfassenden Messmodell mussten der Indikator zur Rivalität zwischen den Abteilungsleitern und das revers codierte Item wegen zu geringer Indikatorreliabilitäten eliminiert werden. Zudem wurde aufgrund einer Korrelation zwischen den Messfehlervariablen der beiden inhaltlich ähnlichen Indikatoren fünf und sechs letzterer eliminiert. Die Gütekriterien des aus den verbleibenden vier Indikatoren bestehenden Messmodells erfüllen die in der Literatur vorgegebenen Anforderungen.

6.3.2 Hypothesenformulierung

In diesem Abschnitt werden die Hypothesen zur Wirkung der dargestellten relationalen Einflussfaktoren auf das Kooperationsverhalten von Controllerbereich und Strategieabteilung formuliert. Im Unterschied zu den strukturellen Einflussfaktoren, die sämtlich der Förderung kooperativen Verhaltens dienen, ist die Ableitung einer über alle Determinanten gültigen Basishypothese nicht möglich. Stattdessen werden für das Organisationsvertrauen und die Abhängigkeitsbeziehungen zwischen Controllerbereich und Strategieabteilung positive Wirkungen auf das Kooperationsverhalten abgeleitet, gleichzeitig aber ein negativer Einfluss des Rivalitätsgrades angenommen.

Vertrauen gilt in der Literatur als bedeutender Treiber des kooperativen Verhaltens von Interaktionspartnern.[1128] DE RUYTER/WETZELS (2000a, b) fassen Vertrauen sogar als Bestandteil eines Kooperationskonstrukts auf.[1129] Die positive Wirkung von Vertrauen auf die Kooperation von Funktionsbereichen lässt sich vor allem aus der sozialen Austauschtheorie ableiten.

Zum einen lassen sich mithilfe von Vertrauen die wahrgenommene Unsicherheit einer Beziehung reduzieren und das Verhältnis von Interaktionspartnern zueinander stabilisieren.[1130] Vertrauen geht in der Regel mit einem hohen Informationsstand über das Wissen und die Fähigkeiten der Interaktionspartner sowie der Erwartung einer fairen Verteilung der durch kooperatives Verhalten zu erzielenden Vor- und Nachteile einher.[1131] Vertrauen lässt sich somit als Heuristik interpretieren, durch die sich die wahrgenommene Komplexität einer Beziehung vermindern lässt.[1132]

Zum anderen stellt Vertrauen eine soziale Verpflichtung der Austauschpartner zueinander dar, eine kooperative Beziehung auch dann beizubehalten, wenn sich unter Kosten-Nutzen-Gesichtspunkten vorteilhaftere Alternativen ergeben.[1133] Der Aufbau von Vertrauen führt in diesem Fall zu einer Stärkung des Commitments der Interaktionspartner in die Beziehung.

Die Überlegungen zur kooperationsfördernden Wirkung von Vertrauen werden in der Schnittstellenliteratur empirisch bestätigt.[1134] So weisen MALTZ/KOHLI (1996) in ihrer Untersuchung eine starke und hochsignifikante Wirkung von Vertrauen auf den Informationsaustausch zwischen Marketing und anderen Funktionsbereichen nach.[1135] Auch MOENAERT ET AL. (1994) zeigen, dass ein vertrauensvolles Klima zwischen Marketing und F&E den Austausch zwischen den beiden Bereichen fördert.[1136] Daher wird bezüglich der Wirkung von Vertrauen auf die Güte der Kooperation von Controllerbereich und Strategieabteilung folgende Hypothese gebildet:

H19: Das im Unternehmen vorhandene Organisationsvertrauen wirkt positiv auf die Güte der Kooperation von Controllerbereich und Strategieabteilung.

1128 Vgl. z. B. Schuster (1998), S. 246; Smith/Carroll/Ashford (1995), S. 15.
1129 Vgl. De Ruyter/Wetzels (2000a), S. 260. In der Mehrzahl der Arbeiten der Schnittstellenforschung wird Vertrauen allerdings nicht als Bestandteil, sondern als Einflussfaktor kooperativen Verhaltens aufgefasst. Dieser Ansicht soll auch in der vorliegenden Untersuchung gefolgt werden.
1130 Vgl. auch Willauer (2005), S. 205.
1131 Vgl. Schuster (1998), S. 247.
1132 Vgl. hierzu ausführlich Matthes (2005), S. 26 f. Vgl. auch Luhmann (1989), S. 16.
1133 Vgl. auch Spillecke (2006), S. 175.
1134 Vgl. für diese Feststellung auch Smith/Carroll/Ashford (1995), S. 15.
1135 Vgl. Maltz/Kohli (1996), S. 55.
1136 Vgl. Moenaert et al. (1994), S. 38. Vgl. auch Chu/Fang (2006), S. 227, die einen signifikanten Zusammenhang von Vertrauen und Commitment in eine Beziehung feststellen.

Das Kooperationsverhalten von Controllerbereich und Strategieabteilung sollte zudem durch die *Abhängigkeit beider Bereiche* voneinander positiv beeinflusst werden. Theoretische Hinweise hierfür ergeben sich sowohl aus der Ressourcenabhängigkeitsperspektive als auch der sozialen Austauschtheorie.

Nach der Ressourcenabhängigkeitsperspektive besteht das Hauptziel organisatorischer Einheiten darin, die Abhängigkeit von ihrer Umwelt und die damit verbundene Unsicherheit zu reduzieren.[1137] Dieses Bestreben dürfte umso höher ausgeprägt sein, je stärker eine Organisation auf externe Informationen, Ressourcen oder Leistungen angewiesen ist. Eine Möglichkeit, die Umweltabhängigkeit zu vermindern und die Versorgung mit benötigten Ressourcen und Leistungen sicherzustellen, besteht hierbei darin, mit Akteuren, die über die benötigten Ressourcen bzw. Leistungen verfügen, zu kooperieren: „Through cooptation, for instance, the dependent organization stabilizes the flow of valued resources by socializing members of the constraining organization or through the exchange of other valuable goods, such as status, friendship, or information.“[1138] Der Controllerbereich und die Strategieabteilung dürften demnach insbesondere dann eine Kooperation anstreben, wenn der andere Funktionsbereich über die für die eigene Leistungserstellung benötigten Ressourcen verfügt.

Die soziale Austauschtheorie bietet ebenfalls Hinweise auf eine positive Kooperationswirkung der Abhängigkeit zwischen beiden Abteilungen. So wird der Nutzen, den eine Abteilung aus dem Eingehen bzw. der Beibehaltung einer kooperativen Beziehung für sich erwartet, bei hoher Abhängigkeit vom Austauschpartner wesentlich höher ausgeprägt sein als bei geringer Abhängigkeit. Dementsprechend dürften sowohl der Controllerbereich als auch die Strategieabteilung bei hoher Abhängigkeit ein wesentlich höheres Interesse an einer kooperativen Beziehung haben, als dies bei nur geringer Abhängigkeit der Fall wäre.

Auch in zahlreichen empirischen Studien der Schnittstellenliteratur lässt sich eine kooperationsfördernde Wirkung der Abhängigkeit eines Funktionsbereichs von einer anderen Abteilung beobachten.[1139] Aufgrund dessen werden für die vorliegende Untersuchung die nachfolgenden Hypothesen formuliert:

[1137] Vgl. hierzu und im Folgenden auch Casciaro/Piskorski (2005), S. 167 f.; Ruekert/Walker (1987), S. 6 f.; Van de Ven/Ferry (1980), S. 310 f.

[1138] Casciaro/Piskorski (2005), S. 167 f.

[1139] Vgl. z. B. De Ruyter/Wetzels (2000b), S. 213; Fisher/Maltz/Jaworski (1997), S. 64; Ruekert/Walker (1987), S. 11.

H20: Das Ausmaß der Abhängigkeit des Controllerbereichs von der Strategieabteilung wirkt positiv auf die Güte der Kooperation beider Bereiche.

H21: Das Ausmaß der Abhängigkeit der Strategieabteilung vom Controllerbereich wirkt positiv auf die Güte der Kooperation beider Bereiche.

Entsprechend den Ausführungen zum Einfluss der einseitigen Abhängigkeiten sollte auch eine wechselseitige Abhängigkeit bzw. Interdependenz zwischen beiden Bereichen eine positive Wirkung auf das Kooperationsverhalten haben. In diesem Fall besitzen sowohl der Controllerbereich als auch die Strategieabteilung einen Anreiz zu kooperativem Verhalten gegenüber dem jeweils anderen Bereich.[1140]

H22: Das Ausmaß der Interdependenz von Controllerbereich und Strategieabteilung wirkt positiv auf die Güte der Kooperation beider Bereiche.

Zudem verringert sich im Vergleich zu einer einseitigen Abhängigkeitsbeziehung die Gefahr, dass das Kooperationsstreben eines Bereichs durch dysfunktionales Verhalten der anderen Abteilung konterkariert wird. Aufgrund dieser Überlegung dürfte von der Interdependenz eine stärkere Kooperationswirkung im Vergleich zu den einseitigen Abhängigkeitsbeziehungen ausgehen.[1141] Diese Überlegungen lassen sich wie folgt zusammenfassen:

H23: Der positive Einfluss von Interdependenz zwischen Controllerbereich und Strategieabteilung auf das Kooperationsverhalten beider Bereiche ist höher als die jeweils alleinige Wirkung der einseitigen Abhängigkeitsbeziehungen.

Dagegen sollte vom *Rivalitätsgrad* nach der Theorie des realistischen Konflikts und der sozialen Austauschtheorie ein negativer Einfluss auf die Güte der Kooperation von Controllerbereich und Strategieabteilung ausgehen.

In der Theorie des realistischen Konflikts wird das Verhalten zwischen beiden Funktionsbereichen durch die Vereinbarkeit bzw. Unvereinbarkeit ihrer jeweiligen Interessen bestimmt.[1142] Bei hohem Rivalitätsgrad stehen die Ziele und Interessen von Controllerbereich und Strategieabteilung in Konflikt zueinander. Beide Bereiche konkurrieren in diesem Fall um die gleichen Ressourcen und erbringen gleiche bzw. ähnliche Leistungen für dieselben

1140 Vgl. für einen empirischen Nachweis des kooperationsfördernden bzw. konfliktvermindernden Einflusses wechselseitiger Dependenz auch Fisher/Maltz/Jaworski (1997), S. 64; Barclay (1991), S. 153.
1141 Ähnlich Casciaro/Piskorski (2005), S. 168 f.
1142 Vgl. hierzu und im Folgenden auch Abschnitt 2.5.3.2.

Leistungsempfänger. Die Beziehung zwischen beiden Bereichen dürfte daher weniger durch Kooperation als durch wettbewerbsorientiertes Verhalten geprägt sein.[1143]

Zudem dürften die wahrgenommenen sozialen Kosten einer durch Wettbewerb geprägten Beziehung deutlich über den Kosten einer Beziehung stehen, in der die Interessen der Austauschpartner miteinander vereinbar sind.[1144] Nach der sozialen Austauschtheorie dürften Austauschpartner somit bei hohem Rivalitätsgrad ein wesentlich geringeres Interesse an der Aufrechterhaltung einer kooperativen Beziehung haben als bei geringem Wettbewerb.

Diese Annahmen werden durch zahlreiche Befunde der empirischen Schnittstellenforschung bestätigt,[1145] so dass in dieser Arbeit die nachfolgende Hypothese formuliert werden kann:

H24: Je höher der Rivalitätsgrad von Controllerbereich und Strategieabteilung, desto geringer die Güte der Kooperation beider Bereiche.

6.3.3 Ergebnisse der Hypothesenprüfung

Nachfolgend werden die zuvor abgeleiteten Hypothesen mithilfe des PLS-Ansatzes überprüft und der Erklärungsgehalt der relationalen Determinanten an der erklärten Varianz des gesamthaften Kooperationsindexes dargestellt. Das zur Überprüfung der Einflussfaktoren entwickelte Strukturmodell kann Abbildung 13 entnommen werden. Die Gütekriterien des Modells sowie der nicht im Modell dargestellten Teildimensionen kooperativen Verhaltens sind in Tabelle 38 aufgeführt.

1143 Vgl auch Maltz/Kohli (1996), S. 52.
1144 Vgl. hierzu und im Folgenden auch Abschnitt 2.5.3.1.
1145 Vgl. z. B. De Ruyter/Wetzels (2000a), S. 266 f.; De Ruyter/Wetzels (2000b), S. 213; Maltz/Kohli (1996), S. 55; Jaworski/Kohli (1993), S. 61.

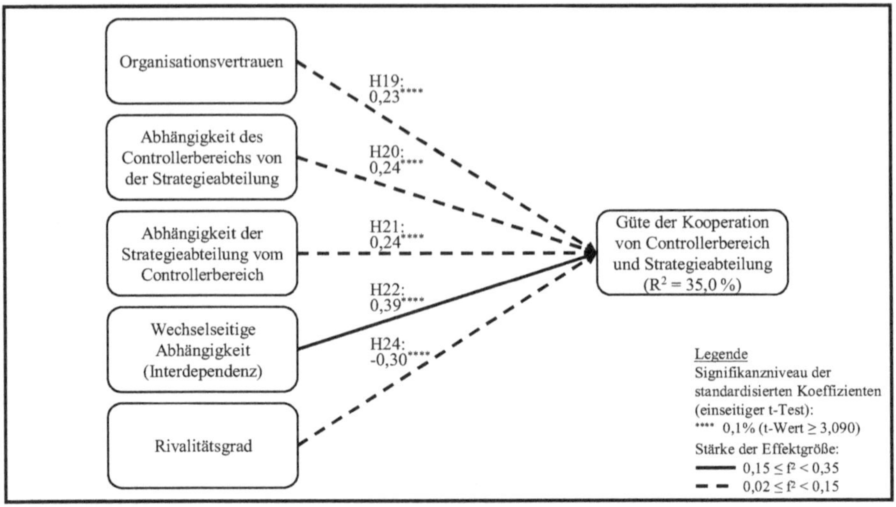

Abbildung 13: Strukturmodell zur Wirkung der relationalen Einflussfaktoren auf die Güte der Kooperation von Controllerbereich und Strategieabteilung

Informationen zum Strukturmodell „**Wirkung der relationalen Einflussfaktoren auf die Güte der Kooperation von Controllerbereich und Strategieabteilung**“					
Wirkungsbeziehung	Ursprünglicher Schätzwert	Mittelwert der erzeugten Fälle	Standardabweichung	t-Wert	Effektgröße f^2
Organisationsvertrauen → Güte Kooperation	**0,23**	**0,23**	**0,05**	**4,60**	**0,07**
Organisationsvertrauen → Güte formeller Informationsaustausch	0,18	0,18	0,05	3,89	0,04
Organisationsvertrauen → Güte informeller Informationsaustausch	0,21	0,21	0,05	3,92	0,05
Organisationsvertrauen → Güte Collaboration	0,23	0,23	0,05	4,91	0,07
Abhängigkeit Controllerbereich von der Strategieabteilung → Güte Kooperation	**0,24**	**0,24**	**0,04**	**5,60**	**0,08**
Abhängigkeit Controllerbereich von der Strategieabteilung → Güte formeller Informationsaustausch	0,30	0,30	0,04	6,78	0,12
Abhängigkeit Controllerbereich von der Strategieabteilung → Güte informeller Informationsaustausch	0,21	0,21	0,04	4,67	0,05
Abhängigkeit Controllerbereich von der Strategieabteilung → Güte Collaboration	0,20	0,21	0,04	4,49	0,05

Abhängigkeit Strategieabteilung vom Controllerbereich → Güte Kooperation	**0,24**	**0,25**	**0,05**	**5,28**	**0,08**
Abhängigkeit Strategieabteilung vom Controllerbereich → Güte formeller Informationsaustausch	0,22	0,23	0,05	4,81	0,06
Abhängigkeit Strategieabteilung vom Controllerbereich → Güte informeller Informationsaustausch	0,25	0,25	0,04	5,50	0,07
Abhängigkeit Strategieabteilung vom Controllerbereich → Güte Collaboration	0,23	0,23	0,04	5,23	0,07
Interdependenz → Güte Kooperation	**0,39**	**0,40**	**0,05**	**8,52**	**0,23**
Interdependenz → Güte formeller Informationsaustausch	0,43	0,44	0,04	10,54	0,27
Interdependenz→ Güte informeller Informationsaustausch	0,38	0,38	0,05	8,26	0,19
Interdependenz → Güte Collaboration	0,35	0,35	0,04	8,20	0,18
Rivalitätsgrad → Güte Kooperation	**-0,30**	**-0,30**	**0,04**	**7,55**	**0,13**
Rivalitätsgrad → Güte formeller Informationsaustausch	-0,25	-0,25	0,04	5,74	0,08
Rivalitätsgrad → Güte informeller Informationsaustausch	-0,21	-0,22	0,04	5,16	0,06
Rivalitätsgrad → Güte Collaboration	-0,31	-0,31	0,04	8,58	0,13

Tabelle 38: Informationen zur Wirkung der relationalen Einflussfaktoren auf die Güte der Kooperation von Controllerbereich und Strategieabteilung

In Rahmen der Ausführungen zur Hypothese H19 wurde eine positive Wirkung des Organisationsvertrauens auf das Kooperationsverhalten von Controllerbereich und Strategieabteilung hergeleitet. Ein Pfadkoeffizient von 0,23, der auf dem 0,1-%-Niveau signifikant ist, stützt diese Annahme. Die Effektgröße von 0,07 weist allerdings auf eine lediglich moderate Wirkung des Organisationsvertrauens hin.

Aufgrund der aufgeführten Bedeutung von Vertrauen für kooperative Beziehungen und der in anderen Studien erzielten Resultate überrascht dieses Ergebnis zunächst. Als mögliche Erklärung hierfür könnte die im Vergleich zu bisherigen Untersuchungen der Schnittstellenforschung abweichende Operationalisierung dienen. Zur Gewährleistung der Diskriminanzvalidität wurde nicht das Vertrauen zwischen Controllerbereich und Strategieabteilung gemessen, sondern die im Unternehmen existierende Vertrauenskultur betrachtet. Eine schwächere Wirkung im Vergleich zu Studien, die das unmittelbare Vertrauen zwischen zwei Abteilungen abfragen, scheint somit nachvollziehbar.

In den Hypothesen H20 bis H23 wurde der Einfluss der zwischen Controllerbereich und Strategieabteilung bestehenden *Abhängigkeit* auf das Kooperationsverhalten untersucht. Wie aus Abbildung 13 ersichtlich, weisen die Pfadkoeffizienten für die Abhängigkeit des Controllerbereichs von der Strategieabteilung und der Strategieabteilung vom Controllerbereich jeweils einen Schätzwert von 0,24 auf, der auf dem 0,1-%-Niveau signifikant ist. Die ebenfalls übereinstimmenden Effektgrößen von jeweils 0,08 deuten auf einen moderaten Zusammenhang hin. Die Hypothesen H20 und H21, die einen positiven Einfluss einseitiger Abhängigkeit auf die Güte der Kooperation von Controllerbereich und Strategieabteilung unterstellen, können somit gestützt werden.

Darüber hinaus lassen sich anhand der in Tabelle 38 dargestellten Schätzwerte z. T. deutliche Unterschiede zur Wirkung einseitiger Abhängigkeit auf die einzelnen Bestandteile kooperativen Verhaltens feststellen. Beispielsweise besitzt die Abhängigkeit des Controllerbereichs von der Strategieabteilung einen vergleichsweise hohen Einfluss auf die Güte des formellen Informationsaustauschs. Diese Erkenntnis lässt sich dahingehend interpretieren, dass Controller vor allem versuchen, benötigte Informationen bzw. Ressourcen über formelle Informationswege zu beschaffen. Die Wirkung der Abhängigkeit der Strategieabteilung vom Controllerbereich auf die Qualität des informellen Informationsaustauschs ist demgegenüber deutlich geringer.

Auch die Hypothese H22, die von einem positiven Einfluss *wechselseitiger Abhängigkeit* auf die Qualität der Kooperationsbeziehung von Controllerbereich und Strategieabteilung ausgeht, kann gestützt werden. Sowohl ein auf dem 0,1-%-Niveau signifikanter Pfadkoeffizient von 0,39 als auch die Effektgröße von 0,23 lassen auf einen positiven Zusammenhang zwischen Interdependenz und Kooperation schließen. Gleichzeitig deuten der im Vergleich zur Dependenz deutlich höhere Pfadkoeffizient und die höhere Effektgröße auf einen stärkeren Einfluss der Interdependenz hin. Die Hypothese H23 lässt sich somit ebenfalls bestätigen.

Als letzte relationale Wirkungsbeziehung wurde der in Hypothese H24 unterstellte Einfluss des *Rivalitätsgrades* von Controllerbereich und Strategieabteilung auf die Güte der Kooperation beider Abteilungen untersucht. Der Pfadkoeffizient von -0,30 ist auf dem 0,1-%-Niveau signifikant und deutet auf eine negative Wirkung hin. Die Effektgröße weist einen Wert von 0,13 auf. Die Stärke des Zusammenhangs zwischen dem Rivalitätsgrad und der Kooperation von Controllerbereich und Strategieabteilung ist somit als moderat einzuschätzen. Der in Hypothese H24 unterstellte negative Einfluss lässt sich bestätigen.

Zusammenfassend bleibt festzuhalten, dass alle untersuchten relationalen Determinanten einen signifikanten Beitrag zur Erklärung der Güte der Kooperation von Controllerbereich und Strategieabteilung leisten. Die Auswahl der betrachteten Einflussfaktoren kann daher als zufriedenstellend beurteilt werden. Der Erklärungsgehalt des relationalen Teilmodells für das Kooperationsverhalten von Controllerbereich und Strategieabteilung beträgt 35,0 % und liegt damit unter dem R^2-Wert der strukturellen Determinanten. In Anbetracht der geringen Anzahl analysierter Determinanten und im Vergleich zu anderen Untersuchungen ist dieser Erklärungsbeitrag jedoch ebenfalls als akzeptabel einzuschätzen.

6.4 Role Making des Controllerbereichs

6.4.1 Konzeptualisierung und Operationalisierung

Zusätzlich zu den aus der Schnittstellenforschung bekannten Einflussfaktoren kooperativen Verhaltens wurde im Rahmen der Untersuchung auch die Möglichkeit des Controllerbereichs zur Gestaltung seiner Rolle im Unternehmen *(Role Making des Controllerbereichs)* untersucht.

Die von Controllern im Unternehmen wahrzunehmende Rolle ist Gegenstand zahlreicher Veröffentlichungen in der Controllingliteratur.[1146] In Anlehnung an die Erkenntnisse der Rollentheorie[1147] lassen sich hierbei nach KRONAST (1989) mit der Perspektive eines Role Taking und eines Role Making zwei grundlegend gegensätzliche Ausprägungen der Gestaltungskompetenzen des Controllerbereichs unterscheiden.[1148]

Role Taking bezeichnet nach KRONAST (1989) die kognitive Fähigkeit eines Akteurs, sich vollkommen in die Rolle des Interaktionspartners zu versetzen.[1149] Die Handlungen sowie das Verhalten eines Akteurs erfolgen hierbei primär aufgrund der Erwartungen und Anfor-

---

[1146] Vgl. Kronast (1989), S. 159.

[1147] Zur Rollentheorie vgl. ausführlich Katz/Kahn (1978), S. 185 ff. Rollenverhalten wird hier als „the recurring actions of an individual, appropriately interrelated with the repetitive activities of others so as to yield a predictable outcome“ verstanden. Katz/Kahn (1978), S. 189.

[1148] Vgl. grundlegend Kronast (1989), S. 169 ff. Vgl. auch Weber (2004), S. 541.

[1149] Vgl. Kronast (1989), S. 169.

derungen anderer Akteure.[1150] In diesem Fall werden vom Controllerbereich nur die von der Unternehmensleitung geforderten und zugewiesenen Aufgaben wahrgenommen.[1151] Eine eigenständige Gestaltung des Aufgabenbereichs ist nach diesem Verständnis nicht bzw. nur in sehr begrenztem Ausmaß möglich. Die Sichtweise ähnelt somit sehr stark dem klassischen, durch Hierarchie geprägten Verständnis einer Organisation.[1152]

Demgegenüber umschreibt *Role Making* die Fähigkeit eines Akteurs, eine zugewiesene Rolle nicht bloß auszufüllen, sonder diese aktiv zu gestalten und zu verändern.[1153] Hierbei stehen die eigenen Bedürfnisse im Vordergrund. Im Controllingkontext bezeichnet Role Making demnach die Fähigkeit des Controllerbereichs, die eigene Rolle aktiv mitzubestimmen.[1154] Im Extremfall besitzt der Controllerbereich nahezu völlige Gestaltungsfreiheit bei der Festlegung seiner Ziele und Aufgaben.[1155] Lediglich die Vorgabe des Aufgabenbereichs der Managementunterstützung bildet einen groben Handlungsrahmen. Aufgrund der freien Gestaltbarkeit des Aufgabenspektrums durch den Controllerbereich ähnelt Role Making somit stark einer Koordination durch Märkte.

Das optimale Verhältnis von Role Taking versus Role Making hängt vom jeweiligen Unternehmenskontext ab.[1156] Allerdings zeigen die Ausführungen zu einem strategischen Management für Controllerbereiche, dass Controller nicht mehr nur als Role Taker tätig sind, sondern in einem gewissen Rahmen die Möglichkeit besitzen, ihre Rolle und ihre Aufgabenschwerpunkte im Unternehmen selbst zu prägen.[1157] Zudem ist für die Möglichkeit kooperativen Verhaltens des Controllerbereichs ein gewisses Maß an Handlungsautonomie notwendig.[1158]

Die Operationalisierung des Konstrukts Role Making des Controllerbereichs erfolgte in Anlehnung an die konzeptionellen Überlegungen von WEBER (2004) und DAVID (2005). Eine hohe Ausprägung von Role Making liegt demnach dann vor, wenn der Controllerbereich die Möglichkeit und den Willen besitzt, seinen Aufgabenbereich sowie seine Positionierung im Unternehmen gegenüber anderen Funktionsbereichen weitestgehend selbst festzulegen.

[1150] Vgl. David (2005), S. 80.
[1151] Vgl. hierzu und im Folgenden David (2005), S. 81; Weber/David/Prenzler (2001), S. 12.
[1152] Vgl. Weber (2004), S. 541.
[1153] Vgl. Kronast (1989), S. 153. Wrzesniewski/Dutton (2001), S. 181 ff., beschreiben Role Making auch unter dem Begriff des Job Crafting.
[1154] Vgl. Kronast (1989), S. 172; Weber/David/Prenzler (2001), S. 12 f.
[1155] Vgl. hierzu und im Folgenden Weber (2004), S. 542.
[1156] Vgl. Weber (2004), S. 542. Auch Katz/Kahn (1978), S. 197 ff., betonen, dass Akteure nicht auf eine Rolle beschränkt sind, sondern in der Regel mehrere Rollen gleichzeitig wahrnehmen.
[1157] Vgl. David (2005), S. 94 f.
[1158] Vgl. hierzu auch Abschnitt 4.1.1.

Die fünf Items des Konstrukts und die zugehörigen Gütekriterien können Tabelle 39 entnommen werden.

Informationen zu den einzelnen Indikatoren des Faktors **„Role Making des Controllerbereichs"**			
Bezeichnung der Indikatoren	Item-to-Total-Korrelation	Indikator-reliabilität	t-Wert der Faktorladung
Das Controlling definiert seinen Aufgabenbereich größtenteils selbst.	0,54	0,43	8,38
Das Controlling nutzt konsequent Freiheiten zur Gestaltung des eigenen Tätigkeitsgebietes.	0,60	0,60	8,56
Das Controlling nimmt nur Aufgaben wahr, die ihm vom Management zugewiesen worden sind. (RC)	0,46	0,29	7,36
Das Controlling bietet insbesondere Leistungen an, mit denen es sich am besten unternehmens-intern positionieren kann.	Eliminiert		
Das Controlling hält es für notwendig, den eigenen Aufgabenbereich aktiv zu gestalten.	0,45	0,32	-

Informationen zum Faktor **„Role Making des Controllerbereichs"**			
Cronbach'sches Alpha	0,72	AGFI	0,97
Erklärte Varianz	0,40	CFI	0,99
χ^2/df	2,34	TLI	0,97
RMSEA	0,06	Faktorreliabilität	0,73
GFI	0,99	Durchschnittlich erfasste Varianz	0,43

Tabelle 39: Informationen zum Konstrukt „Role Making des Controllerbereichs"

Das Messmodell weist insgesamt mäßige Werte auf. Ein Indikator wurde aufgrund einer geringen Indikatorreliabilität eliminiert. Die Indikatorreliabilitäten von zwei weiteren Items unterschreiten ebenfalls den in der Literatur vorgegebenen Grenzwert. Um die freiheitsgradabhängigen Gütekriterien angeben zu können, wurde aber auf eine Elimination verzichtet. Auch die erklärte und die durchschnittlich erfasste Varianz sind mit Werten von 0,40 bzw. 0,43 geringer als in der Literatur gefordert. Die Ergebnisse zur Überprüfung der explorativen Fragestellung sind somit unter der Einschränkung dieser Ausprägungen der Gütekriterien zu betrachten. Gleichzeitig sollten nachfolgende Arbeiten einer Weiterentwicklung des in dieser Untersuchung erstmalig operationalisierten Konstrukts Role Making des Controllerbereichs vornehmen.

6.4.2 Ableitung der explorativen Fragestellung

Wie in Abschnitt 4.1.1 ausgeführt, stellt ein gewisses Maß an Handlungsautonomie eine Grundvoraussetzung für ein strategisches Management von Controllerbereichen dar. Nur wenn Controller die Gelegenheit besitzen, ihr Auftreten gegenüber anderen Funktionsbereichen in einem gewissen Rahmen frei zu bestimmen, besteht überhaupt die Möglichkeit eines aktiven kooperativen Verhaltens gegenüber anderen Funktionsbereichen. Aufgrund der

Erkenntnisse der Ressourcenabhängigkeitsperspektive lässt sich zudem vermuten, dass Controller ein aktives Interesse an einer kooperativen Beziehung zur Strategieabteilung haben dürften.[1159] Dementsprechend kann für Role Making von einer positiven Kooperationswirkung ausgegangen werden.

Statt eines kooperationsorientierten Auftretens besteht für den Controllerbereich im Rahmen eines strategischen Managements prinzipiell auch die Möglichkeit eines von Wettbewerb geprägten Verhaltens.[1160] Ähnlich wie beim Rivalitätsgrad dürften sich in diesem Fall die Ziele und Interessen von Controllerbereich und Strategieabteilung überschneiden und einen negativen Einfluss auf die Güte der Kooperation ausüben.

Auch die sich im Rahmen eines Role Making verändernden Aufgaben des Controllerbereichs dürften in der Regel eher hinderlich auf die Kooperation zwischen Controllerbereich und Strategieabteilung wirken. Beispielsweise wird ein selbständig agierender Controllerbereich sein Aufgabenspektrum unter Umständen häufig verändern, um stets die Tätigkeiten wahrzunehmen, die am besten der Realisierung eigener Interessen dienen.[1161] Die genauen Aufgaben des Controllerbereichs werden der Strategieabteilung in diesem Fall eher unbekannt sein. Nach der sozialen Austauschtheorie dürfte die hieraus resultierende Unsicherheit kooperativem Verhalten entgegenstehen.[1162]

Aus den obigen Ausführungen geht hervor, dass sich zur Wirkung des Konstrukts Role Making des Controllerbereichs keine eindeutige Hypothese formulieren lässt. Aufgrund dessen soll der Einfluss von Role Making auf das Kooperationsverhalten von Controllerbereich und Strategieabteilung explorativ erhoben werden. Die diesbezüglich zu untersuchende Fragestellung lautet daher:

E1: Welchen Einfluss besitzt das Ausmaß an Role Making des Controllerbereichs auf die Güte der Kooperation von Controllerbereich und Strategieabteilung?

6.4.3 Ergebnisse der explorativen Fragestellung

Im Folgenden wird die zuvor formulierte explorative Fragestellung zur Wirkung eines Role Making des Controllerbereichs auf das Kooperationsverhalten von Controllerbereich und

[1159] Vgl. hierzu auch Abschnitt 4.1.1.
[1160] Zur grundsätzlichen Möglichkeit der Wahl eines kooperativen oder wettbewerbsorientierten Verhaltens des Controllerbereichs vgl. auch Mosiek (2002), S. 221 ff.
[1161] Vgl. Weber (2004), S. 543.
[1162] Diese Annahme lässt sich in der empirischen Schnittstellenforschung auch durch die Arbeit von Barclay (1991) bestätigen. Barclay (1991), S. 149, stellt fest, dass undurchsichtige Aufgabenverantwortlichkeiten zu Konflikten zwischen Funktionsbereichen führen können.

Strategieabteilung beantwortet. Das hierfür verwendete Strukturmodell ist Abbildung 14 zu entnehmen. Die Gütekriterien des Strukturmodells sowie der ebenfalls berechneten Teilmodelle finden sich in Tabelle 40.

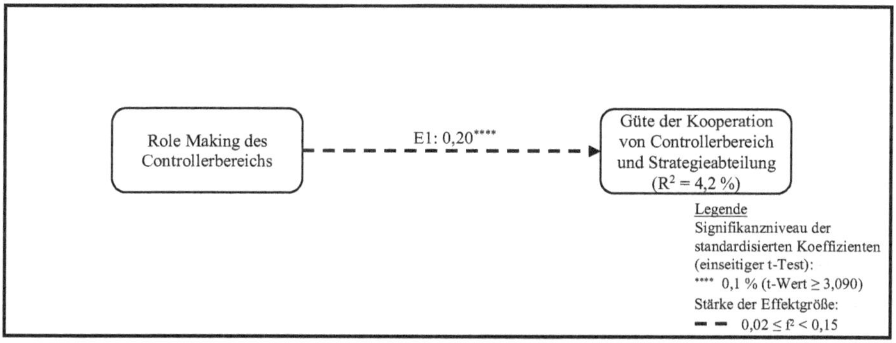

Abbildung 14: Strukturmodell zur Wirkung eines Role Making des Controllerbereichs auf die Güte der Kooperation von Controllerbereich und Strategieabteilung

Informationen zum Strukturmodell **„Wirkung eines Role Making des Controllerbereichs auf die Güte der Kooperation von Controllerbereich und Strategieabteilung"**					
Wirkungsbeziehung	Ursprünglicher Schätzwert	Mittelwert der erzeugten Fälle	Standardabweichung	t-Wert	Effektgröße f^2
Role Making → Güte Kooperation	**0,20**	**0,22**	**0,04**	**4,74**	**0,04**
Role Making → Güte formeller Informationsaustausch	0,18	0,18	0,04	4,40	0,03
Role Making → Güte informeller Informationsaustausch	0,14	0,16	0,06	2,47	0,02
Role Making → Güte Collaboration	0,21	0,22	0,05	4,57	0,05

Tabelle 40: Informationen zur Wirkung eines Role Making des Controllerbereichs auf die Güte der Kooperation von Controllerbereich und Strategieabteilung

Der Pfadkoeffizient zwischen dem Konstrukt Role Making des Controllerbereichs und dem Index zur Kooperationsgüte von Controllerbereich und Strategieabteilung beträgt 0,20 und ist auf dem 0,1-%-Niveau signifikant. Für die Beantwortung der explorativen Fragestellung lässt sich daher eine positive Wirkung von Role Making auf das Kooperationsverhalten feststellen. Controllerbereiche, die über Handlungsautonomie verfügen, scheinen ihre Freiheiten offenbar eher zur Förderung kooperativen Verhaltens als zu konfliktbehaftetem Auftreten gegenüber der Strategieabteilung zu nutzen. Die Empfehlung von MOSIEK (2002), dass konfliktäres Verhalten des Controllerbereichs aufgrund möglicher Schäden für die Gesamtorganisation und eines Reputationsverlustes für das Controlling zu vermeiden und stattdessen ein kooperatives Auftreten gegenüber anderen Funktionsbereichen zu bevorzugen sei,[1163] scheint in der Praxis somit befolgt zu werden. Allerdings lässt eine Effektgröße von 0,04 auf eine nur moderate positive Wirkung des Gestaltungsfreiraums des Controllerbereichs auf die Güte der Kooperation von Controllerbereich und Strategieabteilung schließen. Auch der R^2-Wert von 4,15 % verdeutlicht, dass Role Making nur einen geringen Teil der Varianz des Kooperationsindexes zu erklären vermag.

Zudem zeigen die aus Tabelle 40 ebenfalls ersichtlichen Schätzwerte zum Einfluss von Role Making auf die einzelnen Bestandteile der Kooperationsgüte, dass zwischen den einzelnen Teildimensionen Wirkungsunterschiede bestehen. So lässt sich nur ein schwacher Zusammenhang zwischen Role Making und dem informellem Informationsaustausch feststellen. Demgegenüber wirkt Role Making deutlich stärker auf das Konstrukt Collaboration.

6.5 Unsicherheit der Unternehmensumwelt

6.5.1 Konzeptualisierung und Operationalisierung

Der Wirkung von Umwelteinflüssen auf die Beziehung von Funktionsbereichen wird in der Schnittstellenliteratur eine hohe Bedeutung zugemessen. Zahlreiche Studien untersuchen den Einfluss der Unternehmensumwelt auf interfunktionales Kooperationsverhalten.[1164] Ziel dieser Studien ist es, den Einfluss unternehmensextern induzierter Handlungsunsicherheit auf das Verhalten von Abteilungen zueinander zu ermitteln.

Das Konstrukt der Umweltunsicherheit lässt sich nach DESS/BEARD (1984) grundsätzlich durch die drei Dimensionen Dynamik, Komplexität und Großzügigkeit darstellen.[1165]

Insbesondere ältere Arbeiten der Controlling-, aber auch der Schnittstellenliteratur verwenden ein „Standardset an externen Kontextfaktoren“[1166], das vornehmlich die Faktoren *Dynamik* und *Komplexität* beinhaltet.[1167] Indes ist die Aussagekraft der Konstrukte Dynamik und Komplexität vor allem in der Controllingforschung bislang begrenzt. Zumeist konnte keine signifikante Wirkung auf die zu erklärenden Variablen nachgewiesen werden.[1168] Als mögliche Erklärung hierfür wird die mangelnde Eignung der Unsicherheitsdimensionen Dynamik

---

1163 Vgl. Mosiek (2002), S. 223.
1164 Vgl. z. B. Fisher/Maltz/Jaworski (1997), S. 62 ff.; Maltz/Kohli (1996), S. 49 ff.; Ruekert/Walker (1987), S. 3 ff.; Gupta/Raj/Wilemon (1986), S. 8 ff.
1165 Vgl. Dess/Beard (1984), S. 55.
1166 Bauer (2002), S. 101.
1167 Vgl. im Rahmen der Controllingliteratur z. B. Niedermayr (1994), S. 144 ff.; Amshoff (1993), S. 370 ff.; Gaydoul (1980), S. 34 ff. Für die Schnittstellenliteratur vgl. z. B. Fisher/Maltz/Jaworski (1997), S. 62 ff.; Maltz/Kohli (1996), S. 49 ff.; Ruekert/Walker (1987), S. 3 ff.
1168 Vgl. etwa Karlshaus (2000), S. 160; Aust (1999), S. 181; Niedermayr (1994), S. 335.

und Komplexität für den Controllingkontext und den für Controller entscheidenden Rationalitätssicherungsbedarf der Führung aufgeführt.[1169] Dies verdeutlicht BAUER (2002) am Beispiel eines reifen Marktes mit alter Technologie, auf dem harte Verteilungskämpfe stattfinden.[1170]

Insbesondere neuere Arbeiten der Controllingforschung verwenden für eine Messung der Umweltunsicherheit daher das Konstrukt der externen Großzügigkeit.[1171] Dieses hat seinen Ursprung in der Strategieprozessliteratur.[1172] Großzügigkeit stellt nach CASTROGIOVANNI (1991) „the scarcity or abundance of critical resources needed by (one or more) firms operating within an environment"[1173] dar. Die externe Großzügigkeit bringt somit zum Ausdruck, wie stark die Unternehmensumwelt Fehler bzw. ein nicht optimales Verhalten der Unternehmensführung sanktioniert.[1174] Sie beschreibt das Ausmaß an Möglichkeiten für ein Unternehmen, in einer bestimmten Umwelt erfolgreich sein zu können. Konkret drückt sich ein hoher Grad an externer Großzügigkeit z. B. durch sehr günstige Marktbedingungen auf der Absatzseite oder eine leichte Verfügbarkeit notwendiger Ressourcen auf der Beschaffungsseite aus.

Die Relevanz der externen Großzügigkeit für den Controllingkontext ergibt sich nach BAUER (2002) aus der Annahme, dass „mit *abnehmender Großzügigkeit* der Umwelt ein *zunehmender Rationalitätssicherungsbedarf* in der Unternehmensführung"[1175] entsteht. Diese Annahme wird durch die Arbeiten von GOLL/RASHEED (1997) und KOBERG (1987) gestützt.[1176] Zudem weist SPILLECKE (2006) in seiner Arbeit zur internen Kundenorientierung des Controllerbereichs die Relevanz der externen Großzügigkeit für den

1169 Vgl. Spillecke (2006), S. 190; Bauer (2002), S. 103 f.

1170 Gemäß der klassischen Darstellung der Umweltunsicherheit wird dieser Markt als wenig komplex und wenig dynamisch eingestuft. Dennoch dürfte die Marktsituation für das Management aufgrund von Stagnation und intensivem Wettbewerb als schwierig gelten, so dass ein hoher Bedarf an Rationalitätssicherung besteht. Vgl. Bauer (2002), S. 103.

1171 Vgl. Bauer (2002), S. 101 ff.; Spillecke (2006), S. 190 ff.

1172 Vgl. z. B. Priem/Rasheed/Kotulic (1995), Castrogiovanni (1991), Goll/Rasheed (1997).

1173 Castrogiovanni (1991), S. 542 f.

1174 Vgl. hierzu und im Folgenden Bauer (2002), S. 102 f.

1175 Bauer (2002), S. 102 f.

1176 So zeigen Goll/Rasheed (1997), S. 587 ff., in ihrer Studie, dass die Erfolgswirkung der Rationalität strategischer Entscheidungsprozesse durch die Großzügigkeit und die Dynamik der Umwelt positiv moderiert werden. Ähnlich stellt Koberg (1987), S. 801 ff., fest, dass eine abnehmende Großzügigkeit mit Veränderungen bei den Budgetierungsprozessen, Planungs- und Kontrollsystemen und anderen steuerungsrelevanten Bereichen einhergehen. Diese Anpassungsmaßnahmen lassen sich dahingehend interpretieren, dass Unternehmen Anstrengungen zur Überwindung auftretender Ressourcenengpässe unternehmen müssen und die Aktivitäten in den genannten Bereichen einer besonderen Rationalitätssicherung bedürfen. Vgl. hierzu auch Bauer (2002), S. 104.

Controllingkontext auch empirisch nach.[1177] Aufgrund dessen wird der externe Kontext auch in der vorliegenden Untersuchung anhand der externen Großzügigkeit dargestellt.

Die externe Großzügigkeit wird in Anlehnung an SPILLECKE (2006) operationalisiert, der seinerseits inhaltlich auf BAUER (2002) basiert.

Den Ausgangspunkt der Operationalisierung bei BAUER (2002) bildet das Ausmaß an wettbewerbsverursachender Ressourcenknappheit.[1178] Darauf aufbauend wird ein Konstrukt entwickelt, das die Knappheit wichtiger Ressourcen auf der Beschaffungs- und der Absatzseite widerspiegelt. Zusätzlich wird auch die Robustheit der Erfolgsgrößen des Unternehmens gegenüber externen Einflüssen und Managementfehlern berücksichtigt.

SPILLECKE (2006) verwendet die von BAUER (2002) entwickelten Indikatoren.[1179] Im Gegensatz zu BAUER (2002) erfolgt die Messung jedoch durch ein formatives Konstrukt zweiter Ordnung. Externe Großzügigkeit besteht demnach aus den beiden reflektiv operationalisierten Faktoren Knappheit des Beschaffungsmarktes und Großzügigkeit des Absatzmarktes. Diese werden zu einem formativen Gesamtkonstrukt der externen Großzügigkeit zusammengeführt und mithilfe eines MIMIC-Modells validiert.[1180]

Im Unterschied zu SPILLECKE (2006) wird in dieser Arbeit der beschaffungsseitige Faktor des Konstrukts als „Großzügigkeit des Beschaffungsmarktes" bezeichnet.[1181] Dieser gibt über die beschaffungsmarktseitige Verfügbarkeit von Ressourcen Auskunft. Die verwendeten Indikatoren beziehen sich auf die Beschaffungsdauer, die Qualität sowie die verfügbare Menge benötigter Ressourcen. Da alle drei Indikatoren Auswirkungen eines großzügigen Beschaffungsmarktes beschreiben, liegt eine reflektive Operationalisierung vor. Die in Tabelle 41 aufgeführten Gütekriterien weisen gute Werte auf und liegen innerhalb der in der Literatur geforderten Richtwerte.

[1177] Vgl. Spillecke (2006), S. 220 f.
[1178] Vgl. hierzu und im Folgenden Bauer (2002), S. 180.
[1179] Vgl. hierzu und im Folgenden Spillecke (2006), S. 214 ff.
[1180] Vgl. für dieses Vorgehen auch Abschnitt 4.3.2.
[1181] Durch die Umformulierung soll die Kohärenz zur Benennung des Gesamtkonstrukts gewahrt werden.

Informationen zu den einzelnen Indikatoren des Faktors **„Großzügigkeit des Beschaffungsmarktes"**			
Bezeichnung der Indikatoren	Item-to-Total-Korrelation	Indikator-reliabilität	t-Wert der Faktorladung
Die von unserem Unternehmen benötigten Ressourcen (Rohstoffe, Personal, Finanzmittel) können sehr schnell beschafft werden.	0,73	0,67	15,87
Die von unserem Unternehmen benötigten Ressourcen (Rohstoffe, Personal, Finanzmittel) können sehr leicht in der nötigen Qualität beschafft werden.	0,71	0,63	15,61
Die von unserem Unternehmen benötigten Ressourcen (Rohstoffe, Personal, Finanzmittel) können sehr leicht in der nötigen Menge beschafft werden.	0,74	0,69	-

Informationen zum Faktor **„Großzügigkeit des Beschaffungsmarktes"**			
Cronbach'sches Alpha	0,85	AGFI	-*
Erklärte Varianz	0,66	CFI	-*
χ^2/df	-*	TLI	-*
RMSEA	-*	Faktorreliabilität	0,86
GFI	-*	Durchschnittlich erfasste Varianz	0,66
* Für die Berechnung dieser Maße sind Freiheitsgrade notwendig. Bei drei Indikatoren hat ein konfirmatorisches Modell keine Freiheitsgrade. Eine Berechnung dieser Kriterien ist somit nicht sinnvoll.			

Tabelle 41: Informationen zum Konstrukt „Großzügigkeit des Beschaffungsmarktes"

Die Großzügigkeit des Absatzmarktes beschreibt die Marktbedingungen auf der Absatzseite. Es wird angenommen, dass günstige Marktbedingungen vorliegen, wenn Marketingmaßnahmen der Wettbewerber sich nur gering auf den Absatz des betrachteten Unternehmens auswirken. Zur Operationalisierung wurden Indikatoren formuliert, die über die Preis-, Kommunikations- und Produktpolitik der Wettbewerber des betrachteten Unternehmens Auskunft geben. Die entsprechenden Gütekriterien sind Tabelle 42 zu entnehmen. Sowohl die lokalen als auch die globalen Anpassungsmaße weisen mäßige Werte auf. Die Indikatorreliabilitäten zweier Indikatoren liegen unter dem geforderten Grenzwert. Auch das Cronbach'sche Alpha und die erklärte sowie die durchschnittlich erfasste Varianz liegen unterhalb der geforderten Mindestgrößen.

Eine mögliche Ursache für die schlechten Konstruktwerte könnte in einer unzureichenden Marktkenntnis der Mitarbeiter des Controllerbereichs liegen. Vielen Controllern scheint es schwer zu fallen, verlässliche Aussagen zum Marketing-Mix der schärfsten Wettbewerber zu treffen. Aufgrund dessen sind die auf der Basis des Messmodells getätigten Aussagen nur eingeschränkt gültig. Zudem sollten sich nachfolgende Arbeiten mit einer Weiterentwicklung des Konstrukts beschäftigen.

Informationen zu den einzelnen Indikatoren des Faktors **„Großzügigkeit des Absatzmarktes“**			
Bezeichnung der Indikatoren	Item-to-Total-Korrelation	Indikator-reliabilität	t-Wert der Faktorladung
Der Absatz der Produkte unseres Unternehmens reagiert sehr stark auf Preisänderungen unserer Wettbewerber. (RC)	0,46	0,46	5,75
Der Absatz der Produkte unseres Unternehmens reagiert sehr stark auf Werbemaßnahmen unserer Wettbewerber. (RC)	0,43	0,35	6,10
Der Absatz der Produkte unseres Unternehmens reagiert sehr stark auf Produktverbesserungen unserer Wettbewerber. (RC)	0,39	0,27	-
Informationen zum Faktor **„Großzügigkeit des Absatzmarktes“**			
Cronbach'sches Alpha	0,62	AGFI	-*
Erklärte Varianz	0,36	CFI	-*
χ^2/df	-*	TLI	-*
RMSEA	-*	Faktorreliabilität	0,63
GFI	-*	Durchschnittlich erfasste Varianz	0,37
* Für die Berechnung dieser Maße sind Freiheitsgrade notwendig. Bei drei Indikatoren hat ein konfirmatorisches Modell keine Freiheitsgrade. Eine Berechnung dieser Kriterien ist somit nicht sinnvoll.			

Tabelle 42: Informationen zum Konstrukt „Großzügigkeit des Absatzmarktes“

Für die spätere Berechnung des MIMIC-Modells wurde das Gesamtkonstrukt der externen Großzügigkeit zudem anhand zweier von BAUER (2002) entwickelter reflektiver Indikatoren gemessen.[1182] Diese sind in Tabelle 43 aufgeführt und weisen zufriedenstellende Gütekriterien auf.

Informationen zu den einzelnen Indikatoren des Faktors **„Direkte Erfassung der externen Großzügigkeit“**			
Bezeichnung der Indikatoren	Item-to-Total-Korrelation	Indikator-reliabilität	t-Wert der Faktorladung
Das Ergebnis unseres Unternehmens ist gegenüber Schwankungen allgemeinwirtschaftlicher Faktoren (z. B. Konjunktur) recht stabil.	0,55	-*	-*
In allgemeinwirtschaftlich schwierigen Zeiten (z. B. Rezessionen) kann unser Unternehmen trotzdem ein zufriedenstellendes Ergebnis erzielen.	0,55	-*	-*
Informationen zum Faktor **„Direkte Erfassung der externen Großzügigkeit“**			
Cronbach'sches Alpha	0,71	AGFI	-*
Erklärte Varianz	0,78	CFI	-*
χ^2/df	-*	TLI	-*
RMSEA	-*	Faktorreliabilität	-*
GFI	-*	Durchschnittlich erfasste Varianz	-*
* Für die Durchführung einer konfirmatorischen Faktorenanalyse sind mindestens drei Indikatoren notwendig. Eine Berechnung dieser Maße ist deshalb nicht möglich.			

Tabelle 43: Informationen zum Konstrukt „Direkte Erfassung der externen Großzügigkeit“

Abschließend wurde aus den Faktoren zur Großzügigkeit des Beschaffungs- und Absatzmarktes sowie den reflektiven Indikatoren das MIMIC-Modell der externen Großzügigkeit

[1182] Vgl. Bauer (2002), S. 182.

ermittelt.[1183] Die in Tabelle 44 aufgeführten Gütekriterien für das gesamthafte Modell können als zufriedenstellend bezeichnet werden. Aus den Schätzwerten geht hervor, dass dem Teilkonstrukt der Großzügigkeit des Absatzmarktes eine hohe Bedeutung für die Bildung des Gesamtindexes zukommt. Aufgrund der zuvor dargestellten Messprobleme dieses Faktors sind die aufgeführten Ergebnisse zur externen Großzügigkeit daher nur eingeschränkt gültig.

Gütekriterium	χ^2/df	RMSEA	GFI	AGFI	CFI	TLI
Ausprägung im Messmodell	2,45	0,06	0,97	0,94	0,97	0,95
Informationen zu den **Teildimensionen der externen Großzügigkeit**						
Bezeichnung der Beziehung		Ursprünglicher Schätzwert	Mittelwert der erzeugten Fälle	Standardabweichung	t-Wert	Effektgröße f^2
Großzügigkeit des Beschaffungsmarktes		0,16	0,15	0,08	1,94	0,02
Großzügigkeit des Absatzmarktes		0,31	0,31	0,04	7,81	0,09

Tabelle 44: Informationen zum Messmodell der externen Großzügigkeit

6.5.2 Hypothesenformulierung

Ein geringer Grad an externer Großzügigkeit bedeutet für ein Unternehmen, dass die benötigten Ressourcen nur schwer zu beschaffen und/oder die Absatzmärkte durch Volatilität gekennzeichnet sind. Die Unternehmensführung wird sich in einer solchen Situation in besonderem Maße mit dem externen Unternehmenskontext beschäftigen.

Um in diesem Kontext die Funktion der Rationalitätssicherung der Führung effektiv wahrnehmen zu können, benötigen auch Controller eine hinreichende Kenntnis über die im Fokus der Aufmerksamkeit stehenden Umweltbedingungen und zu ihrer Analyse notwendigen Instrumente. Dagegen dürften viele Controller aufgrund ihrer vornehmlich unternehmensbezogenen Kenntnisse insbesondere bei geringer externer Großzügigkeit Probleme mit der Analyse und Bewertung der Unternehmensumwelt aufweisen.

Eine Strategie, diese Wissensdefizite zu vermindern, besteht für den Controllerbereich nach der Ressourcenabhängigkeitsperspektive in einer Kooperation mit Akteuren, die über die benötigten Kenntnisse zur Analyse und Interpretation der Unternehmensumwelt verfügen[1184] Insbesondere die Strategieabteilung mit ihrem umweltbezogenen Wissen kommt hierbei als geeigneter Kooperationspartner des Controllerbereichs infrage.

1183 Vgl. auch Spillecke (2006), S. 219.

1184 Vgl. auch Kapitel 2.5.2. Für eine vergleichbare Argumentation an der Schnittstelle von F&E und Marketing vgl. Griffin/Hauser (1996), S. 202; Gupta/Raj/Wilemon (1986), S. 9 f.

Auch empirische Arbeiten bestätigen die Annahme eines positiven Einflusses von Unsicherheit auf das Kooperationsverhalten zwischen Funktionsbereichen eines Unternehmens.[1185] Somit lässt sich die nachfolgende Hypothese formulieren:

H25: Die externe Großzügigkeit der Umwelt wirkt negativ auf die Güte der Kooperation von Controllerbereich und Strategieabteilung.

Abschließend lässt sich für die externe Großzügigkeit auch eine moderierende Wirkung auf die Beziehung zwischen der Güte der Kooperation von Controllerbereich und Strategieabteilung sowie der Leistungsqualität des Controllerbereichs vermuten.

Wie in Abschnitt 5.4 dargestellt, führt kooperatives Verhalten von Controllerbereich und Strategieabteilung zu einer Verbesserung der Qualität der durch den Controllerbereich angebotenen Leistungen. In einem stabilen Umfeld mit voraussehbaren Umweltveränderungen dürfte diese Verbesserung vergleichsweise gering ausfallen. In diesem Fall werden auch Controller über die Fähigkeiten verfügen, um die für die Erfüllung ihrer Tätigkeit notwendigen Umweltinformationen zu beschaffen und entsprechend zu bewerten. Auch die unter Mitwirkung der Strategieabteilung verabschiedeten strategischen Maßnahmen dürften aufgrund stabiler Umweltbedingungen nur wenige Anpassungen erfordern. Einmal entwickelte Strategien sollten sich ohne größere Modifikationen über einen längeren Zeitraum als Grundlage für die mittel- und kurzfristige Planung und Kontrolle verwenden lassen.

Demgegenüber wird es dem Controllerbereich bei geringer externer Großzügigkeit und demzufolge hoher Umweltunsicherheit wesentlich schwerer fallen, Änderungen im Umfeld des Unternehmens zu registrieren und diese entsprechend zu interpretieren. Auch verabschiedete Strategien dürften wesentlich häufigere Anpassungen erfordern und entsprechende Korrekturen im Rahmen der operativen Planung und Kontrolle notwendig machen. Eine enge Kooperation des Controllerbereichs mit der Strategieabteilung sollte in diesem Fall eine deutlich höhere Bedeutung für die Qualität der Controllerleistungen besitzen.

Somit kann von einer moderierenden Wirkung der externen Großzügigkeit ausgegangen werden. Die entsprechenden Hypothesen lauten daher:

H26: Der positive Einfluss der Güte der Kooperation von Controllerbereich und Strategieabteilung auf die Qualität der Führungsunterstützungsleistungen des Controllerbereichs wird durch die externe Großzügigkeit der Umwelt negativ moderiert.

[1185] Vgl. Fisher/Maltz/Jaworski (1997), S. 64; Maltz/Kohli (1996), S. 55.

H27: Der positive Einfluss der Güte der Kooperation von Controllerbereich und Strategieabteilung auf die Qualität der Rationalitätssicherungsleistungen des Controllerbereichs wird durch die externe Großzügigkeit der Umwelt negativ moderiert.

6.5.3 Ergebnisse der Hypothesenprüfung

Nachfolgend werden der Einfluss der externen Großzügigkeit auf das Kooperationsverhalten von Controllerbereich und Strategieabteilung und die Hypothesen zur moderierenden Wirkung der externen Großzügigkeit untersucht. Die Analyse erfolgte in einem gemeinsamen Modell, das in Abbildung 15 dargestellt ist. Die Gütekriterien und Schätzergebnisse zur Wirkung der externen Großzügigkeit sind in Tabelle 45 aufgeführt.

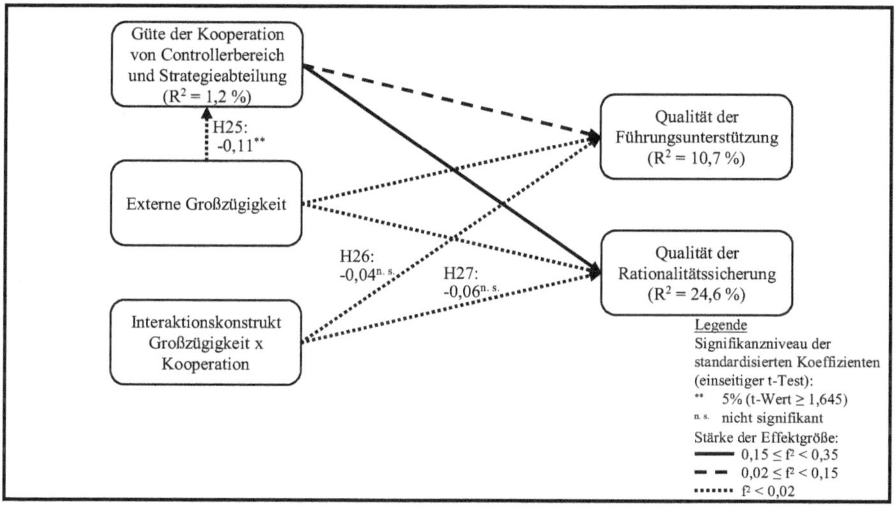

Abbildung 15: Strukturmodell zur Wirkung der externen Großzügigkeit

Informationen zum Strukturmodell **„Wirkung der externen Großzügigkeit"**					
Wirkungsbeziehung	Ursprünglicher Schätzwert	Mittelwert der erzeugten Fälle	Standardabweichung	t-Wert	Effektgröße f^2
Externe Großzügigkeit → Güte Kooperation	**-0,11**	**-0,11**	**0,05**	**2,17**	**0,01**
Externe Großzügigkeit → Güte formeller Informationsaustausch	-0,11	-0,10	0,05	2,15	0,01
Externe Großzügigkeit → Güte informeller Informationsaustausch	-0,05	-0,04	0,06	0,91	0,00
Externe Großzügigkeit → Güte Collaboration	-0,11	-0,11	0,05	2,23	0,01
Interaktionskonstrukt → Qualität Führungsunterstützung	**-0,04**	**-0,04**	**0,07**	**0,57**	**0,00**
Interaktionskonstrukt → Qualität Rationalitätssicherung	**-0,06**	**-0,05**	**0,08**	**0,81**	**0,00**

Tabelle 45: Informationen zur Wirkung der externen Großzügigkeit

Wie aus Tabelle 45 hervorgeht, lässt sich die Hypothese zum negativen Einfluss der externen Großzügigkeit auf das Kooperationsverhalten von Controllerbereich und Strategieabteilung (H25) bestätigen. Die Pfadkoeffizienten zur Wirkung der externen Großzügigkeit auf das Gesamtkonstrukt und die einzelnen Kooperationsbestandteile weisen der Hypothese entsprechend negative Werte auf. Diese sind mit Ausnahme des informellen Informationsaustauschs auf dem 5-%-Niveau signifikant. Auch weisen die geringen Werte der Effektgrößen auf einen nur schwachen Einfluss hin.

Die Hypothesen H26 und H27 unterstellen eine negative moderierende Wirkung der externen Großzügigkeit auf die Beziehung zwischen der Güte der Kooperation von Controllerbereich und Strategieabteilung und der Qualität der durch Controller erbrachten Leistungen. Wie aus Tabelle 45 hervorgeht, sind die Pfadkoeffizienten der zur Überprüfung der Hypothese gebildeten Interaktionskonstrukte nicht signifikant. Die Werte der Effektgröße von jeweils 0,00 weisen darauf hin, dass die abgebildeten moderierenden Effekte nicht zur Verbesserung der Bestimmtheitsmaße der Leistungsqualität beitragen. Beide Hypothesen sind somit zu verwerfen. Gleichzeitig lässt die Ablehnung der Hypothesen den Schluss zu, dass kooperatives Verhalten von Controllerbereich und Strategieabteilung unabhängig vom externen Kontext zu einer konstanten Verbesserung der durch den Controllerbereich erbrachten Leistungen führt.

6.6 Zusammenfassung

In Kapitel 6 wurde die Wirkung ausgewählter Einflussfaktoren auf das Kooperationsverhalten von Controllerbereich und Strategieabteilung untersucht. Hierzu wurden aus dem unternehmensinternen Kontext bedeutende strukturelle und relationale Determinanten der Schnittstellenforschung sowie der Gestaltungsfreiraum des Controllerbereichs betrachtet. Der Einfluss der unternehmensexternen Unsicherheit auf das Kooperationsverhalten wurde anhand der externen Großzügigkeit analysiert.

Im Rahmen der *strukturellen Determinanten* wurden der Formalisierungsgrad der Interaktion, das Ausmaß interfunktionaler Teams, interfunktionalen Mitarbeiteraustauschs und interfunktionaler Mitarbeiterfortbildungen sowie die räumliche Nähe untersucht. Es ließ sich feststellen, dass insbesondere die Nutzung gemeinsamer Teams, aber auch die Einrichtung gemeinsamer Fortbildungen und räumliche Nähe einen positiven Einfluss auf die Qualität der Kooperation von Controllerbereich und Strategieabteilung ausüben. Demgegenüber konnten für den Formalisierungsgrad der Interaktion und die Häufigkeit interfunktionalen Mitarbeiteraustauschs keine Wirkungen auf das Kooperationsverhalten festgestellt werden.

Bei der Betrachtung der *relationalen Einflussfaktoren* wurden die Wirkungen des Organisationsvertrauens, der einseitigen bzw. wechselseitigen Abhängigkeit sowie des Rivalitätsgrades von Controllerbereich und Strategieabteilung analysiert. Es ließ sich nachweisen, dass alle untersuchten relationalen Determinanten die Qualität der Kooperation signifikant beeinflussen. Eine vergleichsweise starke kooperationsfördernde Wirkung geht hierbei vom Ausmaß wahrgenommener Interdependenz aus. Für die übrigen Einflussfaktoren ließen sich moderate Wirkungszusammenhänge identifizieren.

Die explorative Fragestellung zur Wirkung der Gestaltungsfreiheit des Controllerbereichs auf die Güte der Kooperation von Controllerbereich und Strategieabteilung wurde mithilfe des neu formulierten Konstrukts *Role Making des Controllerbereichs* untersucht. Es ließ sich feststellen, dass Role Making einen signifikant positiven Einfluss auf das Kooperationsverhalten des Controllerbereichs zur Strategieabteilung ausübt.

Zur Abbildung des Einflusses *umweltbezogener Unsicherheit* wurde abschließend auf das Konstrukt der externen Großzügigkeit zurückgegriffen. Es ließ sich zeigen, dass das Ausmaß an wahrgenommener Umweltunsicherheit eine signifikante, aber schwach positive Wirkung auf die Qualität der Kooperation beider Bereiche ausübt. Demgegenüber konnte bezüglich des Zusammenhangs von Kooperationsqualität und der Güte der Controllerleistungen keine moderierende Wirkung der externen Großzügigkeit nachgewiesen werden.

Die Ergebnisse der Hypothesenprüfung und der explorativen Fragestellung zu den Einflussfaktoren kooperativen Verhaltens sind abschließend in Tabelle 26 dargestellt.[1186]

Ergebnisse der Hypothesenprüfung		Bestätigt	Abgelehnt
H14:	Formalisierungsgrad der Interaktion (+) → Güte Kooperation (+)		X
H15:	Interfunktionale Teams (+) → Güte Kooperation (+)	X	
H16:	Interfunktionale Mitarbeiterfortbildung (+) → Güte Kooperation (+)	X	
H17:	Interfunktionaler Mitarbeiteraustausch (+) → Güte Kooperation (+)		X
H18:	Räumliche Nähe (+) → Güte Kooperation (+)	X	
H19:	Organisationsvertrauen (+) → Güte Kooperation (+)	X	
H20:	Abhängigkeit Controllerbereich von der Strategieabteilung (+) → Güte Kooperation (+)	X	
H21:	Abhängigkeit Strategieabteilung vom Controllerbereich (+) → Güte Kooperation (+)	X	
H22:	Interdependenz (+) → Güte Kooperation (+)	X	
H23:	Wirkung Interdependenz > Wirkung einseitige Abhängigkeiten	X	
H24:	Rivalitätsgrad (+) → Güte Kooperation (–)	X	
H25:	Externe Großzügigkeit (+) → Güte Kooperation (–)	X	
H26:	Externe Großzügigkeit (negativ moderiert) → Güte Kooperation – Qualität der Führungsunterstützung		X
H27:	Externe Großzügigkeit (negativ moderiert) → Güte Kooperation – Qualität der Rationalitätssicherung		X
Ergebnisse der explorativen Fragestellung		**Positiv**	**Negativ**
E1:	Role Making des Controllerbereichs → Güte Kooperation	X	

Tabelle 46: Ergebnisse der Hypothesenprüfung und der explorativen Fragestellung zu den Einflussfaktoren der Güte der Kooperation von Controllerbereich und Strategieabteilung

[1186] Bei der Bewertung der Ergebnisse der Hypothesenprüfung ist zu berücksichtigen, dass auch zwischen strukturellen und relationalen Einflussfaktoren Beziehungen bestehen können. Eine Addition der teilmodellbezogenen Bestimmtheitsmaße ist daher nicht möglich. Da das Ziel der vorliegenden Arbeit jedoch weniger in der Analyse aller möglicher Beziehungen zwischen den Determinanten, als in der bestmöglichen Erklärung der Güte der Kooperation von Controllerbereich und Strategieabteilung bestand, wurde auf eine weiterführende Ableitung und Auswertung der Zusammenhänge zwischen den einzelnen Determinanten verzichtet.

7 Implikationen der Arbeit

Abschließend sollen die wesentlichen Erkenntnisse der Arbeit zusammengefasst werden. Hierzu werden zunächst die zentralen Ergebnisse aufgeführt (Abschnitt 7.1). Diese werden anschließend aus wissenschaftlicher Sicht hinsichtlich ihres Inhalts, der verwendeten Methodik sowie des weiterhin existierenden Forschungsbedarfs bewertet (Abschnitt 7.2). Abschließend werden Implikationen der Untersuchung für die Unternehmenspraxis aufgezeigt (Abschnitt 7.3).

7.1 Vorgehen und Ergebnisse der Arbeit

Der Ausgangspunkt der vorliegenden Arbeit bestand in der Erkenntnis, dass die Beziehung des Controllerbereichs zu anderen Gemeinkostenbereichen des Unternehmens zunehmend an Bedeutung gewinnt. Insbesondere zur Strategieabteilung ergeben sich durch eine Einbeziehung in den Strategieprozess und das Bestreben nach einer stärkeren Verknüpfung von strategischer und operativer Planung zahlreiche Berührungspunkte.

Eine Analyse der relevanten Controlling- und Strategieliteratur verdeutlichte, dass bislang nur wenige wissenschaftliche Erkenntnisse zur Beziehung von Controllerbereich und Strategieabteilung existieren. Darüber hinaus wird auch in der Praxis die unzureichende Abstimmung zwischen beiden Bereichen bemängelt. Das grundlegende Ziel der Arbeit bestand daher darin, ein Verständnis zum Zusammenwirken von Controllerbereich und Strategieabteilung zu schaffen und einen Beitrag zur Durchdringung der Beziehung zwischen beiden Bereichen zu leisten. Hierzu wurden im Einzelnen folgende Forschungsfragen formuliert:

- Welche Berührungspunkte existieren zwischen Controllerbereich und Strategieabteilung und welche Bedeutung kommt einer Kooperation beider Bereiche zu?
- Was bedeutet Kooperation von Controllerbereich und Strategieabteilung und wie kann diese als Konstrukt konzeptualisiert und operationalisiert werden?
- Welche Wirkung besitzt die Güte kooperativen Verhaltens von Controllerbereich und Strategieabteilung auf die Qualität der Controllerleistungen und die Nutzung der strategischen Rationalitätssicherungsleistungen des Controllerbereichs?
- Welche organisatorischen Determinanten beeinflussen die Güte der Kooperation von Controllerbereich und Strategieabteilung, welcher Effekt geht von ausgewählten relationalen Determinanten aus und welche Kooperationswirkung besitzen der Gestaltungsfreiraum des Controllerbereichs und die Unsicherheit der Unternehmensumwelt?

Für die Beantwortung der aufgeführten Forschungsfragen wurde ein sachanalytisches Vorgehen mit einer großzahlig empirischen Vorgehensweise in einem umfassenden Forschungsansatz zusammengeführt.

Aufbauend auf den Erkenntnissen der Literatur wurden *sachanalytisch* Berührungspunkte zwischen Controllerbereich und Strategieabteilung herausgearbeitet und die Relevanz kooperativen Verhaltens zwischen beiden Bereichen als Untersuchungsgegenstand der Arbeit dargestellt. Die Konzeptualisierung der Kooperation von Controllerbereich und Strategieabteilung sowie die Ableitung von Wirkungsgrößen und Determinanten erfolgten ebenfalls aufgrund existierender Erkenntnisse der Schnittstellenliteratur und Controllingforschung.

Demgegenüber wurde für die Überprüfung der abgeleiteten Hypothesen eine *empirische* Online-Befragung von Controllerbereichsleitern durchgeführt. Insgesamt beteiligten sich 420 Unternehmen mit existierendem Controllerbereich und vorhandener Strategieabteilung an der Untersuchung. Hiervon konnten 379 Fragebögen für die Überprüfung der aufgestellten Forschungsfragen verwendet werden. Für die Validierung der theoretisch hergeleiteten Mess- und Strukturmodelle wurde auf AMOS 5.0 und Smart-PLS 2.0 zurückgegriffen.

Als Strukturierungsrahmen für die Darstellung der Schnittstellenbeziehung zwischen Controllerbereich und Strategieabteilung *(erste Forschungsfrage)* wurde das Wertenetz verwendet. Es ließ sich zeigen, dass zwischen beiden Bereichen grundsätzlich sowohl kooperative Kunden-Lieferanten- bzw. Komplementoren-Beziehungen als auch Wettbewerb existieren können. Zudem wurde herausgestellt, dass aufgrund gegenseitiger Abhängigkeiten und ergänzender Tätigkeiten für die betriebliche Praxis kooperatives Verhalten von Bedeutung sein dürfte. Als Betrachtungsobjekt der empirischen Untersuchung wurde daher das Kooperationsverhalten beider Abteilungen zugrunde gelegt.

Für die Konzeptualisierung und Operationalisierung der Kooperation von Controllerbereich und Strategieabteilung *(zweite Forschungsfrage)* wurde ein mehrdimensionales, komplexes Konstrukt entwickelt. Ausgehend von der integrativen Perspektive der Schnittstellenforschung wurde ein Drei-Faktoren-Modell erarbeitet, das sowohl informations- als auch verhaltensbezogene Elemente beinhaltet. Die einzelnen Faktoren beschreiben hierbei die Güte des formellen bzw. informellen Informationsaustauschs sowie der Collaboration von Controllerbereich und Strategieabteilung. Diese wurden durch insgesamt 20 reflektive Indikatoren erhoben und anhand der Gütekriterien der ersten und zweiten Generation überprüft. Nachfolgend wurden die einzelnen Faktoren formativ zu einem gesamthaften Messmodell der Güte der Kooperation von Controllerbereich und Strategieabteilung zusammengeführt. Die angenommene dreifaktorielle Struktur ließ sich hierbei empirisch bestätigen. Zudem wurde deutlich, dass der verhaltensorientierten Dimension Collaboration die stärkste Bedeutung für eine Abbildung der Kooperationsqualität zukommt. Demgegenüber liefert die Güte des informellen Informationsaustauschs einen vergleichsweise schwachen Erklärungsbeitrag.

Im Anschluss wurde mittels kausalanalytischer Verfahren die Wirkung der Kooperation von Controllerbereich und Strategieabteilung auf die Qualität der Controllerleistungen und die Nutzung der strategischen Rationalitätssicherungsfunktion des Controllerbereichs untersucht *(dritte Forschungsfrage)*. Es ließ sich feststellen, dass kooperatives Verhalten die Qualität sowohl der Führungsunterstützungs- als auch der Rationalitätssicherungsleistungen erhöht. Zudem wurde deutlich, dass Unterschiede bezüglich der Wirkungsstärke existieren. So werden die rationalitätssichernden Tätigkeiten als Berater und „Kritischer Counterpart" deutlich stärker in ihrer Qualität beeinflusst als die führungsunterstützenden Leistungen im Rahmen der Informationsversorgung, Planung und Kontrolle.

Darüber hinaus ließ sich ein starker positiver Einfluss der Kooperationsqualität auf die Inanspruchnahme der Rationalitätssicherungsfunktion des Controllerbereichs bei strategischen Fragestellungen nachweisen. Allerdings wurde deutlich, dass dieser nicht gänzlich der direkten Wirkung kooperativen Verhaltens beider Bereiche zugeschrieben werden kann. Vielmehr ergeben sich ca. 40 % der verstärkten Nutzung strategischer Controllerleistungen indirekt aus einer kooperationsinduzierten Erhöhung der Leistungsqualität.

Für die Analyse der Wirkung ausgewählter Einflussfaktoren auf das Kooperationsverhalten von Controllerbereich und Strategieabteilung *(vierte Forschungsfrage)* wurde ebenfalls auf die Kausalanalyse zurückgegriffen. Es zeigte sich, dass von den betrachteten strukturellen Determinanten insbesondere der Einsatz interfunktionaler Teams, aber auch gemeinsame Mitarbeiterfortbildungen und räumliche Nähe einen positiven Einfluss auf die Kooperationsqualität ausüben. Bei den untersuchten relationalen Einflussfaktoren ließen sich kooperationsfördernde Wirkungen des Organisationsvertrauens und der Abhängigkeitsbeziehungen feststellen. Demgegenüber ging vom Rivalitätsgrad ein negativer Einfluss aus. Die explorativ untersuchte Handlungsautonomie des Controllerbereichs wies eine schwach positive Wirkung auf. Die Analyse zur Wirkung der externen Großzügigkeit verdeutlichte, dass diese einen der Hypothese entsprechenden negativen Einfluss auf die Kooperationsgüte von Controllerbereich und Strategieabteilung besitzt. Eine moderierende Wirkung der externen Großzügigkeit auf den Zusammenhang von kooperativem Verhalten und Leistungsqualität konnte hingegen nicht nachgewiesen werden.

7.2 Wissenschaftliche Bewertung und weiterer Forschungsbedarf

7.2.1 Wissenschaftliche Bewertung der Arbeit

7.2.1.1 Inhaltliche Bewertung

Nachfolgend soll die Arbeit hinsichtlich ihres inhaltlichen Beitrags für die Controlling- und Schnittstellenforschung beurteilt werden. Entsprechend den in der Untersuchung formulierten Forschungsfragen wird hierzu eine Bewertung entlang der Dimensionen der Schnittstellenstrukturierung, der Messmodellentwicklung, der Wirkungsanalyse sowie der Überprüfung der Einflussfaktoren kooperativen Verhaltens vorgenommen.

Wie in Abschnitt 2.4 dargestellt, ist die *Schnittstelle von Controllerbereich und Strategieabteilung* in der Literatur bisher nur wenig durchdrungen. Ein inhaltlicher Beitrag dieser Arbeit liegt daher in der erstmaligen Strukturierung und Aufarbeitung der Beziehung von Controllerbereich und Strategieabteilung. Unter Anwendung der unterschiedlichen Beziehungsdimensionen des Wertenetzes wurden mögliche Berührungspunkte zwischen beiden Abteilungen dargestellt und die Bedeutung kooperativen Verhaltens abgeleitet.

Darauf aufbauend stellen insbesondere die *Konzeptualisierung und Operationalisierung der Kooperation* von Controllerbereich und Strategieabteilung eine Erweiterung des existierenden Forschungsstandes dar.

Erstmalig in der Controllingforschung wurde im Rahmen des Forschungsprojekts zur „Kooperation des Controllerbereichs" ein Instrument zur Messung der Güte der Kooperation des Controllerbereichs mit anderen Gemeinkostenbereichen wie der Strategieabteilung entwickelt. Für die Konzeptualisierung wurde auf die integrative Perspektive der Schnittstellenforschung zurückgegriffen. Kooperatives Verhalten wird damit umfassend als Austausch von Informationen und Collaboration im Sinne gemeinsamer Ziele und eines gemeinsamen Verständnisses, Ressourcenaustausch und proaktiver Zusammenarbeit dargestellt. Die Operationalisierung erfolgte als dreifaktorielles Konstrukt höherer Ordnung mit reflektiven Indikatoren auf der Ebene der individuellen Faktoren und einer formativen Bildung auf der übergeordneten Ebene.

Durch dieses Vorgehen leistet die Arbeit auch einen Beitrag für die Schnittstellenforschung. So gelang es erstmalig, die einzelnen Dimensionen kooperativen Verhaltens in einem einzigen, validen Messinstrument zusammenzuführen, das sich auch zur Analyse weiterer Schnittstellen einsetzen lässt. Zudem lässt die Operationalisierung auch Rückschlüsse auf die Bedeutung der einzelnen Kooperationsdimensionen für die Abbildung kooperativen Verhaltens zu. Es konnte festgestellt werden, dass sich die Kooperation zwischen Controllerbereich und Strategieabteilung insbesondere anhand der verhaltensbezogenen Perspektive darstellen lässt, während der informationsbezogenen Sichtweise eine untergeordnete Bedeutung zukommt.

Einschränkend anzumerken ist allerdings, dass aufgrund der Neuentwicklung des Messmodells und des hieraus resultierenden Mangels an vergleichbaren Ergebnissen Interpretationen des Indexes erschwert werden. Zwar wurde im Rahmen des Forschungsprojekts neben der Güte der Kooperation von Controllerbereich und Strategieabteilung auch die Beziehung zwischen zentralem und dezentralem Controllerbereich sowie das Verhältnis zum externen Rechnungswesen und zur Innenrevision untersucht. Allerdings bleibt unklar, wie diese Ergebnisse im Vergleich zu weiteren Kooperationsbeziehungen im Unternehmen, etwa den häufig untersuchten Schnittstellen von Marketing und F&E bzw. Produktion, einzuordnen sind. Beispielsweise lassen sich keine Aussagen darüber treffen, ob die über alle untersuchten Schnittstellen hinweg festgestellte geringe Bedeutung der informationsbezogenen Sichtweise ein Charakteristikum kooperativen Verhaltens insgesamt darstellt oder ob es sich hierbei um ein Spezifikum des Controllingkontextes handelt. Ebenso wenig lassen sich verlässliche Einschätzungen zur absoluten Güte der Kooperation von Controllerbereich und Strategieabteilung sowie den übrigen betrachteten Funktionsbereichen treffen.

Im Rahmen der *Wirkungsanalyse* ließ sich ein positiver Einfluss kooperativen Verhaltens von Controllerbereich und Strategieabteilung sowohl auf die Leistungsqualität als auch die Nutzungsintensität strategischer Controllerleistungen feststellen. Die theoretisch postulierte Vorteilhaftigkeit einer Kooperation des Controllerbereichs mit der Strategieabteilung konnte somit erstmals mittels einer empirisch großzahligen Erhebung bestätigt werden.

Weitere Erkenntnisse ergaben sich aus der Betrachtung der Wirkung kooperativen Verhaltens auf die Qualität einzelner Controllerleistungen. Im Unterschied zu bisherigen Arbeiten der Controllingforschung wurde die Qualität der durch Controller erbrachten Leistungen nicht gesamthaft, sondern anhand der Güte der einzelnen führungsunterstützenden und rationalitätssichernden Tätigkeiten operationalisiert.

Ein im Vorfeld der Untersuchung so nicht erwartetes Ergebnis resultierte in der vergleichsweise geringen Wirkung kooperativen Verhaltens auf die Qualität der durch Controller erbrachten operativen Planungstätigkeiten. Diese Feststellung ist deshalb überraschend, weil in der Literatur eine engere Abstimmung zwischen strategischer und operativer Planungsebene gefordert wird. Demgegenüber lassen sich die Ergebnisse der Untersuchung dahingehend interpretieren, dass Controller auch ohne eine enge Beziehung zur Strategieabteilung Kenntnisse über die der operativen Planung zugrundeliegende Strategie besitzen. In diesem Fall wären Probleme im Rahmen der Strategieumsetzung nicht, wie teilweise in der Literatur bemängelt,[1187] auf einen unzureichenden Kommunikationsfluss an der Schnittstelle von Controllerbereich und Strategieabteilung, sondern auf andere Faktoren zurückzuführen.

Darüber hinaus ließ sich eine in dieser Deutlichkeit nicht erwartete Wirkung kooperativen Verhaltens auf die Qualität der Kontrollleistungen des Controllerbereichs nachweisen. Dieses Ergebnis ist umso erstaunlicher, da der Zusammenhang zwischen kooperativem Verhalten von Controllerbereich und Strategieabteilung und den durch Controller erbrachten Kontrolltätigkeiten in der Controllingforschung bisher nicht thematisiert wird. Angesichts in der Literatur immer wieder geäußerter Probleme zur Durchführung von Kontrollen insbesondere bei strategisch bedeutsamen Projekten könnte diese Erkenntnis aber einen Ansatzpunkt für die Verbesserung bestehender Kontrollprozesse bieten.[1188]

Ebenso wurde beim Vergleich der einzelnen Wirkungsbeziehungen deutlich, dass kooperatives Verhalten einen wesentlich stärkeren Einfluss auf die Qualität der Rationalitätssicherungsleistungen des Controllerbereichs im Vergleich zur Führungsunterstützung ausübt. Diese Erkenntnis besitzt für die Controlling-Community eine besondere Bedeutung, da sich die Sicherung der Führungsrationalität als Kern des Controllings auffassen lässt.[1189] Eine Kooperation mit der Strategieabteilung ermöglicht dem Controllerbereich demnach eine qualitativ hochwertigere Erfüllung dieser Controllingfunktion.

Eine mögliche Erklärung für diesen Befund könnte in den unterschiedlichen Anforderungen zur Erfüllung von Führungsunterstützungs- und Rationalitätssicherungstätigkeiten liegen.[1190] Die Erfüllung der entlastenden Informations-, Planungsunterstützungs- und Kontrollaufgaben dürfte tendenziell weniger Kenntnisse erfordern als die Wahrnehmung der komplexeren

---

[1187] Vgl. z. B. Weber/David/Prenzler (2001), S. 26; Al-Laham (1997), S. 337 und 464.

[1188] Beispielsweise stellen Weber et al. (2006b), S. 58, in ihrer empirischen Untersuchung Probleme im Rahmen der Kontrolle von Großinvestitionen fest. Ähnlich Weber/Linder/Spillecke (2001), S. 296 f.

[1189] Vgl. grundlegend Weber (2004).

[1190] Vgl. hierzu und im Folgenden auch Abschnitt 5.3.1.

Beratungs- und Counterpartaufgaben. Es kann daher die Hypothese aufgestellt werden, dass Controller in der Regel über die Kenntnisse verfügen, um führungsunterstützende Tätigkeiten erfolgreich erbringen zu können. Demgegenüber scheinen die entsprechenden Fähigkeiten zur erfolgreichen Erfüllung der Rationalitätssicherungsfunktion nur teilweise vorhanden zu sein. Eine Einbindung der Strategieabteilung dürfte daher im Rahmen der Rationalitätssicherung einen höheren Mehrwert mit sich bringen als bei der Führungsunterstützung. Für eine genaue Überprüfung dieser Annahme sind jedoch weitere Forschungsbemühungen notwendig.

Im Rahmen der Wirkungsanalyse ungeklärt blieb auch die Frage nach dem Einfluss kooperativen Verhaltens auf die Qualität und Nutzung von Leistungen der Strategieabteilung sowie auf den Unternehmenserfolg. Beispielsweise wäre denkbar, dass durch eine verstärkte Inanspruchnahme von Controllerleistungen bei strategischen Fragestellungen die Nachfrage der Unternehmensführung nach Leistungen der Strategieabteilung abnimmt. Die Gesamtwirkung dieser Effekte ist bislang unklar. Folgearbeiten sollten daher auch diese Effekte mit einbeziehen.

Abschließend ließen sich auch durch die im Rahmen der Arbeit betrachteten *Einflussfaktoren* inhaltliche Erkenntnisbeiträge für die Controlling- und Schnittstellenforschung generieren.

Erstmalig wurde der Einfluss struktureller und relationaler Determinanten der Schnittstellenforschung im Controllingkontext untersucht. Einige Messskalen wie etwa interfunktionale Teams oder interfunktionale Mitarbeiterfortbildungen wurden hierbei neu operationalisiert. Die Gütekriterien der neu entwickelten Konstrukte weisen insgesamt gute Werte auf und können daher auch in weiteren Studien verwendet werden.

Zudem ließ sich nachweisen, dass viele der in der Schnittstellenliteratur vorgeschlagenen Determinanten auch auf die Beziehung von Controllerbereich und Strategieabteilung anwendbar sind. Lediglich für den Formalisierungsgrad der Interaktion und den interfunktionalen Mitarbeiteraustausch konnten keine signifikanten Wirkungen festgestellt werden. Insbesondere der fehlende Einfluss des Mitarbeiteraustauschs überrascht hierbei. Eine mögliche Erklärung hierfür könnte in einer zu kurzen Verweildauer der Mitarbeiter im jeweils anderen Bereich im Rahmen der durch das Konstrukt abgebildeten Job-Rotation-Programme bestehen. Diese Hypothese ist jedoch im Rahmen weiterer Untersuchungen zu überprüfen.

Ansatzpunkte für Folgestudien ergeben sich zudem aus dem Umfang der betrachteten Determinanten. Aufgrund einer umfangmäßigen Beschränkung des Fragebogens konnte keine vollständige Analyse aller möglichen Einflussfaktoren der Kooperation von Controllerbereich und Strategieabteilung erfolgen, so dass die Untersuchung auch hier an ihre Grenzen stößt.

7.2.1.2 Methodische Bewertung

In methodischer Hinsicht wird die Arbeit den Anforderungen der Controlling- und Schnittstellenforschung ebenfalls gerecht.

Mit der Nutzung des PLS-Ansatzes als Methodik der Kausalanalyse wird ein Verfahren eingesetzt, das aufgrund seiner Vorteile gegenüber rein kovarianzbasierten Schätzungen zunehmend in empirischen Arbeiten verwendet wird.[1191] Im Gegensatz zu bisherigen Untersuchungen beschränkt sich die Arbeit hierbei nicht auf die Überprüfung einfacher Ursache-Wirkungs-Strukturen, sondern analysiert mithilfe des PLS-Ansatzes als eine der ersten Untersuchungen der Controllingforschung auch komplexere Wirkungszusammenhänge wie das Auftreten mediierender und moderierender Effekte.

Für die Validierung der formativ gebildeten Messmodelle wird ebenfalls auf PLS zurückgegriffen. Demgegenüber werden die Gütekriterien für reflektiv operationalisierte Konstrukte mithilfe kovarianzbasierter Verfahren ermittelt. Dadurch lassen sich die reflektiv gebildeten Messmodelle auch für weitere Forschungsvorhaben im Rahmen der kovarianzbasierten Kausalanalyse verwenden.

Allerdings unterliegt die Arbeit auch einer Reihe methodischer Restriktionen, die es im Rahmen der Interpretation der Ergebnisse zu beachten gilt.

Mögliche Einschränkungen für die Aussagekraft der dargestellten Ergebnisse ergeben sich zunächst aufgrund der Methodik der Datenerhebung. Im Rahmen der Studie wurden ausschließlich die Leiter des Controllerbereichs befragt. Hierdurch besteht die Gefahr eines Informant Bias.[1192]

Eine weitere Restriktion der Arbeit ist auf die verwendete Datengrundlage zurückzuführen. Um die Komplexität und den Aufwand der Datenerhebung zu begrenzen, wurden nur deutsche Unternehmen befragt. Die Ergebnisse der Untersuchung stellen somit eine nationale Querschnittsanalyse dar. Aussagen über die Gültigkeit der Ergebnisse im internationalen Kontext und Erkenntnisse hinsichtlich möglicher Unterschiede lassen sich hingegen nicht ableiten.

1191 Vgl zu den Vorteilen des PLS-Ansatzes ausführlich Abschnitt 3.4.
1192 Vgl. hierzu ausführlich Ernst (2001), S. 87 ff.

Abschließend ergeben sich Einschränkungen auch aufgrund des verwendeten Untersuchungsdesigns. Die Kooperation von Controllerbereich und Strategieabteilung wurde im Rahmen einer zeitpunktbezogenen Querschnittserhebung gemessen. Dynamische Effekte kooperativen Verhaltens wie beispielsweise Lernprozesse im Controllerbereich als Folge kooperativen Verhaltens werden hingegen vernachlässigt. Zudem werden im Rahmen der Dependenzanalysen ausschließlich lineare Zusammenhänge zwischen Variablen berücksichtigt. Nichtlineare Beziehungen finden ebenfalls keine Beachtung.

7.2.2 Darstellung des weiteren Forschungsbedarfs

Aus *inhaltlicher Sicht* bestand ein Ziel der Arbeit in der Entwicklung eines Messinstruments der Kooperation von Controllerbereich und Strategieabteilung. Mithilfe der entwickelten Skala wurde die Güte kooperativen Verhaltens beider Abteilungen ermittelt und im Rahmen des Forschungsprojekts mit dem Verhältnis des Controllerbereichs zum dezentralen Controllerbereich, zum externen Rechnungswesen und zur Innenrevision verglichen. Aufgrund bislang fehlender Indexwerte aus controllingfremden Kooperationsbeziehungen bleibt jedoch unklar, wie die ermittelten Ausprägungen der Kooperationsgüte zu interpretieren sind. Um verlässliche Aussagen zur Qualität der Kooperation des Controllerbereichs mit der Strategieabteilung und den anderen betrachteten Funktionsbereichen ableiten zu können, sollte das Messmodell daher auch in controllingfremden Kontexten eingesetzt und die Ergebnisse mit den im Rahmen dieser Untersuchung erzielten Resultaten verglichen werden.

Weiterer inhaltlicher Forschungsbedarf besteht zudem bei der Betrachtung der Auswirkungen kooperativen Verhaltens. So wurde lediglich der Einfluss der Kooperation auf die Qualität und Nutzung von Controllerleistungen untersucht. Weitere Studien sollten sich daher mit der Wirkung auf die Güte und Inanspruchnahme der Leistungen der Strategieabteilung befassen. Auch eine detaillierte Untersuchung der Wirkung von Kooperation auf den Unternehmenserfolg könnte den Gegenstand weiterer Forschungsbemühungen darstellen.

Bezüglich möglicher Einflussfaktoren kooperativen Verhaltens ist ebenfalls weiterer inhaltlicher Forschungsbedarf notwendig. Zwar weisen die hohen Werte der Bestimmtheitsmaße darauf hin, dass die betrachteten Einflussfaktoren einen wesentlichen Teil der unterschiedlichen Ausprägungen der Kooperationsgüte erklären können. Aufgrund der Vielzahl der in der Schnittstellenliteratur aufgeführten Einflussfaktoren ist in nachfolgenden Untersuchungen aber eine Analyse weiterer Determinanten wie etwa der Gestaltung der Anreizsysteme oder der Fähigkeiten und Arbeitsbelastungen der Bereichsmitarbeiter vorstellbar. Ebenfalls könnte in weiteren Studien der Frage nachgegangen werden, warum die beiden in empirischen

Arbeiten der Schnittstellenforschung bedeutenden Einflussfaktoren des Formalisierungsgrades der Interaktion sowie des interfunktionalen Mitarbeiteraustauschs im Controllingkontext ohne Wirkung zu sein scheinen.

Auch in *methodischer Hinsicht* ergeben sich Ansatzpunkte für weitere Forschungsvorhaben. Um Vorwürfen eines Informant Bias zu begegnen, bietet sich in Folgestudien die Befragung mehrerer Respondenten an. Beispielsweise könnte eine Erhebung kooperativen Verhaltens bei Controllern und Unternehmensstrategen erfolgen. Ebenso sind triadische Untersuchungsdesigns möglich, in deren Rahmen neben Controllerbereich und Strategieabteilung auch Mitglieder der Unternehmensführung befragt werden.

Als weitere Form der Erhebung wäre zudem eine Untersuchung im internationalen Kontext denkbar. Eine internationale Erhebung sollte hierbei vor allem der Identifikation länderübergreifender Gemeinsamkeiten und Unterschiede dienen. Als mögliche Auswahlkriterien der zu betrachtetenden Länder kämen beispielsweise die Unterschiedlichkeit der Controllingverständnisse, länderspezifische Rollenbilder der Controller sowie kulturelle Faktoren infrage.

Zudem könnten nachfolgende Arbeiten auch als Längsschnittstudien gestaltet sein. Einerseits ließe sich hierdurch die Entwicklung der Kooperationsgüte und der jeweiligen Wirkungsbeziehungen im Zeitverlauf darstellen. Zum anderen könnten auf diese Weise auch periodenübergreifende Effekte berücksichtigt werden.

7.3 Implikationen für die Unternehmenspraxis

Zusätzlich zur wissenschaftlichen Bewertung sollen abschließend mögliche Implikationen der Arbeit für die Praxis dargestellt werden. Diese ergeben sich im Wesentlichen aus folgenden drei Kernergebnissen der Untersuchung:

- Kooperatives Verhalten von Controllerbereich und Strategieabteilung hat einen positiven Einfluss auf die Qualität der Controllerleistungen und ermöglicht es Controllern, insbesondere die Qualität der Rationalitätssicherungsfunktion zu verbessern.
- Durch eine Kooperation mit der Strategieabteilung ergibt sich für Controller die Gelegenheit, sich stärker als bisher in den Strategieprozess einzubringen.
- Kooperatives Verhalten zwischen den beiden Funktionsbereichen lässt sich durch strukturelle Maßnahmen sowie eine Verbesserung des Organisationsklimas fördern.

Ein für die Praxis wesentliches Ergebnis der vorliegenden Arbeit besteht in der Erkenntnis, dass die Güte der Kooperation mit der Strategieabteilung die *Qualität der durch Controller erbrachten Leistungen* erhöht. Sowohl Führungsunterstützungs- als auch Rationalitätssicherungsleistungen des Controllerbereichs lassen sich durch einen guten Kontakt zur Strategieabteilung verbessern, wobei der Einfluss auf die Beratungs- und „Kritischer-Counterpart"-Tätigkeiten deutlich stärker ausgeprägt ist als auf die Leistungen im Rahmen der Informationsversorgung, Planungsunterstützung und Kontrolle. Aus praktischer Sicht sollte es daher das Ziel eines jeden Controllerbereichs sein, ein gutes Verhältnis zur Strategieabteilung aufzubauen. Insbesondere die Controllerbereiche, die als Kern ihrer Tätigkeiten die Wahrnehmung der Rationalitätssicherungsfunktion beanspruchen, sollten sich aktiv um eine verständnisvolle und gute Zusammenarbeit mit der Strategieabteilung bemühen.

Eine weitere praktische Implikation ergibt sich aus der stark positiven *Wirkung kooperativen Verhaltens auf die Nutzung von Controllerleistungen* bei strategischen Fragestellungen. Seit einigen Jahren wird in der Controllingtheorie und -praxis eine stärkere Einbindung von Controllern bei der Bewältigung strategischer Problemstellungen gefordert. Trotz aller Forderungen eines strategischen Controllings sind Controller im Prozess der Strategieentwicklung und -umsetzung allerdings nur selten vertreten. Enge kooperative Beziehungen zur Strategieabteilung bieten dem Controllerbereich die Gelegenheit, sich stärker als bisher als strategischer Berater und strategischer Counterpart der Unternehmensführung einzubringen. Controller, die ihre Aufgabe in der Unterstützung der Unternehmensführung auch im Rahmen von strategischen Fragestellungen sehen, sollten daher einen guten Kontakt zur Strategieabteilung pflegen.

Abschließend gehen aus der Arbeit auch praktische Implikationen zur Verbesserung der *Beziehung von Controllerbereich und Strategieabteilung* hervor. Im Rahmen der Untersuchung ließ sich feststellen, dass kooperatives Verhalten in organisatorischer Hinsicht durch gemeinsame Teams, interfunktionales Training und eine räumlich nahe Ansiedlung verbessert wird. Um die dargestellten Wirkungen kooperativen Verhaltens nutzen zu können, sollten diese Maßnahmen im Unternehmen aktiv genutzt werden. Weiterhin zeigte sich, dass auch relationale Faktoren wie etwa das im Unternehmen vorherrschende Organisationsvertrauen oder der wahrgenommene Rivalitätsgrad die Kooperation zwischen beiden Bereichen beeinflussen. Das Ziel eines jeden Unternehmens sollte daher mit Hinblick auf das Kooperationsverhalten von Controllerbereich und Strategieabteilung daher darin bestehen, langfristig für ein vertrauensvolles Klima und einen geringen Wettbewerb zwischen beiden Bereichen zu sorgen.

Anhang: Fragebogen

WHU
Excellence in Management Education

WHU – Otto Beisheim School of Management
Burgplatz 2
56179 Vallendar
Tel.: 0261-6509-472
Fax: 0261-6509-479
http://www.whu.edu/control

Die Zusammenarbeit des Controllings mit anderen Funktionsbereichen

Univ.-Prof. Dr. Jürgen Weber
Dr. Bernhard Hirsch
Dipl.-Kfm. Holger Birl
Dipl.-Kfm. Hendrik Grieshop
Dipl.-Kfm. Ramon Knollmann
Dipl.-Kfm. Carsten Sieber

Lehrstuhl für Controlling und Telekommunikation
– Stiftungslehrstuhl der Deutschen Telekom AG –

Wir bitten Sie um ca. 20 Minuten Ihrer Zeit.

Dafür bieten wir Ihnen:

- **einen individuellen und exklusiv erstellten Benchmarking-Bericht,** aus dem Sie Handlungsempfehlungen für Ihr Controlling erhalten,
- **ein Gratisexemplar** des **Controlling-Standardwerkes** „Einführung in das Controlling" von Prof. Dr. Jürgen Weber (aktuelle, 10. Auflage, 650 Seiten) *sowie*
- **eine Einladung für eine eintägige Fortbildung an der WHU für Sie oder einen Mitarbeiter** aus Ihrer Abteilung.

Alle Daten werden anonym und streng vertraulich behandelt!

Wir bedanken uns für Ihr Vertrauen und Ihre Mitarbeit!

Bitte vor Ausfüllen des Fragebogens lesen!

Allgemeine Hinweise zum Fragebogen

- Dieser Fragebogen befasst sich mit der **Zusammenarbeit des Controllings mit anderen Funktionsbereichen**. Ziel ist es, die wesentlichen Erfolgsfaktoren und Wirkungszusammenhänge für eine erfolgreiche Zusammenarbeit zu identifizieren.

- Der Fragebogen dient **rein wissenschaftlichen Zwecken** im Rahmen unserer Forschung. Grundsatz unserer wissenschaftlichen Arbeit ist es, konkrete Handlungsempfehlungen für die Praxis zu erarbeiten. Eine kommerzielle Auswertung der Ergebnisse wird nicht stattfinden.

- Wir sichern Ihnen ausdrücklich zu, dass alle Angaben **streng vertraulich** behandelt werden. Alle Antworten werden **anonym** ausgewertet.

- Sollten Sie nicht der **richtige Ansprechpartner** sein, leiten Sie den Fragebogen bitte an eine geeignete Person in Ihrem Unternehmen weiter.

- Für **Rückfragen** stehen Ihnen

  Dipl.-Kfm. Holger Birl
  Dipl.-Kfm. Hendrik Grieshop
  Dipl.-Kfm. Ramon Knollmann
  Dipl.-Kfm. Carsten Sieber

  unter der Telefonnummer 0261-6509-472 oder per E-Mail unter controlling-forschung@whu.edu zur Verfügung.

Wichtige Hinweise zur Beantwortung der Fragen

- Im Verlauf des Fragebogens werden verschiedene Sachverhalte durch **ähnliche Fragestellungen** erfasst. Wir bitten Sie hierfür um Verständnis, da dies aus methodischen Gründen erforderlich ist.

- Die **Vollständigkeit Ihrer Antworten** ist für den Erfolg der Studie von größter Bedeutung. Sollten Ihnen zu einer Frage gesicherte Informationen fehlen, so bitten wir Sie bewusst um **Ihre subjektive Einschätzung**. Bitte überspringen Sie eine Frage nur dann, wenn Sie diese in keinem Fall sinnvoll beantworten können.

Vielen Dank für Ihre Unterstützung!

Funktionsbereiche Ihres Unternehmens

Inwieweit existieren in Ihrem Unternehmen neben Ihrem Controllingbereich …

- O … eine separate **Strategieabteilung bzw. Unternehmensentwicklung** (ein bzw. mehrere Mitarbeiter, die sich schwerpunktmäßig mit strategischen Fragestellungen beschäftigen)?
- O … eine separate **Innenrevision** (ein bzw. mehrere Mitarbeiter, die sich schwerpunktmäßig mit Aufgabenstellungen der Innenrevision beschäftigen)?
- O … ein **dezentrales Bereichscontrolling** (Geschäftsbereichs-, Sparten-, Werks- bzw. Divisionscontrolling), das unterhalb Ihrer Controllingabteilung angesiedelt ist?
- O … eine separate Organisationseinheit für **externes Rechnungswesen** (z. B. für Buchführung und/oder Jahresabschluss)?

- O In unserem Unternehmen existiert keiner der oben angegebenen Funktionsbereiche.

Persönliche und unternehmensbezogene Angaben

Bitte beantworten Sie folgende Fragen zu <u>Ihrer Person</u>:	
Seit wie vielen Jahren sind Sie in Ihrer derzeitigen Funktion tätig?	
Seit wie vielen Jahren sind Sie in Ihrem Unternehmen tätig?	

Bitte beziehen Sie die folgenden Fragen auf Ihr **gesamtes Unternehmen**. Sollte das Controlling, für das Sie (mit)verantwortlich sind, für eine **bestimmte Unternehmenseinheit** (z. B. Geschäftsbereich, Teilkonzern) zuständig sein, so beziehen Sie auch die folgenden Fragen nur auf die entsprechende Einheit.

Welcher <u>Branche</u> gehört Ihr Unternehmen/Ihre Unternehmenseinheit an?
(Bitte <u>nur eine Branche</u> ankreuzen.)

O	Konsumgüterindustrie	O	Maschinen- und Apparatebau	O	Logistik-/Transport-dienstleister
O	Handel	O	Elektrotechnik/ Feinmechanik/Optik	O	Sonstige Dienstleister
O	Automobil-/ Zuliefer-industrie	O	Banken/Kreditinstitute	O	Andere
O	Chemie/Pharma/ Kunststoff	O	Versicherungen/Sonst. Finanzdienstleister		

Wie groß ist das <u>Umsatzvolumen</u> Ihres Unternehmens/Ihrer Unternehmenseinheit derzeit ungefähr (in Mio. €/Jahr)?

O	bis 10	O	11-25	O	26-50	O	51-100
O	101-250	O	251-500	O	501-1.000	O	1.001-2.500
O	2.501-5.000	O	5.001-10.000	O	über 10.000		

Wie viele <u>Mitarbeiter</u> beschäftigt Ihr Unternehmen/Ihre Unternehmenseinheit derzeit ungefähr?

O	bis 200	O	201-500	O	501-1.000	O	1.001-1.500
O	1.501-2.000	O	2.001-5.000	O	5.001-10.000	O	10.001 und mehr

Inwieweit treffen die folgenden Aussagen auf Ihr Unternehmen/Ihre Unternehmenseinheit zu? Beziehen Sie bitte sämtliche Leistungsbeziehungen mit Kunden bzw. Lieferanten ein! Die von unserem Unternehmen benötigten Ressourcen (Rohstoffe, Personal, Finanzmittel) …	*Trifft gar nicht zu* … *Trifft voll zu*
… können *sehr schnell* beschafft werden.	O O O O O
… können sehr leicht in der *nötigen Qualität* beschafft werden.	O O O O O
… können sehr leicht in der *nötigen Menge* beschafft werden.	O O O O O
Der Absatz der Produkte unseres Unternehmens reagiert sehr stark auf …	
… Preisänderungen unserer Wettbewerber.	O O O O O
… Werbemaßnahmen unserer Wettbewerber.	O O O O O
… Produktverbesserungen unserer Wettbewerber.	O O O O O

Das Ergebnis unseres Unternehmens ist gegenüber Schwankungen allgemeinwirtschaftlicher Faktoren (z. B. Konjunktur) recht stabil.	O O O O O
In allgemeinwirtschaftlich schwierigen Zeiten (z. B. Rezessionen) kann unser Unternehmen trotzdem ein zufriedenstellendes Ergebnis erzielen.	O O O O O

Inwieweit treffen folgende Aussagen zum Vertrauen in Ihrem Unternehmen/Ihrer Unternehmenseinheit zu?	*Trifft gar nicht zu* … *Trifft voll zu*
Vertrauen wird bei uns groß geschrieben.	O O O O O
Vorsicht und gegenseitiges Misstrauen sind bei uns weit verbreitet.	O O O O O
Wichtige Informationen werden bei uns sofort offen kommuniziert.	O O O O O
Die Zusammenarbeit in unserem Unternehmen ist von gegenseitigem Vertrauen geprägt.	O O O O O

Angaben zu Ihrem Controlling

Mit **Controlling** ist im Folgenden der **Controllingbereich** Ihres Unternehmens bzw. Ihrer Unternehmenseinheit gemeint, für den Sie **unmittelbar (mit)verantwortlich** sind.

Wie beurteilen Sie die Qualität der von Ihrem Controlling für das Management erbrachten Leistungen? Folgende von unserem Controlling erbrachten Leistungen erfüllen die Qualitätsansprüche des Managements stets in jeglicher Hinsicht:	*Trifft gar nicht zu* … *Trifft voll zu*	*Keine Controlling-aufgabe*
Bereitstellung von monetären Informationen	O O O O O	O
Bereitstellung von nichtmonetären Informationen	O O O O O	O
Durchführung der operativen Planung	O O O O O	O
Durchführung der Mittelfristplanung	O O O O O	O
Erarbeitung von (Geschäftsfeld-)Strategien	O O O O O	O
Durchführung von Soll-Ist-Vergleichen	O O O O O	O
Ermittlung und Analyse von Abweichungsursachen	O O O O O	O
Erarbeitung von operativen Verbesserungsmaßnahmen	O O O O O	O
Unterstützung der Implementierung von operativen Verbesserungsmaßnahmen	O O O O O	O
Unterstützung der Implementierung von (Unternehmens- bzw. Geschäftsfeld-) Strategien	O O O O O	O
Herausfordern/kritisches Hinterfragen von Entscheidungen des Managements	O O O O O	O
Konstruktiver Sparringspartner des Managements bei wichtigen Entscheidungen	O O O O O	O
Kritische Prüfung der Aussagen zu Ergebniswirkungen von geplanten Maßnahmen	O O O O O	O

Inwieweit kann Ihr Controlling seinen Aufgabenbereich unabhängig vom Management selbst gestalten? Bitte beziehen Sie sämtliche Aufgabenbereiche ein!	*Trifft gar nicht zu*				*Trifft voll zu*
Das Controlling definiert seinen Aufgabenbereich größtenteils selbst.	O	O	O	O	O
Das Controlling nutzt konsequent Freiheiten zur Gestaltung des eigenen Tätigkeitsgebietes.	O	O	O	O	O
Das Controlling nimmt nur Aufgaben wahr, die ihm vom Management zugewiesen worden sind.	O	O	O	O	O
Das Controlling bietet insbesondere Leistungen an, mit denen es sich am besten unternehmensintern positionieren kann.	O	O	O	O	O
Das Controlling hält es für notwendig, den eigenen Aufgabenbereich aktiv zu gestalten.	O	O	O	O	O

Wichtige Hinweise für die Beantwortung der folgenden Fragen

- Die folgenden Fragestellungen beziehen sich auf die **Zusammenarbeit zwischen Ihrer Controllingabteilung** und der **Strategieabteilung** bzw. **Unternehmensentwicklung** (ein bzw. mehrere Mitarbeiter, die sich schwerpunktmäßig mit strategischen Fragestellungen beschäftigen) in Ihrem Unternehmen/Ihrer Unternehmenseinheit.

- Ihre Controllingabteilung wird im Folgenden als **Controlling** bezeichnet; Strategieabteilung bzw. Unternehmensentwicklung werden unter den Begriff **Strategieabteilung** gefasst.

- Bitte berücksichtigen Sie bei Ihren Antworten Ihre Erfahrungen während der **letzten zwölf Monate** sowie **alle Berührungspunkte zur Strategieabteilung**.

Mitwirkung Ihres Controllings bei strategischen Problemen

Wie stark werden folgende Leistungen Ihres Controllings bei strategischen Fragestellungen in Anspruch genommen?	*Gar nicht*				*Sehr stark*
Mitwirkung an der Erarbeitung von Strategien bzw. strategischen Maßnahmen	O	O	O	O	O
Betriebswirtschaftliche Beratung bei strategischen Problemstellungen	O	O	O	O	O
Unterstützung der Implementierung von (Geschäftsfeld-)Strategien bzw. strategischen Maßnahmen	O	O	O	O	O
Herausfordern/kritisches Hinterfragen von Prämissen, Strategien und Maßnahmen der strategischen Planung	O	O	O	O	O
Konstruktiver Sparringspartner bei strategischen Fragestellungen	O	O	O	O	O
Kritische Überprüfung finanzieller Konsequenzen der erarbeiteten Strategien und Maßnahmen	O	O	O	O	O

Kooperation zwischen Ihrem Controlling und der Strategieabteilung

Wie beurteilen Sie den <u>Informationsaustausch</u> zwischen Ihrem Controlling und der Strategieabteilung? Die Mitarbeiter der Strategieabteilung …	*Trifft gar nicht zu*				*Trifft voll zu*
… erkennen Änderungen im Informationsbedarf des Controllings sehr schnell.	O	O	O	O	O
… versuchen aktiv, die Informationsbedürfnisse des Controllings zu verstehen.	O	O	O	O	O
… tauschen sich häufig mit den Mitarbeitern des Controllings aus, um zu verstehen, wie sie sich gegenseitig unterstützen können.	O	O	O	O	O
… treffen sich regelmäßig mit den Mitarbeitern des Controllings, um herauszufinden, welche Informationen und Leistungen der jeweils andere Bereich in Zukunft benötigt.	O	O	O	O	O
Die Kommunikation zwischen Controlling und Strategieabteilung ist häufig mit <u>Problemen</u> behaftet.	O	O	O	O	O

Der formelle Informationsaustausch zwischen Controlling und Strategieabteilung ist sehr konstruktiv.	O O O O O
Die Mitarbeiter des Controllings und der Strategieabteilung …	
… haben persönlich sehr engen Kontakt.	O O O O O
… diskutieren oftmals auch außerhalb der offiziellen Treffen (z. B. abends bei einem Bier/auf dem Flur) über aktuelle Themen.	O O O O O
… nutzen auch informelle Treffen, um die Fragestellungen des jeweils anderen Bereiches zu verstehen (z. B. während des Mittagessens).	O O O O O
… tauschen sich sehr häufig in Flurgesprächen zu aktuellen Problemen des Unternehmens aus.	O O O O O
… sind auch persönlich untereinander sehr gut vernetzt.	O O O O O
… sprechen auch informell regelmäßig miteinander.	O O O O O
Ein informeller Informationsaustausch zwischen beiden Bereichen findet selten statt.	O O O O O

Wie beurteilen Sie die Zusammenarbeit zwischen Ihrem Controlling und Ihrer Strategieabteilung? Controlling und Strategieabteilung …	*Trifft gar nicht zu* … *Trifft voll zu*
… versuchen, Ziele gemeinsam zu erreichen.	O O O O O
… haben ein gutes gegenseitiges Verständnis.	O O O O O
… arbeiten auch abseits von Regularien und Richtlinien zusammen.	O O O O O
… teilen Ideen, Informationen und/oder Ressourcen.	O O O O O
… arbeiten eng zusammen.	O O O O O
… unterstützen sich gegenseitig bei der Erfüllung ihrer Aufgaben.	O O O O O
Bei der Zusammenarbeit von Controlling und Strategieabteilung kommt es häufig zu Konflikten.	O O O O O

Wie beurteilen Sie die Kooperation zwischen Ihrem Controlling und der Strategieabteilung insgesamt?	*Trifft gar nicht zu* … *Trifft voll zu*
Controlling und Strategieabteilung arbeiten insgesamt sehr gut zusammen.	O O O O O
Die Kooperation zwischen Controlling und Strategieabteilung funktioniert insgesamt sehr gut.	O O O O O

Verhältnis zwischen Ihrem Controlling und der Strategieabteilung

Wie beurteilen Sie die räumliche Entfernung zwischen Ihrem Controlling und der Strategieabteilung?	*Trifft gar nicht zu* … *Trifft voll zu*
Die meisten Mitarbeiter der beiden Bereiche arbeiten in unmittelbarer Nähe beieinander.	O O O O O
Die Mitarbeiter beider Bereiche arbeiten zu weit voneinander entfernt, um sich schnell persönlich treffen zu können.	O O O O O
Nur wenige Mitarbeiter des jeweils anderen Bereiches sind leicht zu Fuß erreichbar.	O O O O O
Von Zeit zu Zeit ist es schwierig, Mitarbeiter beider Bereiche spontan an einem Ort zu versammeln.	O O O O O

Wie beurteilen Sie die Abhängigkeit des Controllings von der Strategieabteilung in Ihrem Unternehmen? Zur Erfüllung seiner Aufgaben ist das Controlling angewiesen auf …	*Trifft gar nicht zu* … *Trifft voll zu*
… die Ressourcen (z. B. Personal, Informationen) der Strategieabteilung.	O O O O O
… die Unterstützung (z. B. methodische oder inhaltliche Ratschläge) der Strategieabteilung.	O O O O O
… die Arbeitsergebnisse (z. B. Analysen, Berichte) der Strategieabteilung.	O O O O O

Wie beurteilen Sie die Abhängigkeit der Strategieabteilung vom Controlling in Ihrem Unternehmen? Zur Erfüllung ihrer Aufgaben ist die Strategieabteilung angewiesen auf …	*Trifft gar nicht zu* … *Trifft voll zu*
… die Ressourcen (z. B. Personal, Informationen) des Controllings.	O O O O O
… die Unterstützung (z. B. methodische oder inhaltliche Ratschläge) des Controllings.	O O O O O
… die Arbeitsergebnisse (z. B. Analysen, Berichte) des Controllings.	O O O O O

Inwieweit arbeiten Mitarbeiter des Controllings und der Strategieabteilung in Ihrem Unternehmen in gemeinsamen Arbeitsgruppen/Teams?	*Trifft gar nicht zu* … *Trifft voll zu*
Es existieren kontinuierlich eine oder mehrere gemeinsame Arbeitsgruppen.	O O O O O
Häufig werden bei Bedarf gemeinsame Arbeitsgruppen durch die Leiter der beiden Bereiche oder die Unternehmensführung eingesetzt.	O O O O O
Mitarbeiter beider Bereiche bilden oft spontan gemeinsame Arbeitsgruppen.	O O O O O
Teamarbeit zwischen beiden Bereichen findet in unserem Unternehmen nur selten statt.	O O O O O

Inwieweit werden Mitarbeiter des Controllings und der Strategieabteilung gemeinsam fortgebildet?	*Trifft gar nicht zu* … *Trifft voll zu*
Die Mitarbeiter beider Bereiche nehmen regelmäßig an gemeinsamen	

Fortbildungsmaßnahmen oder Seminaren teil.	O O O O O
Mitarbeiter beider Bereiche werden regelmäßig über den jeweils anderen Bereich unterrichtet, z. B. über Aufgaben, Funktionen und Methoden.	O O O O O

Bitte beantworten Sie folgende Aussagen zum Mitarbeiteraustausch zwischen Ihrem Controlling und der Strategieabteilung.	*Trifft gar nicht zu* … *Trifft voll zu*
Controlling und Strategieabteilung tauschen häufig für einen *befristeten* Zeitraum Mitarbeiter untereinander aus (Job Rotation).	O O O O O
Mitarbeiter aus dem Controlling und der Strategieabteilung wechseln häufig *dauerhaft* in den jeweils anderen Bereich (Karrierewechsel).	O O O O O

Inwieweit sind die Arbeitsbeziehungen zwischen dem Controlling und der Strategieabteilung in Ihrem Unternehmen eindeutig geregelt? Zur Koordination der Aufgaben zwischen beiden Bereichen …	*Trifft gar nicht zu* … *Trifft voll zu*
… existieren Regelungen, Formulare, Richtlinien etc.	O O O O O
… werden vorgegebene Kommunikationswege stets eingehalten.	O O O O O
… existieren keine formalen Vorgaben.	O O O O O
Die Arbeitsbeziehungen zwischen beiden Bereichen sind …	
… explizit formuliert und/oder besprochen worden.	O O O O O
… im Detail festgelegt.	O O O O O

Inwieweit bestehen in Ihrem Unternehmen Rivalitäten zwischen dem Controlling und der Strategieabteilung?	*Trifft gar nicht zu* … *Trifft voll zu*
Das Verhältnis zwischen den Leitern der beiden Bereiche ist häufig angespannt.	O O O O O
Beide Bereiche …	
… behindern sich häufig gegenseitig bei der Erfüllung ihrer Aufgaben.	O O O O O
… konkurrieren häufig um dieselben Ressourcen (z. B. Personal, Informationen).	O O O O O
… haben häufig bereichsbezogene Ziele, die miteinander vereinbar sind.	O O O O O
… konkurrieren häufig um die Aufmerksamkeit derselben internen Leistungsempfänger (z. B. Manager).	O O O O O
Die Strategieabteilung bietet viele gleichartige Leistungen wie das Controlling an.	O O O O O
Wenn sich Aufgabenfelder zwischen den beiden Bereichen verschieben, kommt es oftmals zu Spannungen.	O O O O O

Bitte beantworten Sie die folgende Frage zur organisatorischen Unterstellung Ihres Controllings und der Strategieabteilung.	*Derselbe Vorgesetzte*	*Anderer Vorgesetzter*
Haben die Leiter des Controllings und der Strategieabteilung denselben direkten Vorgesetzten?	O	O

Literaturverzeichnis

Al-Ani, Ayad (2000): Das Neue Strategische Management: Strategieentwicklung in der Post-Engineering Ära, in: Hinterhuber, Hans H./Friedrich, Stephan A./Al-Ani, Ayad/ Handlbauer, Gernot (Hrsg.): Das Neue Strategische Management – Perspektiven und Elemente einer zeitgemäßen Unternehmensführung, 2. Aufl., Wiesbaden: Gabler, S. 51-71

Al-Bazzaz, Shawki (1980): How Planning Works in Practice – A Survey of 48 U. K. Companies, in: Long Range Planning, No. 4, Vol. 13, S. 30-42

Aldrich, Howard E. (1972): Technology and Organizational Structure: A Reexamination of the Findings of the Aston Group, in: Administrative Science Quarterly, No. 1, Vol. 17, S. 26-43

Aldrich, Howard E./Pfeffer, Jeffrey (1976): Environments of Organizations, in: Annual Review of Sociology, August, Vol. 2, S. 79-105

Al-Laham, Andreas (1997): Strategieprozesse in deutschen Unternehmungen – Verlauf, Struktur und Effizienz, Wiesbaden: Gabler

Allen, Thomas J. (1971): Communication Networks in R&D Laboratories, in: R&D Management, No. 1, Vol. 1, S. 14-21

Amshoff, Bernhard (1993): Controlling in deutschen Unternehmen – Realtypen, Kontext und Effizienz, 2. Aufl., Wiesbaden: Gabler

Anderson, James C./Gerbing, David W. (1991): Predicting the Performance of Measures in a Confirmatory Factor Analysis With a Pretest Assessment of Their Substantive Validities, in: Journal of Applied Psychology, No. 5, Vol. 76, S. 732-740

Anderson, James C./Gerbing, David W. (1993): Proposed Template for Journal of Marketing Research Measurement Appendix, unveröffentlichtes Manuskript, Evanston: Kellog Graduate School of Management

Anderson, James C./Narus, James A. (1986): Toward a Better Understanding of Distribution Channel Working Relationships, in: Backhaus, Klaus/Wilson, David T. (Hrsg.): Industrial Marketing: A German-American Perspective, Berlin: Springer, S. 320-336

Anderson, Paul F. (1982): Marketing, Strategic Planning and the Theory of the Firm, in: Journal of Marketing, No. 2, Vol. 45, S. 15-25

Andrews, Kenneth R. (1971): The Concept of Strategic Management, Homewood: Irwin

Ansoff, H. Igor (1965): Corporate Strategy – An Analytic Approach to Business Policy for Growth and Expansion, New York u. a.: McGraw-Hill

Ansoff, H. Igor (1980): Strategic Issue Management, in: Strategic Management Journal, No. 2, Vol. 1, S. 131-148

Antoni, Manfred/Riekhof, Hans C. (1994): Die Portfolio-Analyse als Instrument der Strategieentwicklung, in: Riekhof, Hans C. (Hrsg.): Praxis der Strategieentwicklung – Konzepte – Erfahrungen – Fallstudien, 2. Aufl., Stuttgart: Schäffer-Poeschel, S. 109-128

Appley, Dee G./Winder, Alvin E. (1977): An Evolving Definition of Collaboration and Some Implications for the World of Work, in: Journal of Applied Behavioral Science, No. 3, Vol. 13, S. 279-291

Armstrong, J. Scott/Overton, Terry S. (1977): Estimating Nonresponse Bias in Mail Surveys, in: Journal of Marketing Research, No. 3, Vol. 14, S. 396-402

Athenstaedt, Ursula/Freudenthaler, Heribert H./Mikula, Gerold (2002): Die Theorie sozialer Interdependenz, in: Frey, Dieter/Irle, Martin (Hrsg.): Theorien der Sozialpsychologie – Band II: Gruppen-, Interaktions- und Lerntheorien, Bern u. a.: Hans Huber

Aust, René (1999): Kostenrechnung als unternehmensinterne Dienstleistung, Wiesbaden: Deutscher Universitäts-Verlag

Ayers, Doug/Dahlstrom, Robert/Skinner, Steven J. (1997): An Exploratory Investigation of Organizational Antecedents to New Product Success, in: Journal of Marketing Research, No. 1, Vol. 34, S. 107-116

Bachmann, Robert (1995): Nutzen des strategischen Controlling bei der Strategieerarbeitung – Darstellung am Beispiel des Retail Banking, Zürich: Schulthess

Backhaus, Klaus/Erichson, Bernd/Plinke, Wulff/Weiber, Rolf (2006): Multivariate Analysemethoden – Eine anwendungsorientierte Einführung, 11. Aufl., Berlin, Heidelberg: Springer

Bagozzi, Richard P. (1979): The Role of Measurement in Theory Construction and Hypothesis Testing – A Holistic Model, in: Ferrel, O.C./Brown, Stephen W./Lamp, Charles W. (Hrsg.): Conceptual and Theoretical Developments in Marketing, Chicago: American Marketing Association, S. 15-32

Bagozzi, Richard P. (1980): Causal Models in Marketing, New York u. a.: Wiley

Bagozzi, Richard P. (1981): Evaluating Structural Equation Models with Unobservable Variables and Measurement Error: A Comment, in: Journal of Marketing Research, No. 3, Vol. 18, S. 375-381

Bagozzi, Richard P./Baumgartner, Hans (1994): The Evaluation of Structural Equation Models and Hypothesis Testing, in: Bagozzi, Richard P. (Hrsg.): Principles in Marketing Research, Cambridge, MA: Blackwell, S. 386-422

Bagozzi, Richard P./Fornell, Claes (1982): Theoretical Concepts, Measurements, and Meaning, in: Bagozzi, Richard P. (Hrsg.): A Second Generation of Multivariate Analysis, New York: Praeger Publishers, S. 24-38

Bagozzi, Richard P./Phillips, Lynn W. (1982): Representing and Testing Organizational Theories – A Holistic Construal, in: Administrative Science Quarterly, No. 3, Vol. 27, S. 459-489

Bagozzi, Richard P./Yi, Youjae (1988): On the Evaluation of Structural Equation Models, in: Journal of Academic Marketing Science, No. 1, Vol. 16, S. 74-94

Bagozzi, Richard P./Yi, Youjae/Phillips, Lynn W. (1991): Assessing Construct Validity in Organizational Research, in: Administrative Science Quarterly, No. 3, Vol. 36, S. 421-458

Balderjahn, Ingo (1986): Das umweltbewusste Konsumentenverhalten – Eine empirische Studie, Berlin: Duncker & Humblot

Balling, Richard (1998): Kooperation – Strategische Allianzen, Netzwerke, Joint Ventures und andere Organisationsformen zwischenbetrieblicher Zusammenarbeit in Theorie und Praxis, 2. Aufl., Frankfurt a. M. u. a.: Peter Lang

Barclay, Donald W. (1991): Interdepartmental Conflict in Organizational Buying: The Impact of Organizational Context, in: Journal of Marketing Research, No. 2, Vol. 28, S. 145-159

Baron, Reuben M./Kenny, David A. (1986): The Moderator-Mediator Distinction in Social Psychological Research: Conceptual, Strategic and Statistical Considerations, in: Journal of Personality & Social Psychology, No. 6, Vol. 51, S. 1173-1182

Bartling, Hartwig (1980): Leitbilder der Wettbewerbspolitik, München: Vahlen

Bartling, Ulrich (1985): Unternehmensberatung als externe Stabsstelle des Managements: Eine Untersuchung der Funktionen und Bedeutung der Unternehmensberatung unter besonderer Berücksichtigung ihrer Relevanz für Klein- und Mittelbetriebe, Frankfurt a. M. u. a.: Peter Lang

Bartunek, Jean M./Foster-Fishman, Pennie G./Keys, Christopher B. (1996): Using Collaborative Advocacy to Foster Intergroup Cooperation: A Joint Insider-Outsider Investigation, in: Human Relations, No. 6, Vol. 49, S. 701-734

Bauer, Michael (2002): Controllership in Deutschland – Zur erfolgreichen Zusammenarbeit von Controllern und Managern, Wiesbaden: Deutscher Universitäts-Verlag

Baum, Heinz G./Coenenberg, Adolf G./Günther, Thomas (1999): Strategisches Controlling, Stuttgart: Schäffer-Poeschel

Baumgartner, Beat (1980): Die Controller-Konzeption: Theoretische Darstellung und praktische Anwendung, Bern, Stuttgart: Haupt

Bea, Franz X./Göbel, Elisabeth (2002): Organisation, 2. Aufl., Stuttgart: Lucius & Lucius

Bea, Franz X./Haas, Jürgen (2001): Strategisches Management, 3. Aufl., Stuttgart: Lucius & Lucius

Bearden, William O./Sharma, Subhash/Teel, Jesse E. (1982): Sample Size Effects on Chi Sqare and Other Statistics Used in Evaluating Causal Models, in: Journal of Marketing Research, No. 4, Vol. 19, S. 425-430

Becker, Heinz J. (2005): Controller und Controlling, 3. Aufl., Renningen: Expert

Becker, Wolfgang (1990): Funktionsprinzipien des Controlling, in: Zeitschrift für Betriebswirtschaft, H. 3, 60. Jg., S. 295-318

Beinhocker, Eric D./Kaplan, Sarah (2002): Tired of Strategic Planning?, in: McKinsey Quarterly, No. 2, Special Edition: Risk and Resilience, S. 49-57

Bentler, Peter M. (1990): Comparative Fit Indexes in Structural Models, in: Psychological Bulletin, No. 2, Vol. 107, S. 238-246

Bentler, Peter M./Bonnet, Douglas G. (1980): Significance Tests and goodness of Fit in the Analysis of Covariance Structures, in: Psychological Bulletin, No. 3, Vol. 88, S. 588-606

Berekhoven, Ludwig/Eckert, Werner/Ellenrieder, Peter (1996): Marktforschung – Methodische Grundlagen und praktische Anwendung, Wiesbaden: Gabler

Berry, Leonard L./Parasuraman, A. (1991): Marketing Services – Competing through Quality, New York: The Free Press

Biel, Alfred (1998): Controlling – Dezentral und Integriert, Controlling 2000 – Eine Antwort aus der Praxis, in: Controller Magazin, H. 3, 23. Jg., S. 197-202

Biel, Alfred (2001): Controlling-Aspekte im Lichte neuer empirischer Erkenntnisse, in: Controller Magazin, H. 4, 26. Jg., S. 323-332

Biel, Alfred/Horváth, Péter/Kaufmann, Herbert (2003): Innovationen im Controlling – Begegnung Wissenschaft und Unternehmenspraxis, in: Controller Magazin, H. 1, 28. Jg., S. 56-65

Bierhoff, Hans W. (1994): Austauschtheorien, in: Frey, Dieter/Grief, Siegfried (Hrsg.): Sozialpsychologie: Ein Handbuch in Schlüsselbegriffen, Weinheim: Psychologie Verlags Union, S. 136-141

Bircher, Bruno (1989): Planungssystem, in: Syzperski, Norbert/Winand, Udo (Hrsg.): Handwörterbuch der Planung, Stuttgart: C. E. Poeschel, Sp. 1503-1515

Blake, Robert R./Mouton, Jane S. (1961a): Loyalty of Representatives to Ingroup Positions during Intergroup Competition, in: Sociometry, No. 2, Vol. 24, S. 177-183

Blake, Robert R./Mouton, Jane S. (1961b): Reactions to Intergroup Competition under Win-Lose Conditions, in: Management Science, No. 4, Vol. 7, S. 420-435

Blake, Robert R./Mouton, Jane S. (1962): Overevaluation of Own Group's Product in Intergroup Competition, in: Journal of Abnormal and Social Psychology, No. 3, Vol. 64, S. 237-238

Blake, Robert R./Mouton, Jane S. (1979): Intergroup Problem Solving in Organizations: From Theory to Practice, in: Austin, William G./Worchel, Stephen (Hrsg.): The Social Psychology of Intergroup Relations, Monterery: Brooks & Cole, S. 19-32

Blake, Robert R./Mouton, Jane S./Sloma, Richard L. (1965): The Union-Management Intergroup Laboratory: Strategy for Resolving Intergroup Conflict, in: Journal of Applied Behavioral Science, No. 1, Vol. 1, S. 25-57

Blau, Peter M. (1964): Exchange and Power in Social Life, New York: Wiley

Blau, Peter M. (2002): Exchange and Power in Social Life, 6. Aufl., New Brunswick u. a.: Transaction Publishing

Bleicher, Knut (1991a): Kooperation als Teil des organisatorischen Harmonisationsprozesses, in: Wunderer, Rolf (Hrsg.): Kooperation – Gestaltungsprinzipien und Steuerung der Zusammenarbeit zwischen Organisationseinheiten, Stuttgart: C. E. Poeschel, S. 143-157

Bleicher, Knut (1991b): Organisation: Strategien – Strukturen – Kulturen, 2. Aufl., Wiesbaden: Gabler

Bohrnstedt, George W. (1970): Reliability and Validity Assessment in Attitude Measurement, in: Summers, Gene F. (Hrsg.): Attitude Measurement, Chicago: Rand McNally, S. 80-99

Bollen, Kenneth A. (1989): Structural Equations with Latent Variables, New York u. a.: Wiley

Bollen, Kenneth A./Barb, Kenney H. (1981): Pearson's r and Coarsely Categorized Measures, in: American Sociological Review, No. 2, Vol. 46, S. 232-239

Bollen, Kenneth A./Lennox, Richard (1991): Conventional Wisdom on Measurement: A Structural Equation Perspective, in: Psychological Bulletin, No. 2, Vol. 110, S. 305-314

Bontis, Nick (1998): Intellectual Capital: An Exploratory Study that Develops Measures and Models, in: Management Decision, No. 2, Vol. 36, S. 63-76

Bortz, Jürgen (2003): Lehrbuch der empirischen Forschung – Für Sozialwissenschaftler, Berlin: Springer

Boulton, William R./Lindsay, William M./Franklin, Stephen G./Rue, Leslie W. (1982): Strategic Planning: Determining the Impact of Environmental Characteristics and Uncertainty, in: Academy of Management Journal, No. 3, Vol. 25, S. 500-509

Brandenburger, Adam M./Nalebuff, Barry J. (1995): The Right Game: Use Game Theory to Shape Strategy, in: Harvard Business Review, No. 4, Vol. 73, S. 57-71

Brewer, Marilyn B./Miller, Norman (1984): Beyond the Contact Hypothesis: Theoretical Perspectives on Desegregation, in: Miller, Norman/Brewer, Marilyn B. (Hrsg.): Groups in Contact – The Psychology of Desegregation, Orlando (USA): S. 281-301

Brockhoff, Klaus (1994): Management von Schnittstellen unter besonderer Berücksichtigung der Koordination von Marketingbereichen mit Forschung und Entwicklung. Vorgelegt in der Sitzung vom 30. April 1994 in Kiel, abgedruckt in: Berichte aus den Sitzungen der Joachim Jungius-Gesellschaft der Wissenschaften e. V., Hamburg, 12. Jg., Nr.2, Göttingen: Vandenhoeck & Ruprecht

Brockhoff, Klaus/Hauschildt, Jürgen (1993): Schnittstellen-Management – Koordination ohne Hierarchie, in: Zeitschrift für Führung und Organisation, H. 6, 62. Jg., S. 396-403

Bronner, Rolf (1987): Personelle Konflikt-Ursachen und Konflikt-Wirkungen in arbeitsteiligen Entscheidungsprozessen, in: Zeitschrift für Personalforschung, H. 1, 1. Jg., S. 61-90

Bronner, Tillmann (1995): Wertsteigerung durch strategische Entscheidungen – Analyse anhand eines strategischen Unternehmensmodells, Stuttgart: Schäffer-Poeschel

Brown, Rupert G./Ross, G. F. (1982): The Battle for Acceptance: An Investigation into the Dynamics of Intergroup Behaviour, in: Tajfel, Henry (Hrsg.): Social Identity and Intergroup Relations, Cambridge u. a.: Cambridge University Press, S. 155-178

Brown, Shona L./Eisenhardt, Kathleen M. (1995): Product Development: Past Research, Present Findings, and Future Directions, in: Academy of Management Review, No. 2, Vol. 20, S. 342-378

Browne, Michael W./Cudeck, Robert (1993): Alternative Ways of Assessing Model Fit, in: Bollen, Kenneth A./Long, Scott J. (Hrsg.): Testing Structural Equation Models, Newbury Park: Wiley, S. 136-162

Bruhn, Manfred (1995): Verfahren zur Messung der Qualität interner Dienstleistungen: Ansätze für einen Methodentransfer aus dem (externen) Dienstleistungsmarketing, in: Bruhn, Manfred (Hrsg.): Internes Marketing: Integration der Kunden- und Mitarbeiterorientierung – Grundlagen – Implementierung – Praxisbeispiele, Wiesbaden: Gabler, S. 611-649

Bruhn, Manfred (2000): Qualitätssicherung im Dienstleistungsmarketing – eine Einführung in die theoretischen und praktischen Probleme, in: Bruhn, Manfred/Strauss, Bernd (Hrsg.): Dienstleistungsqualität – Konzepte – Methoden – Erfahrungen, 3. Aufl., Wiesbaden: Gabler, S. 21-48

Bruhn, Manfred (2001): Relationship Marketing – Das Management von Kundenbeziehungen, München: Vahlen

Bruhn, Manfred (2006): Qualitätsmanagement für Dienstleistungen – Grundlagen – Konzepte – Methoden, 6. Aufl., Berlin u. a.: Springer

Brummund, Werner (1983): Zusammenarbeit zwischen Organisationseinheiten in sozio-technischen Systemen: Grundlagen zur Beschreibung und Ansätze zur strukturellen Gestaltung lateraler Kooperationsbeziehungen, Essen: Dissertation, Universität Gesamthochschule Essen

Burnett, C. Don/Yeskey, Dennis P./Richardson, David (1984): New Roles for Corporate Planners in the 1980s, in: The Journal of Business Strategy, No. 4, Vol. 4, S. 64-69

Busz, Michael/Cohen, Rudolf/Poser, Ulrich/Schümer, Anke/Schümer, Rudolf/Sonnenfeld, Christa (1972): Die soziale Bewertung von 880 Eigenschaftsbegriffen sowie die Analyse der Ähnlichkeitsbeziehungen zwischen einigen dieser Begriffe, in: Zeitschrift für experimentelle und angewandte Psychologie, H. 2, 19. Jg., S. 282-308

Butler Jr., John K. (1991): Toward Understanding and Measuring Conditions of Trust: Evolution of a Conditions of Trust Inventory, in: Journal of Management, No. 3, Vol. 17, S. 643-663

Campion, Michael A./Cheraskin, Lisa/Stevens, Michael J. (1994): Career-Related Antecedents and Outcomes of Job Rotation, in: Academy of Management Journal, No. 6, Vol. 37, S. 1518-1542

Cannon-Bowers, Janis A./Oser, Randall L./Flanagan, Deborah L. (1992): Work Teams in Industry: A Selected Review and Proposed Framework, in: Swezey, Robert W./Salas, Eduardo (Hrsg.): Teams: Their Training and Performance, Norwood: Ablex, S. 355-377

Capon, Noel/Christodoulou, Chris/Farley, John U./Hulbert, James (1984): A Comparison of Corporate Planning Practice in American and Australian Manufacturing Companies, in: Journal of International Business Studies, No. 2, Vol. 15, S. 41-54

Carmines, Edward G./Zeller, Richard A. (1979): Reliability and Validity Assessment, Newbury Park: Sage University Paper

Caroli, Tobias S. (2006): Beratung gibt es überall – nun auch durch Controller?, in: Zeitschrift für Controlling & Management, H. 4, 50. Jg., S. 228-233

Casciaro, Tiziana/Piskorski, Mikotaj J. (2005): Power Imbalance, Mutual Dependence, and Constraint Absorption: A Closer Look at Resource Dependence Theory, in: Administrative Science Quarterly, No. 2, Vol. 50, S. 167-199

Cassel, Claes M./Hackl, Peter/Westlund, Anders (1999): Robustness of Partial Least-Squares Method for Estimating Latent Variable Quality Structures, in: Journal of Applied Statistics, No. 4, Vol. 26, S. 435-446

Cassel, Claes M./Hackl, Peter/Westlund, Anders (2000): On Measurement of Intangible Assets: A Study of Robustness of Partial Least Squares, in: Total Quality Management, No. 7, Vol. 11, S. 897-909

Castrogiovanni, Gary J. (1991): Environmental Munificence: A Theoretical Assessment, in: Academy of Management Review, No. 3, Vol. 16, S. 542-565

Chandler, Alfred D. (1962): Strategy and Structure, Cambridge: MIT Press

Chandler, Alfred D. (1962/2001): Strategy and Structure. Chapters in the History of Industrial Enterprise, Cambridge: MIT Press

Chia-Hui, Ho/Chang-Jung, Christian (2006): Exchange-based Value Cration System for Networking Relationships Management, in: The Journal of American Academy of Business, No. 1, Vol. 9, S. 202-209

Child, John (1972): Organizational Structure, Environment and Performance: The Role of Strategic Choice, in: British Sociological Association, No. 1, Vol. 6, S. 1-22

Chimhanzi, Jacqueline (2004): The Impact of Integration Mechanisms on Marketing/HR Dynamics, in: Journal of Marketing Management, No. 7/8, Vol. 20, S. 713-740

Chin, Wynne W. (1998): The Partial Least Squares Approach to Structural Equation Modeling, in: Marcoulides, George A. (Hrsg.): Modern Methods for Business Research, Hillsdale: Lawrence Erlbaum Associates, S. 295-336

Chin, Wynne W. (2000): Frequently Asked Questions – Partial Least Squares & PLS-Graph, http://disc-nt.cba.uh.edu/chin/plsfaq.htm

Chin, Wynne W./Newsted, Peter R. (1999): Structural Equation Modeling Analysis with Small Samples Using Partial Least Squares, in: Hoyle, Rick H. (Hrsg.): Statistical Strategies for Small Sample Research, Thousand Oaks: Sage, S. 308-342

Chin, Wynne W./Marcolin, Barbara L./Newsted, Peter R. (2003): A Partial Least Squares Variable Modeling Approach for Measuring Interaction Effects: Results from a Monte Carlo Simulation Study and an Electronic-Mail Emotion/Adoption Study, in: Information Systems Research, No. 2, Vol. 14, S. 189-217

Chu, Suh Y./Fang, Wen C. (2006): Exploring the Relationships of Trust and Commitment in Supply Chain Management, in: The Journal of American Academy of Business, No. 1, Vol. 9, S. 224-228

Churchill Jr., Gilbert A. (1979): A Paradigm for Developing Better Measures of Marketing Constructs, in: Journal of Marketing Research, No. 1, Vol. 16, S. 64-73

Churchill Jr., Gilbert A. (1991): Marketing Research – Methodological Foundations, 5. Aufl., Fort Worth u. a.: Dryden Press

Churchill Jr., Gilbert A. (1999): Marketing Research – Methodological Foundations, 7. Aufl., Fort Worth u. a.: Dryden Press

Commins, Barry/Lockwood, John (1979): The Effects of Status Differences, Favored Treatment, and Equity on Intergroup Comparisons, in: European Journal of Social Psychology, No. 3, Vol. 9, S. 281-289

Cook, Karen S. (1977): Exchange and Power in Networks on Interorganizational Relations, in: Sociological Quarterly, No. 1, Vol. 18, S. 62-82

Copeland, Tom/Koller, Tim/Murrin, Jack (1996): Valuation: Measuring and Managing the Value of Companies, 2. Aufl., New York u. a.: Wiley

Corsten, Daniel (2003): Zur empirischen Methode in der Logistikforschung – Bestandsaufnahme und Leitfaden zur Konzeptualisierung und Operationalisierung von Logistikkonstrukten, in: Logistik Management, H. 3, 5. Jg., S. 49-60

Corsten, Hans (1985): Die Produktion von Dienstleistungen. Grundzüge einer Produktionswirtschaft des tertiären Sektors, Berlin: Schmidt

Corsten, Hans (1988): Dienstleistungen in produktionstheoretischer Interpretation, in: Wirtschaftswissenschaftliches Studium, Nr. 2, 17. Jg., S. 81-87

Corsten, Hans (1990): Betriebswirtschaftslehre der Dienstleistungsunternehmen – Einführung, 2. Aufl., München u. a.: Oldenbourg

Cox, Helmut/Hübener, Harald (1981): Wettbewerb: Eine Einführung in die Wettbewerbstheorie und Wettbewerbspolitik, in: Cox, Helmut/Jens, Uwe/Markert, Kurt (Hrsg.): Handbuch des Wettbewerbs, München: Vahlen, S. 3-48

Crespendes, Frank V. (1993): Coordinating Sales and Marketing in Consumer Goods Firms, in: Journal of Consumer Marketing, No. 2, Vol. 10, S. 37-55

Crisp, Richard J./Stone, Catriona H./Hall, Natalie R. (2006): Recategorization and Subgroup Identification: Predicting and Preventing Threats From Common Ingroups, in: Personality and Social Psychology Bulletin, No. 2, Vol. 32, S. 230-243

Crittenden, Victoria L. (1992): Close the Marketing/Manufacturing Gap, in: Sloan Management Review, No. 3, Vol. 33, S. 41-52

Crittenden, Victoria L./Gardiner, Lorraine R./Stam, Antonie (1993): Reducing Conflict between Marketing and Manufacturing, in: Industrial Marketing Management, No. 4, Vol. 22, S. 299-309

Cronbach, Lee J. (1951): Coefficient Alpha and the Internal Structure of Tests, in: Psychometrika, No. 3, Vol. 16, S. 297-334

Dasgupta, Prithviraj (1988): Trust as a Commodity, in: Gambetta, Diego (Hrsg.): Trust-Making and Breaking Cooperative Relations, New York: Basil Blackwell, S. 49-72

David, Ulrich (2005): Strategisches Management von Controllerbereichen – Konzept und Fallstudien, Wiesbaden: Deutscher Universitäts-Verlag

De Ruyter, Ko/Wetzels, Martin (2000a): Determinants of a Relational Exchange Orientation in the Marketing-Manufacturing Interface: An Empirical Investigation, in: Journal of Management Studies, No. 2, Vol. 37, S. 257-276

De Ruyter, Ko/Wetzels, Martin (2000b): The Marketing-Finance Interface: A Relational Exchange Perspective, in: Journal of Business Research, No. 2, Vol. 50, S. 209-215

Deeter-Schmelz, Dawn R./Ramsey, Rosemary (1995): A Conceptualization of the Functions and Roles of Formalized Selling and Buying Teams, in: Journal of Personal Selling and Sales Management, No. 2, Vol. 15, S. 47-60

Dehler, Markus (2001): Entwicklungsstand in der Logistik – Messung – Determinanten – Erfolgswirkungen, Wiesbaden: Gabler

Deng, Shengliang/Dart, Jack (1994): Measuring Market Orientation: A Multi-factor, Multi-item Approach, in: Journal of Marketing Management, No. 8, Vol. 10, 725-742

Denison, Daniel R./Hart, Stuart L./Kahn, Joel A. (1996): From Chimneys to Cross-Functional Teams: Developing and Validating a Diagnostic Model, in: Academy of Management Journal, No. 4, Vol. 39, S. 1005-1023

Deppisch, Carl G. (1997): Dienstleistungsqualität im Handel, Wiesbaden: Gabler

Dess, Gregory G./Beard, Donald W. (1984): Dimensions of Organizational Task Uncertainty, in: Administrative Science Quarterly, No. 1, Vol. 29, S. 52-73

Deutsch, Morton (1949): A Theory of Cooperation and Competition, in: Human Relations, No. 2, Vol. 2, S. 129-152

Deutsch, Morton (1976): Konfliktregulierung: Konstruktive und destruktive Prozesse, München: Reinhardt

Deutsch, Morton (1981): Fünfzig Jahre Konfliktforschung, in: Grunwald, Wolfgang/Lilge, Hans G. (Hrsg.): Kooperation und Konkurrenz in Kooperationen, Bern: UTB, S. 15-49

DeVellis, Robert F. (1991): Scale Development – Theory and Applications, Newbury Park: Sage

Diamantopoulos, Adamantios (1999): Viewpoint: Export Performance Measurement: Reflective vs. Formative Indicators, in: International Marketing Review, No. 6, Vol. 16, S. 444-457

Diamontopoulos, Adamantios/Schlegelmilch, Bodo B. (1996): Determinants of Industrial Mail Survey Response: A Survey-on-Survey Analysis of Researchers and Managers View, in: Journal of Marketing, No. 6, Vol. 12, S. 501-531

Diamantopoulos, Adamantios/Winklhofer, Heidi M. (2001): Index Construction with Formative Indicators: An Alternative to Scale Development, in: Journal of Marketing Research, No. 2, Vol. 38, S. 269-277

Domsch, Michael/Gerpott, Torsten J. (1995): Führung in Forschung und Entwicklung, in: Kieser, Alfred/Reber, Gerhard/Wunderer, Rolf (Hrsg.): Handwörterbuch der Führung, 2. Aufl., Stuttgart: Schäffer-Poeschel, Sp. 369-380

Donabedian, Avedis (1980): The Definition of Quality and Approaches to its Assessment: Explorations in Quality Assessment and Monitoring, Vol. 1, Ann Arbor: Health Administration Press

Doney, Patricia M./Cannon, Joseph P. (1997): An Examination of the Nature of Trust in Buyer-Seller Relationships, in: Journal of Marketing, No. 2, Vol. 61, S. 35-51

Drazin, Robert/Van de Ven, Andrew H. (1985): Alternative Forms of Fit in Contingency Theory, in: Administrative Science Quarterly, No. 4, Vol. 30, S. 514-559

Dunk, Alan S./Kilgore, Alan (2004): Financial Factors in R&D Budget Setting: The Impact of Interfunctional Market Coordination, Strategic Alliances, and the Nature of Competition, in: Accounting and Finance, No. 2, Vol. 44, S. 123-138

Dwyer, F. Robert/Schurr, Paul H./Oh, Sejo (1987): Developing Buyer-Seller Relationships, in: Journal of Marketing, No. 2, Vol. 51, S. 11-27

Echebarrai-Echabe, Agustin/Guede, Emilia Fernández (2003): Extending the Theory of Realistic Conflict to Competition in Institutional Settings: Intergroup Status and Outcome, in: The Journal of Social Psychology, H. 6, Vol. 143, S. 763-782

Efron, Bradley/Gong, Gail (1983): A Leisurely Look at the Bootstrap, the Jackknife and Cross-Validation, in: The American Statistician, No. 1, Vol. 37, S. 36-48

Efron, Bradley/Tibshirani, Robert J. (1993): An Introduction to the Bootstrap, New York: Chapman and Hall

Eggert, Andreas/Fassot, Georg (2003): Zur Verwendung formativer und reflektiver Indikatoren in Strukturgleichungsmodellen: Ergebnisse einer Metaanalyse und Anwendungsempfehlungen, Arbeitspapier, Kaiserslautern: Universität Kaiserslautern

Eggert, Andreas/Fassott, Georg/Helm, Sabrina (2005): Identifizierung und Quantifizierung mediierender und moderierender Effekte in komplexen Kausalstrukturen, in: Bliemel, Friedhelm/Eggert, Andreas/Fassott, Georg/Henseler, Jörg (Hrsg.): Handbuch PLS-Pfadmodellierung, Stuttgart: Schäffer-Poeschel, S. 101-116

Eisenberg, Nancy (2005): The Development of Empathy-Related Responding, in: Nebraska Symposium on Motivation, k. A., Vol. 51, S. 73-117

Ekey, Hans F./Kosfeld, Reinhold/Draeger, Christian (2001): Ökonometrie: Grundlagen – Methoden – Beispiele, 2. Aufl., Wiesbaden: Gabler

Emerson, Richard M. (1962): Power-Dependence Relations, in: American Sociological Review, No. 2, Vol. 27, S. 31-41

Enders, Craig K. (2003): Using the Expectation Maximization Algorithm to Estimate Coefficient Alpha for Scales With Item-Level Missing Data, in: Psychological Methods, No. 3, Vol. 8, S. 322-337

Enders, Craig K. (2004): The Impact of Missing Data on Sample Reliability Estimates: Implications for Reliability Reporting Practices, in: Educational and Psychological Measurement, No. 3, Vol. 64, S. 419-436

Engelbrecht, Christoph (2004): Logistikoptimierung durch Outsourcing: Erfolgswirkung und Erfolgsfaktoren, Wiesbaden: Deutscher Universitäts-Verlag

Engelhard, Werner H./Kleinaltenkamp, Michael/Reckenfelderbäumer, Martin (1992): Dienstleistungen als Absatzobjekt, Arbeitsbericht Nr. 52, Bochum: Ruhr-Universität Bochum, Institut für Unternehmensführung und Unternehmensforschung

Ernst, Holger (2001): Erfolgsfaktoren neuer Produkte: Grundlagen für eine valide empirische Forschung, Wiesbaden: Gabler

Eschenbach, Rolf/Niedermayr, Rita (1996): Die Konzeption des Controlling, in: Eschenbach, Rolf (Hrsg.): Controlling, 2. Aufl., Stuttgart: Schäffer-Poeschel, S. 65-93

Esser, Hartmut (1977): Response Set – Methodische Problematik und soziologische Interpretation, in: Zeitschrift für Soziologie, H. 3, 6. Jg., S. 253-263

Exner, Karin (2003): Controlling in der New Economy – Herausforderungen, Aufgaben, Instrumente, Wiesbaden: Deutscher Universitäts-Verlag

Fallgatter, Michael J./Koch, Lambert T. (1998): Kooperation im Spannungsfeld konstruierter Wirklichkeiten: Zur Entstehung einer betrieblichen „Kooperationssituation", in: Spieß, Erika/Nerdinger, Friedemann W. (Hrsg.): Kooperation in Unternehmen, München, Mering: Hampp

Fern, Richard H./Tipgos, Manuel A. (1988): Controllers as Business Strategists: A Progress Report, in: Management Accounting, No. 9, Vol. 69, S. 25-29

Fischer, Arnold (1990): Organisation des Controlling in einem Großunternehmen (Am Beispiel der Continental AG, Hannover), in: Mayer, Elmar/Weber, Jürgen (Hrsg.): Handbuch Controlling, Stuttgart: C. E. Poeschel, S. 565-580

Fisher, Robert J./Maltz, Elliot/Jaworski, Bernhard J. (1997): Enhancing Communication Between Marketing and Engineering: The Moderating Role of Relative Functional Identification, in: Journal of Marketing, No. 3, Vol. 61, S. 54-70

Fornell, Claes (1986): A Second Generation of Multivariate Analysis: Classification of Methods and Implications for Marketing Research, Working Paper, Ann Arbor: University of Michigan

Fornell, Claes/Bookstein, Fred L. (1982): Two Structural Equation Models: LISREL and PLS Applied to Consumer Exit-Voice Theory, in: Journal of Marketing Research, No. 4, Vol. 19, S. 440-452

Fornell, Claes/Cha, Jaesung (1994): Partial Least Squares, in: Bagozzi, Richard P. (Hrsg.): Advanced Methods of Marketing Research, Cambridge: Blackwell Business, S. 52-78

Fornell, Claes/Larcker, David F. (1981): Evaluating Structural Equation Models with Unobservable Variables and Measurement Error, in: Journal of Marketing Research, No. 1, Vol. 18, S. 39-50

Förster, Friedrich/Fritz, Wolfgang/Silberer, Günter/Raffée, Hans (1984): Der LISREL-Ansatz der Kausalanalyse und seine Bedeutung für die Marketing-Forschung, in: Zeitschrift für Betriebswirtschaft, H. 4, 54. Jg., S. 346-367

Foschiani, Stefan (2000): Projektorientierte Strategieentwicklung, in: Foschiani, Stefan/ Habenicht, Walter/Schmid, Uwe/Wäscher, Gerhard (Hrsg.): Strategisches Management im Zeichen von Umbruch und Wandel – Festschrift für Prof. Dr. Erich Zahn zum 60. Geburtstag, Stuttgart: C. E. Poeschel, S. 341-370

Freeman, R. Edward (1984): Strategic Management: A Stakeholder Approach, Boston u. a.: Pitman Publishers

Frese, Erich (1992): Organisationstheorie – Historische Entwicklung – Ansätze – Perspektiven, 2. Aufl., Wiesbaden: Gabler

Frese, Erich (1997): Unternehmensinterne Märkte – Konzeptionelle Überlegungen zu einem aktuellen Thema, in: Küpper, Hans U./Troßmann, Ernst (Hrsg.): Das Rechnungswesen im Spannungsfeld zwischen strategischem und operativem Management, Berlin: Duncker & Humblot

Friedrichs, Jürgen (1981): Methoden empirischer Sozialforschung, 9. Aufl., Opladen: Westdeutscher Verlag

Funk, Klaus (2000): Aufgaben des Controlling im Strategieprozess, in: Controller Magazin, H. 6, 25. Jg., S. 525-529

Gaertner, Samuel L./Dovidio, John F./Bachmann, Betty A. (1996): Revisiting the Contact Hypothesis: The Induction of Common Ingroup Identity, in: International Journal of Intercultural Relations, Special Issue: International Congress on Prejudice, Discrimination and Conflict, Vol. 20, S. 271-290

Gaertner, Samuel L./Pomare, Marina/Dovidio, John F./Mann, Jeffrey A./Murrell, Audrey J. (1990): How Does Cooperation Reduce Intergroup Bias?, in: Journal of Perso-nality & Social Psychology, No. 4, Vol. 59, S. 692-704

Gaertner, Samuel L./Dovidio, John F./Nier, Jason A./Banker, Brenda S./Ward, Christine M./Houlette, Melissa/Loux, Stephanie (2000): The Common Ingroup Identity Model for Reducing Intergroup Bias: Progress and Challenges, in: Capozza, Dora/Brown, Rupert (Hrsg.): Social Identity Processes: Trends in Theory and Research, London u. a.: Sage

Galbraith, Jay R. (1973): Designing Complex Organizations, Reading: Addison-Wesley

Gälweiler, Aloys (1976): Unternehmenssicherung und strategische Planung, in: Zeitschrift für betriebswirtschaftliche Forschung, H. 6, 28. Jg., S. 362-379

Ganesan, Shankar (1994): Determinants of Long-Term Orientation in Buyer-Seller Relationships, in: Journal of Marketing, No. 4, Vol. 58, S. 1-19

Garvin, David A. (1984): What does „Product Quality" Really Mean?, in: Sloan Management Review, Issue 1, Vol. 26, S. 25-43

Garvin, David A. (1988): Managing Quality – The Strategic and Competitive Edge, New York: Free Press

Gaydoul, Peter (1980): Controlling in der deutschen Unternehmenspraxis, Darmstadt: S. Toeche-Mittler

Gemünden, Hans G./Högl, Martin (2000): Teamarbeit in innovativen Projekten, in: Gemünden, Hans G./Högl, Martin (Hrsg.): Management von Teams – Theoretische Konzepte und empirische Befunde, Wiesbaden: Gabler, S. 1-31

Gerbing, David W./Anderson, James C. (1988): An Updated Paradigm for Scale Development Incorporating Unidimensionality and Its Assessment, in: Journal of Marketing Research, No. 2, Vol. 25, S. 186-192

Gerpott, Heike (1991): F&E und Produktion – Theoretische und empirische Analysen zu Schnittstellenproblemen im Innovationsprozess unter besonderer Berücksichtigung personalwirtschaftlicher Aspekte, München: Florentz

Geyskens, Inge/Steenkamp, Jan B./Kumar, Nirmalya (1999): A Meta-Analysis of Satisfaction in Marketing Channel Relationships, in: Journal of Marketing Research, No. 2, Vol. 36, S. 223-238

Giering, Annette (2000): Der Zusammenhang zwischen Kundenzufriedenheit und Kundenloyalität – Eine Untersuchung moderierender Effekte, Wiesbaden: Deutscher Universitäts-Verlag

Ginthum, Matthias (2005): Das Praxisbeispiel BSH Bosch und Siemens Hausgeräte GmbH, in: Weber, Jürgen (Hrsg.): Strategisches Controlling – Wie Controller auf diesem Spielfeld wettbewerbsfähig werden, Schriftenreihe Advanced Controlling, Bd. 44, Weinheim: Wiley

Gladstein, Deborah L. (1984): Groups in Context: A Model of Task Group Effectiveness, in: Administrative Science Quarterly, No. 4, Vol. 29, S. 499-517

Goeldel, Hans (1997): Gestaltung der Planung – Konzeptioneller Ansatz und Fallstudien, Wiesbaden: Deutscher Universitäts-Verlag

Goll, Irene/Rasheed, Abdul M. A. (1997): Rational Decision-Making and Firm Performance: The Moderating Role of Environment, in: Strategic Management Journal, No. 7, Vol. 18, S. 583-591

Götz, Oliver/Liehr-Gobbers, Kerstin (2004a): Analyse von Strukturgleichungsmodellen mit Hilfe der Partial-Least-Squares- (PLS) Methode, in: Die Betriebswirtschaft, H. 6, 64. Jg., S. 714-738

Götz, Oliver/Liehr-Gobbers, Kerstin (2004b): Der Partial-Least-Squares- (PLS) Ansatz zur Analyse von Strukturgleichungsmodellen, IfM-Arbeitspapiere, Nr. 2, Münster: Institut für Marketing

Grandori, Anna (1987): Perspectives on Organization Theory, Cambridge: Ballinger.

Griffin, Abbie/Hauser, John R. (1992): Patterns of Communication among Marketing, Engineering and Manufacturing – A Comparison between Two New Product Teams, in: Management Science, No. 3, Vol. 38, S. 360-373

Griffin, Abbie/Hauser, John R. (1996): Integrating R&D and Marketing: A Review and Analysis of the Literature, in: Journal of Product Innovation Management, No. 1, Vol. 13, S. 191-215

Grund, Michael (1998): Interaktionsbeziehungen im Dienstleistungsmarketing: Zusammenhänge zwischen Zufriedenheit und Bindung von Kunden und Mitarbeitern, Wiesbaden: Gabler

Günther, Thomas (1991a): Erfolg durch strategisches Controlling? – Eine empirische Studie zum Stand des strategischen Controlling in deutschen Unternehmen und dessen Beitrag zu Unternehmenserfolg und -risiko, München: Vahlen

Günther, Thomas (1991b): Erfolgswirkung des Strategischen Controlling – Ergebnisse einer empirischen Untersuchung zur Beziehung von Strategischem Controlling und Unternehmenserfolg in deutschen Unternehmen, in: Zeitschrift für Betriebswirtschaft, Ergänzungsheft 3/1991, S. 61-87

Günther, Thomas (2002): Strategisches Controlling, in: Küpper, Hans U./Wagenhofer, Alfred (Hrsg.): Handwörterbuch Unternehmensrechnung und Controlling, 4. Aufl., Stuttgart: Schäffer-Poeschel, S 1899-1909

Gupta, Ashok K. (1984): A Study of the R&D/Marketing Interface and Innovation Success in High Technology Firms, Ann Arbor: University Microfilms International

Gupta, Ashok K./Wilemon, David L. (1988): The Credibility-Cooperation Connection at the R&D-Marketing Interface, in: Journal of Product Innovation Management, No. 1, Vol. 5, S. 20-31

Gupta, Ashok K./Raj, S. P./Wilemon, David L. (1985a): R&D and Marketing Dialogue in High-Tech Firms, in: Industrial Marketing Management, No. 4, Vol. 14, S. 289-300

Gupta, Ashok K./Raj, S. P./Wilemon, David L. (1985b): The R&D-Marketing Interface in High-Technology Firms, in: Journal of Product Innovation Management, No. 1, Vol. 2, S. 12-24

Gupta, Ashok K./Raj, S. P./Wilemon, David L. (1986): A Model for Studying R&D-Marketing Interface in the Product Innovation Process, in: Journal of Marketing, No. 2, Vol. 50, S. 7-17

Gutenberg, Erich (1952): Planung im Betrieb, in: Zeitschrift für Betriebswirtschaft, 22. Jg., S. 669-684

Guzzo, Richard A. (1986): Group Decision Making and Group Effectiveness in Organizations, in: Goodman, Paul S. (Hrsg.): Designing Effective Work Groups, San Francisco: Jossey Bass, S. 34-71

Guzzo, Richard A./Dickson, Marcus W. (1996): Teams in Organizations: Recent Research on Performance and Effectiveness, in: Annual Review of Psychology, No. 1, Vol. 47, S. 307-338

Haake, Klaus (1987): Strategisches Verhalten in europäischen Klein- und Mittelunternehmen, Berlin u. a.: Duncker & Humblot

Hahn, Dietger (1987): Controlling – Stand und Entwicklungstendenzen unter besonderer Berücksichtigung des CIM-Konzeptes, in: Scheer, August W. (Hrsg.): Rechnungswesen und EDV, 8. Saarbrücker Arbeitstagung, Heidelberg: Physica, S. 3-39

Hahn, Dietger (1991): Strategische Führung und Strategisches Controlling, in: Zeitschrift für Betriebswirtschaft, Ergänzungsheft 3/1991, S. 121-146

Hahn, Dietger (1998): Konzepte strategischer Führung – Entwicklungstendenzen in Theorie und Praxis unter besonderer Berücksichtigung der Globalisierung, in: Zeitschrift für Betriebswirtschaft, H. 6, 68. Jg., S. 563-579

Hahn, Dietger/Hungenberg, Harald (2001): PuK – Wertorientierte Controllingkonzepte, Wiesbaden: Gabler

Hahn, Dietger/Hungenberg, Harald (2002): Planungsorganisation, in: Küpper, Hans U./ Wagenhofer, Alfred (Hrsg.): Handwörterbuch Unternehmensrechnung und Controlling, 4. Aufl., Stuttgart: Schäffer-Poeschel, S. 1457-1468

Hair, Joseph F./Anderson, Ralph E./Tatham, Ronald/Black, William C. (1998): Multivariate Data Analysis, 5. Aufl., Upper Saddle River: Prentice Hall

Hall, Richard H. (1962): Intraorganizational Structural Variation: Application of the Bureaucratic Model, in: Administrative Science Quarterly, No. 3, Vol. 7, S. 295-308

Hall, Richard H. (1963): The Concept of Bureaucracy: An Empirical Assessment, in: American Journal of Sociology, No. 1, Vol. 69, S. 32-40

Haller, Sabine (1993): Methoden zur Beurteilung von Dienstleistungsqualität – Überblick zum State of the Art, in: Zeitschrift für betriebswirtschaftliche Forschung, H. 1, 45. Jg., S. 19-40

Hamel, Gary/Prahalad, C.K. (1994): Competing for the Future, Boston: Harvard Business School Press

Hammer, Richard M. (1998): Strategische Planung und Frühaufklärung, 3. Aufl., München, Wien: Oldenbourg

Hamprecht, Markus (1996): Controlling von Konzernplanungssystemen – Theoretische Ableitung und betriebliche Realität führungsstrukturabhängiger Ausprägungsmuster, Wiesbaden: Deutscher Universitäts-Verlag

Hans, Lothar/Warschburger, Volker (1996): Controlling, 2. Aufl., München, Wien: Oldenbourg

Hansen, Morten T./Lovas, Bjorn (2004): How Do Multinational Companies Leverage Technological Competencies? Moving from Single to Interdependent Explanations, in: Strategic Management Journal, No. 8/9, 25, S. 801-822

Hasselberg, Frank (1989): Strategische Kontrolle im Rahmen strategischer Unternehmensführung, Frankfurt a. M. u. a.: Peter Lang

Hauser, Robert M./Goldberger, Arthur S. (1971): The Treatment of Unobservable Variables in Path Analysis, in: Costner, Herbert L. (Hrsg.): Sociological Methodology, San Francisco: Jossey Bass, S. 81-117

Hausman, Warren H./Montgomery, David B./Roth, Aleda V. (2000): Exploring the Impact of Marketing and Manufacturing Strategies, Conflict and Morale on Business Performance, Research Paper 1620, Department of Industrial Engineering and Engineering Management, Stanford: Stanford University

Hausman, Warren H./Montgomery, David B./Roth, Aleda V. (2002): Why Should Marketing and Manufacturing Work Together? Some Exploratory Empirical Results, in: Journal of Operations Management, No. 3, Vol. 20, S. 241-257

Hax, Arnoldo C./Majluf, Nicolas S. (1984): Strategisches Management – Ein integratives Konzept aus dem MIT, Frankfurt, New York: Campus

Hax, Arnoldo C./Majluf, Nicolas S. (1996): The Strategy Concept and Process – A Pragmatic Approach, 2. Aufl., Upper Saddle River: Prentice-Hall

Heeler, Roger M./Ray, Michael L. (1972): Measure Validation in Marketing, in: Journal of Marketing Research, No. 4, Vol. 9, S. 361-370

Heide, Jan B./John, George (1992): Do Norms Matter in Marketing Relationships?, in: Journal of Marketing, No. 2, Vol. 56, S. 32-44

Heigl, Anton (1978): Controlling – Interne Revision, 2. Aufl., Stuttgart, New York: Fischer

Henseler, Jörg (2005): Einführung in die PLS-Pfadmodellierung, in: Wirtschaftswissenschaftliches Studium, H. 2, 34. Jg., S. 70-75

Henzler, Herbert A. (1988): Von der strategischen Planung zur strategischen Führung: Versuch einer Positionsbestimmung, in: Zeitschrift für Betriebswirtschaft, H. 12, 58. Jg., S. 1286-1307

Henzler, Herbert A. (1990): Der Controller der 90er Jahre, in: Horváth, Péter (Hrsg.): Strategieunterstützung durch das Controlling: Revolution im Rechnungswesen?, Stuttgart: C. E. Poeschel, S. 51-62

Herbst, Claus (2002): Interorganisationales Schnittstellenmanagement – Ein Konzept zur Unterstützung des Managements von Transaktionen, Frankfurt a. M. u. a.: Peter Lang

Herdzina, Klaus (1999): Wettbewerbspolitik, Stuttgart: Lucius & Lucius

Hermann, Andreas/Huber, Frank/Kressmann, Frank (2006): Varianz- und kovarianzbasierte Strukturgleichungsmodelle – Ein Leitfaden zu deren Spezifikation, Schätzung und Beurteilung, in: Zeitschrift für betriebswirtschaftliche Forschung, Februar, 58. Jg., S. 34-66

Herzog, Andreas (1999): Gestaltung von Controllership – Die Zuordnung von Aufgaben zu Controllern, Wiesbaden: Deutscher Universitäts-Verlag

Hiam, Alexander (1993): Strategic Planning Unbound, in: Journal of Business Strategy, No. 2, Vol. 14, S. 46-52

High, Jack (2001): Introduction Split Personality: A Brief History of Competition in Economic Theory, in: High, Jack (Hrsg.): Competition, Cheltenham: Bookcraft, S. xiii-xlv

Hildebrandt, Lutz (1983): Konfirmatorische Analysen von Modellen des Konsumentenverhaltens, Berlin: Duncker & Humblot

Hildebrandt, Lutz (1998): Kausalanalytische Validierung in der Marketingforschung, in: Hildebrandt, Lutz/Homburg, Christian (Hrsg.): Die Kausalanalyse: Ein Instrument der empirischen betriebswirtschaftlichen Forschung, Stuttgart: Schäffer-Poeschel, S. 85-110

Hilke, Wolfgang (1989): Grundprobleme und Entwicklungstendenzen des Dienstleistungsmarketing, in: Hilke, Wolfgang (Hrsg.): Dienstleistungs-Marketing: Banken und Versicherungen – freie Berufe – Handel und Transport – nicht-erwerbswirtschaftlich orientierte Organisationen, Wiesbaden: Gabler, S. 5-44

Hinterhuber, Hans H. (1990): Strategie und strategische Führungskompetenz, in: Hammer, Richard M./Hinterhuber, Hans H./Kapferer, Robert/Turnheim, Georg (Hrsg.): Strategisches Management in den 90er Jahren. Entwicklungstendenzen – Controlling – Human Ressources, Wien: Manz, S. 17-40

Hoegl, Martin (1998): Teamarbeit in innovativen Projekten: Einflussgrößen und Wirkungen, Wiesbaden: Deutscher Universitäts-Verlag

Hoegl, Martin/Gemuenden, Hans G. (2001): Teamwork Quality and the Success of Innovative Projects: A Theoretical Concept and Empirical Evidence, in: Management Science, No. 4, Vol. 12, S. 435-449

Hoegl, Martin/Proserpio, Luigi (2004): Team Member Proximity and Teamwork in Innovative Projects, in: Research Policy, No. 8, Vol. 33, S. 1153-1165

Hoffjan, Andreas (2003): Das Rollenbild des Controllers in Werbeanzeigen, in: Zeitschrift für Betriebswirtschaft, H. 10, 73. Jg., S. 1025-1050

Hoffmann, Friedrich (1972): Merkmale der Führungsorganisation amerikanischer Unternehmen – Auszüge aus den Ergebnissen einer Forschungsreise 1970, in: Zeitschrift für Führung und Organisation, 41. Jg., S. 3-8, 85-89 und 145-148

Hoffmann, Werner H./Niedermayr, Rita/Risak, Johann (1996): Führungsergänzung durch Controlling, in: Eschenbach, Rolf (Hrsg.): Controlling, 2. Aufl., Stuttgart: Schäffer-Poeschel, S. 3-48

Homans, George C. (1958): Social Behavior as Exchange, in: American Journal of Sociology, No. 5, Vol. 63, S. 597-606

Homburg, Christian (1992): Die Kausalanalyse – Eine Einführung, in: Wirtschaftswissenschaftliches Studium, H. 10, 21. Jg., S. 499-508

Homburg, Christian (2000): Kundennähe von Industriegüterunternehmen: Konzeption – Erfolgsauswirkungen – Determinanten, 3. Aufl., Wiesbaden: Gabler

Homburg, Christian (2001): Der Selbstfindungsprozess des Controlling – Einige Randbemerkungen aus der Marketing-Perspektive, in: Die Unternehmung, H. 6, 55. Jg., S. 425-430

Homburg, Christian/Baumgartner, Hans (1995a): Beurteilung von Kausalmodellen. Bestandsaufnahme und Anwendungsempfehlungen, in: Marketing ZFP, H. 3, 17. Jg., S. 162-176

Homburg, Christian/Baumgartner, Hans (1995b): Die Kausalanalyse als Instrument der Marketingforschung, in: Zeitschrift für Betriebswirtschaft, H. 11, 65. Jg., S. 1091-1108

Homburg, Christian/Giering, Annette (1996): Konzeptualisierung und Operationalisierung komplexer Konstrukte – Ein Leitfaden für die Marketingforschung, in: Marketing ZFP, H. 1, 18. Jg., S. 5-24

Homburg, Christian/Giering, Annette (1998): Konzeptualisierung und Operationalisierung komplexer Konstrukte – Ein Leitfaden für die Marketingforschung, in: Hildebrandt, Lutz/Homburg, Christian (Hrsg.): Die Kausalanalyse – Ein Instrument der empirischen betriebswirtschaftlichen Forschung, Stuttgart: Schäffer-Poeschel, S. 111-146

Homburg, Christian/Pflesser, Christian (2000): Strukturgleichungsmodelle mit latenten Variablen: Kausalanalyse, in: Herrmann, Andreas/Homburg, Christian (Hrsg.): Marktforschung: Methoden, Anwendungen, Praxisbeispiele, 2. Aufl., Wiesbaden: Gabler, S. 633-661

Hoppe, Sonja (2004): Veränderung strategischer Planungsprozesse bei Kontextwandel, Bamberg: Difo-Druck

Horváth, Péter (1978): Controlling – Entwicklung und Stand einer Konzeption zur Lösung der Adaptions- und Koordinationsprobleme der Führung, in: Zeitschrift für Betriebswirtschaft, H. 3, 48. Jg., S. 194-208

Horváth, Péter (1981): Entwicklungstendenzen des Controlling: Strategisches Controlling, in: Rühli, Edwin/Thommen, Jean P. (Hrsg.): Unternehmensführung aus finanz- und betriebswirtschaftlicher Sicht, Stuttgart: C. E. Poeschel, S. 397-415

Horváth, Péter (2003): Controlling, 9. Aufl., München: Vahlen

Houlden, Brian T. (1995): How Corporate Planning Adapts and Survives, in: Long Range Planning, No. 4, Vol. 28, S. 99-108

Hoyle, Rick H./Kenny, David A. (1999): Sample Size, Reliability, and Tests of Statistical Mediation, in: Hoyle, Rick H. (Hrsg.): Statistical Strategies For Small Sample Research, Thousand Oaks, London, New Dehli: Sage, S. 195-222

Hsieh, An T./Chao, Hui Y. (2004): A Reassessment of the Relationship between Job Specialization, Job Rotation and Job Burnout: Example of Taiwan's High Technology Industry, in: International Journal of Human Resource Management, No. 6, Vol. 15, S. 1108-1123

Hu, Li-tze/Bentler, Peter M. (1995): Evaluating Model Fit, in: Hoyle, Rick H. (Hrsg.): Structural Equation Modelling: Concepts, Issues and Applications, Thousand Oaks: Sage, S. 76-99

Hu, Li-tze/Bentler, Peter M. (1999): Cutoff Criteria for Fit Indexes in Covariance Structure Analysis: Conventional Criteria Versus New Alternatives, in: Structural Equation Modeling, No. 1, Vol. 6, S. 1-55

Hungenberg, Harald (2000): Strategisches Management in Unternehmen – Ziele – Prozesse – Verfahren, Wiesbaden: Gabler

Hunger, David J./Wheelen, Thomas L. (2000): Essentials of Strategic Management, New Jersey: Prentice Hall

Hunold, Claus (2003): Erfolgsfaktoren kommunaler Kostenrechnung, Wiesbaden: Gabler

Hunt, Shelby D. (1991): Modern Marketing Theory: Critical Issues in the Philosophy of Marketing Science, Cincinnati: SouthWestern Publishing

Hutzschenreuter, Thomas/Kleindienst, Ingo (2006): Strategy-Process Research: What Have We Learned And What Is Still to Be Explored, in: Journal of Management, No. 5, Vol. 32, S. 673-720

Ihring, Hans C. (1986): Einführung in das Controlling für Mittelstandsunternehmen, Wien: Service Fachverlage

Jacoby, Jacob (1978): Consumer Research – A State of the Art Review, in: Journal of Marketing, No. 2, Vol. 42, S. 87-96

Jansen, Stephan A. (2000): Konkurrenz und Kooperation, in: Jansen, Stephan A./ Schleissing, Stephan (Hrsg.): Konkurrenz und Kooperation, Marburg: Metropolis, S. 13-63

Jarvis, Cheryl B./Mackenzie, Scott B./Podsakoff, Philip M. (2003): A Critical Review of Construct Indicators and Measurement Model Misspecification in Marketing and Consumer Research, in: Journal of Consumer Research, No. 2, Vol. 30, S. 199-218

Javidan, Mansour (1987): Perceived Attributes of Planning Staff Effectiveness, in: Journal of Management Studies, No. 3, Vol. 24, S. 295-312

Jaworski, Bernhard J./Kohli, Ajay K. (1993): Market Orientation: Antecedents and Consequences, in: Journal of Marketing, No. 3, Vol. 57, S. 53-70

Jones, Allan P./James, Lawrence R. (1979): Psychological Climate: Dimensions and Relationships of Individual and Aggregated Work Environment Perceptions, in: Organizational Behavior and Human Performance, No. 2, Vol. 23, S. 201-250

Jöreskog, Karl G. (1966): Testing a Simple Structure Hypothesis in Factor Analysis, in: Psychometrika, No. 2, Vol. 31, S. 165-178

Jöreskog, Karl G. (1967): Some Contributions to Maximum Likelihood Factor Analysis, in: Psychometrika, No. 4, Vol. 32, S. 443-482

Jöreskog, Karl G. (1969): A General Approach to Maximum Likelihood Factor Analysis, in: Psychometrika, No. 3, Vol. 34, S. 183-202

Jöreskog, Karl G./Sörbom, D. (1982): Recent Developments in Structural Equation Modeling, in: Journal of Marketing Research, No. 4, Vol. 19, S. 404-416

Kahn, Kenneth B. (1996): Interdepartmental Integration: A Definition with Implications for Product Development Performance, in: Journal of Product Innovation Management, No. 1, Vol. 13, S. 137-151

Kahn, Kenneth B. (2001): Market Orientation, Interdepartmental Integration, and Product Development Performance, in: The Journal of Product Innovation Management, No. 5, Vol. 18, S. 314-323

Kahn, Kenneth B./McDonough, Edward F. (1997): An Empirical Study of the Relationships among Co-location, Integration, Performance, and Satisfaction, in: Journal of Product Innovation Management, No. 3, Vol.14, S. 161-178

Kahn, Kenneth B./Mentzer, John T. (1996): Logistics and Interdepartmental Integration, in: International Journal of Physical Distribution & Logistics, No. 8, Vol. 26, S. 6-14

Kahn, Kenneth B./Mentzer, John T. (1998): Marketing's Integration with Other Departments, in: Journal of Business Research, No. 1, Vol. 42, S. 53-62

Kahn, Kenneth B./Reizenstein, Richard C./Rentz, Joseph O. (2004): Sales-Distribution Interfunctional Climate and Relationship Effectiveness, in: Journal of Business Research, No. 10, Vol. 57, S. 1085-1091

Kaiser, Henry F. (1974): An Index of Factorial Simplicity, in: Psychometrika, No. 1, Vol. 39, S. 31-36

Kaplan, Robert S./Norton, David P. (1996): The Balanced Scorecard – Translating Strategy into Action, Boston: Harvard Business School Press

Karlshaus, Jan T. (2000): Die Nutzung von Kostenrechnungsinformationen im Marketing – Bestandsaufnahme, Determinanten und Erfolgsauswirkungen, Wiesbaden: Deutscher Universitäts-Verlag

Kast, Fremont E./Rosenzweig, James E. (1972): General System Theory: Applications for Organization and Management, in: Academy of Management Journal, No. 4, Vol. 15, S. 447-465.

Katz, Daniel/Kahn, Robert L. (1978): The Social Psychology of Organizations, 2. Aufl., New York u. a.: Wiley

Katzenbach, Jon R./Smith, Douglas K. (2005): The Discipline of Teams, in: Harvard Business Review, No. 7/8, Vol. 83, S. 162-171

Kebbel, Phoebe (2000): Qualitätswahrnehmung von Dienstleistungen – Determinanten und Auswirkungen, Wiesbaden: Gabler

Kehrmann , Titus (2002): Rationalitätssicherung bei hohen Wissensdefiziten – Entwicklung eines Modells zum Controlling strategischer Problemlösungsteams, Wiesbaden: Deutscher Universitäts-Verlag

Keller, Robert T. (1986): Predictors of the Performance of Project Groups in R&D Organizations, in: Academy of Management Journal, No. 4, Vol. 29, S. 715-726

Kelley, Harold H./Thibaut, John W. (1969): Group Problem Solving, in: Lindzey, Gardner/Aronson, Elliot (Hrsg.): Handbook of Social Psychology, Vol. 4, Reading: Wiley, S. 1-101

Kelley, Harold H./Thibaut, John W. (1978): Interpersonal Relations – A Theory of Interdependence, New York: Wiley

Kenning, Peter (2002): Customer Trust Management: Ein Beitrag zum Vertrauensmanagement im Lebensmitteleinzelhandel, Wiesbaden: Deutscher Universitäts-Verlag

Kern, Egbert (1990): Der Interaktionsansatz im Investitionsgütermarketing: Eine konfirmatorische Analyse, Berlin: Duncker & Humblot

Kiedaisch, Ingo (1997): Internationale Kunden-Lieferanten-Beziehungen – Determinanten – Steuerungsmechanismen – Beziehungsqualität, Wiesbaden: Gabler

Kieser, Alfred (1991): Innovation und Kooperation, in: Wunderer, Rolf (Hrsg.): Kooperation – Gestaltungsprinzipien und Steuerung der Zusammenarbeit zwischen Organisationseinheiten, Stuttgart: C. E. Poeschel, S. 159-174

Kieser, Alfred (2001a): Der situative Ansatz, in: Kieser, Alfred/Woywode, Michael (Hrsg.): Organisationstheorien, 4. Aufl., Stuttgart, Berlin, Köln: Kohlhammer, S. 169-198

Kieser, Alfred (2001b): Evolutionstheoretische Ansätze, in: Kieser, Alfred/Woywode, Michael (Hrsg.): Organisationstheorien, 4. Aufl., Stuttgart, Berlin, Köln: Kohlhammer, S. 253-285

Kieser, Alfred/Kubicek, Herbert (1992): Organisation, 3. Aufl., Berlin, New York: de Gruyter

Kieser, Alfred/Walgenbach, Peter (2003): Organisation, 4. Aufl., Stuttgart: Schäffer-Poeschel

Klaus, Peter (1987): Durch den Strategie-Theorien-Dschungel, in: Die Betriebswirtschaft, H. 1, 47. Jg., S. 50-68

Klee, Alexander (2000): Strategisches Beziehungsmanagement: Ein integrativer Ansatz zur Steuerung der Qualität von Geschäftsbeziehungen auf industriellen Märkten, Aachen: Shaker

Klimecki, Rüdiger G. (1985): Laterale Kooperation – Zur Gestaltung der Zusammenarbeit zwischen Abteilungen in der Unternehmung, Bern, Stuttgart: Haupt

Koberg, Christine S. (1987): Resource Scarcity, Environmental Uncertainty, and Adpative Organizational Behavior, in: Academy of Management Journal, No. 4, Vol. 39, S. 798-807

Köhler, Richard/Görgen, Walter (1992): Schnittstellenmanagement, in: Die Betriebswirtschaft, H. 4, 51. Jg., S. 527-529

Kohli, Ajay K./Jaworski, Bernhard J. (1990): Market Orientation: The Construct, Research Propositions, and Managerial Implications, in: Journal of Marketing, No. 2, Vol. 54, S. 1-18

Kolks, Uwe (1990): Strategieimplementierung – Ein anwenderorientiertes Konzept, Wiesbaden: Deutscher Universitäts-Verlag

Körfgen, Ralf (1999): Prozessoptimierung in Dienstleistungsunternehmen, Wiesbaden: Gabler

Kotler, Philip/Bliemel, Friedhelm (2001): Marketing Management, 10. Auf., Stuttgart: Schäffer-Poeschel

Kranz, Mathias (2003): Strategische Planung als Dienstleistung oder Institution, in: Rasche, Christoph/Wagner, Dieter (Hrsg.): Professional Services, Mering: Hampp, S. 245-263

Kreikebaum, Hartmut (1992): Die Einführung strategischer Planungssysteme in der Praxis, in: Zeitschrift für Betriebswirtschaft, H. 6, 62. Jg., S. 671-683

Kreikebaum, Hartmut/Suffel, Winfried (1981): Der Entwicklungsprozeß der strategischen Planung – Erfahrungen deutscher und amerikanischer Industrieunternehmen mit Geschäftsbereichsorganisation bei der Einführung und Weiterentwicklung strategischer Planungssysteme, Thun, Frankfurt a. M.: Harri Deutsch

Kreutz, Henrik/Titscher, Stefan (1974): Die Konstruktion von Fragebögen, in: Van Koolwijk, Jürgen/Wieken-Mayser, Maria (Hrsg.): Erhebungsmethoden: Die Befragung, München, Wien: Oldenbourg, S. 24-82

Krohmer, Harley (1999): Marktorientierte Unternehmenskultur als Erfolgsfaktor der Strategieimplementierung, Wiesbaden: Deutscher Universitäts-Verlag

Kronast, Matthias (1989): Controlling – Notwendigkeit eines unternehmensspezifischen Selbstverständnisses, München: Verlag Barbara Kirsch

Krüger, Wilfried (1979): Controlling: Gegenstandsbereich, Wirkungsweise und Funktionen im Rahmen der Unternehmenspolitik, in: Betriebswirtschaftliche Forschung und Praxis, H. 2, 31. Jg., S. 158-169

Kuipers, Ben S./De Witte, Marco C. (2005): Teamwork: A Case Study on Development and Performance, in: International Journal of Human Resource Management, No. 2, Vol. 16, S. 185-201

Kumar, Nirmalya/Scheer, Lisa K./Steenkamp, Jan B. (1995): The Effects of Perceived Interdependence on Dealer Attitudes, in: Journal of Marketing Research, No. 3, Vol. 32, S. 348-356

Künzel, Hansjörg (1999): Management interner Kunden-Lieferanten-Beziehungen, Wiesbaden: Gabler

Küpper, Hans U. (1987): Konzeption des Controlling aus betriebswirtschaftlicher Sicht, in: Scheer, August W. (Hrsg.): Rechnungswesen und EDV, 8. Saarbrücker Arbeitstagung 1987, Heidelberg: Physica, S. 82-118

Küpper, Hans U. (1991): Betriebswirtschaftliche Steuerungs- und Lenkungsmechanismen organisationsinterner Kooperation, in: Wunderer, Rolf (Hrsg.): Kooperation –

Gestaltungsprinzipien und Steuerung der Zusammenarbeit zwischen Organisationseinheiten, Stuttgart: C. E. Poeschel, S. 175-203

Küpper, Hans U. (2001): Controlling: Konzeption, Aufgaben und Instrumente, 3. Aufl., Stuttgart: Schäffer-Poeschel

Küpper, Hans U. (2005): Controlling – Konzeption, Aufgaben, Instrumente, 4. Aufl., Stuttgart: Schäffer-Poeschel

Küpper, Hans U./Weber, Jürgen/Zünd, André (1990): Zum Verständnis und Selbstverständnis des Controlling, in: Zeitschrift für Betriebswirtschaft, H. 3, 60. Jg., S. 281-293

Labbé, Marcus (2005): Der Einfluss des Kapitalmarkts auf die Strategieentwicklung börsennotierter Unternehmen, in: Der Betrieb, H. 39, 58. Jg., 2089-2095

Lambe, C. Jay/Wittmann, C. Michael/Spekman, Robert E. (2001): Social Exchange Theory and Research on Business-to-Business Relational Exchange, in: Journal of Business-to-Business Marketing, No. 3, Vol. 8, S. 1-36

Lane, Christel (2000): Theories and Issues in the Study of Trust, in: Lane, Christel/Bachmann, Reinhard (Hrsg.): Trust Within and Between Organizations, Oxford: Oxford University Press, S. 1-30

Langenbach, Wilm (2001): Börseneinführungen von Tochtergesellschaften – Eine konzeptionelle und empirische Analyse zur Optimierung der Rationalitätssicherung durch Märkte, Wiesbaden: Deutscher Universitäts-Verlag

Langerak, Fred (2001): The Relationship between Customer and Supplier Perceptions of the Manufacturer's Market Orientation and its Business Performance, in: International Journal of Market Research, No. 1, Vol. 43, S. 43-62

Langerak, Fred (2003): The Effect of Market Orientation on Positional Advantage and Organizational Performance, in: Journal of Strategic Marketing, No. 2, Vol. 11, S. 93-115

Langerak, Fred/Hultink, Erik J./Robben, Henry S.J. (2004a): The Impact of Market Orientation, Product Advantage, and Launch Proficiency on New Product Performance and Organizational Performance, in: Journal of Product Innovation Management, No. 2, Vol. 21, S. 79-94

Langerak, Fred/Hultink, Erik Jan/Robben, Henry S.J. (2004b): The Role of Predevelopment Activities in the Relationship between Market Orientation and Performance, in: R&D Management, No. 3, Vol. 34, S. 295-309

Langerak, Fred/Peelen, Ed/Commandeur, Harry (1997): Organizing for Effective New Product Development – An Exploratory Study of Dutch and Belgian Industrial Firms, in: Industrial Marketing Management, No. 3, Vol. 26, S. 281-289

Langguth, Heike (1994): Strategisches Controlling, Ludwigsburg, Berlin: Wissenschaft und Praxis

Lanter, Norbert (1996): Beziehungsdynamik im Controlling – Schwierigkeiten in der Zusammenarbeit zwischen Managern und Controllern unter konstruktivistischer Sicht, Bern, Stuttgart, Wien: Haupt

Laux, Helmut/Liermann, Felix (2003): Grundlagen der Organisation – Die Steuerung von Entscheidungen als Grundproblem der Betriebswirtschaftslehre, 5. Aufl., Berlin u. a.: Springer

Lawrence, Paul R./Lorsch, Jay W. (1967): Differentiation and Integration in Complex Organisations, in: Administrative Science Quarterly, No. 1, Vol. 12, S. 1-47

Lawrence, Paul R./Lorsch, Jay W. (1986): Organization and Environment – Managing Differentiation and Integration, Boston: Harvard Business School Press

Lemieux, James/McAlister, Leigh (2005): Handling Missing Values in Marketing Data: A Comparison of Techniques, in: Marketing Science Institute, No. 05-002, Working Paper Series, S. 41-59

Li, Fuzhong/Harmer, Peter/Duncan, Terry E./Duncan, Susan C./Acock, Alan/Shawn, Boles (1998): Approaches to Testing Interaction Effects Using Structural Equation Modeling Methodology, in: Multivariate Behavioral Research, No. 1, Vol. 33, S. 1-39

Liebe, Bodo (1987): Strategische Unternehmensplanung an einem Beispiel der Investitionsgüter-Industrie, in: Töpfer, Armin/Afheldt, Heik (Hrsg.): Praxis der Strategischen Unternehmensplanung, 2. Aufl., Stuttgart: Poller, S. 377-392

Liessmann, Konrad (1990): Strategisches Controlling als Aufgabe des Management, in: Mayer, Elmar/Weber, Jürgen (Hrsg.): Handbuch Controlling, Stuttgart: C. E. Poeschel, S. 303-323

Lindskold, Svenn (1978): Trust development, the GRIT Proposal and the Effects on Conciliatory Acts on Conflict and Cooperation, in: Psychological Bulletin, No. 4, Vol. 85, S. 772-793

Lings, Ian N./Greenley, Gordon E. (2001): The Development and Validation of a Measure of Internal Market Orientation, Research Paper, Birmingham: Aston University

Lings, Ian N./Greenley, Gordon E. (2005): Measuring Internal Market Orientation, in: Journal of Service Research, No. 3, Vol. 7, S. 290-305

Link, Jörg (1985): Organisation der Strategischen Planung – Aufbau und Bedeutung strategischer Geschäftseinheiten sowie strategischer Planungsorgane, Heidelberg, Wien: Physica

Löffler, Carsten (1995): Die Wirkung der strategischen Planung auf den Unternehmenserfolg, Wiesbaden: Gabler

Lohmöller, Jan B. (1989): Latent Variable Path Modeling with Partial Least Squares, Heidelberg: Physica

Lorange, Peter (1998): Strategy Implementation: the New Realities, in: Long Range Planning, No. 1, Vol. 31, S. 18-29

Luck, David J./Rubin, Ronald S. (1987): Marketing Research, 7. Aufl., Engelwood Cliffs: Prentice-Hall

Luhmann, Niklas (1989): Vertrauen – Ein Mechanismus der Reduktion sozialer Komplexität, 3. Aufl., Stuttgart: Enke

Luo, Yadong (2005): Toward Coopetition within a Multinational Enterprise: A Perspective from Foreign Subsidiaries, in: Journal of World Business, No. 1, Vol. 40, S. 71-90

Malhotra, Naresh K. (1993): Marketing Research – An Applied Orientation, Englewood Cliffs: Prentice Hall

Maltz, Elliot (2000): Is All Communication Created Equal? – An Investigation into the Effects of Communication Mode on Perceived Information Quality, in: Journal of Product Innovation Management, No. 1, Vol. 17, S. 110-127

Maltz, Elliot/Kohli, Ajay K. (1996): Market Intelligence Dissemination Across Functional Boundaries, in: Journal of Marketing Research, No. 1, Vol. 33, S. 47-61

Maltz, Elliot/Kohli, Ajay K. (2000): Reducing Marketing's Conflict with Other Functions: The Differential Effects of Integrating Mechanisms, in: Journal of the Academy of Marketing Science, No. 4, Vol. 28, S. 479-492

Maltz, Elliot/Souder, William E./Kumar, Ajith (2001): Influencing R&D/Marketing Integration and the Use of Market Information by R&D Managers: Intended and Unintended Effects of Managerial Actions, in: Journal of Business Research, No. 1, Vol. 52, S. 69-82

Mankin, Donald/Cohen, Susan G./Bikson, Tora K. (1996): Teams and Technology: Fulfilling the Promise of the New Organization, Boston: Harvard Business School Press

Mann, Rudolf (1973): Die Praxis des Controlling: Instrumente, Einführung, Konflikte, München: Moderne Industrie

Mann, Rudolf (1979/1987): Praxis des strategischen Controlling mit Checklists und Arbeitsformularen, 4. Aufl., Landsberg a. L.: Verlag Moderne Industrie

Marr, Rainer (1992): Kooperationsmanagement, in: Gaugler, Eduard/Weber, Wolfgang G. (Hrsg.): Handwörterbuch des Personalwesens, Stuttgart: Schäffer-Poeschel, Sp. 1154-1163

Matschke, Manfred J./Kolf, J. (1980): Historische Entwicklung, Begriff und organisatorische Probleme des Controlling, in: Der Betrieb, H. 13, 37. Jg., S. 601-607

Matthes, Alexandra (2005): Die Wirkung von Vertrauen auf die Ex-Post-Transaktionskosten in Kooperation und Hierarchie, Dissertation WHU – Otto Beisheim School of Management (noch nicht veröffentlicht), Vallendar

Mayer, Elmar (1991): Der Werkzeugkasten des Controllers – Vernetzung von strategischem und operativem Controlling, in: Risak, Johann/Deyle, Albrecht (Hrsg.): Controlling: State of the Art und Entwicklungstendenzen, Wiesbaden: Gabler, S. 29-45

Meffert, Heribert (1995): Dienstleistungsmarketing, in: Tietz, Bruno/Köhler, Richard/Zentes, Joachim (Hrsg.): Handwörterbuch des Marketing, 2. Aufl., Stuttgart: Schäffer-Poeschel, Sp. 454-469

Meffert, Heribert/Bruhn, Manfred (2006): Dienstleistungsmarketing – Grundlagen – Konzepte – Methoden, 5. Aufl., Wiesbaden: Gabler

Mendelow, Aubrey L. (1983): Setting Corporate Goals and Measuring Organizational Effectiveness – a Practical Approach, in: Long Range Planning, No. 1, Vol. 16, S. 70-76

Menon, Anil/Bharadwaj, Sundar G./Howell, Roy (1996): The Quality and Effectiveness of Marketing Strategy: Effects of Functional and Dysfunctional Conflict in Intraorganizational Relationships, in: Journal of the Academy of Marketing Science, No. 4, Vol. 24, S. 299-313

Menon, Anil/Jaworski, Bernhard J./Kohli, Ajay K. (1997): Product Quality: Impact of Interdepartmental Interactions, in: Journal of the Academy of Marketing Science, No. 3, Vol. 25, S. 187-200

Miller, Danny/Droge, Cornelia/Toulouse, Jean M. (1988): Strategic Process and Content as Mediators Between Organizational Context and Structure, in: Academy of Management Journal, No. 3, Vol. 31, S. 544-569

Mintzberg, Henry (1978): Patterns in Strategy Formation, in: Management Science, No. 9, Vol. 24, S. 934-948

Mintzberg, Henry (1989): Mintzberg on Management. Inside our Strange World of Organizations, New York: Free Press

Mintzberg, Henry (1991): Research Notes and Communication: Learning 1, Planning 0 – Reply to Igor Ansoff, in: Strategic Management Journal, No. 5, Vol. 12, S. 463-466

Mintzberg, Henry (1994a): The Fall and Rise of Strategic Planning, in: Harvard Business Review, No. 1, Vol. 72, S. 107-114

Mintzberg, Henry (1994b): The Rise and Fall of Strategic Planning, New York: Free Press

Mintzberg, Henry/Lampel, Joseph (1999): Reflecting on the Strategy Process, in: Sloan Management Review, No. 3, Vol. 40, S. 21-30

Mintzberg, Henry/Ahlstrand, Bruce/Lampel, Joseph (1998): Strategy Safari – A Guided Tour Through the Wilds of Strategic Management, New York: Free Press

Moenaert, Rudy K./Souder, William E. (1990): An Information Transfer Model for Integrating Marketing and R&D Personnel in New Product Development Projects, in: Journal of Product Innovation Management, No. 2, Vol. 7, S. 91-107

Moenaert, Rudy K./Caeldries, Filip/Lievens, Annouk/Wauters, Elke (2000): Communication Flows in International Product Innovation Teams, in: Journal of Product Innovation Management, No. 1, Vol. 17, S. 360-377

Moenaert, Rudy K./Souder, William E./De Meyer, Arnoud/Deschoolmeester, Dirk (1994): R&D-Marketing Integration Mechanisms, Communication Flows, and Innovation Success, in: Journal of Product Innovation Management, No. 1, Vol. 11, S. 31-45

Morgan, Neil A./Piercy, Nigel F. (1998): Interactions between Marketing and Quality at the SBU Level: Influences and Outcomes, in: Journal of the Academy of Marketing Science, No. 1, Vol. 26, S. 190-208

Morgan, Robert M./Hunt, Shelby D. (1994): The Commitment-Trust Theory of Relationship Marketing, in: Journal of Marketing, No. 3, Vol. 58, S. 20-38

Mosiek, Thomas (2002): Interne Kundenorientierung des Controlling, Frankfurt a. M. u. a.: Peter Lang

Müller-Stewens, Günther (2003): Zur Genese von Strategien, in: Horváth, Péter/Gleich, Ronald (Hrsg.): Neugestaltung der Unternehmensplanung – Innovative Konzepte und erfolgreiche Praxislösungen, Stuttgart: Schäffer-Poeschel, S. 209-224

Müller-Stewens, Günther/Lechner, Christoph (2003): Strategisches Management – Wie strategisches Initiativen zum Wandel führen, 2. Aufl., Stuttgart: Schäffer-Poeschel

Mummendey, Amélie/Otten, Sabine (2002): Theorien zu intergruppalem und interpersonalem Verhalten, in: Frey, Dieter/Irle, Martin (Hrsg.): Theorien der Sozialpsychologie – Bd. 2 – Gruppen-, Interaktions- und Lerntheorien, 2. Aufl., Bern u. a.: Huber, S. 95-119

Mummendey, Amélie/Schreiber, Hans J. (1983): Better or Different? Positive Social Identity by Discrimination against or by Differentiation from Outgroups, in: European Journal of Social Psychology, No. 4, Vol. 13, S. 389-397

Mummendey, Hans D. (1999): Die Fragebogen-Methode – Grundlagen und Anwendungen in Persönlichkeits-, Einstellungs- und Selbstkonzeptforschung, 3. Aufl., Göttingen u. a.: Hogrefe

Nalebuff, Barry J./Brandenburger, Adam M. (1996): Coopetition – Kooperativ konkurrieren, Frankfurt a. M., New York: Campus

Narver, John C./Slater, Stanley F. (1990): The Effect of a Market Orientation on Business Profitability, in: Journal of Marketing, No. 4, Vol. 54, 20-35

Nelson, Donna W./Klein, Cynthia T. F./Irvin, Jennifer E. (2003): Motivational Antecedents of Empathy: Inhibiting Effects of Fatigue, in: Basic & Applied Social Psychology, No. 1, Vol. 25, S. 37-50

Niedermayr, Rita (1994): Entwicklungsstand des Controlling – System, Kontext und Effizienz, Wiesbaden: Deutscher Universitäts-Verlag

Niedermayr, Rita (2000): Zukunft des Controlling – Controlling der Zukunft, in: Controller Verein (Hrsg.): Entwicklungstendenzen und Änderungsbedarf im Controlling – Sammelband zum 22. Congress der Controller, S. 58-70

Norburn, David/Dunn, Mark G./Birley, Sue/Boxx, W. Randy (1995): Corporate Values and the Marketing Concept: Examining Interfunctional Relationships, in: Journal of Strategic Marketing, No. 4, Vol. 3, S. 215-232

Nunally, Jum C. (1967): Psychometric Theory, New York: McGraw-Hill

Nunally, Jum C. (1978): Psychometric Theory, 2. Aufl., New York: McGraw-Hill

Nunally, Jum C./Bernstein, Ira H. (1994): Psychometric Theory, New York: McGraw-Hill

Ortega, Jaime (2001): Job Rotation as a Learning Mechanism, in: Management Science, No. 10, Vol. 47, S. 1361-1370

Osterloh, Brun W. (1974): Die betriebliche Investitionskontrolle: Problem der Kontrolle betrieblicher Investitionen unter besonderer Berücksichtigung der Kontrolle der Investitionsplanung, Berlin: Technische Universität Berlin

Ottum, Brian D./Moore, William L. (1997): The Role of Market Information in New Product Success/Failure, in: Journal of Product Innovation Management, No. 4, Vol. 14, S. 258-273

Papadakis, Vassilis M./Lioukas, Spyros/Chambers, David (1998): Strategic Decision-Making Processes: The Role of Management and Cointext, in: Strategic Management Journal, No. 2, Vol. 19, S. 115-147

Parasuraman, A./Zeithaml, Valarie A./Berry, Leonard L. (1988): SERVQUAL: A Multiple-Item Scale for Measuring Consumer Perceptions of Service Quality, in: Journal of Retailing, No. 1, Vol. 64, S. 12-40

Parry, Mark E./Song, X. Michael (1993): Determinants of R&D-Marketing Integration in High-Tech Japanese Firms, in: Journal of Product Innovation Management, No. 1, Vol. 10, S. 4-22

Peter, J. Paul (1979): Reliability: A Review of Psychometric Basics and Recent Marketing Practices, in: Journal of Marketing Research, No. 1, Vol. 16, S. 6-17

Peterson, Candida C./Peterson, James L. (1976): Linguistic Determinants of the Difficulty of True-False Test Items, in: Educational and Psychological Measurement, No. 1, Vol. 36, S. 161-164

Pettigrew, Thomas F. (1998): Intergroup Contact Theory, in: Annual Review of Psychology, No. 1, Vol. 49, S. 65-85

Pfeffer, Jeffrey (1982): Organizations and Organization Theory, Boston: Pitman

Pfeffer, Jeffrey/Salancik, Gerald R. (1978): The External Control of Organizations – A Resource Dependence Perspective, New York u. a.: Harper Row

Pflesser, Christian (1999): Marktorientierte Unternehmenskultur – Konzeption und Untersuchung eines Mehrebenenmodells, Wiesbaden: Deutscher Universitäts-Verlag

Pfohl, Hans C./Stölzle, Wolfgang (1997): Planung und Kontrolle, 2. Aufl., München: Vahlen

Pfohl, Hans C./Zettelmeyer, Bernd (1987): Strategisches Controlling?, in: Zeitschrift für Betriebswirtschaft, H. 2, 57. Jg, S. 145-175

Picot, Arnold (1991): Ökonomische Theorien der Organisation – Ein Überblick über neuere Ansätze und deren betriebswirtschaftliches Anwendungspotential, in: Ordelheide, Dieter/Rudolph, Bernd/Büsselmann, Elke (Hrsg.): Betriebswirtschaftslehre und ökonomische Theorie, Stuttgart: S. 143-170

Pinto, Mary B./Pinto, Jeffrey K. (1990): Project Team Communication and Cross-Functional Cooperation in New Program Development, in: Journal of Product Innovation Management, No. 1, Vol. 7, S. 200-212

Pinto, Mary B./Pinto, Jeffrey K./Prescott, John E. (1993): Antecedents and Consequences of Project Team Cross-functional Cooperation, in: Management Science, No. 10, Vol. 39, S. 1281-1297

Plovnick, Mark/Fry, Ronald/Rubin, Irwin (1975): New Developments in OD Technology: Programmed Team Development., in: Training and Development Journal, No. 4, Vol. 29, S. 19-25

Porter, Michael E. (1979): How Competitive Forces Shape Strategy, in: Porter, Michael E./ Montgomery, Cynthia A. (Hrsg.): Strategy – Seeking and Securing Competitive Advantage, Boston: Harvard Business School, S. 11-25

Porter, Michael E. (1985): Competitive Strategy – Creating and Sustaining Superior Performance, New York: Free Press

Powell, Walter W. (1996): Weder Markt noch Hierarchie: Netzwerkartige Organisationsformen, in: Kenis, Patrick/Schneider, Volker (Hrsg.): Organisation und Netzwerk: Institutionelle Steuerung in Wirtschaft und Politik, Frankfurt a. M.: Campus, S. 213-271

Preißler, Peter R. (2000): Controlling: Lehrbuch und Intensivkurs, 12. Aufl., München, Wien: Oldenbourg

Priem, Richard L./Rasheed, Abdul M./Kotulic, Andrew G. (1995): Rationality in Strategic Decision Processes, Environmental Dynamism and Firm Performance, in: Journal of Management, No. 5, Vol. 21, S. 913-929

Pugh, Derek S./Hickson, David J./Hinings, Christopher R./Turner, Christopher (1968): Dimensions of Organization Structure, in: Administrative Science Quarterly, No. 1, Vol. 13, S. 65-105

Pugh, Derek S./Hickson, David J./Hinings, Christopher R./Turner, Christopher (1969): The Context of Organization Structures, in: Administrative Science Quarterly, No. 1, Vol. 14, S. 90-114

Quinn, James B. (1980): Managing Strategic Change, in: Sloan Management Review, No. 4, Vol. 21, S. 3-20

Quinn, James B. (1989): Strategic Change: „Logical Incrementalism", in: Sloan Management Review, No. 4, Vol. 30, S. 45-60

Quinn, James B. (1999): Strategies for Change, in: Mintzberg, Henry/Quinn, James B./ Goshal, Sumantra (Hrsg.): The Strategy Process, 2. Aufl., Harlow: Pearson Education, S. 5-13

Rall, Wilhelm/König, Birgit (2005): Aktuelle Herausforderungen an das strategische Management, in: Hungenberg, Harald/Meffert, Jürgen (Hrsg.): Handbuch Strategisches Management, 2. Aufl., Wiesbaden: Gabler, S. 9-33

Rappaport, Alfred (1999): Shareholder-Value – Ein Handbuch für Manager und Investoren, 2. Aufl., Stuttgart: Schäffer-Poeschel

Rau, Karl H. (1985): Gestaltung der Unternehmensplanung – Eine empirische Untersuchung in Industrieunternehmungen, Berlin: Duncker & Humblot

Reichert, Rainer (1984): Entwurf und Bewertung von Strategien, München: Kirsch

Reichmann, Thomas (1997): Controlling mit Kennzahlen und Managementberichten: Grundlagen einer systemgestützten Controlling-Konzeption, 5. Aufl., München: Vahlen

Reichmann, Thomas/Kleinschnittger, Ulrich/Kemper, Werner (1988): Entwicklungen und Trends im Controlling, in: Reichmann, Thomas (Hrsg.): Controlling-Praxis: Erfolgsorientierte Unternehmenssteuerung, München: Vahlen, S. 16-59

Reihlen, Markus (1997): Entwicklungsfähige Planungssysteme: Grundlagen, Konzepte und Anwendungen zur Bewältigung von Innovationsproblemen, Wiesbaden: Deutscher Universitäts-Verlag

Reinartz, Werner/Krafft, Manfred/Hoyer, Wayne D. (2004): The CRM Process: Its Measurement and Impact on Performance, in: Journal of Marketing Research, August, Vol. 41, S. 293-305

Rho, Boo-Ho/Hahm, Yong-Seok/Yu, Yung-Mok (1994): Improving Interface Congruence between Manufacturing and Marketing in Industrial-Product Manufacturers, in: International Journal of Production Economics, No. 1, Vol. 37, S. 27-40

Riekhof, Hans C. (1994): Strategische Planungsinstrumente: Das Handwerkszeug des Strategen – Einleitung, in: Riekhof, Hans C. (Hrsg.): Praxis der Strategieentwicklung: Konzepte – Erfahrungen – Fallstudien, 2. Aufl., Stuttgart: Schäffer-Poeschel, S. 103-107

Ringle, Christian M. (2004a): Gütemaße für den Partial Least Squares-Ansatz zur Bestimmung von Kausalmodellen, Arbeitspapier Nr. 16, (Hrsg.): Hamburg: Institut für Industriebetriebslehre und Organisation, Universität Hamburg

Ringle, Christian M. (2004b): Kooperation in Virtuellen Unternehmen: Auswirkungen auf die strategischen Erfolgsfaktoren in Partnerunternehmen, Wiesbaden: Deutscher Universitäts-Verlag

Ripperger, Tanja (1998): Ökonomik des Vertrauens – Analyse eines Organisationsprinzips, Tübingen: Mohr Siebeck

Röder, Roland (2001): Kooperation an Schnittstellen: eine empirische Untersuchung, Frankfurt a. M. u. a.: Peter Lang

Rodgers, Joseph L. (1999): The Bootstrap, the Jackknife and the Randomization Test: A Sampling Taxomony, in: Multivariate Behavioral Research, No. 4, Vol. 34, S. 441-456

Roll, Martin (2004): Strategische Frühaufklärung, Wiesbaden: Deutscher Universitäts-Verlag

Roth, Ulrich (2000): Der Controller als Berater des Managements, in: Niedereichholz, Christel (Hrsg.): Internes Consulting, München, Wien: Oldenbourg, S. 129-138

Ruekert, Robert W./Churchill Jr., Gilbert A. (1984): Reliability and Validity of Alternative Measures of Channel Member Satisfaction, in: Journal of Marketing Research, No. 2, Vol. 21, S. 226-233

Ruekert, Robert W./Walker, Orville C. (1987): Marketing's Interaction with Other Functional Units: A Conceptual Framework and Empirical Evidence, in: Journal of Marketing, No. 1, Vol. 51, S. 1-19

Rupps, Oliver C. (1990): Strategieverdichtung im Konzern, in: Zeitschrift für Betriebswirtschaft, H. 10, 60. Jg., S. 1091-1104

Rusbult, Caryl E./Van Lange, Paul A. (1996): Interdependence Processes, in: Higgins, E. Tory/Kruglanski, Arie W. (Hrsg.): Social Psychology – Handbook of Basic Principles, New York, London: Guilford Press, S. 564-596

Salas, Eduardo/Dickinson, Terry L./Converse, Sharolyn A./Tannenbaum, Scott I. (1992): Toward an Understanding of Team Performance and Training, in: Swezey, Robert W./Salas, Eduardo (Hrsg.): Teams: Their Training and Performance, Norwood: Greenwood, S. 3-29

Sambamurthy, V./Chin, Wynne (1994): The Effects of Group Attitudes Towards Alternative GDSS Designs on the Decision-Making Performance of Computer Supported Groups, in: Decision Sciences, No. 2, Vol. 25, S. 215-242

Sandt, Joachim (2004): Management mit Kennzahlen und Kennzahlensystemen – Bestandsaufnahme, Determinanten und Erfolgsauswirkungen, Wiesbaden: Deutscher Universitäts-Verlag

Sarkar, M.B./Echambadi, Raj/Cavusgil, S. Tamer/Aulakh, Preet S. (2001): The Influence of Complementarity, Compatibility, and Relationship Capital on Alliance Performance, in: Journal of the Academy of Marketing Science, No. 4, Vol. 29, S. 358-373

Schäffer, Utz (2001): Kontrolle als Lernprozess, Wiesbaden: Deutscher Universitäts-Verlag

Schmidt, Andreas (1986): Das Controlling als Instrument zur Koordination der Unternehmensführung: Eine Analyse der Koordinationsfunktion des Controlling unter entscheidungsorientierten Gesichtspunkten, Frankfurt a. M. u. a.: Peter Lang

Schmidt, Ingo (1999): Wettbewerbspolitik und Kartellrecht, 6. Aufl., Stuttgart: Lucius & Lucius

Schmidt, Rudolf (1995): Grundfunktionen des Controlling: Eine Analyse der betriebswirtschaftlichen Literatur zum Stand der aufgabenorientierten Controlling-Diskussion, Frankfurt a. M.: Peter Lang

Schneider, Jörg (1994): Strategische Unternehmensbewertung als Teil der Akquisitionsplanung, in: Riekhof, Hans C. (Hrsg.): Praxis der Strategieentwicklung: Konzepte – Erfahrungen – Fallstudien, 2. Aufl., Stuttgart: Schäffer-Poeschel, S. 151-173

Schneider, Michael (1993): Entwicklung des Controlling, Gießen: Ferber'sche Universitäts-Buchhandlung

Schnell, Rainer/Hill, Paul B./Esser, Elke (2005): Methoden der empirischen Sozialforschung, 7. Aufl., München: Oldenbourg

Scholl, Wolfgang (1992): Informationspathologien, in: Frese, Erich (Hrsg.): Handwörterbuch der Organisation, Stuttgart: Schäffer-Poeschel, Sp. 900-912

Schön, Michael (1997): Das zukunftsbezogene Controlling – Neuorientierung zur Verbesserung der Akzeptanz und Effektivität, in: Controller Magazin, H. 4, 22. Jg., S. 217

Schrage, Michael (1990): Shared Minds: The New Technologies of Collaboration, New York: Random House

Schreyögg, Georg (1978): Umwelt, Technologie und Organisationsstruktur. Eine Analyse des kontingenztheoretischen Ansatzes, Bern, Stuttgart: Haupt

Schreyögg, Georg (1984): Unternehmensstrategie – Grundfragen einer Theorie strategischer Unternehmensführung, Berlin u. a.: de Gruyter

Schreyögg, Georg (1996): Organisation: Grundlagen moderner Organisationsgestaltung, Wiesbaden: Gabler

Schreyögg, Georg/Steinmann, Horst (1985): Strategische Kontrolle, in: Zeitschrift für betriebswirtschaftliche Forschung, H. 5, 37. Jg., S. 391-410

Schuster, Hermann (1998): Kooperation von internen Service-Bereiche, Wiesbaden: Gabler

Scott, Susanne G. (1997): Social Identification Effects in Product and Process Development Teams, in: Journal of Engineering and Technology Management, No. 2, Vol. 14, S. 97-127

Scott, W. Richard (1987): Organizations: Rational, Natural, and Open Systems, 2. Aufl., Englewood Cliffs: Prentice Hall

Serfling, Klaus (1992): Controlling, 2. Aufl., Stuttgart, Berlin, Köln: Kohlhammer

Sharma, Subhash (1996): Applied Multivariate Techniques, New York u. a.: Wiley

Sharma, Subhash/Durand, Richard M./Gur-Arie, Oded (1981): Identification and Analysis of Moderator Variables, in: Journal of Marketing Research, No. 3, Vol. 18, S. 291-300

Shaw, Marvin E. (1971): Group Dynamics. The Psychology of Small Group Behavior, New York: McGraw-Hill

Shaw, Vivienne/Shaw, Christoper T. (1998): Conflict between Engineers and Marketers: the Engineers' Perspective, in: Industrial Marketing Management, No. 4, Vol. 27, S. 279-291

Sherif, Muzafer (1951): A Preliminary Experimental Study of Inter-Group Relations, in: Rohrer, John H./Sherif, Muzafer (Hrsg.): Social Psychology at the Crossroads, New York: Harper and Brother, S. 388-424

Sherif, Muzafer (1966): Group Conflict and Cooperation: Their Social Psychology, London: Routledge and Keagan

Sherif, Muzafer/Sherif, Carolyn W. (1953): Groups in Harmony and Tension, New York: Harper and Brothers

Sherif, Muzafer/Sherif, Carolyn W. (1979): An Overview of Theory on Intergroup Relations, in: Austin, William G./Worchel, Stephen (Hrsg.): The Social Psychology of Intergroup Relations, Monterey: Brooks and Cole, S. 7-18

Sherif, Muzafer/White, B. Jack/Harvey, O. J. (1955): Status in Experimentally Produced Groups, in: American Journal of Sociology, No. 4, Vol. 60, S. 370-379

Sherif, Muzafer/Harvey, O. J./White, B. Jack/Hood, William R./Sherif, Carolyn W. (1961): Intergroup Cooperation and Competition: The Robbers Cave Experiment, Norman: University Book Exchange

Sheth, Jagdish N. (1971): The Multivariate Revolution in Marketing Research, in: Journal of Marketing, No. 1, Vol. 35, S. 13-19

Siegwart, Hans (1986): Controlling-Konzepte und Controller-Funktionen in der Schweiz, in: Mayer, Elmar/Von Landsberg, Georg/Thiede, Wolfgang (Hrsg.): Controlling-Konzepte im internationalen Vergleich, Freiburg: Haufe, S. 105-131

Siguaw, Judy A./Diamantopoulos, Adamantios (1995): Measuring Market Orientation: Some Evidence on Narver and Slater's Three-Component Scale, in: Journal of Strategic Marketing, No. 2, Vol. 3, S. 77-88

Siller, Helmut (1985): Grundsätze des ordnungsgemäßen strategischen Controlling, Wien: Service Fachverlag

Sjurts, Insa (1999): Kooperation und Konkurrenz bei kollektivem strategischen Handeln. Anmerkungen zu Dowling/Lechner: „Kooperative Wettbewerbsbeziehungen: Theoretische Ansätze und Managementstrategien", in: Die Betriebswirtschaft, H. 5, 59. Jg., S. 707-712

Slater, Stanley F./Narver, John C. (1994): Does Competitive Environment Moderate the Market Orientation Performance Relationship?, in: Journal of Marketing, No. 1, Vol. 58, S. 46-55

Smith, Adam (1776/1990): Wealth of Nations, New York: Prometheus Books

Smith, Ken J./Carroll, Stephen J./Ashford, Susan J. (1995): Intra- and Interorganizational Cooperation: Toward a Research Agenda, in: Academy of Management Journal, No. 1, Vol. 38, S. 7-23

Sorenson, Olav/Stuart, Toby E. (2001): Syndication Networks and the Spatial Distribution of Venture Capital Investments, in: American Journal of Sociology, No. 6, Vol. 106, S. 1546-1588

Souder, William E. (1978): Effectiveness of Product Development Methods, in: Industrial Marketing Management, No. 4, Vol. 7, S. 299-307

Souder, William E. (1981): Disharmony between R&D and Marketing, in: Industrial Marketing Management, No. 1, Vol. 10, S. 67-73

Souder, William E./Moenaert, Rudy K. (1992): Integrating Marketing and R&D Project Personnel within Innovation Projects: An Information Uncertainty Model, in: Journal of Management Studies, No. 4, Vol. 29, S. 485-512

Souder, William E./Chakraarti, A. K./Bonoma, Thomas V./R. W., Avery/Cicchinelli, R.D. (1977): An Exploratory Study of the Coordinating Mechanisms Between R&D and Marketing as an Influence on the Innovation Process. Final Report to the National Science Foundation, Washington D. C.: NTIS

Spekman, Robert E. (1988): Strategic Supplier Selection: Understanding Long-Term Buyer Relationships, in: Business Horizons, No. 4, Vol. 31, S. 75-81

Spieker, Marc (2004): Entscheidungsqualität in Gründerteams – Determinanten, Parameter und Erfolgsauswirkungen, Wiesbaden: Deutscher Universitäts-Verlag

Spieß, Erika/Nerdinger, Friedemann W. (1998): Kooperation in Organisationen – zur Einführung in den Sonderband, in: Spieß, Erika/Nerdinger, Friedemann W. (Hrsg.): Kooperation in Unternehmen, München, Mering: Hampp, S. 7-11

Spillecke, Dennis (2006): Interne Kundenorientierung des Controllerbereichs Messung – Erfolgsauswirkungen – Determinanten, Wiesbaden: Deutscher Universitäts-Verlag

Staehle, Wolfgang H. (1999): Management: Eine verhaltenswissenschaftliche Perspektive, 8. Aufl., München: Vahlen

Stauss, Bernd/Hentschel, Bert (1990): Die Qualität von Dienstleistungen: Konzeption, Messung und Management, Diskussionsbeiträge der Wirtschaftswissenschaftlichen Fakultät Ingolstadt, Nr. 10, Ingolstadt

Steiger, James H. (1990): Structural Model Evaluation and Modification: An Internal Estimation Approach, in: Multivariate Behavioral Research, No. 2, Vol. 25, S. 173-180

Steinle, Claus (2003a): Organisation des Controlling, in: Steinle, Claus/Bruch, Heike (Hrsg.): Controlling – Kompendium für Ausbildung und Praxis, 3. Aufl., Stuttgart: Schäffer-Poeschel, S. 31-47

Steinle, Claus (2003b): Strategisches Controlling und strategische Planung im Zusammenwirken: Der zentrale Entwicklungstrend im Controlling, in: Steinle, Claus/Bruch, Heike (Hrsg.): Controlling – Kompendium für Ausbildung und Praxis, 3. Aufl., Stuttgart: Schäffer-Poeschel, S. 371-400

Steinle, Claus/Bruch, Heike (2003): Zukunftstrends im Controlling, in: Steinle, Claus/Bruch, Heike (Hrsg.): Controlling – Kompendium für Ausbildung und Praxis, 3. Aufl., Stuttgart: Schäffer-Poeschel, S. 1123-1131

Steinle, Claus/Lawa, Dieter/Kolbeck, Felix (1994): Strategieentwicklung und strategisches Controlling – Plädoyer für eine klare Aufgabentrennung und Gestaltungshinweise zum Zusammenwirken, in: Betriebswirtschaftliche Forschung und Praxis, H. 4, 46. Jg., S. 376-395

Steinle, Claus/Thiem, Henning/Rohden, Holger (2000): Controlling als interne Service-Leistung, in: Controlling, H. 6, 12. Jg., S. 281-287

Steinmann, Horst/Schreyögg, Georg (1997): Management: Grundlagen der Unternehmensführung, Wiesbaden: Gabler

Stengl, Sven U. (1990): Controlling aus der Sicht eines Vorstandsmitgliedes, in: Eschenbach, Rolf (Hrsg.): Der Controller – Controlling als Serviceleistung. Was kann das Unternehmen vom Controller fordern?, Wien: Service Fachverlag, S. 29-36

Stier, Winfried (1999): Empirische Forschungsmethoden, 2. Aufl., Berlin u. a.: Springer

Stoffel, Kurt (1995): Controllership im Internationalen Vergleich, Wiesbaden: Deutscher Universitäts-Verlag

Stoner, James A. (1982): Management, 2. Aufl., Englewood Cliffs: Prentice Hall

Sundstrom, Eric D./De Meuse, Kenneth P./Futrell, David (1990): Work Teams: Applications and Effectiveness, in: American Psychologist, No. 2, Vol. 45, S. 120-133

Synek, Herbert (1996): Die Organisation des Controlling, in: Eschenbach, Rolf (Hrsg.): Controlling, 2. Aufl., Stuttgart: Schäffer-Poeschel, S. 95-125

Szyperski, Norbert (1974): Planungswissenschaft und Planungspraxis: Welchen Beitrag kann die Wissenschaft zur besseren Beherrschung von Planungsproblemen leisten?, in: Zeitschrift für Betriebswirtschaft, H. 10, 44. Jg., S. 667-684

Szyperski, Norbert/Müller-Böling, Detlef (1984): Aufgabenspezialisierung in Planungssystemen: Eine konzeptionelle und empirische Analyse, in: Zeitschrift für betriebswirtschaftliche Forschung, H. 2, 36. Jg., S. 124-147

Szyperski, Norbert/Winand, Udo (1980): Grundbegriffe der Unternehmensplanung, Stuttgart: C. E. Poeschel

Tajfel, Henry (1978): Social Categorization, Social Identity and Social Comparison, in: Tajfel, Henry (Hrsg.): Differentiation between Social Groups – Studies in the Social Psychology of Intergroup Relations, London: Academic Press, S. 61-76

Tajfel, Henry (1981): Human Groups and Social Categories: Studies in Social Psychology, Cambridge: Cambridge University Press

Tajfel, Henry (1982): Social Psychology of Intergroup Relations, in: Annual Review of Psychology, Vol. 33, S. 1-39

Tajfel, Henry/Turner, John (1979): An Integrative Theory of Intergroup Conflict, in: Austin, William G./Worchel, Stephen (Hrsg.): The Social Psychology of Intergroup Relations, Monterey: Brooks/Cole, S. 33-47

Tajfel, Henry/Turner, John (1986): The Social Identity Theory of Intergroup Behavior, in: Worchel, Stephen/Austin, William G. (Hrsg.): Chicago: Nelson-Hall, S. 7-24

Tannenbaum, Scott I./Beard, Rebecca L./Salas, Eduardo (1992): Team Building and its Influence on Team Effectiveness: An Examination of Conceptual and Empirical Developments, in: Kelley, Kimberly (Hrsg.): Issues, Theory and Research in Industrial/Organizational Psychology, Amsterdam: Elsevier Science Publishers

Taylor, Donald M./Moghaddam, Fathali M. (1994): Theories of Intergroup Relations – International Social Psychological Perspectives, 2. Aufl., Westport: Praeger

Taylor, Shelley E./Fiske, Susan T./Etcoff, Nancy L./Ruderman, Audrey J. (1978): Categorical and Contextual Bases of Person Memory and Stereotyping, in: Journal of Personality and Social Psychology, No. 7, Vol. 36, S. 778-793

Tharmmaphornphilas, Wipawee/Norman, Bryan A. (2004): A Quantitative Method for Determining Proper Job Rotation Intervals, in: Annals of Operations Research, No. 1-4, Vol. 128, S. 251-266

Thibaut, John W./Kelley, Harold H. (1959): The Social Psychology of Groups, New York: Wiley

Thurbin, Patrick J. (1998): The Influential Strategist: Using the Power of Paradox in Strategic Thinking, London u. a.: Financial Times

Tjosvold, Dean (1984): Cooperation Theory and Organizations, in: Human Relations, No. 9, Vol. 37, S. 743-768

Tochtermann, Thomas C. (1990): Organisation der Strategischen Planung – Untersuchung organisatorischer Schlüsselvariablen in deutschen und amerikanischen Großunternehmen, Wiesbaden: Deutscher Universitäts-Verlag

Töpfer, Armin/Afheldt, Heik (1987): Überblick und Einordnung der Beiträge, in: Töpfer, Armin/Afheldt, Heik (Hrsg.): Praxis der Strategischen Unternehmensplanung, 2. Aufl., Stuttgart: Poller, S. 1-54

Trux, Walter/Müller-Stewens, Günther/Kirsch, Werner (1985): Das Management Strategischer Programme. 1. Halbband – Materialen zum Stand der Forschung, 2. Aufl., München: Kirsch

Tsai, Wenpin (2002): Social Structure of „Coopetition" Within a Multiunit Organization: Coordination, Competition, and Intraorganizational Knowledge Sharing, in: Organization Science, No. 2, Vol. 13, S. 179-190

Tucker, Ledyard R./Lewis, Charles (1973): A Reliability Coefficient for Maximum Likelihood Factor Analysis, in: Psychometrica, No. 3, Vol. 38, S. 1-10

Tuominen, Matti/Rajala, Arto/Moller, Kristian (2000): Intraorganizational Relationships and Operational Performance, in: Journal of Strategic Marketing, No. 2, Vol. 8, S. 139-160

Udy Jr., Stanley (1958): „Bureaucratic" Elements in Organizations: Some Research Findings, in: American Sociological Review, No. 4, Vol. 23, S. 415-418

Ullrich, Christian (2004): Die Dynamik von Coopetition – Möglichkeiten und Grenzen dauerhafter Kooperation, Wiesbaden: Deutscher Universitäts-Verlag

Ulrich, Peter/Flury, Edgar (1995): Management: eine konzentrierte Einführung, Bern, Stuttgart, Wien: Haupt

Utzig, Bernhard P. (1997): Kundenorientierung strategischer Geschäftseinheiten, Wiesbaden: Gabler

Van de Ven, Andrew H./Ferry, Diane L. (1980): Measuring and Assessing Organizations, New York u. a.: Wiley

Venaik, Sunil/Midgley, David F./Devinney, Timothy (2001): Autonomy, Networking and Interunit Learning in a Model of MNC Subsidiary Innovation and Performance, Working Paper, http://www.agsm.edu.au/~timdev/research/VMD.pdf, Australian Graduate School of Management

Von Neumann, John/Morgenstern, Oskar (1961): Spieltheorie und wirtschaftliches Verhalten, Würzburg: Physica

Währisch, Michael (1998): Organisation der Kostenrechnung als internes Dienstleistungszentrum, in: krp – Kostenrechnungspraxis, H. 6, 42. Jg., S. 331-342

Wallenburg, Carl M. (2004): Kundenbindung in der Logistik – Eine empirische Untersuchung zu ihren Einflussfaktoren, Bern, Stuttgart, Wien: Haupt

Walton, Richard E./Dutton, John M. (1969): The Management of Interdepartmental Conflict: A Model and Review, in: Administrative Science Quarterly, No. 1, Vol. 14, S. 73-84

Weber, Jürgen (1990): Koordination als Leistung des Controlling? – Für welche Führungsprobleme kann das Unternehmen den Controller fordern?, in: Eschenbach, Rolf (Hrsg.): Der Controller – Controlling als Serviceleistung. Was kann das Unternehmen vom Controller fordern?, Wien: Service Fachverlag, S. 11-28

Weber, Jürgen (1994a): „Schlanke Controller?“ – Anmerkungen zur Neuausrichtung des Controller-Bereiches in Großunternehmen, in: Der Betrieb, H. 36, 47. Jg., S. 1785-1791

Weber, Jürgen (1994b): Strategisches Controlling: Koordinationsaufgaben innerhalb der strategischen Führung, in: Riekhof, Hans C. (Hrsg.): Praxis der Strategieentwicklung: Konzepte – Erfahrungen – Fallstudien, 2. Aufl., Stuttgart: Schäffer-Poeschel, S. 323-336

Weber, Jürgen (1997): Zukunft des strategischen und operativen Controlling, in: Rieder, Lukas (Hrsg.): Controllers Zukunft – Auftrag, Verantwortung, Rollenbild und Selbstverständnis der Controller, Zürich: Orell Füssli, S. 71-93

Weber, Jürgen (1998): Controlling im Wettbewerb – Der Konkurrenzkampf um den Einfluss auf die Unternehmensführung ist entbrannt, in: Frankfurter Allgemeine Zeitung, 26.10.1998, o. Jg., S. 36

Weber, Jürgen (1999): Controlling – Entwicklungstendenzen und Zukunftsperspektiven, in: Die Unternehmung, H. 6, 53. Jg., S. 465-480

Weber, Jürgen (2000): Neue Perspektiven des Controlling, WHU-Forschungspapier, Nr. 77, Vallendar

Weber, Jürgen (2002): Was machen Controller wann warum? – Ein Überblick, Bd. 30 der Schriftenreihe Advanced Controlling, Vallendar

Weber, Jürgen (2004): Einführung in das Controlling, 10. Aufl., Stuttgart: Schäffer-Poeschel

Weber, Jürgen (2005): Strategisches Controlling – Wie Controller auf diesem Spielfeld wettbewerbsfähig werden, Bd. 44 der Schriftenreihe Advanced Controlling, Weinheim: Wiley

Weber, Jürgen/Schäffer, Utz (1998a): Sicherstellung der Rationalität von Führung als Controlleraufgabe?, WHU-Forschungspapier, Nr. 49, Vallendar

Weber, Jürgen/Schäffer, Utz (1998b): Sicherstellung einer angemessenen Rationalität der Führung als Funktion des Controlling, WHU-Forschungspapier, Nr. 48, Vallendar

Weber, Jürgen/Schäffer, Utz (1998c): Sicherung der Rationalität in der Willensbildung durch die Nutzung des fruchtbaren Spannungsverhältnisses von Reflexion und Intuition, WHU-Forschungspapier, Nr. 51, Vallendar

Weber, Jürgen/Schäffer, Utz (1999a): Controlling als Koordinationsfunktion – Zehn Jahre nach Küpper/Weber/Zünd, WHU-Forschungspapier, Nr. 71, Vallendar

Weber, Jürgen/Schäffer, Utz (1999b): Sicherstellung der Rationalität von Führung als Funktion des Controlling?, in: Die Betriebswirtschaft, H. 6, 59. Jg., 731-746

Weber, Jürgen/Schäffer, Utz (1999c): Sicherung der Rationalität in der Willensbildung durch die Nutzung des fruchtbaren Spannungsverhältnisses von Reflexion und Intuition, in: Zeitschrift für Planung, H. 2, 10. Jg., S. 205-224

Weber, Jürgen/Schäffer, Utz (2000): Balanced Scorecard & Controlling, 3. Aufl., Wiesbaden: Gabler

Weber, Jürgen/David, Ulrich/Prenzler, Carsten (2001): Controller Excellence – Strategische Neuausrichtung der Controller, Bd. 23/24 der Schriftenreihe Advanced Controlling, Vallendar

Weber, Jürgen/Hufschlag, Klaus/Pieroth, Guido (2003): Mittelfristplanung heute – Ergebnisse einer Benchmarking-Studie, Band 35/36 der Schriftenreihe Advanced Controlling, Vallendar

Weber, Jürgen/Linder, Stefan/Spillecke, Dennis (2001): Stand der Planung und Kontrolle betrieblicher Investitionen, in: krp – Kostenrechnungspraxis, H. 5, 46. Jg., S. 291-297

Weber, Jürgen/Paefgen, Anne/Spillecke, Dennis (2005): Marketingstrategien für Controller, Band 42 der Schriftenreihe Advanced Controlling, Vallendar

Weber, Jürgen/Schäffer, Utz/Langenbach, Wilm (1999): Gedanken zur Rationalitätskonzeption des Controlling, WHU-Forschungspapier, Nr. 70, Vallendar

Weber, Jürgen/Schäffer, Utz/Prenzler, Carsten (2001a): Zur Charakterisierung und Entwicklung von Controlleraufgaben, in: Zeitschrift für Planung, H. 1, 12. Jg., S. 25-46

Weber, Jürgen/Schäffer, Utz/Prenzler, Carsten (2001b): Zur Charakterisierung und Entwicklung von Controlleraufgaben, Forschungspapier, Vallendar

Weber, Jürgen/Bramsemann, Urs/Heineke, Carsten/Hirsch, Bernhard (2002): Value Based Management erfolgreich umsetzen, Band 25 der Schriftenreihe Advanced Controlling, Vallendar

Weber, Jürgen/Hunold, Claus/Prenzler, Carsten/Thust, Solveig (2001): Controller-organisation in deutschen Unternehmen, Bd. 18 der Schriftenreihe Advanced Controlling, Vallendar

Weber, Jürgen/Weißenberger, Barbara E./Guth, Sebastian/Spieker, Marc (2000): Accounting Excellence: Die Kostenrechnung auf dem Prüfstand, Band 16 der Schriftenreihe Advanced Controlling, Vallendar

Weber, Jürgen/Hirsch, Bernhard/Rambusch, René/Schlüter, Hendrik/Sill, Frauke/Spatz, Almuth (2006a): Controlling 2006 – Stand und Perspektiven, Vallendar: Internationaler Controller Verein (ICV)

Weber, Jürgen/Meyer, Matthias/Birl, Holger/Knollmann, Ramon/Schlüter, Hendrik/Sieber, Carsten (2006b): Investitionscontrolling in deutschen Großunternehmen – Ergebnisse einer Benchmarking-Studie, Band 52 der Schriftenreihe Advanced Controlling, Weinheim: Wiley

Weinkauf, Katharina/Högl, Martin/Gemünden, Hans Georg/Hölzle, Katharina (2005): Zusammenarbeit zwischen organisatorischen Gruppen: Ein Literaturüberblick über die Intergroup Relations-, Schnittstellen- und Boundary Spanning-Forschung, in: Journal für Betriebswirtschaft, H. 2, 55. Jg., S. 85-111

Welge, Martin K. (1988): Unternehmensführung, Bd. 3: Controlling, Stuttgart: C. E. Poeschel

Welge, Martin K. (1989): Organisation des Controlling, in: Controlling, H. 3, 1. Jg., S. 140-149

Welge, Martin K./Al-Laham, Andreas (2003): Strategisches Management – Grundlagen – Prozess – Implementierung, 4. Aufl., Wiesbaden: Gabler

Wieken, Klaus (1974): Die schriftliche Befragung, in: Van Koolwijk, Jürgen/Wieken-Mayser, Maria (Hrsg.): Erhebungsmethoden, München: Oldenbourg, S. 146-161

Wild, Jürgen (1980): Grundlagen der Unternehmensplanung, 2. Aufl., Opladen: Westdeutscher Verlag

Wild, Jürgen (1982): Grundlagen der Unternehmensplanung, 4. Aufl., Opladen: Westdeutscher Verlag

Wilder, David A. (1978): Reduction of Intergroup Discrimination through Invidiuation of the Outgroup, in: Journal of Personality and Social Psychology, No. 12, Vol. 36, S. 1361-1374

Willauer, Bianca (2005): Consensus as a Key Success Factor in Strategy-Making, Wiesbaden: Deutscher Universitäts-Verlag

Williamson, Oliver E. (1985): The Economic Institutions of Capitalism, New York: Free Press

Wimmer, Rudolf/Emmerich, Astrid/Nicolai, Alexander T. (2002): Corporate Universities in Deutschland, Forschungspapier Witten/Herdecke, http://www.bmbf.de/pub/corporate_universities_in_deutschland.pdf, Bundesministerium für Forschung und Bildung

Wold, Herman (1966): Estimation of Principle Components and Related Models by Iterative Least Squares, in: Krishnaiah, Paruchuri R. (Hrsg.): Multivariate Analysis: Proceedings of an International Symposium on Multivariate Analysis, held at Wright State University, Dayton, Ohio, June 14-19, 1965, New York: Academic Press, S. 391-420

Wold, Herman (1973): Nonlinear Iterative Partial Least Squares (NIPALS) Modeling: Some Current Developments, in: Krishnaiah, Paruchuri R. (Hrsg.): Multivariate analysis: II. Proceedings of an International Symposium on Multivariate Analysis Held at Wright State University, Dayton, Ohio, June 19-24, 1972, New York: Academic Press, S. 383-407

Wold, Herman (1975): Path Models with Latent Variables: the NIPALS Approach, in: Blalock, Hubert M. (Hrsg.): Quantitative Sociology: International Perspectives on Mathematical and Statistical Modeling, New York: Academic Press, S. 307-357

Wold, Herman (1980): Model Construction and Evaluation when Theoretical Knowledge is Scare: Theory and Application of Partial Least Squares, in: Kmenta, Jan/Ramsey, James B. (Hrsg.): Evaluation of Econometric Models, New York: Academic Press, S. 47-74

Wold, Herman (1982a): Models for Knowledge, in: Gani, Joseph M. (Hrsg.): The Making of Statisticians, New York: Springer, S. 190-212

Wold, Herman (1982b): Soft Modelling: The Basic Design and Some Extensions, in: Jöreskog, Karl G./Wold, Herman (Hrsg.): Systems under Indirect Observation: Causality, Structure, Prediction, Bd. 2, Amsterdam: North Holland, S. 1-54

Wolf, Joachim (2005): Organisation, Management, Unternehmensführung, 2. Aufl., Wiesbaden: Gabler

Wood, Stephen (1979): A Reappraisal of the Contingency Approach to Organization, in: Journal of Management Studies, No. 3, Vol. 16, S. 334-354

Wrzesniewski, Amy/Dutton, Jane E. (2001): Crafting a Job: Revisioning Employee as Active Crafters of Their Work, in: Academy of Management Journal, No. 2, Vol. 26, S. 179-201

Wunderer, Rolf (1991): Laterale Kooperation als Selbststeuerungs- und Führungsaufgabe, in: Wunderer, Rolf (Hrsg.): Kooperation – Gestaltungsprinzipien und Steuerung der Zusammenarbeit zwischen Organisationseinheiten, Stuttgart: C. E. Poeschel, S. 205-219

Xie, Jinhong/Song, X. Michael/Stringfellow, Anne (1998): Interfunctional Conflict, Conflict Resolution Styles, and New Product Success: A Four-Culture Comparison, in: Management Science, No. 12, Vol. 44, S. 192-206

Xie, Jinhong/Song, X. Michael/Stringfellow, Anne (2003): Antecedents and Consequences of Goal Incongruity on New Product Developmentin Five Countries: A Marketing View, in: Journal of Product Innovation Management, No. 3, Vol. 20, S. 233-250

Zahn, Erich/Schön, Michael (2003): Neugestaltung der Unternehmensplanung, in: Horváth, Péter/Gleich, Ronald (Hrsg.): Neugestaltung der Unternehmensplanung, Stuttgart: Schäffer-Poeschel, S. 167-183

Zeithaml, Valerie A./Parasuraman, A./Berry, Leonard L. (1985): Problems and Strategies in Services Marketing, in: Journal of Marketing, No. 2, Vol. 49, S. 33-46

Zeithaml, Valerie A./Varadarajan, P. „Rajan"/Zeithaml, Carl P. (1988): The Contingency Approach: Its Foundations and Relevance to Theory Building and Research in Marketing, in: European Journal of Marketing, No. 7, Vol. 22, S. 37-64

Zenz, Andreas (1999): Strategisches Qualitätscontrolling – Konzeption als Metaführungsfunktion, Wiesbaden: Deutscher Universitäts-Verlag

Zerr, Konrad (2001): Online-Marktforschung – Erscheinungsformen und Nutzenpotentiale, in: Theobald, Axel/Dreyer, Marcus/Von Starsetzki, Thomas (Hrsg.): Online-Marktforschung – Theoretische Grundlagen und praktische Erfahrungen, Wiesbaden: Gabler, S. 7-26

Zünd, Alfred (1973): Kontrolle und Revision in der multinationalen Unternehmung – Die Überwachung als Führungsmittel internationaler Konzerne, Bern, Stuttgart: Haupt

FSC
www.fsc.org
MIX
Papier | Fördert
gute Waldnutzung
FSC® C083411

Kolibri 360 GmbH
Ferdinand-Jühlke-Straße 7
99095 Erfurt, Deutschland
produktsicherheit@kolibri360.de